互联网金融

主　编　彭　媛　罗　煌　谢淑芬
副主编　闵云燕　齐海燕　高慧红
参　编　唐建军　涂传清　沈俊鑫
　　　　马　威

北京理工大学出版社
BEIJING INSTITUTE OF TECHNOLOGY PRESS

内 容 简 介

本书系统介绍了互联网金融相关的基础知识及主要的模式和市场应用，全书共分为九章，前面四章分别对互联网金融的概念特征和发展概况、互联网金融技术、互联网货币、传统金融的互联网化进行了介绍，第五章到第八章逐一分析了第三方支付、众筹、供应链金融、互联网金融征信的主要模式；第九章为互联网金融风险与监管。

本书可以作为高等院校经济、管理、计算机和电子商务等专业本科学生的课程教材，也适合作为相关领域的机关、企事业单位培训教材，又可以作为互联网金融从业者或者对互联网金融感兴趣人士的参考用书。

图书在版编目（CIP）数据

互联网金融／彭媛，罗煌，谢淑芬主编. --北京：
北京理工大学出版社，2022.7
ISBN 978-7-5763-1496-0

Ⅰ.①互… Ⅱ.①彭… ②罗… ③谢… Ⅲ.①互联网络-应用-金融 Ⅳ.①F830.49

中国版本图书馆 CIP 数据核字（2022）第 123951 号

出版发行／	北京理工大学出版社有限责任公司	
社　　址／	北京市海淀区中关村南大街 5 号	
邮　　编／	100081	
电　　话／	(010) 68914775（总编室）	
	(010) 82562903（教材售后服务热线）	
	(010) 68944723（其他图书服务热线）	
网　　址／	http：//www. bitpress. com. cn	
经　　销／	全国各地新华书店	
印　　刷／	三河市华骏印务包装有限公司	
开　　本／	787 毫米×1092 毫米　1/16	
印　　张／	18	责任编辑／孟祥雪
字　　数／	423 千字	文案编辑／孟祥雪
版　　次／	2022 年 7 月第 1 版　2022 年 7 月第 1 次印刷	责任校对／刘亚男
定　　价／	92.00 元	责任印制／李志强

图书出现印装质量问题，请拨打售后服务热线，本社负责调换

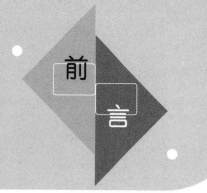

前言

　　以互联网为代表的数字技术正在加速与经济社会各领域的深度融合，成为促进我国消费升级与经济社会转型、构建国家竞争新优势的重要推动力。互联网的快速发展直接影响了金融领域的发展。

　　互联网金融是电子商务专业的核心课程，本书从经济、金融和技术的视角去构筑互联网金融的理论体系框架，全面系统地介绍互联网金融的知识框架及其涵盖的主要内容，并从管理层面对互联网金融的征信和风险问题进行深入的探讨，以使读者在阅读本书后能对互联网金融的理论、技术与应用有清晰完整的了解。为了提高学生的学习兴趣，书中尽量采用大量的资料导入和图表形式深入浅出地介绍互联网金融的理论知识，并在各章后面附"本章小结""复习题"，使学生在学习书本知识之后能分析和解释电子商务活动中存在的问题，提高学生分析和解决问题的能力。

　　本书在编写上有两个特点：第一，便于自学，每章都设有学习目标以及应了解、掌握的核心概念，提出了新时代思政要求的切入点，同时每章末尾均附有章节总结以及相应的复习思考题；第二，内容简洁，突出重点，体现对知识的全面把握。案例和数据力求达到与时俱进、强调实用、强化实践。

　　具体的编写分工如下：第一章由齐海燕（江西农业大学）、罗煌（江西农业大学）编写；第二章由彭媛（江西农业大学）、沈俊鑫（昆明理工大学）编写；第三章由齐海燕、罗煌编写；第四章由闵云燕（江西农业大学南昌商学院）、彭媛编写；第五章由罗煌、彭媛编写；第六章由罗煌、彭媛编写；第七章由罗煌、涂传清（江西农业大学）编写；第八章由闵云燕、唐建军（江西农业大学）编写；第九章由彭媛、马威（湖南大学）编写。全书由彭媛统稿，特别感谢谢淑芬副教授和高慧红老师对全文图表数据的统稿校对，还要感谢沈俊鑫教授和马威教授对本书编写过程中提供的大量建议。

　　本书建议授课总学时为 36 课时。

　　本书在编写过程中参考了国内外互联网金融教材、相关的文献资料和一些网站资料，在此一并向相关作者表示衷心的感谢！

　　由于编者水平有限，书中难免有不足之处，希望广大读者批评指正。

编　者
2022 年 1 月

目 录

第一章 互联网金融概述

🔔 学习要点及目标

- 了解互联网发展历程和现状
- 理解互联网金融的基本概念
- 理解互联网金融存在及发展的理论基础
- 掌握传统金融与互联网金融的区别和联系

🔔 课程思政切入点

互联网金融发展观、互联网金融发展思路创新；如何实现普惠金融，助力共同富裕

🔔 核心概念

互联网金融，发展趋势，互联网金融模式

🔔 材料导读

过去谈起金融，人们首先想起的是专业化，比如普通人一般弄不清"7 日年化收益率"后的真实收益，也很少能搞懂"新三板扩容"的意义。其次是精英化，谈起保荐人、注册会计师、基金经理等，总让人感觉高不可攀。基于市场的不完美和信息的不对称，金融中介机构掌握定价权，影响市场的走势，自然好赚钱，而要加入这样的圈子则壁垒重重。最后，金融更愿意服务大企业、大客户，而对小微企业、个人服务不足。

金融作为高管控领域，恰恰最先被互联网突破，可以说，互联网是天生的颠覆者，让金融更开放和普惠，让不懂金融或不够条件的人也能感受到金融的力量。

互联网本质是点对点的平等交互与分享，互联网技术帮老百姓打破了金融藩篱。如今，老百姓财富多起来了，理财观念强了，既需要保值增值，又需要支付便利，专业网站和相关产品的出现同时满足了这两种需求。比如余额宝，"转入"实现投资功能，获取较高收益；"转出"则实现支付或转账功能，还免了手续费。理财门槛也不再是 5 万元，几块钱也可以。手机装上 App（应用软件），就可以用零散的资金买到货币基金。金融理财迎来了平民时代：金融不再只是投行人士、基金经理等人群的俱乐部，人人皆可涉足金融领域。

互联网金融带来的好处远不止这些。一直以来，小微企业融资难。现在，电商利用积累的海量企业数据和信用记录，通过云计算平台对客户信息进行挖掘，预测其还款能力，使得风险可控和交易成本降低，为许多人实现了梦想。可以预见，在基础金融供给不足的农村，通过移动互联、电子银行等渠道的建设，将打通农村金融服务的"最后一公里"。

总的来看，互联网金融促进了公平和效率，互联网金融的发展还有助于完善投融资功能和支付体系，有助于多层次金融需求的满足，更有助于普惠金融的实现。

（资料来源：根据网络公开资料整理）

第一节　互联网金融的产生与发展

互联网金融的字面意思是互联网技术与金融模式结合。讨论互联网金融，西方市场要早于中国市场，但是在发展速度方面，中国互联网金融的发展实现了"弯道超车"。中国互联网金融的发展侧重互联网技术发展，利用创新技术在互联网平台上形成的功能化金融业态及其服务体系。从这个角度上来说，中国金融发展并没有遵循西方的发展路径，而是跨越式地进入了互联网金融时代。互联网金融是金融体制改革与互联网技术发展的必然结果，兴起时正值我国金融业改革的关键时期。互联网金融不仅是传统金融的有益补充，而且会推动我国的金融效率提升、交易结构和金融架构的深刻变革。

一、我国互联网金融的发展历程

（一）我国互联网金融发展阶段

我国互联网金融的发展历程可以划分为四个阶段。

1. 互联网金融硬件革新阶段（1997—2005 年）

该阶段主要以招商银行 1997 年率先实现硬件革新，推出中国第一家网上银行为标志。这个时期的业务形式很多，传统的金融机构通过革新互联网所需要的硬件设施，满足将业务互联网化的条件。这与西方成熟金融市场上的互联网金融的第一轮高速发展类似，这一阶段所发展的网上银行、网络证券和网络保险等金融业务形式类似于传统金融机构的分支机构，并没有在业务上实现创新，只是利用了互联网的方便快捷、成本低、辐射区域广的特点，便利了传统的金融业务，但没有实现对传统金融的根本性变革。

2. 互联网金融技术革新阶段（2006—2012 年）

该阶段主要以 2006 年中国第一家互联网信贷公司"宜信"的成立为标志。在这个时期，不仅传统金融机构不断利用互联网技术进行业务的拓展，同时互联网企业也在利用电子商务、移动网络、移动支付等技术进入金融行业。2011 年中国人民银行（简称人民银行、央行）开始发放第三方支付牌照，为互联网金融的发展奠定了基础。

3. 中国互联网金融模式革新（2013—2016 年）

该阶段以 2013 年 6 月"余额宝"的推出为标志。传统金融机构开始涉足互联网金融，传统互联网企业凭借社交网络、移动支付、大数据、云计算、搜索引擎等新技术与传统金融进行深度融合，催生出了形态各异的互联网金融业态。期初，中国互联网金融的模式以引入并本土化西方成熟市场中已有的互联网金融模式为主，如发展自己的第三方支付、P2P、众筹平台等，但到后期中国互联网金融市场出现了更多具有中国互联网金融特色的理财产品，真正使互联网金融行业呈现"井喷式"增长。2013 年国内第一家没有物理网点的纯网上保险"众安在线"、2014 年国内第一家没有物理网点的纯网上银行"微众银行"正式成立。

4. 互联网金融监管革新阶段（2017 年至今）

2014 年起，政府工作报告中开始出现互联网金融，"要促进互联网金融健康发展，完善金融监管协调机制"，并在之后的报告当中多次提到互联网金融的监管问题，从 2015 年 7 月的《关于促进互联网金融健康发展的意见》，到 2016 年 7 月以后各监管机构陆续出台的互联网金融各业态管理规定及其实施细则。2017 年 2 月 23 日中国银行业监督管理委员会（简称银监会，2018 年与保监会合并为银保监会）印发《网络借贷资金存管业务指引》，同年 6 月 28 日，人民银行等十七部门联合印发《关于进一步做好互联网金融风险专项整治清理整顿工作的通知》，明确提出专项整治工作延期至 2018 年 6 月底完成，以及监管验收等落地的实质性监管条例，真正标志着互联网金融在中国市场进入监管革新阶段。

（二）互联网金融发展原因

在我国，互联网金融沿着一定轨迹上升发展，在短时间内实现了超越式发展。互联网金融的发展不仅是因为其内在旺盛的生命力，更是因为其发展契合了时代发展、社会进步的主旋律。互联网金融在国内发展日新月异是有其深层的内在逻辑的，具体有以下几方面的原因。

1. 互联网技术的普及为互联网金融奠定了用户基础

据《中华人民共和国 2020 年国民经济和社会发展统计公报》显示，截至 2020 年年末，我国互联网上网人数已经突破 9.89 亿。互联网技术在国内迅速普及，社交网络、电子商务等领域快速发展，渗透进日常的衣食住行、工农业生产、社区服务等领域，逐渐实现了实体经济与网络经济、线上与线下双渠道的不断融合。由此带来的便捷与高效促使人们更多地依赖于互联网技术，也扩大了互联网的用户基数。

庞大的用户基数降低了互联网金融的成本：一是营销成本，在网络推广下，销售信息在互联网用户之间传播，相比于传统的营销方式，速度更快、成本更低；二是渠道成本，互联网的应用在一定程度上弱化了渠道中间商的作用，极大地降低了其渠道成本。在用户拓展上，互联网金融突破了地域的限制，所有使用互联网的人均为互联网金融企业潜在的用户。企业通过对用户的地域分布、年龄、性别、收入、职业、婚姻状况和爱好等基本资料的分析处理，有针对性地投放广告，并根据用户特点进行定点投放和跟踪分析。网络营销的精准定位，将部分潜在客户变为企业实际用户，在一定程度上帮助企业拓展了用户群体。

2. 互联网技术的创新为互联网金融的产生提供了技术支撑

互联网金融依赖于互联网技术而存在，社交网络、搜索引擎、大数据、云计算技术的创新为金融行业的发展带来了全新的突破口，不仅降低了处理金融交易过程的成本，而且降低了投资者获取信息的难度。相比于传统金融市场的信息冗杂与信息不对称，互联网技术的一次次创新降低了交易的成本，提高了信息的透明度、及时性、真实性和公开性，有效避免了传统金融信息反馈不及时，信息不对称、不准确等问题。

以大数据和云计算技术为例，大数据包含了互联网、医疗设备、视频监控、移动设备、智能设备、非传统 IT 设备等渠道产生的海量结构化或非结构化数据，大量的交易数据中囊括了有关消费者、供应商和运营管理方面的信息，运用云计算技术对获取的大数据进行系统筛选、提炼、统计和分析，不仅能够获取最有效的信息，还能够获取潜在的商业机会。阿里巴巴、京东等电子商务企业可以获得商户的日常交易信息、订单信息，通过交易信息数据处理分析可以得出商户基于该平台交易本身的实际资信水平，从而确定是否向商户发放贷款以及贷款额度。在整个过程中增加了可信融资者的范围，之前未被准入的基于平台交易的小微企业群可以获得一定的融资，大数据的运用使企业获得贷款的过程快捷、灵活。

3. 融资理财需求的不断上升是互联网金融产生的根本原因

从 20 世纪 80 年代开始，我国经济就一直处于高速发展状态，GDP 年均增长速度达到7% 以上，经济的高速发展使得居民收入持续稳定增长，居民人均可支配收入不断增长，家庭恩格尔系数不断下降，这些都表明中国居民的生活水平有了实质性的提高，开始由量向质转变。随着经济形态不断演进，消费者对金融的诉求不断提高，我国过去的金融业服务范围较小，已有金融体系不能满足消费者对金融服务日益增长的需求，而互联网金融可以实现资金合理有效的配置，提高金融服务质量，弥补传统金融的服务不足，因此有了互联网金融产生与发展的空间。

另外，小微企业在我国国民经济的发展中起着不可替代的作用，但传统的金融业更多关注高净值客户群、机构客户。且小微企业由于具有规模小、固定资产比重低、财务信息透明度低等经营特征，面临融资障碍。信息不对称所带来的高融资成本更使小微企业外部融资难上加难。从融资渠道上看，目前，我国小微企业仍旧偏向于以内部融资的方式获得资金，仅有少部分小微企业能从银行获得贷款。中国银行业监督管理委员会、中国人民银行出台的《关于小额贷款公司试点的指导意见》（银监发〔2008〕23 号）中有两点明确规定：一是小额贷款公司的主要资金来源为股东缴纳的资本金、捐赠资金，以及来自不超过两个银行业金融机构的融入资金；在法律、法规规定的范围内，小额贷款公司从银行业金融机构获得融入资金的余额，不得超过资本净额的50%；二是经营地域限制，各地方在成立小额贷款公司时大多规定其不得从事其他经营活动、不得对外投资、不得设立分支机构、不得跨县级行政区域发放贷款。在我国，小微企业数量较多，融资需求也极为旺盛，传统的民间借贷市场信息不对称现象严重，借贷利率有时甚至高出银行利率数倍，导致这些企业往往进入高利贷的恶性循环，最后无法还款，发生群体性事件。传统的民间借贷需要中间方，这推高了借贷利率。而 P2P 网络贷款平台的发展则为双方提供了一个直接对接的平台，突破了借款人、出借人的地域和时间限制，引导资金合理高效地配置资源。

互联网金融依托计算机网络、大数据处理，大幅拓宽金融生态领域的边界。免于实体网点建设、24 小时营业、准入门槛低的特点，使互联网金融平台提高了金融服务的覆盖面。金融平台与电子商务紧密合作，降低了获取小微企业信息的成本，促进了交易的达成。利用计算机系统，任何互联网金融平台都能对订单进行批量处理，从而提高了效率。这些特点均为小微企业融资提供了便利条件，逐步解决了小微企业融资难的问题。互联网金融为小微企业的融资提供了高效、便捷的途径，不断增长的小微企业融资需求又促进了互联网金融的发展。

二、互联网金融的现状

（一）国内互联网金融发展现状

互联网给传统金融行业带来了极大的冲击，在互联网汹涌浪潮中，传统金融行业开始拥抱互联网技术，拓展线上业务，行业发展由此打开了新局面。银行业开始建设网上银行，将传统的柜台业务搬到线上进行，节省了窗口的劳动力，提升了服务质量和服务效率。证券业利用互联网的渠道优势，充分迎合民众日益增长的理财需求，理财产品逐渐走入大众生活。保险行业通过互联网大数据、云计算等新技术，完善行业服务体系，逐步推出线上保险超市等销售平台。通过互联网技术与传统金融的整合，传统金融企业和机构逐渐建立起自身的核心竞争力，不断优化产品结构，开拓市场。

1. 传统金融业务的发展现状

（1）银行业网络化

2015—2020 年我国银行业金融机构总资产增长了 60%，总负债增长了 59%，税后利润提高了 14.6%，经营状况不断改善，图 1-1 显示的是 2015—2020 年我国银行业金融机构资产负债情况。

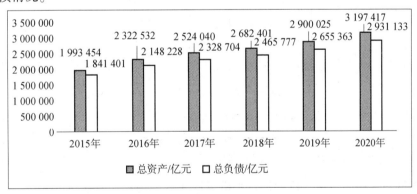

图 1-1 2015—2020 年银行业金融机构资产负债情况

（数据来源：银保监会官方网站，《"数说'十三五'发展成就"银行业专题》）

银行业在互联网时代，与时俱进，传统银行纷纷推出自己的手机银行等服务。通过银行的网络化服务，客户实现了在移动端自动转账、查询甚至理财等活动。手机银行的交易额从 2014 年到 2020 年增长了近 13 倍，如图 1-2 所示。

图1-2　手机银行交易金额

离柜交易规模增长了72%，如图1-3所示。互联网技术不仅给客户带来了操作上的便捷，也为银行人工服务窗口节约了大量的人力。

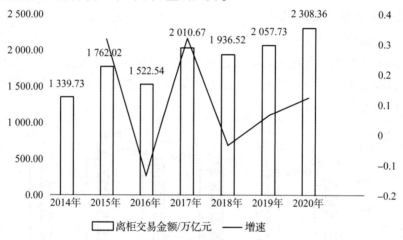

图1-3　银行离柜交易规模

（图中数据均由编者根据公开数据整理）

艾瑞咨询数据表明，中国建设银行手机银行App的用户月活数在2020年12月突破了6 365万，手机银行用户也逐渐养成了在移动端进行操作的用户习惯。2020年12月手机银行App月活用户排名前五如表1-1所示。

表1-1　2020年12月手机银行App月活用户排名前五

排名	应用	独立设备/万台
1	中国建设银行	6 365
2	中国农业银行	4 699
3	中国工商银行	3 939
4	中国银行	2 984

续表

排名	应用	独立设备/万台
5	招商银行	2 718
合计	—	20 705

（数据来源：艾瑞咨询）

在传统银行借助互联网技术为客户提供更优质的服务和体验的同时，银监会（后为银保监会）批准成立的一系列的网络银行，为银行业的发展带来了创新动力。其中，微众银行是国内首家开业的民营银行，由腾讯、百业源和立业等多家知名企业发起设立，于2014年12月获得金融许可证。截至2020年10月16日，企业金融管理贷款规模突破1 000亿元。至2020年12月12日，"微业贷"法人客户超170万家。

（2）证券业网络化

2014年4月，中信证券、国泰君安、长城证券、平安证券、华创证券、中国银河证券6家券商被中国证券业协会（简称中证协）列为互联网证券试点券商名单。其后，该名单不断扩展，至2015年3月已经有55家券商获得了该业务试点经营资格。互联网证券试点的公告，标志着传统证券公司正式打开了互联网金融的大门。多数试点券商开始设立或拟设立专门的互联网金融部门适应发展需求。例如，东方证券计划设立互联网金融总部，申万宏源证券设立互联网金融办公室，国泰君安证券和国联证券分别成立了网络金融部和互联网金融部。

拓展阅读

证券业创新拉开大幕，互联网金融兴起

2012年"证券公司创新发展研讨会"举办，标志着行业创新大幕正式拉开。2013年随着新"国九条"的颁布和监管新政的陆续出台，证券业也步入了创新发展的加速期，市场规模持续扩张，市场投资者数量和规模高速增长。同时，在国家"互联网+"战略的推动下，互联网金融快速发展。2013年3月，中证协发布了《证券公司开立客户账户规范》，放开非现场开户限制。2015年4月"一人一户"限制全面放开，上限为20户，2016年10月调整为3户。2019年3月推出线上销户，降低了证券经纪业务的运营成本，为投资者提供了便利的服务。随着"第三方支付""第三方销售"等业务牌照的放开，电商开始全面介入金融业的传统业务领域。国金证券携手腾讯，推出首只互联网金融产品"佣金宝"，带来了佣金"万二"时代，证券经纪业务佣金率下限不断被打破，直逼行业成本线。2018年出台的《证券基金经营机构信息技术管理办法》，推动金融科技赋能证券经纪业务发展，证券公司不断丰富线上服务内容，提升客户满意度，加速服务理念及业务模式的创新。

当今世界正经历百年未有之大变局，面对新一轮科技革命和产品革命的深入发展，应深化供给侧结构性改革，构建以国内大循环为主体、国内国际双循环相互促进的新发展格局，推动我国经济高质量发展。2020年3月1日，新《中华人民共和国证券法》（简称《证券法》）正式施行，全面推行注册制改革，致力打造一个规范、透明、开放、有活力、有韧性的资本市场。同时，《证券经纪业务管理办法（征求意见稿）》

强调了证券经纪业务为投资者提供专业证券交易服务的核心定位。资本市场不断激发和释放市场活力，证券经纪业务作为资本市场发展的基石，也将迎来更多发展机遇。

（资料来源：王松．纪念资本市场30周年之证券经纪业务发展回顾与展望［C］．创新与发展：中国证券业2020年论文集，北京：中国财正经济出版社，2021：270-275．）

搭上"互联网+"的快车，证券业近年来的发展势头迅猛，截至2021年3月底，我国共有公募基金8 037只，规模20.59万亿元，基金管理人共计146家。中国公募基金数量及净值情况如图1-4所示。

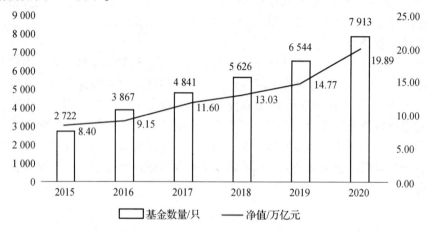

图1-4 中国公募基金数量及净值情况
（数据来源：中国证券投资业基金协会）

传统的证券行业迎头奋进的同时，互联网公司也利用自身的技术优势和渠道优势建立了自己在互联网证券领域的"护城池"。2013年，天弘基金与支付宝合作推出了"余额宝"，2014年1月15日，"余额宝"的规模突破了2 500亿元，用户超过4 900万个。截至2020年9月30日，天弘基金公募基金管理规模达14 178.49亿元，规模位于行业前列，管理运作81只公募基金，公司业务范围涵盖二级市场股票投资、债券投资、现金管理、衍生品投资，以及股权、债权、其他财产权利投资等，用户超过6亿人。腾讯"理财通"自2014年1月22日进入微信平台，不到10天，规模突破100亿元。2017年1月3日，腾讯集团下属开展独立基金销售业务的全资子公司——腾安基金销售（深圳）有限公司成立，注册资本2 000万元。截至2021年，"理财通"的合作金融机构已经有10家。

（3）保险业网络化

《2020年互联网财产保险市场分析报告》显示，当前数字技术的不断创新，推动互联网保险市场高速增长。截至2020年，共计73家保险公司开展互联网财产保险业务，相比2014年的33家，6年增长了40家公司。从保费构成来看，四家专业互联网保险公司累计保费收入280.60亿元，同比增长19.27%，占比35.17%，较2019年上升7.11%。从保险类App独立设备规模来看，平安金管家一骑绝尘，2020年2月App独立设备规模有1 857万台，如图1-5所示。互联网企业进军保险领域，降低了渠道获客成本。中国首家互联网保险公司——众安在线财产保险股份有限公司成立于 2013 年 11 月 6 日。至 2019 年，众安服务逾 4.8 亿用户，总保单突破 80 亿张，自动化理赔率达到 95%。

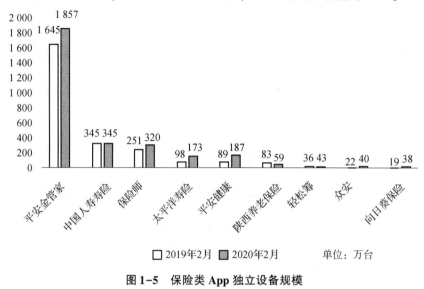

□ 2019年2月　■ 2020年2月　　　　单位：万台

图 1-5　保险类 App 独立设备规模

（数据来源：艾瑞咨询）

2. 非传统金融业务的发展现状

（1）第三方支付

第三方支付指的是独立于商户和银行并且具有一定实力和信誉保障的独立机构，为商户和消费者提供交易支付平台的网络支付模式。目前，市场上一般将其划分为第三方互联网支付和第三方移动支付。用户通过台式计算机、便携式计算机等设备，依托互联网发起支付指令，实现货币资金转移的行为，被称为互联网支付。互联网支付与第三方支付形成的交集即为第三方互联网支付。基于无线通信技术，用户通过移动终端上非银行系产品实现的非语音方式的货币资金的转移及支付行为即第三方移动支付。

据央行统计数据显示，截至 2020 年第四季度，非银行支付机构网络支付 2 460.85 亿笔，同比增长 4.9%，环比增长 21.5%；本季度非银行支付机构网络支付金额 84.49 万亿元，同比增长 7%，环比增长 23.2%。

（2）P2P 借贷

P2P（Peer-to-Peer）是指个人对个人或点对点借款，通常借助移动互联网技术为资金的需求者和供给者建立一个资金融通的平台，是一种创新的互联网金融产品。2007 年 8 月，中国第一个纯线上的网贷平台拍拍贷正式运营，填补了小贷金融市场的空白，也成为中小企业与民间资本对接的桥梁。2017 年，中国的 P2P 网贷行业实现爆发式增长。随着 2018 年 P2P 平台爆雷问题频现，监管政策不断收紧。据网贷之家统计显示，互联网金融行业历经一年多的严管，截至 2019 年 12 月底，P2P 网贷行业正常运营平台数量下降至 343 家，如图 1-6 所示。

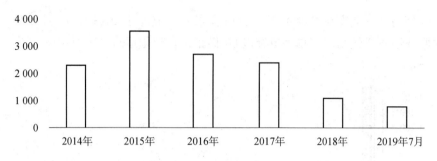

图 1-6　P2P 网贷正常运营平台数量

（数据来源：中国产业信息网）

从 2018 年开始，国家相关监管部门密集发文出台规范 P2P 行业的政策，如表 1-2 所示。

表 1-2　2018 年以来针对 P2P 行业的监管政策梳理

时间	监管主体	监管政策	主要内容
2018 年 4 月	互联网金融风险专项整治工作领导小组办公室	《关于加大通过互联网开展资产管理业务整治力度及开展验收工作的通知》	明确互联网资管业务属于特许经营业务、未取得金融牌照不得从事互联网资管业务、哪些业务模式属于非法金融活动、存量去化期限和未按期去化处置，互联网平台不得代销资产管理产品
2018 年 8 月	P2P 网贷风险专项整治工作领导小组办公室	《关于开展 P2P 网络借贷机构合规检查工作的通知》	要求于 2018 年 12 月底之前完成包括机构自查、自律检查、行政核查的合规检查，统一各地方的整改验收标准，解决标准不一致引起的监管套利
2018 年 8 月	互联网金融风险专项整治工作领导小组办公室	《关于报送 P2P 平台借款人逃废债信息的通知》	要求各地根据前期掌握的信息，上报借本次风险事件恶意逃废债的借款人名单。后续全国整治办将协调征信管理部门，将上述逃废债信息纳入征信系统和"信用中国"数据库，对相关逃废债行为人形成制约
2019 年 1 月	互联网金融风险专项整治工作领导小组办公室、P2P 网贷风险专项整治工作领导小组办公室	《关于做好网贷机构分类处置和风险防范工作的意见》	坚持以机构退出为主要工作方向，除部分严格合规的在营机构外，其余机构能退尽退，应关尽关，加大整治工作的力度和速度。同时，稳妥有序推进风险处置，分类施策、突出重点、精准拆弹，确保行业风险出清过程有序可控，守住不发生系统性风险和大规模群体性事件的底线

续表

时间	监管主体	监管政策	主要内容
2019 年 1 月	互联网金融风险专项整治工作领导小组办公室、P2P 网贷风险专项整治工作领导小组办公室	《关于进一步做实 P2P 网络借贷合规检查及后续工作的通知》	各省市网贷整治办对照《网络借贷信息中介机构合规检查问题清单》（又称"108 条"），出现问题应当及时劝告、坚决整改，引导机构清退或转型，对存在涉嫌违法行为的机构"一票否决"，并移送司法机关处置，实现"以查促改""以查促退""以查促打"
2019 年 7 月	互联网金融风险专项整治工作领导小组办公室、P2P 网贷风险专项整治工作领导小组办公室	联合召开网络借贷风险专项整治工作座谈会	总结 2019 年上半年的整治工作，全面分析互联网金融和网贷风险形势。在交流各地经验的基础上，会议明确，下一阶段，要将稳妥有序化解存量风险、多措并举支持和推动机构良性退出或平稳转型作为重点，坚定持续推进行业风险出清，切实保护出资人合法权益，维护各地经济金融和社会政治稳定

2021 年 1 月 15 日下午，国务院新闻办公室举行新闻发布会，中国人民银行表示，2020 年防范化解金融风险攻坚战取得重要阶段性成果，P2P 平台已全部清零。

（3）众筹

自 2019 年 5 月以来，我国持续运营的众筹平台数量不断下降。图 1-7 和图 1-8 分别给出了 2011—2018 年我国众筹平台当年新增数量以及 2019 年 5 月—2020 年 4 月的平台存量和下线平台数量。对比来看，我国众筹发展已经进入相对稳定时期，且发展相对缓慢。

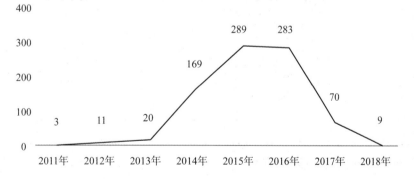

图 1-7 2011—2018 年我国众筹平台新增数量

（数据来源：人创咨询）

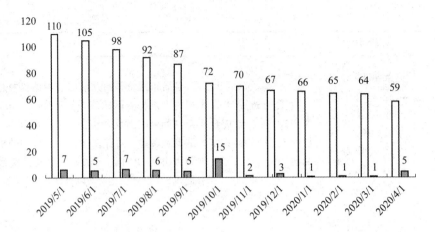

图 1-8　2019 年 5 月—2020 年 4 月众筹平台营运情况
（数据来源：人创咨询）

　　根据中国众筹平台的发展状况，将我国众筹平台分为五类：股权型众筹平台、权益型众筹平台、物权型众筹平台、综合型众筹平台以及公益型众筹平台。其中，物权型众筹平台以网络为中介，用于收购实物资产，通过将升值的资产变现来获取利润，其回报方式有经营分红、租金分红以及物权的未来增值收益。综合型众筹平台一般指包含智能科技、影视娱乐、音乐、书籍等项目，是类别较为丰富的平台。2019 年 5—11 月运营中众筹平台类别统计如表 1-3 所示。

表 1-3　2019 年 5—11 月运营中众筹平台类别统计

时间	股权型	权益型	物权型	综合型	公益型
2019 年 5 月	41	33	15	14	7
2019 年 6 月	39	32	13	14	7
2019 年 7 月	36	32	12	11	7
2019 年 8 月	35	29	12	10	6
2019 年 9 月	32	29	12	8	6
2019 年 10 月	25	26	9	8	4
2019 年 11 月	24	26	8	8	4

（二）国外互联网金融发展现状

1. 传统金融服务的互联网化

　　国外的传统金融服务互联网化起步非常早。1995 年，美国诞生了第一家网上银行 Security First Network Bank（SFNB），它完全依赖 Internet 进行运营，使得银行业务可以脱离物理网点办理。客户不受物理空间及时间限制，只要能登录其网站并拥有其网络账号，便能享受其便捷、高质量的服务。这是最早的银行业的网络化。证券业网络化的开端是 1992 年在美国成立的 E-trade 公司，这家公司将证券业务搬到了线上进行。第一家网上保险公司则成立于 1997 年，是由美国家庭人寿保险公司和日本电信共同投资的互联网直销保险公司。

2. 非传统金融服务的互联网化

国外第三方支付的概念类似于国内同类型第三方支付，但从出现的先后顺序来看，国外第三方支付的起步时间和发展远远领先于国内。PayPal（中文译名"贝宝"）是目前全球最大的支付业务供应商，成立于 1998 年 12 月，总部设在美国加利福尼亚州圣荷塞市。PayPal 在全世界范围内拥有大约 1 亿个注册账户，特点是不仅提供普通的在线支付服务，在跨国交易中也是最为有效的付款方式。普通用户只需使用电子邮件地址即可注册使用相关服务，包括在线实施付出和接收款项，收付款均可即时到账。与传统到银行汇款或者采用邮寄方式送出支票的方法相比，PayPal 提供的服务无疑更加安全和便捷。如今 PayPal 的业务范围覆盖了全世界 190 多个国家和地区，是跨国交易中较为理想的解决方案之一。与 PayPal 类似的产品还有美国 Google 公司于 2006 年推出的 Google check out 支付平台，以及荷兰的著名支付服务提供商 Global Collect 公司，英国的 Worldpay 公司和 Moneybookers 公司，加拿大的 Alertpay 公司，澳大利亚的 eWAY 在线支付公司、Paymate 公司等推出的支付产品。这些公司在各自第三方支付业务上各有侧重，核心业务均围绕充当第三方的转账支付工具。

第一家众筹公司 Artist Share 成立于 2003 年，2005 年 ZOPA 作为第一家 P2P 网贷公司在英国成立。非传统金融服务业务的互联网化商业模式逐渐建立，与传统金融体系演进式融合。

三、互联网金融的发展趋势

（一）多层级金融服务体系形成

互联网金融将助力社会形成多层级的金融服务体系，虽然在短期内互联网金融不能使现有的金融机构出现颠覆性的改变，但是由于互联网的理念和模式使资金配置更加直接和自由，再加上大数法则也会降低总体违约率，即使这个过程比较漫长，也可以通过互联网技术手段，最终摆脱传统金融机构在资金融通过程中的主导地位。作为原有金融体系补充的互联网金融具有多样性和灵活性的特点，既能有效地将金融服务下沉至原本无法服务的广大微小的个体中去，又能在原来没有涉猎的领域中开展业务，极大地提高了金融体系的灵活性和服务广度。这样多层级、立体式的金融环境可以全方位地满足需求，最终达到从初具想法创业，到企业步入正轨，再到发展壮大上市，甚至股份回购退市都有相应的金融平台支持的效果。

随着互联网金融势力涉足传统金融业的业务领域，其与传统金融业之间的竞争加剧，传统金融业面临客户流失严重、资产业务竞争加剧等风险。从互联网金融的发展历程可以看出，互联网金融已从最初的仅提供支付转账业务向提供包括现金管理、余额理财、基金和保险代销、小微信贷等多方面的金融服务在内的一体化模式发展，同时促进了多层级金融服务体系的形成。未来传统金融机构与互联网金融在更大的范围内和更深的程度上互相渗透和融合，提高整体金融效率。

（二）金融基础设施不断完善

金融基础设施是指金融运行的硬件设施和制度安排，其建设的三要素为：法律基础设施、会计基础设施、监管基础设施。金融基础设施越发达，其承受外部冲击的能力就越强，重视金融基础设施建设对一个国家经济发展、新兴经济与转型经济的金融稳定和社会安定有着十分重要的作用。

1. 互联网金融的发展促进法律基础设施的完善

法律基础设施是金融基础设施的核心，完善的金融法律是金融市场正常运转的保证。运行良好的法律体系有利于促进金融市场发展和刺激投资，进而带动经济增长。我国涉及计算机和网络领域的立法工作还相对滞后，有关互联网金融的法律法规较少。以互联网银行为例，《中华人民共和国商业银行法》《中华人民共和国中国人民银行法》均没有针对互联网银行的有关规定，和网上银行相关的《中华人民共和国电子签名法》《电子银行业务管理办法》等法规缺少可以具体实施的规定，并且不能具体到新出现的组织形态及业务类型，使互联网银行在运行过程中游走在已有法律法规的边缘。新互联网金融形态给国家法律调控带来了巨大的压力，与信息网络在国家发展战略和规划布局中的基础性、先导性地位相比，政策支持力度和投入明显不足，法律基础设施仍不能满足市场发展的需要。随着互联网金融领域的新业务层出不穷，更加完善的法律政策和良好的法律环境呼之欲出，直接促进了法律基础设施的完善。

2. 互联网金融的发展促进会计基础设施的完善

金融基础设施的第二个要素是会计基础设施。会计信息对于正确的、具有经济影响的判断和决策来说，是十分有用的。如果对公司的经营状况、个人的信用情况没有充分的信息披露，市场约束就不可能产生。建立在高质量的披露和透明度标准基础上的会计制度，能有效地为投资者提供指导信息，促进市场繁荣。因此，加强会计基础设施的建设是非常必要的。随着互联网金融的发展，以及发展过程中所暴露出的实际问题，越来越多的企业发现，信息的不对称、信用信息披露的不完善是阻碍企业扩大业务规模的主要阻力，在此背景下互联网金融为征信行业的发展孕育了广阔的市场，对于完善征信系统、加强信息披露力度、进一步降低由信息不对称所带来的风险，进而健全会计基础设施有积极的作用。

3. 互联网金融的发展促进监管基础设施的完善

金融基础设施的另一个重要因素是监管制度。监管制度旨在提高金融市场信息效率，保护消费者权益免受欺诈和渎职的侵害，保持系统稳定。构建高效的监管制度，有利于最大限度地发挥监管基础设施的作用。由于互联网金融业务的合法性难以界定，部分互联网金融产品游走于合法与非法之间的灰色区域，网络支付平台有可能成为"帮凶"。如与传统金融业务相比，包括二维码支付、虚拟信用卡在内的创新业务，涉及不少新的流程和新的技术，这些金融创新无法受到既有规则管辖，存在一定风险隐患。

目前，对互联网金融监管没有建立相关安全技术标准、统一的业务规则以及相应的消费者权益保护制度，监管部门如果仅通过后续"叫停"的方式，容易引起支付机构的强烈反应及社会的强烈反响。互联网金融的发展无疑给金融监管和宏观调控带来了新的挑战。因为互联网金融涉及的金融相关服务范围逐步扩大，直接涉及公众利益，所以需要监管部门针对互联网金融不同模式的特性以及运营方式，对部分模式探索实施审批制或者备案制，设立资本金、风险控制能力、人员资格等准入条件，并对同一模式中不同业务种类实行不同标准的差异化准入要求。从消费者角度看，消费者在权益的分配方面处于弱势地位，是互联网金融的主要风险承受载体。金融发展最终应当服务于实体经济，服务于中小微企业和社会的发展，因此，监管当局有必要重视消费者权益保护，维持金融市场体系的稳定。可以说，互联网金融的发展直接促进了新的监管政策、措施的出台，从长远来看，有利于加快完善整个监管基础设施的速度。

（三）移动互联网与金融加速融合

移动互联网是指互联网技术、平台、商业模式和应用与移动通信技术结合并实践的活动的总称。移动互联网在带来便利的同时也会受到自身技术和移动终端设备能力的限制。移动互联网金融是传统金融行业与移动互联网相结合的新兴领域，呈现出社交化、个性化的趋势。目前常见的移动互联网金融服务包括移动银行、移动支付、移动证券、移动保险等。移动互联网金融区别于传统金融服务业，采用不同的媒介，以智能手机、平板电脑和无线 POS 机等移动设备为代表，通过上述移动互联网工具，使得金融业务具有透明度更强、参与度更高、协作性更好、中间成本更低、操作更便捷等一系列特征。移动互联网金融突破了互联网金融在时间和空间上的局限性，与日常生活更紧密地结合在一起，使人们能够随时随地享受便捷的金融服务。移动互联网在为人们的工作和生活带来极大便利的同时，成为传统金融行业的补充。另外，移动互联网金融业逐渐呈现出平台化、社交化、产业化的趋势，在移动端积累的数据对征信体系的建立和完善起到一定的推动作用。

（四）大数据技术服务金融行业

随着信息技术和移动互联网的发展、金融业务和服务的多样化、金融市场的整体规模扩大，金融行业的数据收集能力逐步提高，存储了大量时间连续、动态变化的数据。这些大规模的数据经过处理分析之后成为非常有效的信息，为大数据与金融行业的结合奠定了基础。大数据在加强风险管控、精细化管理、业务创新等业务转型中起到重要作用。首先，大数据能够加强风险的可控程度和管理力度，支持业务的精细化管理。当前，中国银行业利率市场改革已经起步，利率市场化必然会对银行业提出精细化管理的新要求。其次，大数据支持服务创新，能够更好地实现"以客户为中心"的理念，通过对客户消费行为模式进行分析，提高客户转化率，开发出不同的产品以满足不同客户的市场需求，实现差异化竞争。大数据在小微企业信贷、精准化营销、网络融资等领域加速推进。目前，大数据应用已经在金融业逐步推开，并取得了良好的效果，形成了一些较为典型的业务类型，如小额信贷、精准营销、保险欺诈识别、供应链融资等。表1-4 所示为大数据在不同金融行业应用现状的总结。

表1-4　大数据在不同金融行业应用现状的总结

行业	应用	效果
证券	自动化交易	自动化交易策略的设计可以参考更大范围的数据，更好地把握证券期货市场的规律和趋势
	数据仓库和决策支持系统	有利于提高证券公司的数据分析能力，帮助证券公司提供更好的客户服务
	互联网证券	证券公司与互联网公司合作，有利于销售渠道的拓展和客户群体的精准定位

续表

行业	应用	效果
银行	客户个性化营销	帮助银行掌握客户的真实需求并快速响应,提供相应的服务,实现精准营销
	风险管理	提高银行的风险管理能力,帮助建立银行创新风险决策模式,扩大用户基础
	电子商务平台和电子银行	使银行业获得更加立体的客户数据,了解用户习惯,对客户行为进行预测并进行差异化服务
保险	保险产品营销	精准识别潜在客户及其潜在需求,使客户营销策略更加有效
	保险欺诈识别	通过数据分析,提高识别保险欺诈的能力
	互联网保险	为互联网用户提供相对应的网络保险服务,拓展用户渠道

第二节　互联网金融的基本概念

一、互联网金融的内涵

互联网金融是指传统金融机构与互联网企业利用互联网技术和信息通信技术实现资金融通、支付、投资和信息中介服务的新型金融业务模式。

互联网金融最早可以追溯到 1998 年 12 月在美国成立的 PayPal 公司,它代表着第三方支付的出现。之后,随着互联网技术的不断发展以及电子商务的普及,P2P 网络贷款、众筹融资等创新模式不断涌现,逐步完善了互联网金融谱系。我国互联网金融的起步稍晚于国外,1999 年 12 月,首信易支付在北京成立,标志着互联网金融企业在我国的落地。

在互联网金融兴起阶段,相关人员对互联网金融都有各自的理解。阿里巴巴创始人马云认为,互联网金融并不单纯指金融行业利用互联网手段实现业务,而是两种行业的结合,同时,互联网的融入也给金融行业带来了巨大的变革力量。北京市软件和信息服务交易所认为,互联网金融与传统金融并列,都可视为金融行业的不同服务形式。2012 年 8 月,时任中国投资有限责任公司副总经理的谢平在其参与的"互联网金融模式研究"课题中提到:"互联网金融是在互联网金融模式下,支付便捷;市场信息不对称程度非常低;资金供需双方在资金期限匹配、风险分担等上的成本非常低,可以直接交易;金融中介都不起作用,贷款、股票、债券等的发行和交易以及券款支付直接在网上进行;市场充分有效,大幅减少交易成本。"课题组认为:"互联网与金融相互融合,产生了互联网金融市场。在这种模式下,金融业的分工和专业化被大大淡化了,而互联网企业及其相关技术的融入,也在一定程度上降低了互联网金融行业的门槛,金融不再由少数精英控制,金融市场也涌入了更多的平民参与者。"广义上来说,现有的互联网金融模式根据施行主体的不同可分为两大类:一是金融互联网模式,如银行、证券、保险等实体金融机构以互联网为媒介开展的线上服务(如网上银行、网上证券等);二是基于互联网的新金融形式(即互联网金融模式),如各类互联网在线服务平台直接或间接向客户提供第三方金融服务。

在《中国金融稳定报告（2014年）》中，广义的互联网金融既包括作为非金融机构的互联网企业从事金融业务，也包括金融机构通过互联网开展业务。从狭义的角度讲，上述中的后者——互联网金融模式是为了满足用户新的金融需求，互联网技术与金融联姻产生的金融新业态。随着互联网产业的不断发展和成熟，互联网企业不断拓展业务范围，不仅通过传统方式向金融机构提供技术和服务支持，而且不断挖掘数据、创新业务，将业务拓展至金融界，由此产生互联网金融模式。

2015年央行等十部委发布的《关于促进互联网金融健康发展的指导意见》，对互联网金融作了如下定义："互联网金融是传统金融机构与互联网企业利用互联网技术和信息通信技术实现资金融通、支付、投资和信息中介服务的新型金融业务模式。"并指出，互联网金融的主要业态包括互联网支付、网络借贷、股权众筹融资、互联网基金销售、互联网保险、互联网信托和互联网消费金融等。

随着互联网技术的快速发展，互联网企业没有将发展的目光停留在自身业务和为金融机构输送技术支持和提供技术服务的层面上，而是对长期累积下来的数据信息进行总结、分析，应用在金融业务中，创新出互联网金融模式，这也成为互联网技术与金融资本结合的一个全新领域。

二、互联网金融的特征

（一）高效性与低成本

与传统的金融模式相比，互联网金融利用网络信息技术，使得金融信息和业务数据处理更加高效。业务操作的流程趋于标准化、系统化、自动化，将原来在窗口柜台办理的业务转移到互联网以及移动端进行，突破了原来的服务时间和空间的限制，极大地方便了客户，给客户带来了更加多样的服务体系和更加流畅、更加及时以及更加完善的服务体验。

从运营成本上来考虑，互联网金融的发展使金融机构和客户的联系由原来的面对面接触转向线上的交互式联系。这样的沟通方式为金融机构节约了大量的人力和柜台业务服务成本。互联网技术的应用也使客户与金融机构之间的信息流通更加顺畅，信息发布更加及时、充分，提高了信息传递的效率，促进了行业的发展和进步。

（二）信息化与虚拟化

在传统金融模式中，金融机构为了获取客户的相关信息，需要进行大量的调查和分析，撰写相关的可行性报告并审批。这种线下的、传统的调查和分析具有相当大的局限性，一是耗费时间比较长，二是成本比较高，三是获取的信息真实性有待进一步确认。互联网金融通过大数据和云计算的方式收集与客户的消费行为和消费习惯相关的信息，进行更加智能化的分析，不仅调查分析的成本大大降低，缩短了调研时间，也大大提高了结论的可信度。

网络技术不仅仅强化了金融领域信息的重要性，还实现了业务的虚拟化操作。通过互联网技术实现经营地点虚拟化、经营业务虚拟化和经营过程虚拟化。

（三）一体化

互联网金融极大推动了金融混业经营的发展。金融机构不断拓展经营金融产品的品类和相关的业务，充分利用互联网金融边际成本低的特征，提高盈利可能性。对于客户来说，投资理财本身就有将银行账户和证券投资账户、资金资产管理和保险管理等统一管理的需要。

三、互联网金融的模式

中国互联网金融在不同的发展阶段衍生出不同的行业模式。现有的研究对互联网金融的模式做了不同的区分，归纳起来一共有四种模式：互联网传统金融衍生模式、互联网移动支付与数字货币模式、互联网金融理财与融资模式、互联网金融科技模式。

（一）互联网传统金融衍生模式

在中国互联网金融第一阶段，传统金融行业利用互联网技术对传统业务模式进行延伸，主要涉及银行、证券、保险等行业。这些"互联网+"的新模式与传统模式相比，本质上并没有变化，只是利用渠道、数据和技术的优势更好地服务于金融业的消费者和从业者。互联网传统金融衍生主要模式及其代表性产品如表1-5所示。

表1-5　互联网传统金融衍生主要模式及其代表性产品

主要模式	代表性产品
网上银行	传统银行的电子银行模式，如工行网银、招行网银等
	传统银行的子银行模式，如民生银行、兴业银行等银行的直销银行
	没有物理网点的纯网络银行，如浙江网商银行、前海微众银行等
网上证券	证券交易所的网上业务平台，如上证交易平台、深证交易平台等
	证券公司网上营业厅，如中信证券交易系统、银河证券海王星系统等
	无实体营业厅的证券信息与交易平台，如同花顺等
网上保险	实体保险公司的网上投保平台，如中国平安保险商城等
	没有物理网点的纯网络保险公司，如众安在线财产保险公司
	网络投保与网上一站式购买平台，如京东在线保险、支付宝蚂蚁保险等

（二）互联网移动支付与数字货币模式

中国互联网移动支付体系的发展壮大得益于中国电商平台的迅猛发展，支付宝、微信等第三方支付机构规模远超西方成熟市场中任何一家更早成立的支付机构。第三方支付和移动支付等促进了支付体系与互联网的融合，是中国互联网金融发展过程中的重要组成部分。

数字货币由第三方支付衍生而来，吸引了国内外研究者的关注。第三方支付在我国发展程度较高，普及范围较广，在支撑第三方支付的账户体系技术方面，我国走在世界前列。央行也推出了数字人民币App。

（三）互联网金融理财与融资模式

互联网金融在中国的真正发展，即中国互联网金融发展历程中的第三阶段，自2013年出现种类繁多的互联网理财产品，包括"宝宝类"理财产品、P2P网络借贷、众筹、虚拟货币等，互联网被大部分投资者所熟知。

互联网金融理财与融资模式是最具跨越式发展特色的中国互联网金融模式，其在发展前期表现出发展迅猛、市场情绪高涨等特点，但在进入第四阶段后市场规模、综合收益率、投资者规模等各方面快速萎缩。在此背景下，加速监管革新刻不容缓，同时研究投资者行为演变与综合收益率定价机制等问题也有重要意义。

（四）互联网金融科技模式

前三种互联网金融模式分别对应了中国互联网金融第一、第二、第三发展阶段，当互联网金融进入监管革新阶段，进一步要求其回归金融本质，实现利用高新技术驱动完成金融创新，在一定程度上更接近于西方成熟市场的互联网金融发展模式。大数据、云计算、移动互联网、区块链、人工智能等新兴技术在互联网和信息技术的推动下，应用于金融领域，从而引发金融业模式革新。在我国，应用比较成熟的金融科技包含了大数据和区块链两个方面。

1. 大数据

大数据是集合在各个互联网金融模式下累积的非结构化数据，通过实时分析模型与方法，为互联网金融机构和投资者提供动态的、满足不同风险偏好的金融投资与决策依据。相比其他金融科技技术，大数据在金融领域应用落地最为成熟。比如，五大行的大数据平台都已经落地。其中，2016 年年底中国农业银行（简称农行）的对公业务、零售业务、风险管控业务等都已经在农行内部的数据仓库上线。中信银行等股份制商业银行从 2015 年开始上线大数据平台，到 2017 年各城市商业银行也开始纷纷上线大数据平台。

另外，电商大数据金融平台是当前大数据金融最具代表性的应用场景，分为平台金融和供应链金融两大模式。除此之外，大数据也是其他人工智能、云计算等在金融领域的应用前提。在大数据金融的发展基础上，如智能投顾服务等金融科技服务模式才得以进行，且向大众普及。据统计，中国 2017 年智能投顾管理的资产达 289 亿美元，年增长率高达261%，是世界其他地区平均增长水平的 4 ~ 6 倍。这充分显示，在进入第四阶段（即监管革新阶段），中国互联网金融同样可以通过金融科技发展，寻求新的突破口以及新的可实现跨越式发展的领域。平台金融模式和供应链金融模式的优势对比如表 1-6 所示。

表 1-6　平台金融模式和供应链金融模式的优势对比

类型	定义	优势	代表企业
平台金融模式	平台企业利用自身平台优势，对积累的专属数据通过信息化方式进行专业化的挖掘和分析，从而获得其他投资人无法得到的决策依据	平台优势 风险管控优势 征信体系优势 数据使用场景优势	蚂蚁金服
供应链金融模式	供应链中部分核心企业通过相关产业上下游企业营运、交易等数据的累积和分析，通过搭建资金平台或者与特定金融机构合作，对供应链中的企业提供金融服务的模式	"一站式"全产业链金融模式优势 信贷风控优势 产品服务优势 授信主体优势	京东金融

2. 区块链

从技术维度的范畴来说，区块链是一种将数据区块以时间顺序依次相连的方式组合形成链式数据结构，以加密的方式保证数据不可篡改和不可伪造的分布式账本（分布式网络），被认为是继蒸汽机、电力、信息和互联网科技之后，最有可能引发世界新一轮技术革命的核心技术。2016年12月中国《"十三五"国家信息化规划》首次将区块链列入国家规划，这标志着区块链在中国互联网金融发展中正式进入快车道。金融是区块链技术开发聚焦、应用最广泛的场景，如供应链金融、资产证券化、征信与风险控制等。概括来说，区块链金融主要体现在"区块链技术+"传统金融服务模式。"区块链技术+"传统金融服务模式如表1-7所示。

相比前三种中国互联网金融主要模式，互联网金融科技模式发展相对较晚，也因此有更多的调整空间。在中国互联网金融市场监管日趋完善、产品日趋成熟的背景下，互联网金融科技模式中主要产品和服务的发展将更类似于西方成熟市场，更关注互联网金融的金融本质，将互联网技术作为核心技术工具，提供更健全、稳定的金融产品与服务。

表1-7 "区块链技术+"传统金融服务模式

传统服务	特征
支付结算	区块链在支付和交易结算领域应用具有推动改变金融市场结构的潜力，特别是在支付高效、低延迟方面的优势明显，利于提高系统稳健性和支付结算效率
证券	区块链技术让股权交易参与者在无须建立信任的前提下，开展股权发行、管理和交易，并把参与者操作附加时间等多位信息同步到分布式账本，形成动态操作存证，使股权登记证明更可信
保险	区块链应用能整合多渠道的分散用户信息，确保用户信息真实性，提高业务效率，还可应用于直保与再保公司业务交互，优化保险账单中的人工录入、人工对账等人力投入与资金沉淀成本
征信	区块链技术可以帮助征信机构低成本拓宽数据采集渠道，提高采集效率，规模化解决数据真实性问题，还可以实现数据供需方直接对接，征信机构作为区块链节点，以加密形式存储、共享，处置用户授权的信用数据
消费金融	区块链与消费金融二者都强调消费者主权和普通用户主导。区块链提供的智能合约、分布式账本、共识信任等，实现了消费金融强调的消费金融化、金融生活化，围绕消费的资金资本融通，构筑消费者、商家和金融机构利益共同体机制
供应链金融	通过区块链的分布式账本等技术为供应链金融各参与方提供平等协作平台，降低机构间信用风险和信任成本；构建扁平化点对点信用网络，实现核心企业向供应链中远端企业的信用传递；将资产数字化确权、切分、交易确认、记账、对账和清算，大幅降低链上企业带息负债率

第三节　互联网金融的理论基础

对于互联网金融发展过程中出现的种种问题，学者们试图用传统经济学中的产业经济学、信息经济学和金融中介理论等来进行解释。

一、产业经济学与互联网金融

规模经济、范围经济、长尾理论是产业经济学的基本理论，互联网金融本质上来说仍然是金融产业，因此，产业经济学的相关理论可以用来解释互联网金融的问题。

（一）互联网金融的规模经济

关于规模经济的表述，最早可以追溯到亚当·斯密。斯密在《国富论》一书中指出："劳动生产上最大的增进，以及运用劳动时所表现的更大的熟练、技巧和判断力，似乎都是分工的结果。"他认为，分工的结果带来的是劳动力的生产技术更纯熟，因此生产规模越大，平均的生产成本越低。马歇尔在《经济学原理》一书中提出："大规模生产的利益在工业上表现得最为清楚。大工厂的利益在于专门机构的使用与改革、采购与销售、专门技术和经营管理工作的进一步划分。"规模经济是指在一特定时期内，企业产品绝对量增加时，其单位成本下降，即扩大经营规模可以降低平均成本，从而提高利润水平。互联网金融当中的规模经济可以从供方规模经济和需方规模经济进行分析。

1. 供方规模经济

供方规模经济是指企业生产的产品数量增加，单位成本降低。从供给的角度来说，单位成本的下降来自互联网金融以互联网的技术向更多的客户提供了相同的服务。客户群体的增多，办理业务数量的增多，使得平均成本摊薄。在信息经济时代，信息、知识、技术等要素超越传统经济中居于首位的资本与劳动力要素，随着投入增加、产出增加，供方的成本与收益就分别呈现出递减与递增态势。标准化是实现规模经济的前提条件，否则互联网金融服务就需支付与传统金融服务相当的高单位成本。互联网上开展保险销售业务是供方规模经济的典型案例。互联网保险销售平台不受货架和仓储的物力限制，成本主要有平台建设投入和宣传费用，投入运营后，依托计算机系统推行自助业务办理，打通标准化产品生产与流通通道，实现批量化生产、程序化服务，边际成本很低，在客户人数增加的同时不断摊薄刚性成本，并通过动态交易产生大量集成资产，形成供方规模经济，进一步提高盈利能力。同样，银行开发手机银行等App的固定成本是既定的。客户通过办理手机银行的业务，在手机银行移动端实现转账、查询等柜台业务的时候，银行为此所付出的可变成本有限，并且可变成本远低于固定成本。因此，当越来越多的客户通过手机银行App进行相关的业务办理时，银行办理每笔业务的平均成本就降低了，从而实现了供方的规模经济。

2. 需方规模经济

需方规模经济是指使用相关产品的消费者越多，参与到其中来的消费者越受益。就手机银行App的使用而言，收付款双方都可以随时查询账户明细的时候，手机银行转账的操作才更容易被用作交易的支付方式，才会更加普及。客户数量和产品价值因"正反馈效益"相互助长。当到达客户数量的临界值后，该类经济的规模迎来爆发式增长，价值的增长速度变得非常惊人。网络价值以用户数平方的速度增长，从需方整体角度来看，边际效用递增。因此，需方的规模经济又被称为网络经济。

（二）互联网金融的范围经济

范围经济是指企业规模达到一定阶段，利用现有设备、渠道，增加一些产品种类，并没有显著增加成本，而使产品平均成本降低。第三方支付平台依赖庞大的用户基础，衍生出一些第三方服务，比较典型的是城市服务，例如手机充值、水电缴费等。对于支付宝、微信等互联网产品来说，投资的平台基础建设和宣传费用都已经转化为现有的资源禀赋，在平台基础上拓展新的业务能够使企业更好地利用这些渠道，发挥用户基础的价值。因此，范围经济是企业进行业务相关多元化的理论基础。

（三）互联网金融的长尾经济

与传统的企业关注大众市场不同，长尾理论认为，虽然随着产品品类的增加，每种产品的需求和产量都会减少，但大量小众需求聚集在一起仍可以盈利。这一理论的前提是接近于零的渠道、流通和营销成本，这也是只有网络经济才能实现长尾经济的原因。从本质上来说，长尾曲线就是规模经济曲线和范围经济曲线在空间中的投影，可以理解为，在范围经济的每一个品类上，都实现了自身的规模经济，使范围经济达到极致，即实现了长尾经济。

互联网金融居于金融产业的长尾之上，催生出一系列充分满足普惠金融需求的产品和服务，提升了金融的便捷性、平等性和开放性。互联网货币基金增加了小额、零散的投资机会，提供了"零门槛"的投资途径，从而开发了那些对手续简便度、额度灵活度十分敏感的尾部客户。互联网微贷公司凭借信息处理优势，全流程、高效率、低成本地把控借款人的信用水平，使微贷业务规模化成为可能，并设置灵活的期限与额度政策，服务人性化、个性化，迅速释放了大量小微借款，甚至碎片化借款的尾部需求，探索出了一条改善传统金融信贷体系信贷配给困难的新途径。

互联网金融的成本优势是其延伸长尾的基础。降低成本的终极办法就是用可以无限复制和传播的字节处理一切。传统银行应用互联网平台打造直销银行，摆脱了物理网点与运输仓储，突破了时空限制，简化了业务流程，减少了基层人员，改变了边际成本与效益关系，而节省下来的成本，以更具吸引力的存款利率和服务费率等形式回馈客户，从而吸引新的客户群体——习惯运用互联网、收入较高、追求简便高效的群体，并进一步增加客户的黏性。

二、信息经济学与互联网金融

（一）互联网金融的信息不对称理论

信息不对称是指交易双方所拥有的与交易有关的信息不同。交易双方对掌握的信息有差距，会造成交易双方地位的不平等。因此，信息是除传统的劳动、资本生产要素之外的重要经济要素。在现实市场当中，信息不对称的情况普遍存在，深刻影响了市场价格，市场价格作为资源配置的重要反馈机制进一步影响了资源配置效率。在传统交易当中，掌握信息比较多的一方往往处于有利的地位，掌握信息比较少的一方就处于不利地位。

"阿里小贷"基于卖家自愿提供的基本信息以及阿里系电商平台十几年来数亿笔交易记录所形成的类目庞杂、更新频繁的数据库，自建信用信息体系。信息系统的固定投入较高，但一旦开始使用，运行成本较低。在贷前，从数据库提取数据，导入信用评估模型，并引入交叉检验技术，将隐性的"软信息"转变为显性的"硬信息"，提高了信用水平甄别的精确度；在贷中，分散、无序的信息形成了动态、连续的信息序列，以趋于零的边际成本给出借款人处于动态变化中的动态违约概率及风险定价，为远程监测、实时预警提供了可能；在贷后，电商平台和小贷系统设有严格的曝光、禁入等违约惩戒措施，从而减少机会主义倾向。

互联网技术一方面有效地消除了传统交易中的信息不对称，但另一方面，信息大量聚集在平台，容易造成平台的信息垄断资源，可能形成新的信息不对称现象。

（二）互联网金融的搜寻理论

基于信息不对称理论，交易双方需要通过完善自己掌握的信息，提高自身在交易当中的话语权及地位。搜寻信息是需要付出一定成本的，因此，在搜寻信息的过程当中，信息搜寻者面临着何时停止搜寻的问题。由此，搜寻可以分为固定样本搜寻和连续搜寻。前者以搜寻的信息数量为停止搜寻信号，后者以搜寻到符合一定目标要求的信息为停止搜寻的信号。

搜寻成本影响着定价和价格离散程度，搜寻成本越高，价格竞争越弱，离散程度越高，搜寻所获得的收益就越大。目前，互联网信息搜寻效率已达到较高水平。互联网使信息在市场中呈均衡分布态势，成本与价格的透明度提高，网上商品价格也趋于收敛。与传统金融市场相比，若互联网金融市场搜寻成本的降幅不大，就会失去发展后劲。

以货币基金市场为例，传统市场上的搜寻成本较高，信息扭曲严重，寻找优质供方的难度较大，若低质量供方可能凭借降价（如降低利差或手续费）来弥补口碑劣势，优质供方受到建立、维护、宣传的成本限制，就不可能占据全部市场，因此会出现优质供方的产品价格和市场份额较高、低质量供方的产品价格和市场份额较低的均衡，价格竞争较弱，离散程度较高。而在互联网市场上，搜寻成本大大降低，优质供方更容易被需方选择，供方群体内部将加剧价格竞争，均衡时的价格离散程度发生改变；低质量供方不得不进一步降价，最终可能因产品价格低于成本而难以生存，市场结构发生质变，促成"良币驱逐劣币"的局面。

（三）互联网金融的声誉机制

声誉机制也称 KMRW 模型，由戴维·M. 克雷普斯（David M. Kreps）、保罗·米格罗姆（Paul Milgrom）、约翰·罗伯茨（John Roberts）和罗伯特·威尔逊（Robert Wilson）建立，对有限重复博弈中信誉效应（即合作现象）进行了很好的解释。声誉机制建立在信息经济学、博弈论基础之上，证明参与人对其他参与人支付函数或战略空间的不完全信息对均衡结果有重要影响。只要博弈重复的次数足够多，合作行为在有限次重复博弈中就会出现。该理论解释了当进行多阶段博弈时，声誉机制发挥的作用。上一阶段的声誉往往影响到下一阶段及以后阶段的收益，现阶段良好的声誉意味着未来阶段较高的收益。不少学者乐于分析声誉机制在借贷市场上发挥的作用。比如在 P2P 网贷市场上，借款人的借款记录和还款记录是其"声誉"的主要构成因素。现实中存在借款人凭借小额借款建立"好声誉"后再行诈骗、一旦留下失信记录后伪造身份信息重新"入场"的现象，因此 P2P 借款人的声誉机制要想真正生效，必须满足两个基本条件：一是信息高效率、低成本地传播，确保借款人不良声誉被及时披露和识别，促成集体惩罚；二是信息真实、完整，建立 P2P 信用信息共享系统并接入我国正式的征信系统，使来自各个 P2P 平台的借款人信息互相补充和校验，构建网上统一联防机制，从而最大限度地提高信息造假的成本，降低信息甄别的难度，切实保障 P2P 贷款人的合法权益。

三、金融中介理论与互联网金融

（一）金融中介理论概述

金融中介理论起源于 20 世纪 60 年代，当时的学者主要聚焦于金融中介的微观视角，分析商业银行如何在提供产品和服务的过程中进行自身的优化，实现金融产品和服务的创新。在市场经济中，储蓄—投资转化过程是围绕金融中介来展开的，金融中介是储蓄投资转化过程的基础性的制度安排。金融中介存在的基础等问题一直是金融学关注的问题。不确定性、交易成本和信息不对称是金融中介演化的客观要求。

1. 不确定性与金融中介

单纯的实物形态的商品交易是一种钱物之间的同时易手，它是现实并且即时的，交易费用不会太大。相对而言，融资活动这种金融交易是虚拟的、跨时期的特殊交易，是现有与未来的交易，是当前的现金流量与将来一系列现金流量的交易，因而交易中的不确定性因素更多，贷款者承担的风险更大，为降低交易不确定性和交易风险，促使交易顺利进行，交易费用要高得多。因此，风险厌恶者在进行投资的时候会更倾向于进行多样化的组合投资，而金融中介的存在可以有效降低个人持有多样化组合的成本。

2. 交易成本与金融中介

将交易费用范式用于解释金融中介的存在，是现代金融中介理论发展的两大趋势之一。贷款者对借款者的融资可看作一种金融交易活动。在融资以前，借款者要寻找潜在的贷款者，贷款者要调查借款者的信用状况和经济状况，借款用途或投资项目的可行性，融资发生以后，贷款者要严密监督借款者的行为，防止款项被挪作他用。此外，贷款者还必须对借款者的财务报告进行核实，借款人违约时，贷款人要打官司，等等。繁重的交易费用可能令直接融资行为变得不可行。

金融中介机构的出现会改变这一切。首先，金融中介机构把众多投资者的资金集中在一起进行投资，可以降低单位货币和单个投资者的交易费用，具有规模经济的优势。金融中介机构具有规模经济优势的最明显例证就是共同基金。共同基金把基金的份额出售给个人，借以筹集资金并将其投资于股票或债券。从表面上看，这种融资方式比个人直接投资多了一个环节，增加了基金管理公司的管理费用，然而实际上却节约了交易费用。规模巨大的共同基金还可以运用计算机技术建立电子通信系统和电子交易系统，降低交易的运作成本。

其次，作为一种集体投资方式，金融中介机构的资产或投资规模很大，可以购买分散化的证券组合，降低投资风险，使个人投资者享受分散投资的好处。

最后，金融中介机构可以雇用专业技术人员，开发专门的交易技术，降低交易成本，并为投资者提供流动性便利。当然，金融中介机构的出现，又会引起对金融中介的监督和激励问题，并由此引致额外的代理成本。

思考：增加了额外代理成本以后，金融中介的成本优势还存在吗？

3. 信息不对称与金融中介

信息不对称是现代金融中介理论的另一个分析范式，这是解释中介比市场更有效的分析范式。信息论的奠基人香农（C. E. Shannon）认为，信息就是用来消除不确定性的。按照信息不对称发生的时间以及相应可能发生的后果可以分为两种情况：一种是事前发生，事前发生的信息不对称可能会造成逆向选择；另外一种是事后发生，事后发生的信息不对称会造成道德风险。

在金融市场上，质量差的金融资产大量存在，但是金融消费者没有办法有效辨别，只能按照平均质量的价格购买公司筹资发行的证券，导致金融市场运行的效率不高。这时候，金融中介就扮演了交易市场中介的角色，为优质的融资者进行信用担保，从投资者那里拿到资金，购买好的金融产品。金融中介在从事这项工作的时候具有天然的优势，他们可以通过与长期稳定客户的关系得到更加详细和真实的融资企业生产经营状况，也可以掌握客户交易的账户的现金流信息等。通过这些信息的分析和再加工，金融中介生产了新的有价值的信息，这些信息是金融中介的内部产品。

借款资金到位后，出资方和融资方的经营目标往往不一致，普遍存在委托—代理的矛盾，大量的小的出资方监管融资方也会产生"搭便车"问题，所以把这个工作委托给专业机构是有效率的。

金融中介发展到现在已突破了交易成本、信息不对称的范式约束，开始强调风险管理、参与成本和价值增加的影响，使金融中介理论从消极观点（中介把储蓄转化为投资）向积极观点（在转换资产的过程中，中介为最终储蓄者和投资者提供了增加值）转变。

（二）互联网金融的金融中介功能

随着时代的发展，金融中介只有实现更具有效率的资源配置、更全面的发展才能更好地发挥自身的功能。基于金融功能观这一视角，我们首先要分析互联网金融这一金融模式是否最大限度地实现了金融中介的金融功能。

1. 资源配置功能

资源配置功能是金融中介最重要的功能，高效率的资源配置一直都是金融中介不断努力的目标。但是对于传统金融中介而言，市场上存在严重的信息不对称现象，并且对于传统金融中介而言，小微企业信息的获取、信用风险的评估等都是有待解决的问题。而互联网金融这一金融模式的出现，优化了金融市场的资源配置，降低了资源配置过程中的融资成本。以 P2P 为代表的互联网金融模式的出现为资金的供需双方提供了一个方便快捷的平台。借贷双方可以在 P2P 平台上发布自己的供需信息，而平台也会根据双方的需求进行匹配，满足双方的投融资需求。这种基于互联网的投融资方式脱离了时间和空间的限制，因此在一定程度上降低了交易成本。此外，不同于传统金融中介聚焦于大型企业，P2P 网络借贷平台在一定程度上降低了交易的门槛，满足了小微企业的需求，提高了金融市场上资源配置的效率。

2. 风险分散管理功能

一直以来，金融中介都在努力降低信息不对称带来的信用风险问题。在互联网金融模式下，借贷双方可以在平台上发布投融资需求，而平台在这些需求的基础上进行深度的分析和挖掘，以便确定借款方的偿还能力和贷款方的供给能力，降低信息不对称，从而进行风险的分散和管理。除此之外，互联网金融凭借自身周期短、流动性强的特点，使短期内的小额借贷资金高速流动，也在一定程度上达到分散和降低系统性风险的目的。并且，得益于互联网技术的发达，投资者可以借助互联网对融资者进行全面的了解，信息的可得性提高，风险也随之降低。

3. 支付结算功能

支付结算功能是金融中介的基本功能。在传统金融中介的支付清算功能中，金融中介借助现金、支票等支付手段，在支付过程中完成用户货币的转移。在互联网金融模式下，金融中介的支付清算功能演变为第三方支付。相比于传统的金融中介，第三方支付的主要优点有操作方便、费用低廉等。在互联网第三方支付的过程中，电子货币依然具有价值尺度和支付手段等货币属性，相较于传统金融中介支付结算功能有了较大的进步。

4. 客户导向功能

金融中介可以通过引导客户的消费，加强社会资金的流动性，从而提高社会资源的配置效率。随着互联网的发展，人们的消费方式和消费习惯也随之改变，在强大的互联网技术的支持下，销售成本和消费成本得以降低，引导了客户的消费观念，同时也改变了消费者的消费习惯，提升了互联网金融的消费黏性。并且，在大数据的飞速发展下，互联网金融可以借助大数据等技术手段对客户的消费行为进行分析，建立合适的模型，从而挖掘客户的消费心理，从而更好地引导消费。因此，互联网金融具有客户导向功能。

第四节　传统金融与互联网金融对比

一、互联网金融与传统金融的区别

互联网金融相对于传统金融来说，它的优势是通过互联网实现资金信息的对接和交易，大大降低了交易成本，且手续简单，收益比较高，周期短，风险相对较低；而且解决了风险控制的问题，大量的客户通过互联网交易，在网上留下交易记录和交易痕迹，这些客户的信息资料，对于银行信息风险控制是非常重要的。互联网金融的客户以分散的个人客户和中小企业为主，而传统的商业银行并不十分重视这部分客户，互联网金融正好填补了这个空白，自然快速发展。

不仅如此，互联网金融业务交易量大，但是单笔量小。互联网金融产品涉及范围广，相比于传统产业和传统金融行业，产品众多，几乎每个行业、每家企业都能在互联网金融领域找到自己的位置。互联网金融与传统金融的区别主要体现在服务对象、服务产品、销售渠道、运营成本及效率、金融监管等方面。

（一）服务对象

传统的金融行业在发展的过程当中，面对的都是一些比较高端的客户。而资质相对较差的客户就无法去满足相关服务的资质，不能成为传统金融行业的客户。传统金融行业的贷款一般情况下在 1 000 万元以上，这样的门槛使一些中小型的企业根本无法达到相关的标准。互联网金融聚焦于传统金融业服务不到或不够重视的"长尾"客户，利用信息技术革命带来的规模效应和较低的边际成本，使"长尾"客户在小额交易、细分市场等领域能够获得有效的金融服务。

（二）服务产品

相较于传统的金融服务，互联网金融更加便利，产品更加多样化。从金融产品和服务方面来看，传统的金融产品和金融服务非常固定，也比较单一，用户可以根据自身对于资金的需求，选择不同的金融单位定制金融服务，满足其个性化需求。而互联网金融采取批量化服务模式，缺乏一定的针对性。

（三）销售渠道

传统的金融行业在发展的过程中拥有了大量的银行网点，发展了固定的客户，而整个运营成本也会随着运营规模的扩大而不断增加。互联网金融在发展的过程当中，则采取线上形式来开展服务，主要通过网络客户端来与客户进行沟通和交流，客户可以更便利地获取信息，从而扩宽了产品销售渠道，有效提高了金融产品的经济效益。

（四）运营成本及效率

传统金融的线下个性化服务模式所需要的资金较多，成本比较大，运营起来比较困难，而通过互联网不仅能够有效地降低运营成本，还可以提高工作效率。互联网可以批量销售标准化的金融产品及金融服务，从而节约用户办理相关业务的时间，提高整个金融服务的经济效益。

（五）金融监管

传统金融行业面临过多次危机，其相应法律法规及监管制度相对于互联网金融来说更为完善，准入门槛比较高，业务开展也受限。金融业的稳定对国内经济包括国际经济均有显著影响，银行业更有"大而不能倒"的说法，有针对性地完善监管将很大程度上避免一国经济的萎缩甚至区域或国际金融的危机。传统金融在监管层面有完善的《巴塞尔协议》，在面临危机时有较强的应对能力，可以一定程度避免经济崩塌的情况发生。

互联网金融诞生以来，发展速度快，监管相对比较滞后。宽松的监管从短期来说为互联网金融发展提供了低门槛、低成本的有利条件，但从长期来看有非常大的潜在风险。因此，加强互联网金融机构的监管势在必行，也将会进一步约束并规范相关业务的开展。

二、互联网金融对传统金融的影响和挑战

（一）互联网金融对传统金融的影响

互联网金融创新对盘活社会资金、加速金融创新和传统金融机构变革、缓解小微企业融资难提供了契机。

1. 有助于盘活社会资金

互联网金融的发展有助于扩大社会融资规模，提高直接融资比重，盘活社会资金，服务实体经济发展。一是互联网金融大大降低了普通民众进入投资领域的门槛，通过积少成多形成规模效应，撬动更多社会资金。如，绝大多数银行理财产品起步资金都是万元，而"余额宝"一元起即可购买，有助于吸引以百元和千元为单位的社会闲散资金大量进入。二是互联网金融可以依托资产证券化等手段盘活资产，实现资金快速循环投放。如阿里金融与东方证券合作推出的"东证资管—阿里巴巴专项资产管理计划"，使阿里小贷能够迅速回笼资金，盘活小额贷款资产，提高资金使用效率。

2. 有助于加速金融创新

互联网金融打通了交易参与各方的对接通道，提供了不同类型金融业态融合发展的统一平台，有助于加快金融机构创新、金融模式创新和金融产品创新。一是互联网与金融的融合发展将重构金融生态体系，新金融机构、泛金融机构、准金融机构等非传统金融机构将不断兴起，集成创新、交叉创新等创新型金融形态将不断涌现。二是在互联网金融的快速冲击下，金融机构既有的盈利模式、销售模式、服务模式和管理模式已经难以为继，倒逼其推动金融模式转型和创新。三是随着信息技术、社交网络技术、金融技术的不断突破，大量基于消费者和小微企业的个性化、差异化、碎片化需求的金融产品由理论变为现

实，将大大丰富现有的金融产品序列和种类。

3. 有助于加快传统金融机构变革

互联网金融改变了传统金融机构的资源配置主导、定价强势地位和物理渠道优势，倒逼传统金融机构加快价值理念、业务模式、组织架构、业务流程的全方位变革。一是促进传统金融机构价值理念变革，摒弃以往过于强调安全、稳定、风险、成本的价值主张，更加注重无缝、快捷、交互、参与的客户体验和客户关系管理，真正做到以客户为中心、以市场为导向。二是促进传统金融机构业务模式变革，改变息差作为主要收入来源的传统盈利模式，通过产品创新和提供综合增值服务构建新的盈利模式。三是促进传统金融机构组织架构和业务流程再造，加快组织的扁平化、网络化和流程的简捷化、去审批化，从而提高组织效率，快速响应客户需求。

4. 有助于缓解小微企业融资难

互联网金融在很大程度上解决了由信息不对称引发的逆向选择和道德风险问题，有利于增强金融机构服务小微企业的内生动力，有效缓解小微企业融资难、融资贵、融资无门的问题。一是互联网金融依靠先进的搜索技术、数据挖掘技术和风险管理技术，大幅降低了小微企业的准入成本和融资成本。二是互联网金融的运营特点与小微企业的融资需求具有很强的匹配度。三是互联网金融引发的激烈市场竞争将推动银行等传统金融机构重新配置金融资源，大量的小微企业将得到更多的信贷支持。

（二）互联网金融下传统金融面临的机遇

1. 互联网金融是传统金融的有力补充

互联网金融带来了三大好处：一是相对于传统的银行来说，交易成本不断降低，使行业更有竞争力；二是客户服务的口径在不断增大，覆盖面扩大；三是解决风险控制的问题，客户在网上留下交易记录和交易痕迹，这些信息资料对于银行进行信息风险控制是非常重要的。

2. 大数据金融的运用

互联网金融还可以通过社交网络或电子商务平台挖掘各类与金融相关的信息，获取部分个人或机构没有完全披露的信息，满足用户金融需求。在互联网金融模式下，智能搜索引擎通过对信息的组织、排序和检索，能有针对性地满足信息需求，大幅提高信息搜集效率。

3. 交易方式变革

在交易上，互联网金融可以及时获取供求双方的信息，并通过信息处理形成时间连续、动态变化的信息序列，据此进行风险评估与定价。

（三）互联网金融下传统金融面临的挑战

随着互联网技术的发展和金融市场客户多样诉求的推动，互联网金融逐渐挑战传统的银行业务。互联网金融的优势明显，对传统银行的支付领域、小额贷款领域和中间业务领域均造成冲击。一是民间资本逐渐参与到新型金融模式当中，给传统金融市场带来了更大的竞争压力；二是第三方支付平台的涌现，分散了用户个人资金流，支付理财等金融业务独立性增强，对以利差盈利模式为核心的传统金融业务构成了极大威胁；三是传统金融行业所提供的用户服务以及产品体验相较于互联网金融有比较大的差距。

（四）传统金融的应对策略和途径

1. 大力发展技术

《关于促进互联网金融健康发展的指导意见》（简称《指导意见》）明确鼓励传统金融机构从技术、产品和平台三个层次进行互联网金融转型，非常明确地指出科学技术在互联网金融业务中的突出作用。银行、证券、保险三大传统金融机构必须坚定地实施科技领先发展战略，只有掌握先进技术，才能构建数据定价的核心能力，在汹涌澎湃的大数据时代才有竞争力。

从目前情况来看，传统金融机构应大力发展以下技术：一是新一代信息技术，主要是云计算、大数据风控和区块链技术，这是未来互联网金融业务创新的技术基础。特别是区块链技术，它能使信息自由和互信，发达国家的银行已经开始使用区块链技术框架进行金融服务创新。二是人工智能技术。基于指纹、人脸等生物特征的身份识别技术是未来金融活动主体识别的主流技术。三是移动无线通信技术。以移动影像识别、智能穿戴技术为代表的"嵌入"金融服务的技术是未来互联网金融发展的方向。四是网络信息安全保护技术。《关于促进互联网金融健康发展的指导意见》《互联网保险业务监管暂行办法》和《网络借贷信息中介机构业务活动管理暂行办法》对互联网金融机构的信息安全水平都提出了更高的要求，所以传统金融必须加强网络信息安全保护技术。

2. 快速推进产品创新

互联网已经像水和电一样，成为企业和个人依赖的基础条件，深刻改变了人们的生活习惯和商业模式。传统金融机构必须通过基于互联网的产品创新来满足"互联网+"时代客户对金融服务的需求，让产品创新成为自身向互联网金融转型的抓手。传统金融机构应在标准化产品、个性化产品和跨界化产品的三个维度进行大力创新。标准化产品创新应不断挖掘一定数量的群体对同一金融服务的需求，不断推出标准化的新金融产品，以互联网为营销和服务渠道，给客户提供良好的产品体验，通过边际效应获得超额利润。个性化产品虽然目前成本较高，但随着用户数据的积累、大数据分析技术的成熟及未来逐步完善的征信系统，低成本为客户提供个性化的金融产品和服务完全可能。个性化的金融产品创新可极大增强传统金融机构的竞争力。跨界化产品创新也是未来创新的主要方向，互联网的开放性和跨界性使行业与行业之间的界限变得模糊，传统金融机构应利用自身和政策优势积极与非金融机构进行合作，特别是与互联网企业进行跨界产品创新，扩大业务的深度和广度。

3. 积极构建生态平台

平台商业模式是互联网时代一种独有的生态模式，其精髓在于打造一个完善的、成长潜能大的"生态圈"，它拥有独树一帜的精密规范和机制系统，能有效激励多方群体达成平台企业的愿景。生态平台战略既保持从纵向分析价值链环节的思维，又增加对横向价值环节的分解，所以能逐渐模糊产业的边界，在创新需求的同时，还满足现有需求，从而拆解产业现状、重塑市场格局，这就是 BAT（百度、阿里巴巴、腾讯）等大型互联网平台能逐步渗透传统金融行业的原因。打造互联网金融生态平台其实一直也是大型传统金融机构梦寐以求的目标，但是由于主观和客观的原因，目前我国还没有传统金融机构主导的有统治力的金融平台。《指导意见》等政策支持传统金融机构打造互联网金融平台，为有条件的传统金融机构打造生态型互联网金融平台提供了历史性机遇。金融机构一定要坚定执行以金融账户为入口的生态平台战略。具有海量用户的大型传统金融机构可以构建多生态、全场景、泛需求和综合化的互联网金融平台，有一定数量用户的中型传统金融机构可以打造细生态、多场景、专需求和一站式的互联网金融平台，没有用户数量优势的小微传统金融机构可以培育一个微生态、专场景、为实体和扶小微的互联网金融平台。

4. 专心致力人才培育

任何企业的发展都是由人才驱动的，人才是企业发展的核心要素、核心资源。随着互联网金融逐步打破金融垄断，银行优势逐渐丧失。因此，能否拥有一支具有互联网思维和技能的人才队伍决定了传统金融在"互联网+"时代发展的成败。传统金融必须制定人才优先发展战略，结合机制和体制改革，快速培养一批精通金融业务、谙熟国家互联网金融政策和规则、掌握互联网思维、理解互联网精神、能认清互联网金融发展趋势、具有将互联网和金融进行创新性融合能力的中高级管理层，以及一批具有互联网营销、产品推广及服务技能的一线员工。传统金融机构只有培育出一批又一批"看得懂、跟得上、想得到、留得住"的结构合理的互联网金融人才，才能抓住时代机遇，抢占互联网金融业务的高地。

互联网金融是在互联网和传统金融机构结合的基础上发展而来的，是二者的延伸。但互联网金融的出现不会导致传统金融机构的衰落，未来互联网金融和传统金融中介机构两者形成互补，彼此之间促进发展。在未来的发展中，传统金融机构和互联网金融之间可以建立战略同盟关系，彼此之间相互促进发展。对于传统金融机构而言，互联网金融的出现难以取代传统金融中介的地位，但是传统金融中介也应该不断创新，结合先进的互联网技术，发挥更优质的功能。对于互联网金融而言，其在发展的过程中也应该借鉴传统金融中介的发展经验，发挥更多的功能。互联网金融和传统金融可以实现资源互补，提高范围经济，为客户提供更好更多的金融服务，共同促进我国金融体系的发展，从而共同推进我国创新环境和金融环境的进步。

本章小结

互联网技术的普及和创新，"互联网+"模式在商业等领域的应用拓展，以及金融产品需求的上涨，催生了互联网金融。国内互联网金融的起步较国外晚一些，但是发展历程是跨越式的。传统金融机构采取互联网新技术实现更好的客户服务，互联网科技公司涉足金融领域，并拓展出新的市场。

本章介绍了互联网金融的产生背景、发展历程以及发展现状，并对互联网金融的概念、内涵、特征及模式进行了介绍，探究了互联网金融飞速发展的深层次理论基础，分析了传统金融和互联网金融的区别与联系。

思考与练习

一、名词解释

互联网金融　规模经济　信息不对称　金融中介

二、选择题

1. 互联网金融门户利用（　　）的方式，将各家金融机构的产品放在平台上，供用户对比挑选适合自己的产品和服务。

A. 团购+预售　　　　B. 搜索+比价　　　　C. 点对点　　　　D. 线上+线下

2. 互联网金融的特征包括（　　）。

A. 高效性与低成本　B. 信息化与虚拟化　C. 科技性与共享性　D. 一体化

三、问答题

1. 如何理解互联网金融的概念？

2. 互联网金融的发展经历了哪些阶段？

3. 互联网金融模式有哪些？

4. 互联网金融的理论基础有哪些？

5. 互联网金融相对于传统金融来说有哪些不同？

6. 互联网金融的出现对现有的金融机构造成了什么影响？

第二章　互联网金融技术

🔔 **学习要点及目标**

- 理解大数据对互联网金融的影响
- 理解物联网在互联网金融中的应用
- 理解区块链的概念和原理

🔔 **课程思政切入点**

技术量变到质变规律，大国自信

🔔 **核心概念**

大数据，物联网，云计算，区块链

🔔 **材料导读**

2019 年 8 月 22 日，中国人民银行印发《金融科技（FinTech）发展规划（2019—2021年）》（简称《规划》），明确提出未来三年金融科技工作的指导思想、基本原则、发展目标、重点任务和保障措施。《规划》中指出，金融科技是技术驱动的金融创新。金融业要以新时代中国特色社会主义思想为指导，全面贯彻党的十九大精神，按照全国金融工作会议要求，秉持"守正创新、安全可控、普惠民生、开放共赢"的基本原则，充分发挥金融科技赋能作用，推动我国金融业高质量发展。

金融科技作为信息技术带来的创新，强调前沿信息技术对合规金融业务的辅助、支持和改进作用，其核心是帮助金融业务实现"三升两降"，即提升效率、体验、规模，同时降低成本和风险。自 2015 年以来，国内外企业开始探索金融科技技术。关于金融科技的内涵，国际金融稳定理事会（Financial Stability Board，FSB）给出了一个国际通用的标准定义："技术带来的金融创新，它能够产生新的商业模式、应用、过程或产品，从而对金融市场、金融机构或金融服务的提供方式产生重大影响。"更进一步，在金融科技所覆盖的范围与领域方面，巴塞尔银行监管委员会区分出四个核心应用领域，即"存贷款与融资服务""支付与清结算服务""投资管理服务"及"市场基础设施服务"。其中，"存贷款与融资服务"领域包括网贷、征信、众筹等产品；"支付与清结算服务"包括移动支付、

P2P 汇款等内容；"投资管理服务"的典型代表是智能投顾与智能投研等；"市场基础设施服务"的内容最为广泛，意指人工智能、区块链、云计算、大数据、安全等技术所带来的金融产品的创新。

由于中外的金融监管环境与社会环境存在一定差异，中外关于金融科技概念也存在较大的区别。就美国而言，其语境上的 FinTech 公司以初创型企业为主，大部分是经营移动支付、财富管理、网贷等业务。而中国在"金融科技"的概念被提及之前，事实上已经历了数年以第三方支付、P2P 网贷企业为典型代表的互联网金融的发展阶段。在过去，由于从事"互联网金融"业务的大多是非金融持牌的互联网企业，一度出现了忽视金融本质、风险属性和必要监管约束的现象，导致出现业务运作不规范、风险管理不到位、监管适用不恰当或不充分等问题，也引发了一些监管套利风险与消费者保护风险。因此，国内官方组织与监管机构所鼓励发展的"金融科技"，更多的是强调前沿技术对持牌合规的金融业务的辅助、支持和优化作用，技术的运用仍需遵循金融业务的内在规律、遵守现行法律和金融监管要求。最终的金融科技产品或服务的提供者，也聚焦在合规经营的金融机构的范围内。

上述材料告诉我们，互联网金融的核心不是"Internet finance"而是"Web finance"，互联网金融的兴起和普及得益于移动通信技术的发展，得益于智能手机的普及，得益于人们与互联网关系模式的变化。

第一节　大数据技术

案例导入

大数据会成为未来互联网金融的核心

2010 年 6 月，阿里巴巴集团和复星、万向以及银泰等股东联合成立了浙江阿里巴巴小额贷款公司（简称阿里小贷）。阿里小贷的初始注册资金为 6 亿元，是国内第一家面向电子商务平台上的小微企业融资需求的小额贷款公司。阿里小贷模式的核心，是整合阿里云、支付宝、淘宝网和阿里巴巴网站这几大平台的海量数据，利用庞大的客户资源、交易数据和信用数据，通过数据挖掘进行客户信用评级，发放"金额小、期限短、随借随还"的小额贷款，为电商小微企业提供批量化生产的贷款业务。阿里小贷与阿里巴巴网站、淘宝网及支付宝的后台层数据完全实现同步共享，通过阿里云计算平台对客户的海量交易数据进行挖掘，囊括平台商户的历史交易数据、信用记录、客户评价等内部数据，以及纳税记录、海关记录等外部数据，这些海量大数据信息，通过上百个参数变量和模型进行自动分析和评估，大数据经过云计算后得到动态的风险定价和违约概率分析结果，阿里小额贷款将电子商务交易过程中所形成的数据信息和信用信息进行二次深度挖掘和分析，将其转换成量化的信贷决策变量指标，打破了传统银行端与企业端的天然信息不对等的屏障，极大缩短了传统贷前调查的复杂流程，将风险管理的成本降至最低。

从理论角度分析，在大数据时代，造成小微企业融资困境的两个难题"资金供需双方之间信息不对称和风险管理上的激励不相容"正在出现有解的可能。凭借数据挖掘所蕴含的核心竞争力，基于大数据应用的网络融资模式完成了信贷中介在互联网生态中的转型，旨在突破束缚小微企业融资的信息与成本枷锁，一定程度上扭转信贷资源分配的不对称格局。大数据与信贷业务结合的核心优势在于重塑信息结构，削减业务成本。电子商务平台积累了海量数据，对网络大数据进行挖掘所得到的逻辑与规律信息，要比现实中发布的企业数据更真实，因而具有巨大的社会经济价值。

（资料来源：《小微企业融资发展报告：中国现状及亚洲实践》课题项目报告，https：//tech. huanqiu. com/article/9CaKrnJzRd0？w＝280，新浪财经）

一、大数据概述

当今，信息技术为人类步入智能社会开启了大门，带动了互联网、物联网、电子商务、现代物流、互联网金融等现代服务业发展，大数据概念的提出可以追溯到 2008 年。2008 年 9 月，《自然》杂志出版了《大数据》（*Big Data*）专刊；2011 年 2 月，《科学》（*Science*）期刊联合其姊妹刊推出了一期关于数据处理的专刊《*Dealing with data*》，从互联网技术、互联网经济学、超级计算、环境科学、生物医药等多个方面介绍了海量数据所带来的技术挑战。与此同时，麦肯锡、BM 等知名跨国商业机构纷纷提出大数据概念和行业展望。

对于大数据（Big Data），研究机构 Gartner 给出了这样的定义："大数据需要新处理模式才能具有更强的决策力、洞察发现力和流程优化能力来适应海量、高增长率和多样化的信息资产。"麦肯锡全球研究所给出的定义是："一种规模大到在获取、存储、管理、分析方面大大超出了传统数据库软件工具能力范围的数据集合，具有海量的数据规模、快速的数据流转、多样的数据类型和价值密度低四大特征。"在国内外相关领域的共同推动下，大数据已从概念演化为集科学原理、信息技术数据理念为一体的集合。

（一）大数据是新的生产要素，体现了一种全新的资源观念

自 2000 年以来，以 Hadoop 为代表的分布式存储和计算技术迅猛发展，极大地提升了互联网数据管理能力，让全社会开始重新审视数据的价值，开始把数据当作一种独特的战略资源对待。根据国际数据公司（International Data Corporation，IDC）统计显示，2014—2020 年全球数据呈指数级增长，如图 2-1 所示。

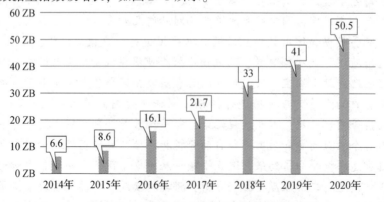

图 2-1　2014—2020 年全球产生的数据量

（资料来源：IDC、Seagate、Statista estimates 前瞻产业研究院统计）

预计到 2025 年，全球数据量将比 2016 年的 16.1 ZB 增加 9 倍，达到 163 ZB。中国数据产生量约占全球数据产生量的 23%，其中，媒体、互联网数据量占比为 1/3，政府部门、电信企业数据量占比为 1/3，金融、教育、制造、服务业等数据量占比为 1/3。

（二）大数据代表了新一代数据管理与分析技术

传统的数据管理与分析技术以结构化数据为管理对象，在小数据集上进行分析，以集中式架构为主，成本高昂。与"贵族化"的数据分析技术相比，源于互联网的、面向多元异构数据、在超大规模数据集上进行分析、以分布式架构为主的新一代数据管理技术，与开源软件潮流叠加，在大幅提高处理效率的同时，成百倍地降低了数据应用成本。例如，新一代计算平台 Spark 将 Hadoop 的性能提升了 30 多倍，类似的开源技术，在极大提高数据分析效能的同时，大大降低数据分析的技术门槛，为企业提供低成本的大数据技术方案。大数据基础技术图谱如图 2-2 所示。

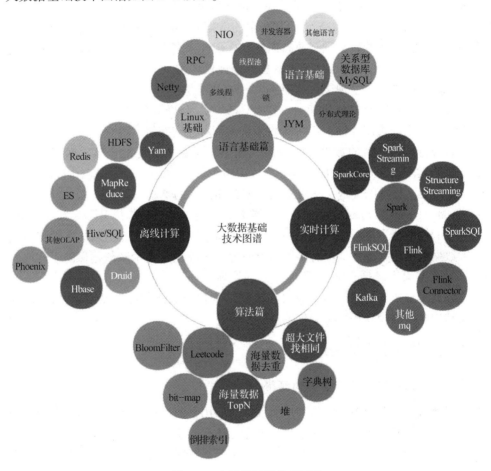

图 2-2　大数据基础技术图谱

（三）大数据是一种全新的思维角度

大数据的应用，赋予了"实事求是"新的内涵，其一是"数据驱动"，即经营管理决策可以自下而上地由数据来驱动；其二是"数据闭环"，互联网行业往往能够构建包括数据采集、建模分析、效果评估到反馈修正各个环节在内的完整"数据闭环"，从而不断地自我升级、螺旋上升。

当前，国内外缺乏对大数据产业的公认界定。从技术体系的角度来看，市场普遍认同的大数据技术体系，包括以 Docker 为代表的容器微服务技术、以 Hadoop 为代表的大规模分布式存储计算技术、以 Spark 为代表的大规模数据分析建模技术、以 Kafka 为代表的数据总线技术、以 HBase 为代表的非结构化查询语言（No Structured Query Language，NoSQL）技术、以 Redis 为代表的内存数据库等。从数据应用的角度来看，大数据产业既包括在大数据采集、存储、管理、挖掘等环节提供数据资源供给、数据分析服务、数据应用产品的核心大数据企业，也包括诸多非信息技术领域中运用大数据理念、技术来提升运作效率、提高决策水平的大数据生态企业。

中国信息通信研究院对大数据相关企业的调研结果显示，我国大数据产业规模稳步增长。2016—2019 年我国大数据产业市场规模由 2 840.8 亿元增长到 5 386.2 亿元，增速连续四年保持在 20% 以上。当前，中国正在加速从数据大国向数据强国迈进。随着中国物联网等新技术的持续推进，到 2025 年，其产生的数据将超过美国。数据的快速产生和各项配套政策的落实推动我国大数据行业高速发展，预计未来中国行业大数据市场规模增速将维持在 15% ~25%，到 2025 年中国大数据产业规模将达 19 508 亿元。

未来，大数据技术将呈现出数据更丰富、处理技术更强大、分析技术更精准等趋势。在数据源方面，经过行业信息化建设，医疗、交通、金融等领域已经积累大量的数据资源。而随着物联网的应用、移动互联网的普及，来自社交网络、可穿戴设备、车联网、物联网及政府公开信息平台的数据，将成为大数据增量数据资源的主体。数据处理技术方面，谷歌文件系统（Google File System. os）、Hado 分布式文件系统（Hadoop Distributed File System. HDs）技术的出现，奠定了大数据存储技术的基础；而 Map Reduce（映射规约模型）、SOM、Dremel、Spark、Pregel 等各类大数据技术，进一步提升了大数据处理能力，在开源社区的不断努力之下，性能更高的新技术将不断涌现、快速更新。在数据分析技术方面，大数据为人工智能、深度神经网络的研究突破提供了技术和数据保障。未来，大数据技术不但能够大大降低企业部署联机分析处理（Online Analytical Processing，OLAP）、数据挖掘等数据分析工作的成本，更可在大量结构化半结构化数据及文字、图片、音频、视频等非结构化数据中获得更多的价值。

二、大数据对金融业的影响

（一）金融大数据对传统金融的颠覆

互联网金融未来发展的一个趋势是大数据的应用，而这也改变了人们对金融本质的传统认识。此前学界广泛认为金融的本质是中介，还有人认为金融的本质是对风险的控制与管理，然而随着互联网金融的发展，已经有人开始对金融进行重新定义，金融就是大数据。

所谓对传统金融的彻底颠覆，一个很重要的表现形式是基于大数据的征信和网络贷款：通过对企业之前的数据进行分析，得出企业违约的概率，根据概率的大小来判定是否给该企业提供贷款，或者根据违约概率的大小决定贷款利率的高低。未来基于大数据的保险也是同样的原理：通过对个人或企业的行为数据进行研究，分析其发生事故的概率，根据概率大小决定是否提供保险，或者以不同的投保金额提供同一程度的保险。就拿车险来说，未来为车子购买保险跟现在不一样，保险公司会对车主的生活、工作、习惯等各方面的大数据进行分析，计算出其发生交通事故的概率，然后再决定是否为其提供保险，如果为其提供保险的话，以何种保险费率提供保险也同样依赖于车主发生事故的概率。P2P网络贷款，也是互联网金融的模式。目前，美国已经颁布相关法律保护通过众筹来进行融资的方式。与此同时，在证券投资业中，大数据处理方式也开始展现出优越性。人们根据历史数据来判断哪种资产更适合投资，数据越多，判断的结果就越准确。

假设整个金融市场互联网化，包括支付清算体系、金融产品、金融工具、风险评估与定价、期限匹配、数量匹配都互联网化，会极大降低交易成本，提高金融市场效率，建立在大数据基础上的直接金融交易会蓬勃发展。

（二）大数据对金融创新的推动

大数据促进了高频交易、社交情绪分析和信贷风险分析三大金融创新。

1. 高频交易

高频交易（High-Frequency Trading），顾名思义，就是高频率地进行交易。交易者通过采用先进的设备和交易程序，提升其获取和分析数据的速度，然后快速生成并发送交易命令，凭借速度优势获取高额利润。这类交易可以使交易者在短时间内完成多次交易，以达到在交易时间结束前不持有大量头寸的目的。据统计，2009年以来，高频交易在美国的各大金融市场占据了相当高的比例，为40%～80%。随着采用高频交易的交易者越来越多，门槛会提得很高，高频交易的弊端也开始凸显出来。高频交易拼的是各自的硬件和速度，你的系统速度怎么样、运算速度怎么样、宽带接口速度怎么样，可能决定你最后的盈利。很多公司花巨额资金投资于硬件和网络，实际是以速度的差值赚钱，所以整个高频交易行业进入了一个怪圈，获得的利润也开始下降。

为了获得更多的利润，交易者们开始采用"战略顺序交易"，即通过对金融大数据进行分析，以达到识别市场特定参与者的历史足迹。举一个简单的例子，一只共同基金若是经常在收盘前一分钟的第一秒执行大额订单，那么采用能识别这一模式的算法的交易者就能够以该通常性模式为依据，判断该共同基金在剩余交易时间的动向，并继续进行交易。交易者以此方法获得利益是建立在该共同基金在剩余交易时间内继续进行交易的基础上的。

2. 社交情绪分析

据国外研究机构统计，人们通过Twitter每天发出超过5亿条的消息，Facebook日均用户也超过了10亿，社交媒体数据应用成为互联网商业模式的重要组成部分。通过对980万以上的英国人发出的4.84亿条Twitter消息进行研究分析，英国布里斯托尔大学研究团队发现，财政紧缩及社会压力会对公众的负面情绪有明显影响，二者之间存在正相关关系。惠普实验室的社交计算研究主管伯纳多·休伯曼所写的《网页法则》把人们在微博上发布的信息与现实世界发生的事情之间的关系称为"注意力经济学"，他发现可以通过分析人们发布的微博来准确预测票房收入。

金融市场的投资者试图将研究与应用结合起来。精神病专家理查德·彼得森于2008年在美国加利福尼亚州圣莫尼卡投资100万美元建立MarketPsy Capital对冲基金，该基金通过对聊天室、博客、网站和微博等进行长时间的追踪，确定市场对不同企业的情绪而确立其交易策略。巴黎的一家 FIRemans 机构,主要是对法国 CAC40 指数进行情绪分析;伦敦的小型对冲基金 DCM 通过在 Facebook 和 Twitter 等社交媒体上收集大量数据,评估人们对某个金融工具的情绪,将预测结果有偿提供给客户,为其投资决策提供依据。

3. 信贷风险分析

事物是不断发展的,客户的信用情况也处于不断变化发展中,其受到持有资产、经营状况和市场行情等因素的影响。在传统金融模式下,为了应对信息不对称所带来的挑战,各大商业银行投入了大量人力、物力、财力,建立起自身发展所需要的信息收集、数据分析、风险控制和统筹决策系统。而在互联网金融模式下,交易双方的交易全过程都是在网络平台上进行的,平台能够直接收集交易双方的各类信息,包括交易双方的身份与信用、交易数额、交易期限等数据,这种直接收集信息的模式颠覆了之前的间接收集模式,使价格、经济状况等信息更加透明,能有效抑制人为操控利率的情况,有利于利率的市场化定价。

互联网金融的发展使人们更加方便、快捷地获得信息数据,越来越多的公司挖掘出海量信息数据的商业价值,于是它们就开始拓展新的业务——出售自身在经营过程中所收集到的大量信息。另外,随着数据的大幅度增加,一大批为数据处理提供技术支持和自动编辑功能的企业或业务就应运而生了。它们之间互相进行比价竞争,为消费者节约了成本,创造了价值。

三、金融行业大数据建设和应用

由于行业的特点,金融行业在"大数据"概念提出之前,一直是数据治理、数据分析领域的积极实践者,并在数据仓库、数据分析平台、数据挖掘等领域进行了卓有成效的实践。

(一)金融行业数据源

金融行业内部积累的大数据资源、行业外部获取的大数据资源,均可为金融行业所用。按照具体的业务场景,可将金融行业内的大数据源划分为银行业数据、证券期货业数据、保险业数据和互联网金融平台数据等。

1. 银行业数据

银行业数据主要包括以下五个方面,即客户信息数据,由客户交易获取的结构化数据,银行业务处理过程中采集的用于集中作业、集中授权、集中监控的影像、视频等非结构化数据,银行网站中隐含的大量客户需求或产品改进信息,各类媒体、社交网络中涉及的银行信息等。

国内商业银行对数据的集中、规整、分析、挖掘可以追溯到 2000 年前后。近年来银行 IT 系统建设积极采用大数据所带来的开放、聚合、互联、智能的理念和相关技术体系,获得了一系列应用成果。大数据平台建设目标主要基于既有的数据仓库或内部数据分析挖掘平台,及时跟进、评估开源社区和大数据行业的技术发展进展,搭建融合数据仓库和开源技术的大数据处理平台,使商业银行有能力基于行业内外的数据源开展各类大数据应用。一般是在现有统一的数据库架构下,逐步审慎评估、纳入 Hadoop、YARN、Spark、Tez、HBase、Kafka、Ocean Base、NoSQL、内存计算、流计算和图计算等技术,使用个人计算机架构服务器搭建更具经济性的计算集群，以期在数据吞吐量、处理速度、数据源多样性等方面获得较快提升，并降低 IT 运营维护成本，有效支持商业银行在线上、线下各类业务的融合。

2. 证券期货业数据

证券期货业对数据的实时性、准确性和安全性要求较高。证券期货数据包括实时行情、历史金融数据、统计数据、新闻资讯等，数据涵盖股票、期货、基金、债券、股指期货、商品期货等与宏观经济、行业经济息息相关的多个方面。证券期货数据的数据量大、变化快，期货数据每秒更新两次，每日产生上万笔数据。宏观经济数据包括国内宏观经济数据、地区经济数据、行业经济数据、国外宏观经济数据四大类，涉及超过 13 万个经济指标、670 万条多数据。新闻资讯不仅包括新闻信息和机构研究报告，还包括论坛、微博发布的网络舆情信息。这些数据需要采用网络爬虫、语音分析等非结构化数据处理方法进行挖掘。

3. 保险业数据

保险业数据包括保单、理赔单、电话营销录音、保险业相关行业业务数据、与具体险种相关的行业外数据（气象、经济指标、区域统计指标等）、医疗保险记录和病历、汽车投保者的驾驶违章记录数据等。保险业的非结构化数据多为影像数据。这些数据为保险公司的各类决策提供支持，支撑保险营销、定价等业务的开展。

4. 互联网金融平台数据

互联网金融平台数据包括支付数据、网络融资数据等方面。支付数据即用户的转账汇款、机票订购、火车票代购、保险续费、生活缴费等支付服务数据，网络融资服务数据主要是贷款方的财务报表、运营状况、个人财产等资信相关数据、投资方的个人基本信息和行为信息及偏好信息。互联网金融公司除了在自身服务平台上搜集数据外，还可以在互联网上获取如用户的网页浏览数据、其他平台交易数据、网络言论等数据资源，对客户的行为进行交叉验证。

（二）国内金融行业大数据应用现状

近年来，金融行业积极吸纳、学习大数据理念和相关技术，结合自身业务将既有的数据分析工作推向了新的高度。目前，大数据治理和分析能力已经成为各类金融机构的核心竞争力和发展的重要推动力。随着大数据技术的快速发展，大数据在金融业的应用场景正逐步拓展，在风险控制运营管理、销售支持和商业模式创新等细分领域得到广泛应用。

金融系统可以通过大数据分析平台，导入客户社交网络、电子商务、终端媒体产生的数据，从而构建客户视图。依托大数据平台可以进行客户行为跟踪、分析，进而获取用户的消费习惯、风险收益偏好等。针对用户这些特性，银行等金融部门能够实施风险及营销管理。总结可以看出，金融机构大数据应用主要在四个领域：渠道优化、客户个性化管理、风险管理及运营优化。以下分别从银行业、保险业、证券业以及第三方网络金融业务来分析大数据的应用。

1. 银行业

（1）渠道优化

基于商业银行多年来积累的海量内部数据，结合合规合法的外部数据，开发出门槛更低、更加便捷高效的创新产品，提升产品的竞争力。金融机构往往是在自身积累的产品体系基础上，通过进一步提高内部数据的整合能力、挖掘水平，纳入覆盖面更广、颗粒度更细的内部数据，借助特征工程、机器学习等大数据分析技术，结合征信、税务、互联网公开数据等外部数据源，在个人/对公信贷、供应链金融等业务场景中进行产品创新尝试，开发出线上申请、快速审批的互联网信贷产品。

（2）客户个性化管理

利用行内积累的客户数据，结合大数据分析技术，准确理解客户需求，发掘潜在客户，提升对客户的感知能力和个性化营销、服务水平。引入非结构化数据处理技术，结合大数据总线技术、机器学习建模技术、个性化营销技术，利用内部各渠道积累的数据，强化对客户行为数据的收集与利用，提升数据获取的颗粒度和数据更新速度，通过线上或线下客户经理等渠道，准确感知客户的实时需求，并实现全渠道的伴随式服务和个性化营销。

（3）风险管理

利用大数据的先进技术，提升内控合规、反欺诈、信用风险管理等方面的技术水平。采用大数据总线技术，借助网络爬虫、机器学习等技术，提升数据获取分析的精度和场景匹配度，全面掌握客户风险情况，提升非现场审计的业务占比，在提高风控质量的同时，有效提升业务效率，减少时间、资金和人力资源的支出。

2. 保险业

（1）费率计算模型优化

实现目标：利用过往业务中积累的真实理赔数据，整合内部和外部大数据，通过构建更加精细的模型，实现保费的精准差异化定价，提升盈利能力。

具体内容：利用大数据平台，将内部的客户属性信息、外部获取的客户行为习惯信息与真实的客户理赔数据进行关联，进而使用因子分析、特征工程、逻辑回归、决策树等算法，经过多轮数据建模与场景化调优，构建出基于大数据的保费定价模型，对不同理赔概率的客户提供差异化的报价。

（2）客户结构优化

实现目标：利用历史积累数据，从既有的客户群中，探索出高价值客户群，为进一步优化客户结构提供参考。

具体内容：借助关联分析、回归建模、机器学习建模等方法，结合业务规则，对客户群体进行精确定位，设计专项营销，提升高价值客户群的业务转化率。

（3）优选客户名单

实现目标：利用数据挖掘方法进行客户营销转化率分析，区分目标客户的营销转化率，提升营销成功率。

具体内容：使用回归分析、决策树建模等多变量分析技术，利用既有数据和外部数据资源，对客户进行精准画像，进而以转化率为优化目标，建立营销转化率预估模型，发现转化率高的客户，优先实施营销。

（4）基于客户行为的营销资源优化

实现目标：基于历史数据和客户行为数据，实现营销资源的合理配置和有效利用，从而提升营销效果。

具体内容：对营销资源管理系统及历史数据进行分析，结合外部数据，分析客户行为偏好，找出投保最优配置，同时对投保系统进行优化，逐步形成投保全生命周期管理的完整流程。

3. 证券业

证券业是典型的数据生产行业和数据驱动行业，无论是经纪业务中更好地获客，为客户提供投资咨询和辅助决策，还是资产管理中的量化投资模型的建立，都离不开大数据的支撑。

（1）大数据经纪业务

经纪业务是典型的通道中介，在券商服务标准趋同，陷入价格竞争的红海的情况下，大数据的引入为券商提供差异化服务提供支撑，助力券商将经纪业务由通道类业务转变成包含增值服务的金融业务，改变着行业竞争格局。

客户营销：建立潜在客户识别模型和新增客户质量评估模型，制定针对性的营销方案，大大提高拉新效率；对于存量客户，通过建立客户渠道偏好模型、客户购买倾向预测模型、客户投资能力评价模型、产品关联分析模型、客户满意度评价模型和客户忠诚度评价模型等，制定有针对性的提升客户活跃度的应对方案，开展相应的营销活动，提高客户活跃度和贡献度。

客户转化率提升：通过对客户交易习惯和行为分析，提升客户交易的频率、客户的资产规模，从而提升业务收益。具体而言，就是根据客户的行为偏好，推荐不同的服务：对于交易频率低且年收益率较低的客户，推荐理财产品；对于交易频率高且收益水平高的客户，推送融资服务；对于交易频率低且资金量大的客户，主动提供投资咨询服务。

证券咨询服务：利用大数据技术提升投资咨询服务水准，增强客户黏性，例如，基于每日实时抓取的新闻资讯和股票等相关数据，通过大数据分析，帮助用户快速获取全网关注的投资热点。

（2）大数据资产管理业务

实现目标：通过构建大数据模型，理顺主力资金与散户资金、主力行为与市场走势、散户情绪与市场走势等的关系，从而增加投资胜率；利用大数据技术，建立针对各个市场、面向不同用户的交易策略，让投资者能够科学稳健地在全球市场投资。

具体内容：利用大数据建立算法交易与量化投资平台，为证券公司资产管理部、证券投资部提供包括高频行情、智能策略交易与交易报盘绿色通道等在内的更加丰富高效的策略化投资手段；借助大数据技术挖掘历史数据、高频数据，实时分析当前流式数据，通过交易策略的多维运算发现获利机会，根据设定策略全自动委托下单，从而快速完成交易，保证执行效率，降低冲击成本，实现高端客户的个性化营销，提升客户价值。

大数据一个重要的应用是进行辅助投资，制定投资策略。具体来看，大数据可以用来进行选股和择时。选股方面，就是利用大数据甄选出基本面向好或投资方关注度较高的股票并形成投资组合，前者如根据电商网站统计数据购买近期销售向好、价格提升的产品品类股票，后者如根据财经网站股票板块不同股票浏览数据筛选出近期关注度较高的股票。择时方面，可以利用大数据捕捉投资者的市场情绪，例如根据财经网站股票板块的点击量、关键词（如"股票"的搜索量）、博客中股票市场文章的发表量和点击量等构建情绪指数，在市场情绪上涨时提升组合仓位、在市场情绪回落时降低组合仓位。

4. 第三方网络金融业务

第三方网络金融业务多数为纯线上服务，与客户没有直接接触，其客户数据的来源主要有如下几类：第一类是自身积累的数据，主要包括客户在金融服务类网站的行为记录（如电商的交易日志、支付的流水记录），以及一切登录浏览等行为；第二类是在各类线上线下的合作伙伴处获取的数据，如行业黑名单、法院审判结果、第三方信用评估等；第三类是通过爬虫从互联网上采集的公开数据，包括新闻、各种空间自媒体、微博；第四类是客户授权从其他系统获得的数据，如客户的信用报告、联系人、工资单、银行流水、电商记录、信用卡流水、通话记录等。这些信息单独存在的价值都不大，但当它们汇聚成海量信息，经过数据采集、清洗、分析、建模、机器学习等一系列步骤，就可以建立集中式大数据平台提供服务。目前大数据在互联网金融行业的应用较为突出的领域有用户画像、快速授信、风控反欺诈、大数据营销、动态定价等。

（1）用户画像

无论是借钱还是投资，企业都需要深入了解客户，了解客户收入水平、偿还能力、消费偏好、资产配置等，甚至包括其心理状况、社会关系、所处行业的趋势等，因为这些信息对于客户投资借贷行为的预测有至关重要的意义。通过大数据分析，互联网金融企业可以把客户的属性标签从几十个扩展到几百甚至几千个，从而三百六十度无死角地描述客户。

（2）快速授信

互联网金融通过大数据等技术手段降低了征信成本和营销成本，使更广泛的人群拥有了贷款投资的机会，现在行业小额贷款的审批速度已经普遍达到了十秒甚至更快。

（3）风控反欺诈

互联网在降低金融服务成本的同时，也给金融欺诈打开了方便之门，各种以"钻补贴推广空子"获利的"羊毛党"日益猖狂。身份伪造、恶意逾期等行为使互联网金融行业损失以十亿元计，每个企业都为如何堵住漏洞、发现欺诈绞尽脑汁。

金融企业通过对用户网络行为、设备动态、平台行为、交易行为及整体行为的分析，可以形成用户的行为数据图片。例如，通过大数据业务分析和技术分析手段特别是特征工程，能对这些海量数据进行处理；对大数据关联叠加后利用特征工程可以找出各种"羊毛党[①]"的行为规则。在识别"羊毛党"后，平台须对"羊毛党用户"逐一细化分析，综合评判各细分人群对平台的影响，并依照平台的目标制定差异化运营措施，并从技术和业务角度制定相应的运营措施。

欺诈行为包括伪造信息提高授信，利用流程漏洞套利，甚至盗窃、伪造身份骗贷。由于互联网的非接触性和便捷性，这种欺诈实施起来更隐避，完成起来更迅速。在反欺诈时，通常需要多个风控模型协同工作，包括基于用户个人申请信息的模型、基于用户社交关系的模型和基于用户历史交易的模型等。同时，还可以使用机器学习模型自动挖掘非线性的特征组合，提高识别的准确率。

---

① 羊毛党，网络流行语，指专业薅羊毛的用户。薅羊毛，源于1999年央视春晚小品《昨天·今天·明天》，指利用规则漏洞或者通过钻研规则，在规则之内获取一些小利益，即占便宜。羊毛党是对薅羊毛用户的戏称。

当模型众多、计算量达到一定程度时，结论和数据之间的关系已经无法靠人类经验来解读，这种情况下任何针对单一风控模型的造假就变得极为困难甚至毫无可能。例如，对一些有组织的骗贷行为，比如使用多个手机号登记、用多个空壳公司为其提供在职证明、填写不同的亲属关系等，利用人工手段进行甄别费时费力，通过大数据分析会很容易发现这些数据之间的关联，从而进行预警。

（4）大数据营销

对于第三方网络金融服务机构来说，重要的是如何在第一时间洞察客户的金融需求，使用有效手段触达客户，推荐最适合的产品，引导客户在本机构完成贷款或进行投资。

大数据在营销方面的一个解决方案包括分析信贷产品，洞察目标客群，形成客群画像；通过意愿预测模型，预测客户意愿；对客户进行分层，针对不同价值等级采取不同的营销手段；结合客群共同特征进行营销模板的设计；实时反馈数据，进行模型的优化迭代；对客户进行动态分析，帮助风控建模及交叉营销。由于结合了大数据的精准营销模式，整体响应率、符合率都较传统模式有明显提升，模型逐步优化迭代，各环节营销效果也呈上升趋势。

（5）动态定价

动态定价是指抛开传统的围绕产品的固定定价模式，将价格与服务的场景、对象绑定在一起，更精准地用价格杠杆应对风险，达到提高收益的目的，这个应用的典型例子是运费险：通过大数据分析，让保险公司能够针对具体的人和商品来进行定价。具体来说，就是通过对退货风险的大数据分析，发现退货概率、消费者属性和消费场景的内在关联，例如，女性更容易退货，鞋类退货率更高。再通过数据建模和深度学习，制定出总收益最高的保险费策略。于是，对低退货风险的人和商品，运费险只要几毛钱，而在高退货风险的情况下，运费险甚至可能比商品价格还贵。最终保险公司提高了收益。另一个开始流行的动态定价的应用是动态利率。对于同一类信贷产品，针对不同用户，甚至针对不同场景下的同一个用户，都可以实现利率实时计算。

四、金融大数据发展展望

（一）金融行业内外数据的融合进一步加强

金融行业的信息化程度比较高，并已在多年的数据治理过程中积累了丰富的数据资产。近年来，一些金融机构已经尝试多种跨界合作的场景，并在其中尝试接入税务、工商、运营商等外部数据，实现内部金融数据与外部行业数据的融合，初步发掘大数据融合的协同价值。

与此同时，一批非金融企业进入金融服务领域，这些"外来者"往往在行业中已经有很深的沉淀，或多或少也积累了一定量的数据。进入金融领域后，原有数据被重新梳理。从另一个角度审视其数据价值，原有行业数据的金融短板也要求企业引入更多的数据，通过跨界融合产生新的数据应用场景。

未来，金融行业内部、外部数据将进一步融合，大数据应用将获得更全面、细致的数据基础，从而推动更多基于大数据的金融业务创新。

（二）大数据对金融业务的驱使作用进一步显现

近年来，金融机构在充分消化、吸收大数据技术的基础之上，利用大数据的理念与技术开展了一系列的大数据运用，从用户画像深入到用户特征分析，并通过不同角度的业务特征分析把数据应用扩展到日常运营、产品创新、风险控制、个性化客户服务等主要的业务领域。在一些业务领域中，大数据已经融入业务流程计划、执行、监控、评估解释环节，形成了业务数据的完整闭环。大数据闭环可以迅速验证数据应用的效果和价值。

大数据与人工智能将推动新一波金融创新。诸如深度学习、自然语言处理、语音识别、图像内容理解等技术在快速演进，将会逐渐发展成金融细分业务的数据驱动引擎。智能投资、精准营销、反欺诈等数据引擎已经进入实战阶段，显现出很高的业务价值。未来，越来越多的精细化、全流程闭环业务驱动引擎将会出现，在金融经营活动的各个领域发挥价值，提升金融机构的经营效能。

（三）金融机构与大数据服务机构的合作进一步深化

近年来，一些金融机构与专业的大数据服务机构合作，将自身对金融业务、客户市场的深度理解与大数据服务机构的数据资源整合能力、大数据技术实践能力结合起来，共同研发出新颖、实用、高效的大数据金融应用，获得了市场与客户的共同认可。在这一过程中，一批技术过硬、依法合规开展大数据服务的新型专业机构逐渐出现，这类以大数据服务为主营业务的新型机构，往往在金融机构的细分业务领域提供数据技术层面上的各个技术工具和技术服务，进一步加快大数据的流通，形成专业的大数据流通市场。

国外大数据流通市场始于 2008 年前后，得益于较为完善的法律制度信用体系和数据开放环境，企业间数据交易较为活跃。根据《2016 大数据全景图》，国外大规模以上数据经济服务企业有 70 多家，包括推特（Twitter）、领英（LinkedIn）、甲骨文（Oracle）、微软、富士通等企业。

国内大数据流通市场起步于 2010 年。交易建设方面，2015 年 4 月 14 日，全国首个大数据交易场所——贵阳大数据交易所正式挂牌运营并完成首批大数据交易。由上海经济和信息委员会指导的上海大数据交易中心也于 2016 年 4 月 1 日挂牌成立。此外，诸如北京树海科技、数据堂、北京腾云天下科技有限公司、中关村大数据产业联盟等在数据交易流通领域开始布局。

随着大数据时代的来临，金融、商贸、医疗、教育、人工智能等产业对数据流通共享的需求日益增长。工业和信息化部电信研究院《中国大数据发展调查报告（2017 年）》显示，我国 59.2% 的受访企业已成立数据分析相关部门，35.1% 的企业已经应用大数据。其中，64.9% 的受访企业选择本地部署大数据平台。2019 年中国大数据领域的企业超 3 000 家，其中超 70% 的大数据企业为 10 人至 100 人规模的小型企业。产业的蓬勃向上发展，离不开中小企业发挥其在创新创业中的重要作用。政策上伴随"新基建"成为拉动国内经济发展的新一轮驱动力，大数据中小企业面临的外部市场环境和依托的基础设施也发生重大变化，从而影响企业规模分布。2020 年我国大数据产业迎来新的发展机遇，产业规模日趋成熟。大数据产业主体从"硬"设施向"软"服务转变的态势将更加明显，面向金融、政务、电信、医疗等领域的大数据服务将实现倍增创新，大数据与特定场景的结合度日深，应用成熟度和商业化程度将持续升级。

对于敏感度较高的金融行业大数据，其流通价值是可以预见的。业界普遍认为，必须依托政府和市场的双重力量。将由数据供方、数据平台、数据需方和监管机构四方参与的数据交易机构作为兼具技术、信息安全和法律保障的数据价值转化渠道，可以有效规范数据交易行为，实现商业价值、个人隐私和公共利益平衡。

金融大数据的应用开发"唯快不破"，面对激烈的市场竞争，越来越多的金融机构将与数据交易市场、数据应用提供商、数据驱动引擎开发商等专业大数据服务机构进行合作，从数据获取、存储分析、呈现等各个层面开展协同创新，共同发掘金融服务的新价值。新兴大数据服务机构将由此成为金融大数据生态的重要组成部分。

（四）基于大数据开放的金融产品和交易工具对监管提出了更高的要求

实际上，当金融业还处于相对初级的阶段时，受制于资源有限、成本因素和信息不对称，金融监管具有一定的滞后性，监管部门很难采取及时的监管措施。互联网金融的先进技术实际上提供一个良好的契机，可以让金融监管发挥更大的效力。先进的信息系统可以及时检测金融市场与企业的动态大数据，而电子化的渠道有效地降低了监管的搜索成本。多渠道的信息数据来源可以降低监管面对的信息不对称难题，而通过机器学习可以构建智能监管监测系统。这些信息化金融监管手段来源于市场，作用于市场，检测于市场，这是金融监管现代化的必由之路。

互联网技术尤其是大数据及智能技术，将会重塑未来金融监管的方式。以非法集资为例，在互联网时代，不法分子利用网络的虚拟性、广泛传播性等特点，通过承诺高收益来吸引广大投资者。近年来非法集资案件频发，对金融秩序和居民的合法权益造成了较大的影响。金融业态发生了深刻改变，信息通信技术、大数据技术、云计算技术早已广泛应用在各种类型的金融企业当中。如果金融监管还是传统的模式，是难以实现监管的有效性、及时性、低成本性的。

现代金融治理体系是国家治理体系和治理能力现代化的重要组成部分。建立互联网金融治理体系，是我国金融发展的重要组成部分，应该成为我国金融治理体系和金融治理能力建设的重要内容。大力发展互联网金融，以互联网金融治理推进中国金融治理体系和治理能力现代化，是金融治理现代化的必由之路。

第二节　云计算技术

拓展阅读

云计算在金融行业应用发展

英文单词"Fintech"是由"Finance"（金融）与"Technology"（科技）两个词合成的，意思是"金融科技"，主要是指可用于撕裂传统金融服务方式的高新技术。云计算、大数据技术以及人工智能等技术不仅改变了金融机构的IT架构，也使得其能够随时随地访问客户，为客户提供方便的服务，从而改变金融行业的服务模式和行业格局。国外 Fintech 公司不断崛起，"金融科技"主要是利用大数据、区块链等互联网创新技术进行风险控制和平台管理。互联网金融可以看作金融业务科技化特定阶段的概念，"金融科技"更偏向于科技，而互联网金融更多的是指一种商业模式。Fintech 公司对于云计算的使用目前多在支持非关键业务，比如提升网点营业厅的生产力、人力资源、客户分析或者客户关系平台，并没有在核心系统如支付、零售银行以及资金管理核心业务系统使用云计算。

随着中国"互联网+"政策的落地，金融行业"互联网+"的步伐也不断加快，银监会和中国人民银行颁布了相关的指导意见和工作目标，国务院颁布了《关于积极推进"互联网+"行动的指导意见》，明确指出"互联网+普惠金融"是推进方向，鼓励金融机构利用云计算移动互联网大数据等技术手段加快金融产品和服务创新。2016年，银监会颁布《中国银行业信息科技"十三五"发展规划监管指导意见（征求意见稿）》，首次对银行业云计算明确发布监管意见，这是中国金融云建设的里程碑事件。该指导意见明确提出积极开展云计算架构规划，主动和稳步实施架构迁移，正式支持金融行业"公有云"，除了金融"私有云"之外，第一次强调"行业云"的概念，正式表态支持金融"行业云"的发展。中国人民银行颁布了《中国金融业信息技术'十三五'发展规划》，要求落实推动新技术应用，促进金融创新发展，稳步推进系统架构和云计算技术应用研究。

（选自中国信息通信研究院工程师闫丹在 2017 年可信云大会上所做的报告《云计算在金融行业应用发展状况》，https：//www. sohu. com/a/165089871_753085）

一、金融云计算概述

云计算是一种资源的交付和使用模式，是指通过网络以按需、易扩展的方式获得所需的硬件、平台、软件及服务等资源。它是由分布式计算（Distributed Computing）、并行处理（Parallel Computing）、网格计算（Grid Computing）发展而来的，是一种新兴的商业计算模型。

云计算是推动信息技术能力实现按需供给、促进信息技术和数据资源充分利用的全新业态，是信息化发展的重大变革和必然趋势。发展云计算，有利于分享信息知识和创新资源，降低全社会创业成本，培育形成新产业和新消费的热点，对稳增长、调结构、惠民生和建设创新型国家具有重要意义。当前，云计算已引发金融领域重大变革，是金融科技的重要组成部分。

（一）云计算加速金融行业 IT 架构转型

受多种因素的影响，长期以来我国金融业的关键核心业务信息系统、灾备系统等的建设主要基于国外高端软、硬件。在"互联网+"时代，业务的转型发展对系统的安全性、可用性与业务持续性提出了更高的要求。基于上述因素，国外高端软、硬件技术架构的弊端逐渐显现。

1. 建设和运维成本偏高

多数金融机构通常使用国外主流厂商提供的信息技术和商业产品进行集中式部署，在信息技术实施、支持和保障方面很大程度上依赖于信息技术供应商，存在技术标准不统

一、新技术应用和技术创新缓慢、投入产出比低下等问题，金融机构自身缺乏核心技术积累，在技术路线选择上受制于国外厂商，被国外公司垄断。随着基础设施规模不断扩大，数据中心建设成本不断扩大，数据中心建设成本不断攀升。

2. 资源交付效率低

在金融服务互联网化、移动化的发展趋势，以及互联网金融公司竞争、利率市场化等的挑战下，金融机构从战略和战术方面积极应对，提出了互联网金融、大数据、电子商务等新的战略目标，并以此加速业务模式创新。但这些目标所需要的海量信息技术处理能力往往无法通过传统基础设施解决方案有效满足，即使传统方案能够实现，许多企业也难以承受漫长的建设周期，因此，要满足新业务发展的响应速度，探索、采用新技术成为必然选择。

3. 资源调整不灵活

金融机构在传统系统架构下资源分配往往是固定的，是按照单个应用系统资源需求进行建设和部署，资源之间形成孤岛，不能灵活调整。例如，在淘宝"双 11"促销和电商秒杀等业务需求中，传统技术架构只能按照业务峰值配置基础设施资源，造成巨大的资源浪费。互联网金融、电子商务等业务的快速发展，对基础设施资源的灵活调整、弹性伸缩提出了更高的要求。

4. 运行风险日益突出

金融机构数据中心作为"金融业跳动的心脏"，第一要务是稳定运行和控制风险。一方面，基础设施故障、突发业务压力、频繁变更上线等均可能影响系统的稳定和服务质量，而随着业务部门和金融监管机构要求的不断提高，对数据中心可用性的要求日益严格；另一方面，数据中心对外部基础设施，外部技术和服务的依赖性不断增强，网络入侵、信息泄露等安全风险日益突出。

相反，近几年来国内外云计算发展十分迅猛，除了新兴的云计算厂商在大力推动云计算发展之外，一些传统 IT 厂商也纷纷向云计算转型，云计算技术和服务越来越成熟、开放和标准化，逐渐在多个领域广泛应用。正是在这种新旧技术交替发展的过程中，我国金融业悄然发生改变，一些新兴金融机构迫于成本、人力的压力，使用云计算服务，有力支撑了业务的快速增长。与此同时，一些传统金融机构为应对移动互联网时代下的金融业务发展需求，也在探索向云计算、分布式架构转型。

（二）金融云计算部署模式

根据使用云计算平台的客户范围的不同，云计算部署模式可以分为公共云、专有云、行业云（如金融云）和混合云。公共云指不限制客户范围的云计算平台；专有云指专为某个机构服务的计算平台；金融云（属行业云）主要指仅限于为金融行业服务的云计算平台，包括金融机构自理的专有金融云、云服务商为金融业提体的公共金融云；混合云则为上述几种模式的云计算组合平台。

在使用云计算的金融机构中，多数机构选择使用金融行业云，以进一步提高安全可靠性，满足金融监管的要求。行业云通过金融机构间基础设施领域的合作，通过资源等方面的共享，在金融行业形成公共基础设施、公共接口、公共应用等一批技术公共服务，用于对金融机构外部客户的数据处理，或为一定区域内金融机构、金融机构的垂直金融机构提供资源共享服务。对于一些中小型银行或者互联网金融公司，经济实力和技术能力偏弱，通常采取行业云的方式。

图 2-3 所示为阿里云典型金融行业云架构的方案示例。

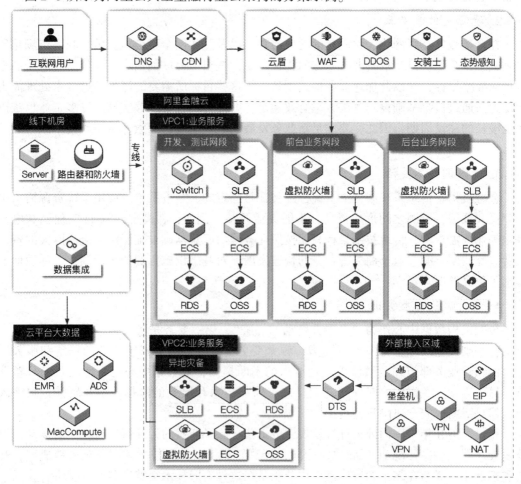

图 2-3　阿里云典型金融行业云架构的方案示例

一些技术实力和经济基础比较强的大型机构偏向于专有云的部署方式，因为这样可以将一些核心业务系统、重要敏感数据部署到私有云上。一般采用购买硬件产品、基础设施解决方案进行专有云的搭建，在生产过程中实施外包驻场运维自主运维或自动运维方式，以此提高云平台的可控性。个别机构尝试混合云，在提高核心数据安全可控性的前提下通过混合云来达到资源弹性伸缩的目的，灵活应对"流量洪峰"。

近年来，我国金融监管部门逐步明确对云计算的支持，公共云服务商进一步加大在金融领域的投入，越来越多的云服务商建设了专门为金融机构服务的金融行业云。同时，越来越多的金融机构开始考虑使用公共云服务或自建专有云平台，金融业的云计算市场在逐步扩大。

（三）金融业云计算服务模式

同其他领域的云计算服务模式一样，金融云计算服务模式也是由云服务商提供的资源类型来决定的，主要分为基础设施即服务（Infrastructure as a Service，IaaS）、平台即服务

（Platform as a Service，PaaS）、软件即服务（Software as a Service，SaaS）三种模式。金融业云计算服务模式以 IaaS 为主，PsaS、SaaS 为辅。

1. IaaS（基础设施即服务）

在 IaaS 模式下，云服务商向客户提供虚拟计算机、存储、网络等计算资源，提供访问云计算基础设施的服务接口。IaaS 作为基础服务形式，主要关注云计算的底层架构，通过虚拟化技术以及集群技术，提供对物理基础设施的管理服务，使用户能够按需选择虚拟空间，或者部署自己需要的相应服务环境，按需付费，这样就使资源得到充分的利用。阿里巴巴集团为了满足业务高峰期的庞大需求，在业务发展过程中不断搭建具备强大运算能力的基础设施，积累下来的运算能力在平时大部分时间均处于空闲状态，便在此基础上开发了阿里云。因此，阿里也逐步成为我国重要的 IaaS 服务提供商，给用户提供空间弹性的云服务。阿里云的客户只需将所需服务部署到其上面，然后将自己计费按所使用的空间、应用环境、带宽、存储等资源根据相应的规则进行。

2. PaaS（平台即服务）

在 PaaS 模式下，云服务商向客户提供的是运行在云计算基础设施之上的软件开发和运行平台，它一般包括一个虚拟操作系统及其之上的系统环境，使用户可直接使用云端提供的云平台服务。比如，Amazon 推出的开源项目 Foundation，使开发用户之间可以方便地实现协作开发。程序开发人员利用云端部署的开发环境，随时随地都能进行代码的开发与测试，并定期保存。PaaS 主要面向中小规模的企业，利用 PaaS 可以大大减少中小企业对于平台设施的部署成本。

3. SaaS（软件即服务）

在 SaaS 模式下，云服务商向客户提供的是基于互联网设施的应用软件服务。平台服务商将各种应用软件及其相关的应用平台都部署在云端服务器上，客户通过互联网向云服务厂商订购或租用所需的应用软件，按服务内容和使用时间的多少计费，从而省去了购买和安装部署软件等费用，尤其是对于开展短期业务的客户来说，更是省去了一大笔购买软件的开支。一些云服务商还通过云市场的方式为金融机构提供第三方的 SaaS 服务。

（四）金融机构应用云计算服务的好处

金融机构应用云计算服务，可获得如下四大益处。

1. 减少开销和能耗

采用云计算服务可以将硬件和基础设施建设资金投入转变为按需支付服务费用，客户只对使用的资源付费，无须承担建设和维护基础设施的费用，避免了自建数据中心的资金投入。云平台使用虚拟化、动态迁移和工作负载整合等技术提升运行资源的利用效率，通过关闭空闲资源组件等降低能耗。多租户共享机制、资源的集中共享可以满足多个客户不同时间段对资源的峰值要求，避免按峰值需求设计容量和性能而造成的资源浪费。资源利用效率的提高可以有效降低运营成本，减少能耗，实现绿色 IT。

2. 增加业务灵活性

对于使用公共云服务的客户，不需要建设专门的基础设施，缩短业务系统建设周期，使客户能专注于业务的功能和创新，提升业务响应速度和服务质量，实现业务系统的快速部署。对于部署专有云平台的企业，通过云服务供给方式和一键式部署，提高了资源的交付效率以及业务的灵活性。

3. 提高业务系统可用性

云计算具有快速伸缩性，使部署在云平台上的客户业务系统可动态扩展，满足业务对IT资源的迅速扩充与释放，从而避免因需求突增而导致客户业务系统的异常中断。云平台的备份和多副本机制可提高业务系统的健壮度，避免数据丢失和业务中断。

4. 提升团队专业性

云计算技术发展迅速，需要有专业技术团队及时更新或采用先进技术和设备，以提供更加专业的技术、管理和人员支撑，使用户获得更加专业和先进的技术服务。

二、金融业云计算服务的主要场景

（一）保险业

由于银保监会发布了明确支持云计算的指导文件，因此一些网络保险公司或新兴保险公司把核心业务系统运行在了具有较高安全保护等级的云平台上。云平台建设也是我国保险公司发展保险科技的重要内容。目前，各家险企都对数据库、数据平台等信息基础设施的建设给予了高度重视，并持续加大投入，以完成企业的科技战略转型升级。当前我国保险行业的云平台主要分为公有云和私有云。大型的保险企业通常选择自主构建统一、共享的云基础平台，这种模式的特点是投入体量大，但可以为业务提供自用的基础设施，消除业务数据上云的安全隐患。现阶段，各家保险公司已经建成的私有云平台主要包括国寿的一体化混合云"国寿云"，平安的集团核心业务系统"平安云"，太平洋保险的两地三中心"太保云"，太平保险的互联网保险核心业务系统"太平云保"，泰康的核心基础技术平台"泰康云"，大地保险的"筋斗云"，以及众安保险先后推出的分布式核心系统"无界山"和面向下一代的保险核心系统"Graphene"等。

云计算在保险行业的主要应用是保险核心业务系统，通过云计算海量、高并发的数据处理能力，保险机构可以在产品定价、承保理赔、数据基础设施建设等多个业务维度实现运营效率的提升。

（二）银行业

云计算作为一种突破性技术、创新商业模式以及新的基础架构管理方法，为银行业的进一步发展提供了新的解决方案。

比如，中国银联基于开源技术，选择OpenStack作为基本架构，打造了自己的电子支付和电子商务云。其云计算平台实现了分钟级的云平台资源部署、分钟级的故障探测和恢复，以及分钟级的全自动资源申请管理，可推动银联银行卡交易中心向支付周边服务转接中心转型。兴业银行构建具有自主知识产权的云计算平台系统，形成涵盖科技输出、财富管理、支付结算和作业支持的综合性金融云解决方案，在银行体系内积极推广。平安银行推出保理云平台，以远程服务方式向保理商提供业务综合管理系统，包括风险管理、账户管理、在线融资、经营管理和交易撮合等业务。

出于对云计算的复杂性及其安全性、风险、治理和控制的担忧，大多数银行和金融服务组织尚未将核心业务系统和数据库部署到云平台上。近年来，由于电子商务等互联网相关业务的快速发展，金融机构内部 IT 系统越来越难以支撑相关业务。例如，"双 11"大促销，为了支撑"秒杀"类的业务和缓冲系统压力，降低系统风险，部分金融机构开始将部分网络业务的前置系统转移到云计算平台上来抵抗峰值压力。而金融机构体系庞大，企业内部网络学习系统是企业内部员工的培训系统，可以通过互联网进行访问，并不涉及金融业务，安全等级要求低，但对用户和系统性要求较高，因此部分金融机构将此类系统部署在云平台，不仅提高了系统管理灵活性，降低了运营成本，还改善了用户体验。

（三）证券业

随着云计算的发展，其在证券业的应用也不断深入。证券业务数据由于体量大，对互联网资源负载能力及可靠性要求非常高。同时，随着我国证券领域注册制改革的全面深化，券商各项业务都将迎来变局和挑战。一方面，业务模式必将进一步重塑，更多的业务将由线下转移至线上，线下网点大大减少；另一方面，投资者生态也将进一步优化，更多的交易将通过手机 App、移动端实现。这对券商的科技能力、软件和系统质量形成极大的考验，因此，云计算在证券领域的应用场景不断拓宽。云平台通常具有很高的带宽，使用云计算能满足行情淡季和旺季对资源弹性伸缩的需求。比如，齐鲁证券与恒生电子合作构建基于阿里云的互联网证券业务云平台，利用公有云平台进行公司互联网金融服务，降低自身的技术建设需求。中信证券基于开源基础，逐步搭建 IaaS、PaaS、SaaS 层的云服务，对外提供私募 Hotel、机构商城等服务，开辟了一种全新的服务模式。

（四）互联网金融服务系统

互联网金融系统包含微贷、消费金融等相关业务系统。互联网金融服务初创企业通过云服务商提供的云服务，可以快速搭建业务系统，降低前期投入，并且天然的互联网业务特性适用于云计算相关技术。

（五）开发测试环境

一些金融机构（尤其是银行金融机构）在试水云计算时，仅仅把云计算系统用于开发测试环境，进行应用系统的开发和测试。通过云计算平台的搭建，这些机构的 IT 部门发现，云计算平台实现 IT 资源服务化能够大幅度降低系统环境准备的时间和应用上线周期，使整个开发测试过程更为敏捷。

三、金融云计算发展方向和面临的主要问题

（一）整体发展层次

云计算将促使金融信息技术和数据资源得到充分利用，并且推动金融服务的持续创新。金融行业云计算服务下一步的重要发展方向是实施架构转型、提升资源效率、推进业务创新、改善用户体验感、增强安全防控。其整体发展包含三个层次。

第一个层次是金融机构实施架构转型，并完成开发测试及运行环境、金融服务场景、金融应用的云化。

第二个层次是形成金融机构的开放服务平台。金融机构要有策略、有计划、有针对性、安全合规地对金融服务进行开放。通过金融机构自身的信用认证、接口等公共服务应用程序接口（Application Programming Interface，API）、第三方合作伙伴 API 的开放和融合，将金融服务结合或植入合作伙伴所提供的服务场景，形成多种形式的金融 SaaS 服务，提升金融机构业务创新、数据分析、安全防控的能力。

第三个层次是形成金融机构间共建共享的云生态。通过金融机构间、互联网企业、云服务商、第三方金融软件应用提供商的合作，实现服务资源集中共享，建立灵活高效的金融应用市场。通过金融机构服务能力的输出和外部服务能力的引入，实现合作共赢，形成有利于各参与方的生态化体系。以阿里云为例，2016 年 4 月推出的阿里云开放生态体系（也称"云市场"），提供不满意退款、全程担保交易与软件交付全程监管支持，打造公平、便利的软件市场环境，实现云计算生态各方的能力和资源共享。阿里云提供涵盖企业应用、服务市场、网站建设、云安全、基础软件、数据市场和行业解决方案等市场类目服务，全面覆盖创业、上云、电商、金融、直播等行业市场，实现了云软件统一的交付标准，支持镜像、编排、容器、API、SaaS、服务、下载等支付方式，实现了近百种阿里云产品、4 000 多个渠道商和 230 多万用户之间的资源共享，提供了一键开通"软件+云计算资源"的功能，使软件开发商转变为一站式集成、实施、交付服务提供商。

多个金融机构尤其是中小型金融机构可以采用"合作建立、共同经营"的机制建立联盟云（即行业云联盟），这有两个方面的优势：一方面，在提升自身机构的云开发、升级、部署、管理、创新效率的同时降低成本；另一方面，利用基于联盟云的生态体系，既聚合机构间力量，又能够根据自身特点获取所需外部资源，形成差异化竞争优势。

（二）金融行业应用云计算的主要问题

金融行业应用云计算的关键问题主要集中在云计算的风险防控领域。数据存取缺乏控制或不易取用，是金融机构及政府不敢贸然采用云方案的主要原因。云安全联盟（Cloud Security Alliance，CSA）定义了云计算七个方面的主要风险：数据损害，共享技术的议题，窃取账户及服务，危险的局内人，滥用云计算，不安全的程序接口与其他未知风险。

对于金融企业的基础设施而言，物理安全十分重要。云计算环境下的大部分金融系统需要在浏览器内访问客户端，网络服务器成为其沟通的纽带和桥梁。云计算下网络金融系统最大的安全隐患在于病毒或木马的侵袭。网络服务器如未受到有效保护，一旦遭到病毒入侵，网络数据就会丢失。同时，金融行业对 IT 系统稳定性有着相当高的要求，试错风险比较高，一旦出现问题，会对社会经济的生产和群众生活造成较大影响，所以云计算环境下的金融服务体系，针对其中的敏感数据，必须采取针对性的保护措施。在金融机构和政府规划导入云技术及云外包服务前，必须先考虑相关风险是否可被管控。在云计算环境中制作或转移数据时，用户必须将数据进行分类，分析其安全需求，并定义云服务商应如何存储或传递那些数据。在金融系统的云计算应用过程中注重金融信息安全评估，在发现金融系统的安全隐患时及时修复，保证系统的完整性和可靠性，重视金融信息管控治理。

此外，传统金融机构 IT 系统无法适应现有云计算计算架构，原来的监管要求同样约束现在的云计算系统，有一些监管要求数据隔离，而云计算架构不能完全满足原来的监管要求，监管部门仍需要不断调整对云计算架构的监管要求。

第三节 区块链技术

2008年10月31日，一个署名中本聪的神秘技术极客向一个密码学邮件列表的所有成员发送了一个电子邮件，标题为"比特币：一种点对点电子现金系统"。

中本聪在邮件中写道："我一直在研究一个新的电子现金系统，它完全是点对点的，无须任何的可信第三方。"比特币的起源应远早于这个日期，中本聪曾说，他从2007年5月就开始为比特币项目编程。2008年8月，他注册了bitcoin.org域名，这是现在比特币项目的官方网址（比特币白皮书见：www.bitcoin.org/bitcoin.pdf）。在邮件中，他附上了比特币白皮书的链接，即论文《比特币：一个点对点电子现金系统》（*Bitcoin: A Peer-to-Peer Electronic Cash System*）。中本聪在2008年发表的这篇论文可能是互联网发展史上最重要的论文之一。可以合理地推测，中本聪不是一个学院派的研究型学者，他可能是一个做实际软件工程开发的工程师，因为他不只设计了比特币系统，还把它开发出来，让它在互联网上运行起来。他可能是先开发了软件，才写了上面提到的重量级论文，来解释自己的设计。

2008年11月16日，中本聪公布了比特币系统的源代码。2009年1月3日，在位于芬兰赫尔辛基的服务器上，中本聪生成了第一个比特币区块，即所谓的比特币创世区块（Genesis Block）。在创世区块的备注中，中本聪写入了当天英国《泰晤士报》的头版头条标题：（*The Times 03/Jan/2009 Chancellor on brink of second bailout for banks*）。

"《泰晤士报》，2009年1月3日，财政大臣站在第二次救助银行的边缘。"

他这样做，一是记录了比特币系统启动和创世区块生成的时刻，二是借这句话表达了对当时全球金融体系的暗讽。在生成创世区块时，按自己设定的规则，中本聪获得了50个比特币奖励，这是最早的50个比特币。在比特币的创世时刻，它的三个组成部分出现了，即加密数字货币（Cryptocurrency）、分布式账本（Distributed Ledger）、去中心网络（Decentralized Network）。

在物理世界中，现金是一张张纸币，但其背后有着一整套与货币相关的金融体系：中央银行、银行、印钞厂、信用卡组织，以及后来出现的第三方网络支付机构等。在数字世界中，想要创造一种去中介化、去中心化的"电子现金"，同样要设计一套完整的系统。这一系统要能解决以下一系列问题：

- 这种"现金"如何公平、公正地发行出来，不被任何中心化的机构或个人控制？

- 如何实现像在物理世界中一样，一个人可以直接把现金递给另一个人，无须任何中介的协助？

- 这种电子现金如何"防伪"？在数字世界中，这个问题可转换为，一笔电子现金如何不被花费两次？

中本聪设计和开发的比特币系统包括三层，最上一层是比特币这种电子现金。这是整个系统的应用层。中间一层的功能是发行比特币与处理用户间的比特币转移。这一层也叫比特币协议（Bitcoin Protocol），是整个系统的应用协议层。最底层是比特币的分布式账本和去中心网络。这一层也被称为比特币区块链（Bitcoin Blockchain），是整个系统的通用协议层。比特币的三层体系如图2-4所示。

图2-4　比特币的三层体系

比特币系统实现的去中心化的点对点电子现金，其发行与转账靠的是中间的比特币协议层。类比现实货币系统，这一层的角色相当于中央银行（发行货币）与银行（处理转账）等金融机构。比特币系统架构图又常被进一步细分为五层，如图2-5所示，它对应的是比特币协议和比特币区块链两个部分。在这个五层架构中，比特币协议层被细分为应用层、激励层和共识层。

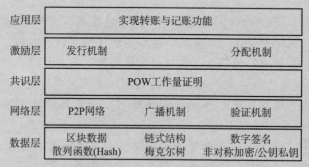

图2-5　比特币系统五层架构

在设计比特币系统时，中本聪创造性地把计算机算力竞争和经济激励相结合，形成了工作量证明（Proof-of-Work，PoW）共识机制，让挖矿计算机节点在计算竞争中完成了货币发行和记账功能，也完成了区块链账本和去中心网络的运维。这就形成了一个完整的循环：矿机挖矿（算力竞争），完成去中心化记账（运转系统），获得比特币形式的经济激励（经济奖励）。比特币的工作量证明，共识机制是承上启下的一层，连接了上层应用与下层技术：在其上的层次为电子现金的发行、转账、防伪；在其下的层次，去中心网络的节点达成一致，更新分布式账本。

从创始区块开始，在比特币的账本上每 10 分钟就有新的数据区块被增加上去，新的比特币被发行出来。比特币的去中心网络开始运转，之后，中本聪和几个开发者在网上一起讨论想法，继续开发迭代。随着比特币网络的成熟，他的活动开始减少，自 2011 年 11 月后，中本聪不再出现。比特币系统逐渐进入自治运转的状态，扩展到现在的由数万个节点组成的全球网络。区块链既是全新的技术方案、交易模式和商业逻辑，也是一种全新的制度机制。

一、区块链含义

在中本聪的论文《比特币：一个点对点电子现金系统》（*Bitcoin: A Peer-to-Peer Electronic Cash System*）中，区块链被描述为用于记录比特币交易账务信息的分布式共享账本，是比特币运行的底层支撑技术。随着比特币区块链的扩容，交易费用开始升高、价格波动性强、确认时间变长，区块链技术结合智能合约的优点开始展现。2014 年前后，业界开始认识到区块链技术的重要价值，并将其用于数字货币外的应用领域。2015 年，《经济学人》（*Economist*）杂志在封面介绍区块链为创造信任的机器，即区块链可以在没有中央权威机构的情况下，为交易双方建立起信任关系。

专家学者们从不同的角度给区块链做了一些定义，归纳综合起来主要有两种。

第一种，从数据的角度来看，区块链是一种分布式数据库。这里的"分布式"不仅体现为数据的分布式存储，也体现为数据的分布式记录（即由系统参与者共同维护）。

第二种，从技术的角度来看，区块链是一种源自"比特币"的底层技术，是数字世界中进行"价值表示"和"价值转移"的技术，它并不是一种单一的技术，而是多种技术整合的结果。这些技术以不同以往的结构组合在一起，就形成了一种新的数据记录、存储和表达方式。区块链一面是表示价值的加密数字货币或通证，另一面是进行价值转移的分布式账本与去中心网络。分布式账本与去中心网络也常被称为"链"，它可被视为一个软件平台；而表示价值的通证常被称为"币"。通证存储在链上，通过链上的代码（主要形式为智能合约）来管理，它是可编程的。

中国信息通信研究院在《区块链白皮书（2019）》中将区块链（Block Chain）定义为，一种由多方共同维护，使用密码学保证传输和访问安全，能够实现数据一致存储、难以篡改、防止抵赖的记账技术；中国人民银行在《金融分布式账本技术安全规范》中将区块链定义为分布式账本技术，这是密码算法、共识机制、点对点通信协议、分布式存储等多种核心技术体系高度融合形成的一种分布式基础架构与计算范式。

区块链提供了在数字世界中处理价值所需的两个基础功能：价值表示与价值转移，使信息互联网跃迁到价值互联网，如图 2-6 所示。

不管是网络零售、生活服务交易，还是企业互联网，每个从事交易的互联网项目都需要价值转移的功能。在区块链出现之前，互联网中信息传递的方式是复制。这一特征让人们在数字空间中进行价值转移时，必须依赖可信第三方的协助。亚马逊、淘宝、支付宝、微信以及传统社会中的银行、交易所、政府机构等，都属于各种各样的中心化机构。这些中心化机构在交易中担任信用中介的角色。比如，在互联网上进行金钱的转移时，我们需要信用中介来居中协调，为了进行在线支付，互联网上产生了专门的信用中介，如 PayPal、支付宝、微信等。

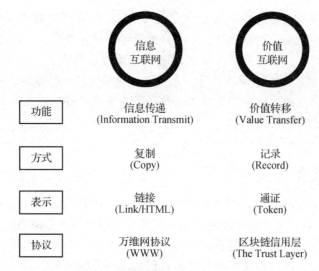

图 2-6 信息互联网 VS 价值互联网

比特币系统展示了，在数字世界中价值表示可以去中心化，价值转移同样可以去中心化。基于区块链技术，人们可以建立一个通过网络本身进行价值表示、价值转移的全新交易流程，如图 2-7 所示。

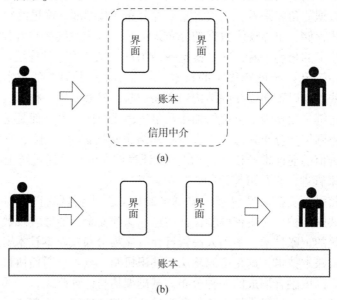

图 2-7 分布式账本改变了互联网上价值转移的流程
（a）现在的交易流程；（b）全新交易流程

区块链的实质是由多方参与共同维护一个持续增长的分布式账本（Distributed Ledger），其核心在于通过分布式网络、时序不可篡改的密码学账本及分布式共识机制，建立彼此之间的信任关系，利用由自动化脚本代码组成的智能合约来编程和操作数据，最终实现由信息互联向价值互联的进化。

二、区块链的特点

区块链技术作为创造信任的机器，主要有以下特点。

（一）去中心化

区块链构建在分布式网络基础上，网络中没有中心化的物理节点和管理机构，网络功能维护依赖于网络中所有具有维护功能的节点完成，各个节点的地位是平等的，一个节点甚至几个节点的损坏不会影响整个系统的运作。

（二）共识机制

区块链采用基于协商一致的规范和协议，通过数学原理和公开透明的算法，使整个系统的所有节点能够在去中心化的环境中自由安全地交换数据，建立一种由所有参与者在完全平等和信息充分透明的基础之上达成的"共识"。每当交易发生之后，信息会通知到所有的"点"，各个"点"按照预设的规则独立地对交易进行确认。多数"点"确认的结果就是最终的结论，系统会自动将个人的数据修正为大家认可的结果，由所有人共同维护和传承已经形成的"共识"。实现交易双方在不需要借助第三方权威机构信用背书的情况下通过达成共识建立信任关系。

（三）公开透明

区块链作为共享账本，除了交易各方的私有信息被加密外，区块链的数据对所有人公开，所有参与者看到的是同一账本，能看到这个账本所发生和记录的每一笔交易，能查询、验证区块链上的数据记录。

（四）时序不可篡改

区块链利用密码学的方式保证数据传输和访问的安全，采用带有时间戳的链式区块结构存储数据，具有极强的可追溯性和可验证性。系统中每一个节点都拥有最新的完整数据库拷贝，一旦信息经过验证添加到区块链上，就会永久存储。

从本质上讲，区块链是一个信息技术领域的术语，它是一个共享数据库，存储于其中的数据或信息，具有不可伪造、全程留痕、可以追溯、公开透明、集体维护等特征。基于这些特征，区块链技术奠定了坚实的"信任"基础，创造了可靠的"合作"机制。

三、区块链系统的构成

区块链作为比特币的底层技术，可以理解为一种公共记账的机制，但是它并不是一款具体的建立一组互联网的公共账本，由网络中所有的用户共同维护账本真实性和不可篡改性。它之所以叫区块链（Block Chain），是因为区块链存储数据的结构是由网络上一个个"存储区块"组成一根链条，每个区块中包含了一定时间内网络中全部的信息流数据，且随着时间的推移，这条链会不断增长。

每个区块由两个部分组成——区块头和区块体，如图2-8所示。其中，区块头里面存储信息，包含上一个区块的哈希值（PreHash）、本区块的哈希值（Hash）以及时间戳（TimeStamp）等。区块体存储着这个区块的详细数据（Data），这个数据可以是交易信息，也可以是其他信息。

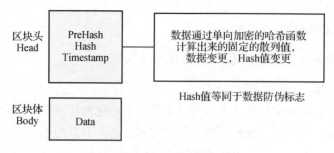

图 2-8　区块链中区块构成

哈希值可以被看成数据块的指纹，即在后一个区块的头部中均存储有上一个区块数据的指纹。如果上一个区块中的数据被篡改了，那么数据和指纹就对不上号，篡改行为就会被发现。要改变一个区块中的数据，对其后的每个区块都必须相应地进行修改。

所谓哈希就是一种压缩映射，是把任意长度的输入通过散列算法变换成固定长度的输出。SHA256 是比特币区块链的算法，不管原始内容是什么，通过这种算法都会得到一个256 位编码。区块与哈希是一一对应的。每个区块的哈希针对区块头计算，把区块头的各项特征值链接在一起组成字符。如果区块体变了，当前区块的哈希就变了，为了让后面的区块还能连接，那么后面的区块都要改。因此，短时间内修改区块链是困难的，除非有人掌握了全网 51% 以上的算力。这种方式保证了区块链数据不被篡改。比特币区块头摘要如图 2-9 所示。

首页	块 - 00000000000000000081d5f6004f806d3ea021b16b31b2aa1f7461fc8de66eb				
摘要					
高度	678,158	版本	0x20006000	块哈希	00000000000000000081d5f6004f806d3ea021b16b31b2aa1f7461fc8de66eb
确认数	1	难度	34.69 T / 23.14 T	前一个块	0000000000000000004c350d0693d3c227c07b4b0f224670489989521ff592e
大小	1,439,561 Bytes	Bits	0x170c2a48	后一个块	303030303030303030303030303030303030303030303030303030303030303030
Stripped Size	851,331 Bytes	Nonce	0x7089bff7	Merkle Root	dda8109f43fa38b42ab9eefb344288759904c117b56c97e09a2670f88c24c4e7
Weight	3,993,554	播报方	BTC.com		
数量	1,806	时间	2021-04-07 19:44:45	其它区块浏览器	BLOCKCHAIR

图 2-9　比特币区块头摘要

（图片来源：自 BTC 区块浏览器，https://btc.com）

因为每个区块都包含了上一个区块的哈希值，所有的区块就依次连成一条（逻辑上的）链。"上一个区块的哈希值"就起到了"页码"的作用——给区块排序，区块链构成示意如图 2-10 所示。

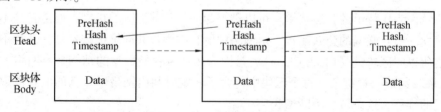

图 2-10　区块链构成示意

四、区块链在金融领域的应用概况

2015 年被业界视为区块链元年，全球掀起了区块链技术研发和投资热潮。2016 年是区块链产业深化发展和全面加速前行的一年，当年全球有超过 24 个国家投资区块链技术。80% 的银行已在 2017 年前启动区块链项目，50% 的第三方数据存证机构已经或正在进行区块链存证的应用尝试，90 多个中央银行加入了区块链讨论，90 多个公司加入了区块链联盟，产生了超过 2 500 项区块链相关专利。区块链之所以引起金融界的一致关注，在于它改变金融的巨大潜力，有可能给金融业带来新机遇、新挑战。微软、阿里、IBM 等公司也都有围绕区块链技术采取行动；高盛集团更是称区块链技术将"颠覆一切"。国际货币基金组织（International Monetary Fund，IMF）在《虚拟货币及其扩展的初步思考》（*Virtual Currency and Beyond*：*Initial Considerations*）报告中指出，区块链技术具有改变金融的潜力。英国政府发行的《分布式账本技术：超越区块链》（*Distributed Ledger Technology*：*beyond block chain*）提出将优先在传统金融行业应用区块链技术。

2019 年 1 月 10 日，中国国家互联网信息办公室发布《区块链信息服务管理规定》。此后，区块链被列为我国"十三五"规划里的"重大任务和重点工程"之一，成了全社会关注的焦点。

（一）区块链对金融领域的影响

1. 区块链推动数字货币和支付领域的金融创新发展

通过比特币，各国央行认识到数字货币能够代替实物现金，以此来降低纸币发行、流通的成本，提高支付结算的便利性，增加经济交易的透明度，减少洗钱、逃税漏税等违法行为的发生率，提升央行对货币供给和流通的控制力等。同时，发展数字货币背后的区块链技术应用，并将其扩展到整个金融业及其他领域，能够提升社会的整体效能。因此，国外金融创新集中在数字货币和支付领域，应用区块链技术提升流程流转效率，加强业务信任度。

2019 年 2 月，摩根大通推出基于区块链的数字货币摩根币（JPM Coin），与美元 1：1 兑换，主要用于银行联盟机构间的统一支付清算，目前已有 100 余家银行响应。2019 年 6 月 Facebook 发布《Libra 白皮书》，间接推动了各国数字货币的相关政策出台并促进金融监管规则的完善，同时也加快了各国对本国法定数字货币的研发与推进脚步。中国与欧盟明确对外公布法定数字货币规划，日本、新加坡、加拿大、瑞典、印度、土耳其等国家也都在考虑本国的数字货币方案。支付领域，美国金融科技公司 Ripple 通过构建一个去中心的分布式支付网络，提供一个跨境支付平台，致力于提高跨境清算效率，降低跨境支付成本；美国支付巨头 VISA 宣布推出基于区块链的跨境支付网络"B2B Connect"，旨在为国际金融机构的跨境支付提供便利，让跨境支付更快、更有效率。

2. 区块链技术具有提升金融机构协同服务能力的潜力

银团贷款、供应链金融、贸易融资等业务可能涉及不同国家的多家金融机构、多家企业，需要相互之间较长时间的协调，业务办理过程也较为复杂。区块链平台，不但可以减少中转费用，同时还提高了资金的安全性，加快结算与清算速度，大大提高资金利用率。区块链技术具有提升不同金融机构间开展业务的自动化程度、简化协同流程、加快协同效率的作用。

3. 区块链技术具有降低金融运营成本的潜力

金融机构各个业务系统与后台工作，往往面临长流程、多环节。现今无论 VISA、MasterCard，还是支付宝都是中心化机构运营，资金转移要通过第三方机构，这使跨境交易、货币汇率、内部核算等时间花费的成本过高，并给资本带来了风险。区块链技术能够优化金融机构业务流程，减少前台和后台交互，节省大量的人力和物力，有望降低金融运营成本。

4. 区块链技术具有改善业务审计系统的潜力

当前在业务审计过程中，需要花费大量人力、物力去核查被审单位资金余额及交易合同或资金等数据的真实性。区块链的技术特点使所有交易数据都公开透明、不可篡改地记录在区块中，任何交易数据都可以被查询和追溯，从而提高审计效率，降低审计成本，提升审计结果的可靠性。

5. 区块链技术将有助于金融监管及合规性检查

区块链技术的公开透明、时序不可篡改等特性可以帮助金融监管机构监控每一笔资金的流入流出，从而有助于管控金融资产，增强打击洗钱、地下黑产等违法犯罪活动的力度，防范金融市场中的系统性风险。区块链的技术特性也可以改变现有的征信体系，比如在银行进行"认识你的客户"（Know Your Customer，KYC）时，将不良记录客户的数据储存在区块链中。通过区块链的智能合约技术可自动验证交易和用户合规性，提高合规性检查效率，降低合规性检查成本及出错概率。

（二）国内外区块链金融领域应用概况

1. 国外区块链联盟稳步扩张

现阶段，全球科技公司、金融公司和咨询公司为加快区块链布局，通常通过组建区块链联盟的方式，合作探索区块链技术及其应用场景。各行业联盟纷纷成立，在推进区块链技术的应用和发展的同时，也产生了一定的辐射效应，吸引更多的企业加入，促进整个区块链生态的发展。2015—2019年国外联盟组织汇总表如表2-1所示。

表2-1　2015—2019年国外联盟组织汇总表

名称	发起时间	发起机构	成员	联盟宗旨
R3	2015年9月	R3CEV公司联合巴克莱银行、高盛、摩根大通等9家机构	近400家	推动全球金融市场中加密技术和分布式总账智能协议的应用，帮助区块链技术的落地应用和商业化
Hyper Ledger（超级账本）	2015年12月	Linux基金会	近300家	让成员共同合作，共建开放平台，满足来自不同行业的各种用户并简化业务流程。实现跨行业发展与协作并着重发展性能可靠性，使之可以支持全球商业交易
Enterprise Etherum Alliance（企业以太坊联盟）	2017年3月	摩根大通、微软、英特尔等30多家企业	200余家	致力于合作开发标准和技术，提高以太坊区块链的私密性、安全性和扩展性，使其更加适用于企业应用

续表

名称	发起时间	发起机构	成员	联盟宗旨
Blockchain in Transport Alliance（区块链货运联盟，BiTA）	2017 年 8 月	行业发起	近 400 家	降低成本，提高运输效率。推动新兴技术落地，发展区块链行业标准，交流与推广区块链应用，解决方案及分布式账本技术
INATBA（国际可信区块链应用协会）	2019 年 4 月	欧盟	150 余家	制定规范，促进标准和监管融合，以支持创新型区块链技术的开发和应用

（根据公开资料整理统计）

2. 我国区块链金融领域应用概况

（1）区块链专利数量增长明显

随着国家政策对区块链的倾斜与各领域应用的落地，区块链相关专利也逐渐得到各方的重视。与 2018 年相比，2019 年我国企业区块链相关专利申请量增长明显，入榜前 100 名全球企业中，我国占比 63%。截至 2020 年 2 月，我国银行业共有 204 项区块链相关专利公示，其中 2019 年公示 124 项，比 2018 年增长 2 倍，微众银行、中国工商银行和中国银行排在前三。

（2）区块链应用落地态势火爆

在政策利好与行业推动的双向加持下，各地都在积极落地区块链应用场景，区块链应用场景落地呈现爆发增长的态势，在政务民生、金融贸易、司法仲裁、税务发票、智慧医疗、食品安全等领域落地了不同的区块链应用，行业发展呈现百花争艳的局面。金融是区块链技术应用场景中探索最多的领域，在供应链金融、贸易融资、支付清算、资金管理等细分领域都有具体的项目落地。国家互联网信息办公室"境内区块链信息服务备案清单"显示，截至 2019 年年底，国内已备案的提供区块链信息服务的公司约 420 家，共计 506 项服务。其中提供基于区块链的金融服务的企业有 72 家，占比 17%，共备案 120 项金融服务。据不完全统计，近年来，各金融机构积极利用技术优势布局区块链项目，如表 2-2 所示。

表 2-2　金融机构区块链项目汇总表

金融机构名称	基础平台	资金管理	供应链金融	贸易融资	支付清算	数字资产			延伸领域		
						ABS	票据	其他	数字存证	溯源	住房租赁
中国工商银行	√	√	√	√		√	√		√	√	
中国农业银行			√								
中国银行		√	√		√	√	√				
中国建设银行		√	√								
招商银行				√	√	√					
平安银行			√	√							

续表

金融机构名称	基础平台	资金管理	供应链金融	贸易融资	支付清算	数字资产			延伸领域		
						ABS	票据	其他	数字存证	溯源	住房租赁
浦发银行							√				
度小满	√						√				
蚂蚁金服	√				√		√		√	√	√
微众银行	√		√		√						
京东数科	√		√							√	√

（资料来源：《区块链金融应用发展白皮书》前瞻产业研究院整理）

（3）我国区块链技术在互联网金融行业的应用和发展

中国人民银行早在 2014 年就开始研究数字货币。2016 年，区块链引起国内媒体、风险投资和金融界的广泛关注。金融机构以及以 BAT（百度、阿里、腾讯）为代表的互联网公司纷纷加大对区块链在金融领域应用的探索力度。

①数字货币。区块链的技术特征为我国数字货币发行的可能性提供一种可选的底层技术支撑。我国央行——中国人民银行在 2016 年 1 月 20 日召开的数字货币研讨会上肯定了数字货币在降低传统货币发行等方面的价值，并表示中央银行正在探索发行数字货币。同年 2 月，时任中国人民银行行长的周小川表示："数字货币作为法定货币必须由中央银行来发行，要保留货币主权的控制力，数字货币的发行、流通和交易，都应当遵循传统货币与数字货币一体化的思路，实施同样原则的管理。区块链技术是一项可选的技术，中国人民银行部署了重要力量研究探讨区块链应用解决。" 2016 年 9 月，中国人民银行数字货币研究团队指出，由中央银行推动发行法定数字货币势在必行，分析了法定数字货币运行的关键和竞争优势、数字货币核心技术体系、中央银行数字货币使用对现行支付体系的影响，并给出了中央银行数字货币原型的构想。

②数字票据。目前票据业务主要存在三方面问题：一是票据的真实性，市场中存在假票、克隆票等伪造假冒票据；二是划款的即时性，即票据到期后承兑人未及时将相关款项划入持票人账户；三是违规交易，即票据交易主体或者中介机构，存在一票多卖、清单交易、出租账户等违规行为。

区块链技术的特性能够消除票据市场的中介现象，通过智能合约编程的方式提高票据交易的效率，降低监管成本。2016 年，金融界、互联网金融企业及科技公司对应用区块链技术开发票据系统充满期待。例如，中国互联网金融协会区块链研究工作组牵头"区块链技术与数字票据"课题，课题组从实际业务需求和区块链技术特征出发，完成了数字票据发行、流转、贴现、承兑等核心环节设计，搭建了数字票据联盟链，在测试环境下模拟核心企业、财务公司、银行等多个分布式验证节点，实现了概念验证。测试结果证明了可编程数字票据的可行性，体现了 KYC 平等性、流动性和分布式共享总账等方面的优势。但同时私钥使用安全、智能合约嵌套、多资产复杂性等可能成为新的挑战。又如，恒生电子试验区块链票据应用，进行使用场景研究、技术问题分析、业务问题分析。在试用场景研究上，完成了区块链在票据背书转让场景、贴现转贴交易场景应用分析；在技术问题上，分析了区块链部署的成本性能、安全、智能合约等问题；在业务上分析了链上数字资产与实际金融资产、资产转让涉及资金清算等问题。目前，我国央行正在牵头研发数字票据。

③跨境支付。跨境支付本身具有涉及行业面广、交易链条长、结算方式多样的特点。当前，跨境支付清算都需要借助第三方中介，经过开户行、中央银行、境外银行等多道程序。由于每一机构都有自己的账簿系统且互相隔离，彼此之间需要建立代理关系、在不同系统进行记录、与交易对手进行对账和清算等，可能导致一笔汇款需要 2~3 天才能到账，在途资金占用量极大，而且需要支付大量的手续费。成本和效率成为跨境支付汇款的"瓶颈"。

区块链技术可以摒弃第三方中介的角色，实现点到点快速且成本低廉的跨境支付。不但可以全天候支付、实时到账、提现简便及没有隐性成本，也有助于降低跨境电商资金风险及满足跨境电商对支付清算服务的及时性、便捷性需求。

④数字资产。传统的资产服务如资产所有者证明、真实性公证等，均需要第三方的介入才可以完成，只有通过资产发行方、资产接收方、流通平台的第三方，资产才可以完成整个流通过程。当前资产流通渠道有限，导致资产服务流通成本增加。此外，当资产进入流通后，需要依赖资产发行方完成使用和转移，从而限制了资产流通只能在发行方系统用户群内。

区块链技术能提高数字资产流通效率，降低流通成本，扩大流通范围。资产发行方均可在区块链上登记、发行任何可数字化的资产。一旦数字资产进入区块链流通，便不再依赖于资产发行方，扩大了流通范围。流通渠道由原来的中心控制变为分布式流通，降低了流通成本。区块链的交易即结算功能使实时清算成为可能，大幅提高数字资产流通效率。例如，太一云、布比、维优、好扑等公司探索基于区块链的数字资产管理平台，实现数字资产登记、交易和查询等功能。

⑤资金管理。资金管理就是关于资金筹集、使用和分配的管理。资金管理贯穿于企业生产经营的始终，是财务管理的核心内容。对于企业来说，高效的资金管理为企业带来新的增长活力，是企业持续经营发展的必要条件；对于政府机关来说，高效的资金管理能提升资金利用率，降低监管风险，增强政府公信力。传统的资金管理模式往往存在以下痛点：一是对账时间长，成本高。传统的对账工作往往因为账目数量大、类别繁多等原因耗时耗力，尤其是在跨机构间的对账工作中，经常因为机构间信息不对称而增加对账工作的复杂性。二是现有的资金管理一般采用纸质或线上模式，相关的资金账务数据存在被人为篡改的风险，相关资金被非法挪用的案件也时常出现。三是传统的资金管理往往存在资金链路不透明、账目不清晰等问题，导致审计需求信息获取困难，同时数据安全性无法保障，财务造假等问题时有发生，也加大了审计工作难度。

区块链将资金管理流程中的预算、审批、支付、对账等核心信息上链，使信息流、审批流、资金流三流合一。资金流转信息可直接从银行获取，配合链上数据难以篡改的特性，降低了财务的安全风险。基于智能合约的工作流引擎，通过灵活配置资金审批流程，实现资金申请和审批支付自动执行，大幅提升资金管理和支付效率。在跨机构场景中，区块链分布式存储和共识机制能使多方机构实现数据可信共享，解决信息不对称的问题，节省资金申请方、资金审批方、资金托管方、资金监管方之间的对账时间。区块链数据可追溯的特性，也让资金链路清晰可见，在利于监管的同时也加强了对资金利用的统筹管理，使资金管理透明高效。区块链在资金管理领域的应用主要包括账户管理、精准拨付等，解决传统模式中对账成本高、资金管理信息不透明、拨付流程长、监管难度大等问题。典型代表有雄安征迁资金管理区块链平台、雄安项目资金管理区块链平台、贵州脱贫攻坚基金区块链管理平台等。

⑥供应链金融。供应链金融是指将供应链上的核心企业以及与其相关的上下游企业看成一个整体，以核心企业为依托，以真实贸易为前提，运用自偿性贸易融资的方式，对供应链上下游企业提供综合性金融产品和服务。我国供应链金融仍然面临许多"瓶颈"：供应链上信息不对称，导致授信对象局限于一级供应商，中小企业融资难；交易真实性验证成本高；存在间接供应关系，难以校验相关信息的真实性，导致风控成本居高不下；缺乏技术手段，难以打通供应链生态中的信息流、商流、物流和资金流，导致信任传导困难、流程手续繁杂。

区块链技术是突破"瓶颈"的最佳选择。在供应链溯源方面，区块链可以实现从原材料生产、采购到商品的加工、包装、运输、销售等流程中真实信息的分布式记录，让各项数据源真实有效、可追踪查验。在供应链金融数字化方面，区块链能大幅减少人工的介入，将目前通过纸质作业的程序数字化、透明化，极大地提高效率及减少人工贸易可能造成的失误。区块链技术应用于供应链金融领域的实践案例较多，典型代表有中国工商银行工银 e 信、农业银行 e 链贷、中国建设银行 BCTrade 2.0 区块链贸易金融平台、腾讯易动产质押融资平台、浙商银行应收款链、百度智能云供应链金融平台、纸贵科技供应链债权凭证拆转融方案等。

第四节　物联网技术

物联网与金融模式新革命

信息技术给社会及经济生活带来了深刻影响，如时下热议的互联网金融。而物联网的发展又会给金融行业带来怎样的变化呢？

我们认为，物联网以其全新的架构体系，让实体世界实现有组织、主动地感知互动，让虚拟经济从时间、空间两个维度全面感知实体经济行为，准确预测实体经济的走向，让虚拟经济的服务和控制融合在实体经济的每一个环节中，这必将推动传统金融模式的一场新革命，并催生一种全新的金融模式——物联网金融。

我们知道，传感器采集信息、通信传输、中心进行处理的架构是传统智能化的测控系统。而物联网是以实体世界的感知互动为目的，以社会属性体系架构为核心的全新综合信息系统。如果把传感器比作人的鼻子、眼睛、耳朵的话，神经是传输系统，大脑是指控中心，传统的测控系统是把系统比作一个人，物联网则是由这些"人"组成的团队、社会，"他们"有协同、有分工、有组织地去完成实体世界的感知互动。测控系统能完成人为的一些简单的测控，比如工业自动化。只有物联网架构的高自适应的体系，才能满足纷繁复杂的实体世界的感知互动的要求。

物联网是信息技术发展第三次产业浪潮的推动者。以 PC 机为代表的信息处理推动信息产业进入第一次产业浪潮——智能化时代；移动通信、互联网为代表的信息传输推动信息产业进入第二次产业浪潮——网络化时代；物联网使信息获取产生革命性的变化，正推动信息产业进入第三次产业浪潮——社会化时代。

物联网面向实体世界，对实体世界追踪历史、把控现在、预测未来，改变的是实体产业本身。比如，物联网让传统智能安防监控从事后追踪变为事前预警，让传统智能交通的红绿灯控制车流量变成车流量控制红绿灯，让传统基于 RFID、条码、二维码的物流信息化被动管理变成主动无遗漏环节监管等。物联网对传统产业的变革将远远超过互联网的影响。

（材料节选自《光明日报》，2014 年 05 月 29 日 15 版，作者：邵平，刘海涛）

一、物联网与金融的融合

（一）物联网概念

2005 年 11 月 27 日，在突尼斯举行的信息社会世界峰会上，国际电信联盟（International Telecommunication Union，ITU）发布了《ITU 互联网报告 2005：物联网》，正式提出了物联网的概念。物联网（Internet of Thing）是通过射频识别、全球定位系统、激光扫描器、红外感应器等各种信息传感设备，按约定的协议，把物品与互联网连接起来，进行信息交换和通信，以实现智能化识别、定位、跟踪、监控和管理的一种网络。

物联网概念的问世，打破了之前的传统思维。过去的思路一直是将物理基础设施和 IT 基础设施分开，一方面是机场、公路、建筑物，另一方面是数据中心、个人电脑、宽带等。互联网是人与人的交互。而在物联网时代，钢筋混凝土、电缆将与芯片、宽带整合为统一的基础设施，在此意义上，基础设施更像是一块新的地球。从互联网到物联网，概念延展有两点，其一，物联网的核心和基础仍然是互联网，是在互联网基础上加以延伸和扩展的网络；其二，其用户端延伸和扩展到了任何物品与物品之间，它们进行信息交换和通信，也就是物物相息。物联网是物体与物体、物体与人的交互。

（二）物联网金融

互联网金融实现了信息流和资金流的二流合一，是虚拟世界和虚拟经济的融合，却没有解决金融机构现行信用体系存在的根本问题——缺乏对实体企业的有效掌控。

不同于虚拟世界的互联网，物联网的产生和发展是建立在实体世界已有的智能化、网络化基础之上的。物联网让虚拟经济从时间、空间两个维度全面感知实体经济行为、准确预测实体经济的走向，让虚拟经济的服务和控制融合在实体经济的每一个环节中，推动金融模式的新革命，这就是物联网金融。物联网金融实现资金流、信息流、实体流的三流合一，全面降低虚拟经济的风险，将深刻而深远地变革银行、证券、保险、租赁、投资等众多金融领域的原有模式。如果说互联网金融是平面的，物联网金融则是立体的；如果说互联网金融是普适性的，物联网金融则是差异化的。

从一项或一组物联网技术对金融机构内部管理进行支持和流程优化，到完整的物联网商业应用场景与金融企业具体业务相结合，再到多维度、全链条的智慧网络建设及数据应用推动的金融模式变革与创新，物联网技术在金融领域的应用不断深化，相关产业也呈现出强劲的发展势头。

物联网金融包含了物联网技术、金融服务以及实体经济的生产运营场景等基本要素，其中金融与物联网技术是物联网金融的两个核心要素，相辅相成，互为支持；而实体经济的生产运营场景则是金融物联网的现实载体，金融服务与物联网技术在其中作为基础要素融入实体经济的商品或服务。物联网金融构成的新型生产关系，具有高度的开放、协作以及全面的去中介化等特性，使信用、跨期价值交易的成本无限下降，产品服务边际成本趋近于零，业态边界也趋于无穷大，可以扩张到所有的社会生活、生产和运营中，囊括所有的商业和非商业参与者。

需要指出，物联网在金融中的应用，和物联网金融是有本质差别的。比如，基于物联网的银行网点、金库的安防、高端客户的个性化服务、远程抄表的远程金融结算等，是物联网在金融中的应用，并未改变金融的模式，应称之为金融物联网。而物联网金融是指物联网和金融的深度融合，变革金融的信用体系，带来金融模式的革命。物联网与资本的紧密结合，对传统产业进行并购、物联网化改造，可实现传统产业的转型升级。

二、物联网对金融的影响和作用

（一）物联网对金融创新的影响

物流网和金融相互影响、渗透并不断进行跨界融合已经成为必然趋势。物联网对金融的最大价值是提供了对客户和交易进行客观观察的手段，金融机构可以利用物联网技术和信息通信技术，提高自己的风险识别和控制能力，并推动金融产品和服务创新，提供新型的支付、资金通融、投资、资产管理及信息中介等金融服务，扩大金融服务的广度和深度。

1. 物联网对金融信用体系的创新

物联网技术之于金融信用体系的创新，在于金融机构在物联网技术支撑下，重构其与监管部门、非金融企业等相关参与者之间的新型信用体系。

2. 物联网对金融资本杠杆的创新

物联网技术之于金融资本杠杆的创新，在于金融机构通过构建物联网技术应用场景来引导更多的参与者投入实体经济，推动单一的金融资本杠杆向多样性的资本技术等资源组合杠杆的转变。

3. 物联网技术之于金融风险管理的创新

物联网技术之于金融风险管理的创新，在于金融机构通过共享实体经济的物联网信息数据，实现智能客观的风险定价。

4. 物联网对金融产品服务的创新

物联网之于金融产品服务的创新，在于金融机构利用物联网技术实时获取客观的市场需求，进而动态调整金融服务，推动被动的融资服务向主动的融资融智服务转变。

（二）物联网对金融体系的作用

1. 有效解决交易信息不对称问题

随着物联网技术的突飞猛进，世界本身正在成为一种信息系统。物联网提供物与物、物与人的交互信息。通过对海量数据信息的存储、挖掘和深入分析，金融机构可随时随地掌握"人"和"物"的形态、位置、空间、价值转换等信息，并且充分有效地交换和共享，从而有效解决信息不对称问题，为大到服务战略、小到业务决策提供全面、客观的依据。以汽车保险市场为例，由于保险人和投保人之间信息不对称，骗保时有发生。如果保险公司在投保车辆上安装物联网终端，对驾驶行为综合评判，则可以根据驾驶行为确定保险水平。出现事故时物联网终端实现远程勘察，实时告知保险公司肇事车辆的行为。保险员不到现场即可知道车辆是交通事故还是故意所为，不但解决了骗保问题，还可以快速赔付、提升赔付效率。

2. 促进信用体系更加客观化

物联网数据是通过底层传感器采集的实实在在的客观数据，它克服了互联网数据存在的社交数据多、交易数据少、采集方式主观因素多等困难。借助物联网技术，金融机构对客户前端信息的主观调查被传感器实时采集的客观数据所代替，从而获得更加真实有效的数据，以这些数据为基础的风控模式将从滞后的、基于主观的信用评价进化为实时的、基于客观数据的信用评价。此外，物联网还将促进信息量和维度的提升，能够更加全面地反映企业和个人的自然属性，提高信用体系的可靠性。物联网对金融的革命性影响在于信用体系的夯实，未来甚至可能重塑社会信用体系。

3. 优化金融资源配置

物联网技术的进步将大大改善信息不对称情形，使金融机构以更加精细、动态的方式对信息流、物流和资金流进行"可视化管理"，在此基础上进行智能化决策和控制，合理引导资金流向和流量，促进资本集中并向高效率部门转移，从而达到优化资源配置的目的。融合了物联网技术的金融服务，全过程电子化、网络化、实时化和自动化，能大大降低运营管理成本。此外，得益于"物联网+大数据+预测性算法+自动化系统"，采集信息的边际成本近乎为零，服务长尾客户再无边界限制，金融服务可以惠及更广泛的企业和人群。

4. 促进智慧金融的发展

智慧金融表现为金融机构可向客户提供与其日常生活内容紧密相关的洞察建议产品或服务，真正提供定制化体验。以金融支付为例，随着移动通信互联网和近场通信技术的融合发展，利用指纹、虹膜、掌纹、掌静脉、声纹等进行个人身份鉴定的生物识别技术日趋成熟，传统密码支付将逐步被识别支付取代。物联网技术在支付应用后，会感知消费者的周边环境和自身的状态，以确保支付者的资金安全和人身安全，还可以通过透彻感知，将支付行为与企业运营状态、个人健康、家庭情况的动态变化相关联。这意味着，无论是面对个人还是企业，金融机构不仅可以预测客户的需求，还能根据客户不断变化的情况进行积极响应，及时提供相关的解决方案，助力客户实现目标，带来全新的智慧金融体验。

（三）物联网对金融领域业务的实践变革

金融机构利用以物联网为核心的信息技术，进行金融信用、杠杆、风险和服务的创新，将深刻变革银行、证券、保险、租赁、投资等众多金融领域的原有业务模式。

1. 物联网银行——缔造银行全新时代

在社会经济中扮演着创新发动机和风险内化器等重要角色的商业银行，可以依托物联网技术，变革银行的信用体系、防范经营风险、提升管理效能及改善客户体验等。

（1）银行信用体系更加客观化

银行业金融机构呆账、坏账风险一直是令整个行业及监管机构头痛的难题。银行为降低放贷风险，只好提高放贷门槛。究其原因，正是由于银行业金融机构缺乏对实体企业的有效掌控。在现行信用体系下，银行从业人员基本是通过调研企业运营情况，特别是财务数据以及信用记录等信息，给企业进行信用评级，再给予贷款、投资等融资支持。而通过物联网建立的客观信用体系，将帮助银行打造全新的商业模式。比如，结合物联网的货物质押系统，将实现动产的全程无遗漏环节的监管。又如，可以帮助银行实时掌控贷款企业的采购渠道、原料库存、生产过程、成品积压、销售情况，甚至用户使用情况，按需贷款、按进度放款，并可帮助银行开展贷前调查、贷中管理、贷后预警，预防欺诈违约案件，提高风控水平。

（2）开启感知支付新时代

随着移动通信、互联网和近场通信技术的融合发展，支付手段从面对面的货币现钞支付，演变成随时随地的电子支付。在此过程中，智能卡、密码等安全手段被大量使用。物联网的快速发展，将推动感知支付时代的来临。未来，物联网在支付中应用后，会感知消费者的周边环境和自身状态，以确保支付者的资金安全、人身安全。物联网还可通过透彻感知，将支付行为与企业运营状态、个人健康、家庭情况的动态变化相关联，动态调整支付额度，控制银行的风险。

（3）大大降低动产质押的风险

传统基于RFID、条码、二维码的物流信息化的管理，需要用终端扫码或读取RFID的信息，是一种被动的方式，而且没有感知功能，这给银行带来极大的风险。物联网可实现对动产无遗漏环节的监管，极大地降低动产质押的风险。物联网让动产具备了不动产的属性，如钢铁贸易中，物联网可全过程、全环节地堵住钢贸仓单重复质押、虚假质押等一系列动产监管中的漏洞。物联网的动产质押将深刻改变供应链金融的模式，也将破解小微企业贷款难的问题。

2. 物联网保险——风险随时可控

传统的保险是概率原理，出事的概率低，赔付总和小于投保总额，保险公司就营利。对保险业来讲，精算最大的困难是无法获得准确全面的风险数据，物联网技术的应用和普及，将深刻改变保险业态，实时核保、实时定价等新技术应用，将使一车一价车险、带病投保健康险、弹性保额重疾险等变得可行。同时，物联网让保险业对风险做到可控、可预期，部分甚至可预防，将大大降低保险的赔付成本。比如，针对汽车险的骗保问题，若在投保车辆上装上物联网终端，可对驾驶行为综合评判，可根据驾驶习惯的好坏收取不同的保险费；出现事故时，物联网终端可以实时告知保险公司肇事车辆的行为，保险员不到现场即可知道车辆是交通事故还是故意所为。平安产险、百度与车载诊断系统（On-Borad Diagnostic，OBD）制造商元征科技在车联网保险方面建立了合作，共同推出基于OBD、位置服务（Location Based Service，LBS）技术的车联网解决方案，通过对车主行驶数据的持续分析，为其提供便捷快速、个性化的车险服务，并通过与汽车产业链上各方参与者的信息共享，围绕汽车的"买、卖、养、用、玩"等场景，提供汽车按揭、安全咨询、加油、洗车等多元化服务。

此外，针对个人的寿险和健康险，保险行业也已开始尝试运用物联网技术，并催生出新的商业价值。例如，众安保险推出的一款基于日常慢跑的重疾险产品，就是将客户每天慢跑达标情况与保费优惠结合起来。这是一个通过物联网细分客户人群的模式，极大提升了客户体验感。

3. 物联网技术与供应链金融业务的结合

物联网技术在帮助不同产业优化升级的过程中，发展出来的管理功能和数据信息可以帮助金融企业优化风险管理、简化业务操作流程，并推动产品创新。RFID、智能视频工业二维码等物联网技术能够对商品流转、仓储进行实时的识别、定位、跟踪、监控等系统化智能化管理，使金融机构能够从时间、空间两个维度全面感知和监控动产的存续状态和变化过程，有效提升了供应链金融业务风险管理和操作效率。

4. 大宗物联网商品动产融资

银行机构与大型港口、公共仓库等仓储物流企业建立战略合作，采用智能仓储监管方案，对钢铁、有色、石油、化工等大宗物联网商品仓储进行物联网改造升级，实现对动产融资业务项下抵押物的实时动态监管，赋予动产以不动产的属性，囊括静态仓储和动态物流中的大宗物联网商品，真正激活交易物联网商品的金融属性。

5. 交易见证及配套金融服务

伴随物联网商品交易线上化的全面普及，贸易真实性问题成为限制交易配套金融服务发展的主要因素。电子交易平台、仓储物流企业、金融机构等应用互联网技术将线上信息化交易过程与线下物联网商品实物的交割连接在一起，使物联网商品交易、实物交割与金融机构的资金监管、支付清算等服务匹配，达到交易信息流、物流和资金流的统一。

6. 仓单认证交易及配套金融服务

由于近年来的虚假仓单、重复质押及监管过失等问题，仓单的交易及融资陷入了发展困境。频发的风险事件在影响行业信用体系的同时，也影响了物联网商品交易的活跃度。交易市场、交割仓库、期货公司及银行等应用物联网技术将大宗物联网商品实物与电子仓单绑定，使仓单信息能够根据实物的物理变动、权属变化等进行实时调整，并用套期保值交易锁定仓单价值，进而实现大宗物联网商品交易及融资的单证化和线上化。目前已有多家机构，包括仓储机构、大宗物联网商品核心厂商和其他第三方机构，在进行仓单物联网化的研究，它们致力于通过互联网、物联网及大数据等新兴技术，对仓单及其项下货物的相关信息进行动态、持续、统一的登记公示，逐步形成集仓单认证、仓单征信、仓单保险、仓单交易及投融资于一体的仓单服务方案。

拓展阅读

纵观金融史，技术变革一直是金融发展的动力，技术跨越成就金融行业的大变革与大发展。从电报、电话到计算机信息系统，金融业一直是先进技术的领先应用者，同时也一直受到先进技术的驱动。金融与技术就像太极阴阳的两端，相互追逐，共同发展。当前大数据、云计算、移动互联网、智能终端、通信技术等现代信息技术正在加速发展并驱动金融行业的变革与发展，它们重塑了金融竞争规则，使技术承载的信息和数据成为新金融时代的核心竞争力。未来技术改变的世界有四大特征：万物互联、信息交互、数据集成、智能决策。这四大特征对金融业的未来变革影响深远，也是我们思考创新金融模式的基础前提。技术替代将不断拓展金融服务的可能边界，不断构建新金融生态空间，不断演化出多层次金融服务体系，不同的金融模式将服务于特定的群体，市场会根据收益和成本的动态变化选择不同的商业模式，技术通过驱动不同业务的成本与收益之间的动态调整而改变金融格局。由此可见，技术替代是一个连续且复杂的问题，将深刻改变金融结构与金融格局，更新一些落后、高成本、低效率的金融服务模式，但是仍会因为成本、文化、地域等原因保留相当一部分传统金融服务形态，传统金融难以替代的功能也会在运用新技术中得到升华。因此未来的金融模式一定是在技术替代中传统金融和互联网金融的融合发展。

本章小结

在未来，随着金融科技在各个领域的应用拓展，技术的投入只会越来越大。而随着数字金融基础设施建设上升为国家战略，金融科技的发展也将迈入新的发展阶段。本章对大数据技术、云计算技术、区块链技术、物联网技术等支撑互联网金融创新发展的相关技术的概念、影响及其应用场景等进行系统的介绍，为进一步学习和把握互联网金融的行业特征及其运行发展规律提供支持。

思考与练习

一、名词解释
大数据　云计算　区块链　物联网

二、选择题
1. 羊毛党用户可以通过（　　）技术识别。

A. 大数据　　　　　B. 物联网　　　　　C. 人脸识别　　　　　D. 生物指纹

2. 以下项目中，（　　）不属于现有的云计算模式。

A. 公有云　　　　　B. 私有云　　　　　C. 混合云　　　　　D. 乌云

3. 物联网金融实现（　　）、信息流、实体流的三流合一。

A. 虚拟流　　　　　B. 数据流　　　　　C. 资金流　　　　　D. 物流

三、简答题
1. 如何理解大数据对金融业的影响？
2. 金融业云计算的部署模式有哪些？
3. 区块链的特点有哪些？
4. 物联网金融与金融物联网的区别主要是什么？

第三章 互联网货币

🔔 学习要点及目标

- 了解互联网货币发展历程和发展现状
- 理解互联网货币相关的基本概念
- 理解互联网货币与传统货币的区别
- 掌握互联网货币及工具的类型

🔔 课程思政切入点

从货币发展路径看创新思维，体会时代发展进步

🔔 核心概念

虚拟货币，电子货币，互联网货币，法定数字货币

🔔 材料导读

数字人民币试点

2020年12月31日，"福田有礼数字人民币红包"新年促消费活动正式开启。据悉，此次促销费活动每个红包金额为200元，红包数量共计10万个，将采取"摇号抽签"形式发放，抽签报名通道自2021年1月1日0时正式开启。在深个人可通过"i深圳"活动预约平台登记申请抽签。此次试点由福田区出资，"福田有礼数字人民币红包"可于2021年1月7日8时至1月17日24时在深圳市已完成数字人民币系统改造的10 000余家指定商户无门槛消费，具体商户名单可至"i深圳"预约平台查阅。中签人员将于1月7日8时起收到中签短信，根据中签短信指引，下载安装"数字人民币App"，注册登录并开立预约时所选银行的"个人数字钱包"后，即可领取"福田有礼数字人民币红包"200元。此次活动面向在深个人（不限户籍）发放，是深圳市在疫情防控常态化期间，为刺激消费、拉动内需开展的创新实践，也是数字人民币研发过程中的一次常规性测试。

（资料来源：深圳市政务服务数据管理局，2021-01-04，http://www.sz.gov.cn/szzsj/gkmlpt/content/8/8390/post_8390627.html#19236）

第一节　互联网货币的产生与发展

互联网货币是传统货币在科技进步背景下衍生出的新形式，其产生与发展是传统货币在电子商务等新型交易背景下不断演进的结果。因此，要理解互联网货币的产生与发展，需要回溯货币在人类历史上的演进。

一、货币形态的演进

货币并不是自从人类社会形成时就有的。关于货币的起源，学者们各持观点。其中比较主流的说法是，货币起源于物物交换。原始部落的生产发展到不仅能满足自身需求还有剩余产品的程度时，不同的部落甚至不同的个体有不同的生产剩余，也有不同的消费需求，因此产生了交易的动机。原始的交易是通过以物易物来完成的。

以物易物在交易过程中面临一个非常严苛的条件，也就是买卖双方所拥有的正好是对方所需要的。这种巧合对于交易的成功至关重要。人们在以物易物的过程中发现，有些商品是被大家普遍接受且不易耗损的，这些商品就在以物易物的市场上作为交易媒介广泛流通。因此，在以物易物的交易过程当中，逐渐演化出来的这一类大家能够普遍接受的、流通能力比较强的商品，成为货币发展初期的商品货币。这些商品被广泛地应用于交易，并且改变了交易的模式，由"商品—商品"转化为"商品—货币—商品"，极大提高了交易的成功率，促进了交易的发展。

在人类历史上，充当货币的商品多种多样。古希腊时期的牛羊牲畜，美洲土著和墨西哥人的可可豆，中国的布等都曾经是商品货币的典型例子，《史记·平准书》中就有"农工商交易之路通，而龟贝金钱刀布之币兴焉"的记载。商品货币对应的是比较早期和落后的生产力，以及低频次的交易。尽管商品货币被大家普遍接受，但是它带来的交易成本比较大。商品货币不可避免地存在一些问题，例如体积大、过于笨重、不方便长途运输等，这些缺点随着人类社会发展，交易的频次越来越高、跨地域范围越来越大而逐渐凸显出来。

金属冶炼技术的出现和发展，为实物货币带来了新的材料。在人们的交易实践当中，金属货币由于其本身价值高、可分割、便于携带等优点逐渐取代了商品货币。在我国历史上，铁、铜、金、银因为冶炼技术的不断发展，成为实物货币的材料。金属货币在实际的交易发展过程当中也逐渐显露出弊端。金属货币会在交易的过程当中出现损耗，而且金属货币本身在面对大额交易的时候也仍有笨重之嫌。此外，金属货币的供给会随着矿藏的发现和开发利用而产生波动，给交易市场带来了非常大的不确定性。这些特点也决定了金属货币会逐渐被交易市场淘汰。

拓展阅读

劣币驱逐良币与良币驱逐劣币

劣币驱逐良币是指在铸币流通时代，大家倾向于把成色质量比较好的货币留在家里，而把那些成色、质量不好的货币拿去交易。最后，"良币"被大家收藏起来，市场上流通的货币就都是"劣币"了。这一现象和规律，由英国的财政大臣格雷欣发现，所以又被称为格雷欣法则。货币流动当中的"劣币驱逐良币"的发生要件有三个：一是劣币和良币同时被市场所接受，二是劣币和良币的市场兑换比率固定，三是两种货币的总和要超过社会实际所需。

"劣币驱逐良币"的现象不仅发生在货币流通当中，这一法则也体现在日常生活的方方面面。从另外一个角度理解，如果大家对于好的商品和坏的商品的接受程度是相同的，那么市场上好的商品会逐渐被淘汰，质量差的、成本更低的产品会占领市场。也就是说，"劣币驱逐良币"的关键点在于，市场对差别的接受是否有差异。

在外汇市场上有一种"良币驱逐劣币"的情况，兑付能力强的"硬通货"比兑付能力差的"软通货"更容易被大家接受。在我国历史上，也曾经出现过"良币驱逐劣币"的情况。汉文帝时期曾经为了解决市场上的造假铸币的问题，"使民放铸"，将铸币权下放于民，政府在集市上提供天平（钱衡）来判断铸币的优劣。这样一来，市场上流通的货币就逐渐向足值货币靠拢。因为政府并不强制大家接受劣币，信息完全对称的情况下，市场充分发挥其调节作用，破解"劣币驱逐良币"。汉武帝即位之后，又重新将铸币权收归中央所有。

（编者根据参考资料整理，管汉晖，陈博凯. 货币的非国家化：汉代中国的经历（前175-前144年）[J]. 经济学（季刊），2015（3）：1 497-1 518.）

代用货币作为与其所代表的贵金属货币自由兑换的信用凭证登上历史舞台，代替金属货币执行流通，代用货币大大降低了交易成本。我国北宋时期的交子就是代用货币。代用货币以其所代表的贵金属为基础，相对于贵金属本身更加便携，能节省流通的成本，也能够避免金属货币在交易过程当中的磨损。

代用货币依赖金属货币而存在，强调其可兑换属性，并没有完全摆脱金属货币供给波动带来的问题。为了解决矿藏开发带来的货币供给波动问题，以及服务国家治理的需要，信用货币产生了。信用货币是以信用为保证，通过信用程序发行和创造的代替贵金属货币发挥流通手段和支付手段，且不能与贵金属货币自由兑换的信用凭证。信用货币向市场的投放需要以债券的发行为基础，国家每向市场投放一块钱，其背后都有一块钱的国债发行。因此，信用货币也被称为债务货币。目前，世界上绝大多数国家采取的货币形式是信用货币。

代用货币向信用货币的转换，并不仅仅是交易的需要，背后体现了国家权力以及国家金融制度的变更。在代用货币时代，代用货币与贵金属绑定，这就意味着代用货币可以随时向其承兑部门兑换其所代表的贵金属货币。代用货币的发行部门在发展过程当中，从私人钱庄转向国家部门，后者的承兑能力更强。例如，银行券的持有人随时可以去银行兑换金银。直到第一次世界大战之后，许多国家放弃了金本位制，纸币成为信用货币。

 拓展阅读

中央银行与国家信用

纸币的根本特点是由中央银行通过法定信用程序垄断发行。建立中央银行的必要性是货币统一和票据清算的需要。在中央银行成立之前，各银行都有权发行银行券，随着货币信用业务的发展、银行数量的增多，分散发行造成的名目繁多的银行券既造成了金融秩序的混乱，又降低了银行券的流通效率，增加了货币流通费用，还为假钞提供了可乘之机。所以由一家或者几家有实力和有信誉的大银行来统一发行银行券是一种更有效率的货币制度。支票、银行汇票、银行本票、商业汇票等票据的流通往往需要银行进行转账结算，随着票据流通量的增大，各银行的结算人员开始聚集在固定的地点，交换所持的票据并结清其中的差额；票据结算交换所提高了清算效率，但是由于其局限于同城之间的票据结算，而且票据交换所与银行之间办理现金清算很不安全和很不方便，所以需要中央银行作为全国统一的清算中心。

（资料来源：黄诚，李纯安.电子货币的本质与网络经济条件下的金融制度创新[J].经济科学，2000（2）：49-55.）

信用货币的出现消解了长期以来贵金属货币在流通领域的强势地位，以国家信用为担保，避免了贵金属供给的有限和波动带来的种种问题，以及贵金属商品的本质属性带来的国家对经济运行的调控能力弱等问题。但是，信用货币本身也存在一些问题，虽然说一国债务具有有限性，但是在实际操作过程当中，存在货币超发的现象，会导致通胀等一系列问题。甚至在贸易全球化背景下，货币超发带来的经济问题还有可能会辐射到全球政治、军事等其他领域。

信用货币在现代信息技术的助力之下，抽象出新的货币形态——互联网货币，脱离原本的货币实体，真正以信息形式存在。科技的进步使货币的发展踏入了新阶段，货币逐渐脱离实体，以信息为载体，使互联网货币在交易便捷性、安全性等方面发挥出更大的优越性。

因此，整个货币的演进史可以归纳为四个阶段：商品货币、代用货币、信用货币、互联网货币。可以说货币是随着交易的发展而不断演化的，而交易是人类社会制度和技术进步的反映。货币的演进是提高货币流通效率，降低货币流通成本，提高交易便捷性的进化过程。从这个角度上说，互联网货币是大势所向。

有学者们认为，货币是交易的媒介，是从一般商品当中脱离出来固定地充当一般等价物的商品，并反映一定的社会关系。在这种观点当中，货币的本质被解释为特殊商品，货币本身有价值。纸币是一种价值符号，本身不具有价值，不能被纳入货币的范畴。

近年来有国内学者提出货币的本质是一种契约，并从货币发展史的角度对这一观点进行了阐释。他们认为，货币最初并不是作为一般等价物来充当商品流通媒介的，而是作为一般性债务来记录和结清债权债务关系的；货币的本质不是一般等价物，而是作为无限跨期价值尺度的一般性债务；货币演进的主要脉络是私人信用货币—政府信用货币—银行信用货币；货币的核心功能不是交易媒介和价值储藏手段，而是组织生产，是生产关系、社会纽带等。

对于货币本质以及货币特征、功能等方面的讨论是传统理论在面对货币演化进步至数字化时代所必然面临的挑战，具有非常重要的理论意义和现实意义，也对于研究未来互联网货币的发展趋势具有启发性作用。

二、互联网货币的产生与发展

银行信用卡是互联网货币的早期载体。随着银行信用卡的普及和发展，衍生出其他方式的互联网货币和互联网支付手段。1952 年，美国加利福尼亚州富兰克林国民银行率先发行银行信用卡，标志着一种新型商品交换中介的出现。美洲银行从 1958 年开始发行"美洲银行信用卡"。1974 年，罗兰德·莫诺（Roland Moreno）发明了 IC 卡作为电子货币的存储介质。1982 年，美国组建了电子资金传输系统，随后英国、德国也相继研发了类似的系统。以银行信用卡为代表的电子货币迅速流行，成为当今主流的货币形式。

1985 年 3 月，中国银行珠海分行第一张"中银卡"（BOC 卡）问世。1986 年 5 月，中国银行北京市分行在北京试发行"长城卡"，自此开启了长城卡的发卡历史，当时的长城卡以外汇券为结算货币。图 3-1 为第一版长城卡版面式样。

图 3-1　第一版长城卡版面式样

1986 年 10 月，中国银行发行以人民币为统一结算货币的长城信用卡，明确规定中国银行的信用卡统称为"长城卡"，自此国内通用的人民币信用卡诞生了。图 3-2 为国内第一张信用卡——中国银行发行的长城卡样式。

图 3-2　国内第一张信用卡样式

互联网货币是随时代发展产生的，其产生需要具备以下几个条件。

首先，互联网货币的产生是货币信用化的进一步发展。随着传统货币抽象出来的纸币作为价值符号被大家所接受以及银行账簿体系的广泛应用，货币不再局限于实体的价值。货币的本质概念发生了意识变迁，人们通过信用背书的概念赋予互联网货币代表价值的能力，不再认为货币本身有价值，而是将货币作为一种国家对公民的债务。互联网货币产生的基石是货币信用化。只有货币本身的意义从传统的实物货币的形态当中抽离出来，成为一个抽象的概念，才能产生互联网货币。

其次，互联网货币是科技进步的产物。互联网货币作为现代信息技术发展的重要成果，其存在、发挥作用的过程无一不需要科技的支撑。通过现代信息技术的手段，金融机构将货币抽象出来的信息进行变更、存储、转载、读取等操作，代替传统货币的收款、清点、记账等活动，大大提高了交易的效率，从而更好地服务于交易。

最后，互联网货币的产生是经济贸易发展的内在要求。随着经济社会的不断发展，贸易的场景不断丰富，人们对支付方式的要求更高。传统货币对于现代贸易来讲，已经不能满足高效率、低成本、跨地域、跨时间等要求，互联网货币呼之欲出。而且在真正的交易过程中，互联网货币提升了交易效率，降低了交易成本，满足了电子商务等现代商务场景的需求，从而得到进一步的发展。

互联网货币在过去的几十年里，搭上科技进步的快车，发展势头强劲。贸易的类型不断增多、电子商务的快速崛起、多场景的商务模式，给交易带来了诸多问题，如电子商务如何避免欺诈，跨境电商的支付如何结算，零售小额支付如何提高效率，大额交易如何确保安全等。这些应用场景的涌现，意味着人们对互联网货币提出了更高的要求。互联网货币的不断更新迭代，就是不断满足这些应用场景的过程。时至今日，互联网货币渗透在我们经济贸易的各个方面，用更高效、更便捷、更安全的方式代替传统货币执行了相关的职能。

互联网货币的发展，一方面受益于国内互联网企业和电子商务的不断发展，另一方面也受益于政府监管。新时代下面临的互联网货币和互联网金融的发展，是崭新的历史机遇。政府监管的开放性，使互联网货币领域的创新不断涌现并走入人们的日常生活，实现了从纸币到移动支付的跨越式发展。同时，对电信欺诈等方面的严厉打击和对民众的宣传教育，也在一定程度上保护了公民的财产安全，促进了互联网货币的健康发展。

互联网货币发展的意义，不仅仅在于作为交易媒介，使交易更加高效便捷，节约社会资源，提高社会运转的效率，从国家层面上来说，也是中华民族振兴的重要组成部分。作为现代金融的重要构件和基础，互联网货币的发展极大促进了金融领域的创新和发展。

第二节　互联网货币的概念与特征

一、互联网货币的概念演进

互联网货币与现实中使用的货币不同。在互联网社会形态里，人们根据自己的需求成立或者参与社区，同一社区成员基于同种需求形成共同的信用价值观，互联网货币就是在此基础上形成的新型货币形态。

中国学术界对于互联网货币相关的概念存在一定的争议，李翀（2003）对虚拟货币和电子货币进行了较为宽泛的定义。他认为，二者是同一个概念，即没有实物形态的以电子数字形式存在的货币，且虚拟货币产生于 20 世纪 70 年代的美国，以磁卡的出现为标志。随后，孙宝文等人（2008）将电子货币与虚拟货币的概念进行了区分，认为电子货币和虚拟货币在发行主体、信用保证、支付方向和支付范围等方面都有本质上的区别，并认为电子货币是由银行金融机构发行的全社会通行的交易媒介，是真正的货币，而虚拟货币是指与现实世界中流通的真实货币相对应的，仅仅能在虚拟网络世界中流通的货币，如 Q 币、比特币等。陈岩等人（2014）按照电子货币与虚拟货币之间的关系，将现有文献中对虚拟货币的定义进行了整理和归类，并划分出三种口径，包括从物理形态角度定义的广义虚拟货币、中间口径的虚拟货币，以及从流通范围角度定义的狭义虚拟货币。此外，他们还援引欧洲央行对虚拟货币的定义与分类，根据虚拟货币与现实货币和真实经济的相互流动关系，将虚拟货币分为封闭的虚拟货币、单向流动的虚拟货币和双向流动的虚拟货币三类。杨东（2018）等人则参考了国际货币基金组织（International Monetary Fund，IMF）和日本政府在立法上对虚拟货币的定义，认为虚拟货币与平台代币不同，是指"通过电子信息系统处理、可以在不特定主体之间用于清偿债务、既非法定货币也不以法定货币计价的财产性价值"。

本书对相关概念进行以下区分。

（1）电子货币

电子货币是指用一定金额的现金或存款从发行者处兑换并获得代表相同金额的数据，通过使用某些电子化的方法将该数据直接转移给支付对象，从而能够清偿债务。

（2）虚拟货币

虚拟货币是一种不受管制的、数字化的货币，通常由开发者发行和管理，被特定虚拟社区的成员所接受和使用。欧洲银行业管理局将虚拟货币定义为：价值的数字化表示，不由央行或当局发行，也不与法定货币挂钩，但由于被公众所接受，所以可作为支付手段，也可以电子形式转移、存储或交易。

（3）数字货币

数字货币是以区块链技术为支撑并以电子化方式记录的，不代表实质商品或货物，发行者亦没有兑现实物义务的通货。按照数字货币是否由有权机关发行可以将数字货币分为法定数字货币和非法定数字货币。法定数字货币的法律属性为货币，非法定数字货币虽然可以在功能上满足货币的交易媒介要求，但在法律属性上不构成法定货币，不具有强制兑换性。表 3-1 对不同概念的货币进行了对比梳理。

表 3-1　互联网货币相关概念对比

主要要素	货币种类		
	电子货币	虚拟货币	数字货币
发行主体	金融机构	网络运营商	无
使用范围	一般不限	网络企业内部	不限
发行数量	法币决定	发行主体决定	数量一定
储存形式	磁卡或账号	账号	数字
流通方式	双向流通	单向流通	双向流通
货币价值	与法定货币对等	与法定货币不对等	不一定

续表

主要要素	货币种类		
	电子货币	虚拟货币	数字货币
信用保障	政府	企业	不一定
交易安全性	较高	较低	较高
交易成本	较高	较低	较低
运行环境	内联网，外联网，读写设备	企业服务器与互联网	开源软件以及 P2P 网络
典型代表	银行卡、公交卡	Q 币、论坛币	比特币、莱特币、法定数字货币

二、互联网货币的特征

互联网货币是随着交易的不断发展而催生出来的，除了满足传统货币的一些职能，互联网货币还具备其他的一些特征。

（一）虚拟性

互联网货币并不具有传统意义上货币的实体，是互联互通的电子式的记账体系。互联网货币以现代信息技术为手段，信息不再依赖固定的实体，具有一定的虚拟性。

（二）发行主体不定

互联网货币的发行主体有可能是中央银行、商业银行、金融机构甚至是个人。传统货币由于发行主体的确定性而具有法偿性，互联网货币的兑付能力则取决于其发行主体。虚拟电子货币只能在一定的范围内流通、兑付，且不具有强制性。法定电子货币因为与传统货币具有同样的法偿性，兑付具有强制性。

（三）高度技术性

互联网货币作为现代信息技术的产物，在市场上进行流通需要加密、电子签名等技术手段。对互联网货币的监管，同样需要现代通信技术、密码技术等手段的加持。

（四）匿名性

相对于传统的纸币来说，互联网货币的流通，可以完全在线上平台完成，并不需要支付方和收款方的私人信息，从而实现交易的匿名化，保护用户隐私。私人虚拟电子货币的匿名性相对来讲比较彻底，这也造成了监管上的困难，给不法分子创造了可乘之机。

（五）安全性

传统纸质货币通过防伪技术手段防止假币欺诈，互联网货币采用现代信息技术，利用数字加密、电子签名等技术手段确认交易，造假相对比较困难。但是互联网货币的隐患在于账户的安全性，如平台或者机构不能完全保障账户的安全性，将会给用户造成巨大的损失。

（六）高效性

互联网货币的高效性，一方面是实现了交易的便捷，即流通的便捷性。首先，传统纸币在面临交易的时候需要进行验伪、清点、找零等多个环节，互联网货币通过线上转账等交易模式，省略了这些烦琐的步骤。其次，传统纸币在交易的过程当中，需要支付方和收款人线下的现金实体的转移。再次，互联网货币的出现使交易支付不再受时间和空间的限制。支付方和收款人完全可以通过其他方式商定交易，之后在某个时点、在线上完成支付动作。最后，互联网货币的发行也比传统纸币发行的流程更简约。因为没有固定实体承载，省去了制币、押运等步骤。

（七）低成本

互联网货币的低成本体现在发行、流通的各个环节对自然资源、人力成本、物流费用的节省。纸币的印刷、搬运、清点等活动，被互联网货币线上信息传输和"碰一碰"等简单操作取代。人们在使用互联网货币的交易过程中，真正实现了只需要动动手指，即可瞬时完成交易。互联网货币使传统的收银等工作实现了消费者自助，节约了社会劳动力。

第三节　互联网货币的职能与影响

一、互联网货币的职能

互联网货币是适应人类信息网络经济时代的需要而产生的，蕴涵着可以执行货币职能的特征和潜力，但还不能视为"通货"。对于货币，一般认为有价值尺度、支付手段、流通手段、储藏手段和世界货币等职能。互联网货币概念广泛，具体到互联网货币的功能，需要分别看待。其中，电子货币具有传统货币的职能而又与传统货币有不同的表现形式，因为电子货币是经过抽象的商品价值形式的代表，它摆脱了传统货币商品属性的局限性，具有无限的拓展空间和灵活性，在履行传统货币职能时也有比传统货币更大的优越性。但是虚拟货币由于其发行主体为私人部门，适用范围有一定的限制，在实际流通过程当中能否完全执行传统货币的职能有待进一步讨论。

（一）互联网货币的价值尺度职能

同黄金、纸币一样，电子货币的价值尺度职能依然存在。黄金本身是商品，具有价值，黄金是以其称量价值作为货币价值尺度的。纸币由国家或地区强制发行，是法定货币，发挥价值尺度的职能。电子货币是建立在纸币或存款账户基础上，作为更抽象的数字化货币发挥价值尺度职能的。和纸币一样，电子货币之所以能执行价值尺度职能，是因为卡尔·马克思在他的经典论著《资本论》中说过的："货币在它的价值尺度功能上，本身也只是作为观念的或想象的货币。"

虚拟货币虽然是由私人部门发行的，但是在其使用范围之内，仍然承担着价值尺度的职能。对交易范围内的商品和服务作为标准来计量商品和服务的价格。因此，互联网货币具有可以计量商品价格标准的功能，用以实现货币的价值尺度职能。

（二）互联网货币的流通手段职能

以黄金为代表的贵金属作为流通手段，在流通过程中，频繁、大量的交换造成称量、鉴定的不便。由于货币发挥流通手段职能只是瞬间的事情，因此可以用本身完全没有价值的货币符号来替代。从贵金属到纸币，完成了货币的第一次异化，产生了由国家发行并强制流通的价值符号纸币。数字化货币代表纸币作为价值符号，由此完成了货币的第二次异化。贵金属、纸币和电子货币在发挥流通手段职能时具有一些不同点：第一，黄金是有价值的货币，而纸币和电子货币是本身没有价值的货币符号；第二，黄金货币和纸币在发挥流通手段职能时，使交换买卖双方钱货两讫，实现从商品到货币的实物让渡，或再从货币到商品的实物让渡；而电子货币是无形的，完成交换表现为买卖双方银行账户上存款余额数字的增减变化；第三，黄金等贵金属或纸币在发挥流通手段职能时，有交换行为中的买卖两方即可完成，而电子货币发挥流通手段职能必须依靠银行等中介机构的参与才能完成。这是电子货币适用于买方和卖方处于不同空间、可依靠通信方式或互联网络处理业务的情形。

作为流通手段，电子货币还具有下列优势：一是通信机能，可使用个人电脑或电话，实现远程交易；二是携带机能，可以使用电子钱包携带，而不必携带大量的现金或多币种现金；三是对话机能，可利用画面、声音，轻松对话，并选择付款、使用方法；四是交换机能，不需兑换现金，即可在电子线路上直接兑换货币，汇率立即可知；五是管理机能，可轻松记录消费的时间、地点等资料，有计划地设计生活方式，并有利于金融机构分析资金流通情况，制定比较贴切现实的政策；六是安全机能，可以采取技术手段增加电子货币的防伪能力和安全性能，从而避免假钞的流通，减少货币流通的成本。电子货币汇兑方便，周转时间快，交换空间不受限制，作为价值符号不像黄金货币和纸币受到黄金自身价值、纸币面额的限制。电子货币由于流通手段功能的优势，使用率不断上升。

而对于非金融机构发行的互联网货币，发行机构往往也是电子货币所能消费的产品和服务的提供方，流通性较弱。但随着移动支付和网络支付的不断发展，加之支付体系的产业整合，非存款性金融机构发行的互联网货币流通范围逐渐增大，如支付宝内的货币金额可在淘宝商城之外的许多电子商务平台或缴费平台中使用，甚至可用于生活当中支付。而对类似比特币这种无特定发行机构的互联网货币，可免于货币政策的影响，可作为跨国货币、无国界货币，在世界贸易中自由流通。

（三） 互联网货币的支付职能

电子货币比黄金、纸币更具支付中介的优势。电子货币发挥支付手段职能的一个特点是将商业信用与银行信用成功地组合在一起。消费者在购买商品时因存款不足，由银行履行付款责任，同时消费者和银行形成贷款关系。金融高科技将这种透支贷款方式通过信用卡等金融工具完美结合，电子货币发挥支付手段职能后，在商品、金融交易中发挥中介作用，实质也是通过信用进行交易，形成债权、债务关系，而这种交易具有相互抵消关系，在最终结算时，大部分债权、债务关系可以相互抵消。通过电子资金的流动，在一定时间内流通中所需要的货币量会减少，货币的支付因电子货币的发展，速度大大加快。货币的流通速度与货币需要量密切相关，根据现代货币数量论可写出关于货币需要量的模型，交易议程式为：

$$MV=PT \quad (M=PT/V)$$

式中：M——货币数量；

V——货币流通速度；

P——物价水平；

T——社会商品交易总额。

在纸币和电子货币同时存在的情况下，交易方程式可演变为：

$$MV+M'V'=PT$$

式中：M'——电子货币数量；

V'——电子货币流通速度。

可以看出，由于电子货币或电子支付方式的流动速度明显快于纸币支付方式和以支票为主的存款货币的流动速度，因此对货币的需求量会减少。

对于虚拟货币，人们仍然可以在规定的使用范围之内用于购买货币发行方或者虚拟货币接受者提供的商品和服务。虚拟货币的使用与电子货币的使用同样都对货币的需求量产生影响。

（四）互联网货币的储存职能

货币的储存职能是与货币的自然形态关系最为密切的。黄金作为储存职能天然具有优势。黄金的稀缺性是自然形成的，黄金是一种并不建立在借贷关系上的储存价值。但大量黄金的储存需要支付费用，且收益很低。纸币代表一种债务符号，是发行国家与纸币本身的法律契约。但国家信誉是有限信誉，尽管任何国家都会努力承担其法律责任，但持有者无法控制发行国增加纸币发行的行为。因此纸币的储存价值低于黄金。互联网货币的储存是以数字化形式存在的，所有者依赖密码掌握其支配权。互联网货币的储存费用最低，它只是电脑数据库中的一个记载。

（五）互联网货币的世界货币职能

货币在世界市场上执行价值尺度、流通手段、支付手段和储藏手段就是发挥了世界货币职能。货币的世界货币职能，实际上是货币的其他职能在世界范围内的延伸。金本位制度下黄金可以自由地输出、输入，作为平衡国际收支的手段。在与黄金脱钩的纸币流通时期，纸币既不能与黄金自由兑换，又不能在国际间自由流通，黄金仍在平衡国家收支时发挥一般支付手段和购买手段的职能。布雷顿森林会议后以美元为主的西方发达国家的货币发挥了世界货币的职能。美元现金的2/3流通在美国之外，发挥着世界的流通货币和储存货币的职能。电子货币自诞生后，在国际交易中发挥着流通手段和支付手段职能，其功能与纸币完全相同，如信用卡主要在个人商品交易领域发挥作用。而在公司、证券机构和银行的商品交易清算或金融商品交易清算中，数字化现金和电子支票等通过国际资金清算系统和SWIFT系统等发挥了主要的电子货币功能。虚拟货币作为一种新的支付方式，在世界范围内流通，它打破了以往任何一种货币在国际间流动的滞涩，并且没有时空限制，成倍地提高了货币交易的速度和效率，极大地降低了货币交易成本，促进了资本流动全球化和金融市场全球化。

（六）互联网货币的其他职能

①循环消费信贷职能。发行电子货币的银行为了鼓励顾客消费，对信誉良好的人给予一定的信用额度，在授信额度内顾客可以先不花自己的钱而享受购物消费，并享受一定的免息期，这种功能在发达国家已经非常普遍，而且作用越来越大。

②理财职能。由于互联网货币是商品价值形式的代表，在先进的技术条件下，互联网货币的流通具有很大的灵活性，运用互联网货币这种先进的支付工具，可以使人们手中的闲置资金不断地向高收益的领域或环节流动，从而为所有者带来更多的财富。

二、互联网货币的影响

中央银行是金融体系发展到一定阶段，作为市场约束和调节者存在的一种特殊的金融机构。现在的中央银行为商业银行提供了最后的信贷支持和监管活动，并对国家经济进行宏观调控，同时也是具备发行货币权利的国家银行。由于互联网货币的发行包含了非金融机构，对国家整个社会和经济产生了一系列影响，其中受冲击最大的就是中央银行货币发行的垄断权。

（一）加剧了货币发行的竞争性，进一步削弱了中央银行的发行职能

互联网货币的快速发展，反映了社会经济对互联网货币的需求。关于货币的发行，货币的发行成本是一个重要的因素。互联网货币有效地降低了交易费用，提升了经济效益，争夺互联网货币的发行权也就更加激烈。中央银行垄断了法定货币的发行权，而互联网货币的发行至今仍是各国争论的焦点。由于互联网货币较多地替代了现金和活期存款，各国的各个货币层次的总量不同，被互联网货币替代的数量也就不同，但互联网货币加剧货币发行的竞争是毋庸置疑的。互联网货币发行主体并不一定是中央银行，金融机构甚至是非金融机构都可以成为发行互联网货币的主体。因为货币发行的稳定性和信用性等特殊要求，所以对发行主体的选择也非常慎重，一旦发行主体倒闭，或有不良消息的传出，影响面将十分大。

（二）对中央银行的铸币税收入产生冲击

铸币税是指中央银行发行货币后，在基础货币的创造过程中，资产负债的利息差减去费用所得到的收益。中央银行被互联网货币的发行主体削弱了货币发行的竞争力，铸币收入将有减少的趋势。中央银行实施各项职能的资金渠道在很大程度上依赖着铸币税，这也是中央银行保持政策独立性的经济保障。国际清算银行货币部曾在报告中就互联网货币对中央银行铸币税的影响进行了研究，研究报告（BIS 1996）指出，在一定的假设情况下（互联网货币的使用导致 20 美元以下的小面额纸币被全部替代），十国集团各国的中央银行铸币收入约占 GDP 的 0.5%，那么十国集团中绝大多数中央银行受到互联网货币的冲击是较为有限的。从理论上讲，我国互联网货币的发展对中央银行的铸币税的冲击会比"十国集团"大。从数据上分析，以中央银行发行的 3 年期国债利率（年利率 5.18%）为标准，我国中央银行的铸币税占 GDP 的比重大约为 0.25%，而大多数铸币税来源于现金，比例大约为 68.1%。如果互联网货币代替全部现金进行交易，那么我国互联网货币对铸币税就有较大冲击。当互联网货币的发展更加成熟时，我国中央银行应考虑是否控制互联网货币的发行权，以及如何解决铸币税的问题。

（三）互联网货币的发展对中央银行的金融监管提出了更高的要求

中央银行理应顺应经济潮流，调整自身的政策手段，来适应互联网货币的发展。通过打破传统货币政策的制定形式和中介目标等，将金融机构与非金融机构有效地联系起来，发挥国家信用优势，保障互联网货币在经济体中的正常运转。另外，要根据本国互联网货币的发展情况，完善互联网货币的发行、流通、支付、兑换等各个环节的相关法律法规，降低潜在风险。

第四节　互联网货币及工具的类型

互联网货币根据其发行主体的不同主要分为电子货币和虚拟货币。电子货币是信用货币与计算机、现代通信技术相结合的一种新信用货币形态，通过电子计算机运用电子信号对信用货币实施储存、转账、购买、支付，是高科技的信用货币。从本质上来说，电子货币是法定货币的电子化，无论其形态如何、通过哪些机构流通，其最初的源头都是中央银行发行的法定货币。

虚拟货币是非法币的电子化，其最初的发行者并不是央行。如，腾讯 Q 币以及其他的游戏币等，这类虚拟货币主要限于特定的虚拟环境里流通。之后出现的比特币，通过区块链技术较好地解决了去中心化等问题，实现了全球流通。电子货币与虚拟货币，统称为互联网货币。

一、银行卡

（一）银行卡概述

银行卡（Bank Card）作为互联网货币的载体工具而存在，是商业银行及邮政储汇机构向社会发行的，具有消费信用、转账结算、存取现金等全部或部分功能的信用支付工具。按照银行卡的结算方式、使用范围、持卡对象、介质类型、授信额度、合作单位等，可以将银行卡划分为不同的种类，如表 3-2 所示。

表 3-2 银行卡分类

分类方式	类型	特性
结算方式	贷记卡	信用额度内先消费、后还款
	借记卡	先存款、后使用的银行卡
	复合卡	兼具贷记卡和借记卡的功能
使用范围	国际卡	通过国际银行结算，可以在全球各地使用
	地方卡	只能在某一地区使用，如商业银行发行的境内卡
持卡对象	单位卡	持有者为各企事业单位的指定人员，卡中的金额属于单位
	个人卡	持有者为个人
介质类型	IC 卡	卡中嵌有芯片，用于储存信息
	磁卡	卡中嵌有此条，用于储存信息
合作单位	联名卡	与营利性机构合作发行
	认同卡	与非营利性社会团体或机构联合发行
	基本卡	银行自己发行
授信额度	普通卡	授信额度低
	金卡/钻石卡/黑金卡等	授信额度相对较高，银行有针对性服务项目

银行卡的种类繁多，下面着重介绍以结算方式划分的贷记卡和借记卡两种。

1. 贷记卡

贷记卡（Credit Card）又称信用卡，是指发卡银行向持卡人签发的有信用额度，持卡人可在信用额度内先消费、后还款的银行卡。我国在法律上对信用卡的定义是："信用卡是指商业银行或其他金融机构发行的具有消费支付、信用贷款、转账结算、存取现金等全部或部分功能的电子支付卡。"由中国银行发行的信用卡样卡如图 3-3 所示。

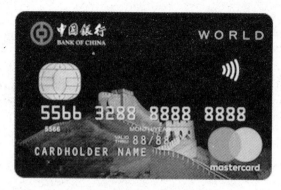

图 3-3　由中国银行发行的信用卡样卡

（1）信用卡的基本内容

尽管信用卡可以根据不同的性质和特点分为许多种类，但几乎所有信用卡都包括以下基本内容：卡面正面印有发行信用卡银行的名称、防伪暗记、发卡银行要求的图案及国际信用卡组织统一标志；发卡银行用压卡机将信用卡卡号、发卡行行名、英文缩写、有效期限、持卡人姓名等内容在信用卡上压印成凸起的字码，持卡人购货结账时，销售商用压卡机将凸出的内容压印在签购单上；信用卡背面有记录持卡人的有关资料和密码，以备鉴别真伪时阅读使用；信用卡背面留有持卡人预留的亲笔签名，以便持卡人取款或购货时当面签字核对；信用卡上还印有发卡银行的必要说明。

（2）信用卡的功能

通常，信用卡的功能由基本功能与附加功能两大块构成。

1）信用卡的基本功能有以下几个。

①储蓄功能。凭信用卡，持卡人可在发卡行指定的各网点办理储蓄存款、取款业务，并可实行通存通兑。同时，信用卡能在各网点的 ATM 上提取现金。另外，信用卡的存款账户按活期储蓄计付利息，可带来一定的利息收入。

②转账结算功能。借助信用卡，持卡人能在各特约商户办理消费转账业务结算，还可在指定机构办理大额转账结算，既起到代替现金支付的作用，又具有转账支票的功能，方便客户的购物消费活动。

③汇兑功能。信用卡具有银行汇票和旅行支票的作用。当信用卡持有者外出旅游、出差、经商时，可以在本地办理存款手续，到异地指定网点取款、消费，既方便又安全。

④消费信贷功能。当信用卡持有者进行消费时，若所需支付的费用超过其账户余额，发卡行允许为持卡人提供规定范围内的少量短期透支，即短期消费信贷。目前，信用卡集储蓄、转账结算、汇兑、消费等功能于一体，融入了人们的生活，改变了人们的消费观念和支付方式，已成为风行全球的现代化支付工具。同时，随着信用卡公司之间的竞争日趋激烈，信用卡除了具备基本的银行卡功能外，还衍生出各种各样的高附加值的特色服务，以提高公司信用卡的竞争力。

2）各信用卡公司的附加功能主要有以下几个。

①急救医疗服务。如运通、大莱、VISA 和万事达的联合信用卡，都与世界各国的支援救助公司缔结合约，在世界范围内开展急救医疗服务，为持卡人提供最完善的服务。

②紧急垫付服务。如果持卡人在旅行或出差期间因意外需要现金，可以预先得到垫付。

③附加保险费。对于在国外旅游的会员，若持卡消费，各信用卡公司会为其提供各式各样的附加保险费。

④其他服务。如为持卡人提供预订旅馆、餐厅，派遣翻译等各种周到的服务。此外，对于持卡人来说，在他持有某一种国际信用卡，例如 VISA 卡后就可以利用电子商务服务器的服务功能，在世界各地使用这种国际信用卡进行购物和支付账款。

信用卡通常用于存款、取款、购物消费、交通通信、娱乐旅游等，也可以用于缴纳税款、缴付租金、购房置地、发放工资和获得各种服务等。信用卡不仅具有现金支付功能和支票支付功能，还有信贷功能，所以，世界上的一些发达国家把发展信用卡作为实现金融电子化和"无现金社会"的重要工具。

（3）信用卡业务处理系统

一般而言，信用卡业务处理系统包括建立档案资料、授权、清算和系统维护等内容。

①建立档案资料。信用卡上的信息有两种：一种是机构印制在卡表面能看见的字符，表面字符一般是发卡号、姓名和有效期；另一种是看不见的磁卡信息，包含了 ATM 所能识别和传递的所有信息。IC 卡上还有集成电路存储器，包含了客户使用卡情况的全部记录。输入到计算机中的信息，有客户资料，也有商户资料。客户资料一般有卡号、行号、姓名、身份证号码、有效期、单位、地址、邮政编码及担保人情况等。商户资料如店名、地址等信息。这些信息输入到客户资料文件或数据库中，作为一种档案保存和使用。

②授权。发卡行接到授权请求后，应检查该卡是否属停止使用的卡，是否为仿造的卡，是否已超过信贷额，以及是否在一定时间内使用的交易总额或次数超过了发卡行预先规定的限定。通过检查后，请求授权者可以得到四种答案：批准、拒绝、没收卡、联系发卡行。现以万事达卡持有者在中国银行特约商户购物，并假设中国银行总行为请求行，美国某银行为发卡行为例，来看如何用计算机网络实现授权。商户要事先与银行约定不需经过授权的限额表，如果交易金额超过限额表，那么需要授权。请求行主机、万事达网络授权系统、发卡行主机分别根据各自的要求进行判别，在万事达授权网络和发卡行主机的程序中，另外有第一和第二限额判别量，原则上第二限额高于第一限额，也高于商户限额，如果发卡行处理判别超过 10 秒，就必须由万事达卡计算机中心授权系统代为授权，这是为了保证在给定时间内对商户的请求做出响应。若超时，万事达授权中心将做出最后判断并告知商户结论，这说明授权系统必须有足够的资料才可能实现。因此，发卡行应设置四类参数于授权中心系统，即授权档案状态、交易类别及限额、累积限额、重要用户说明。发卡行必须及时更新其置于万事达处理中心的这些授权参数，以保证处理结果的准确性。

③清算。当持卡人与商户做完一笔交易后，持卡人得到一笔消费信贷，而商户进行了一笔有银行担保的赊销买卖，商户垫付这笔资金后与签约行清算，而签约行再与发卡行清算，最后发卡行与持卡人清算。清算可分为联机处理和批量处理两个阶段。在联机处理阶段，对批准授权所完成的交易进行存款、取款、转账、汇兑、查询余额、冲正、修改等账务处理。在批量处理阶段，主要完成各项业务的会计分录处理、计息处理、透支处理、打印各项清单、打印对账单、打印科目日结单等。在清算过程中，还会出现向持卡人收取透支利息的问题。系统中有专门计息功能的程序。计息时不只考虑天数、金额，还与卡的性质有关，个人卡、公司卡、外汇卡的利率均不一样。此外，利率高低还与各国的信用卡政策有关。

④系统维护。为确保整个系统安全可靠地运行，必须设立系统维护功能，主要完成各

项终端的管理，如增加、删除等；完成各项参数的维护和管理，如利率表、科目表、牌价表等；还要完成故障处理，如故障检测、数据备份、故障恢复等。

（4）组织机构

图3-4是一个典型的信用卡部组织结构，它涉及信用卡项目的所有服务和管理工作，包括销售信用卡，确定同发行信用卡有关的信贷事宜（如决定信用限额）等，进行账务处理，收回已到期的贷款，用户服务以及辅助支持的信息系统建设等业务。

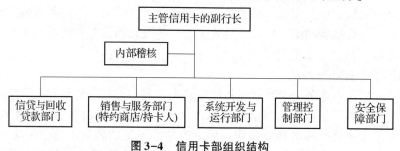

图3-4　信用卡部组织结构

①信用卡的销售。只有推销出大量的信用卡，并使持卡人积极持卡消费，才有可能获得规模经济。要做好推销工作，应对客户的需求进行深入的调查研究，选定目标市场，开发适销对路的产品，通过各种有效的分销渠道，例如刊登广告，邮寄材料，当面咨询，设立包括礼品、奖金和各种能吸引顾客的赠品，提供各种优惠服务等，开展促销活动。

②与特约商店签约并提供服务。信用卡作为银行的零售业务，与众多的特约商店签约是形成规模经济、产生社会效益和经济效益的重要手段之一。金融机构在同商店签约前，必须认真评估商店的品质，还必须向商户提供相应的服务，这种服务包括向商户提供信用卡运行所需的物品，如销售汇票、存款票，提供信用卡的图案、各种止付卡的名单，以及信用卡的使用说明等；确定同信用卡交易量和交易额有关的商业贴现率以及其他支持服务，例如向商户提供月结单和相关信息服务等。

③核准信用是信用卡风险管理中的重要环节。在将信用卡发放给新持卡人之前，发卡银行必须认真审查信用卡申请人的资信状况，并据此确定有效的担保方式；当持卡人需要增加其信贷限额时，也必须参考这种资信评估。

信用卡的发行顾客的申请被批准后，银行向顾客发放信用卡，并建立信用卡账户文件。为保障安全，信用卡的加工制造、制作浮雕图案、管理、编码和发放等过程必须在保安部门的严密监督下进行。

④安全控制。信用卡的主要风险是欺骗性使用信用卡。从安全控制角度出发，要确保信用卡能到达正确的持卡人手里，确保丢失卡和被盗卡能迅速被识别和冻结。经常采用的安全管理措施包括明确规定不同级别的授权权限和授权额度；及时更新止付卡表和持卡人文件中的信用评价信息；经常对保安报告和欺骗性交易进行分析；提高商店识别非法卡的能力等。

⑤收回贷款。收回到期贷款的工作包括收回到期贷款，收集违约账户信息，并对违约账户的信息进行分析等。

⑥向持卡人提供服务。对持卡人的服务包括回答持卡人的查询，查询方式包括信件查询、电话查询、持卡人到银行驻地查询，或者联机查询等；更新持卡人的信息文件；向持

卡人发送月结单；从商户银行取回持卡人消费时的销售汇票等。

信用卡由于是先消费后付款，在宽限期内还款不必付利息，还具有灵活消费等优点，因而受到客户的广泛欢迎。但是，信用卡的经营风险较大，管理过程复杂，也给银行带来了一些问题。目前，主要面临的问题是：信用卡业利润太低，资金成本与利润率收入之间的差额缩小；50%的持卡人在宽限期内，偿还了贷款余额，从而不用付利息费用；信用卡的管理费用高，欺骗使用、违约使用和坏账等都在增加，各种信用卡服务的劳动强度也在加大。

为了解决信用卡业出现的上述问题，各国的法律和金融机构采取了一系列的措施。例如，有的国家的法律取消或提高了利率的最高限额限制，使信用卡业有利可图；许多金融机构在法律许可的条件下，采取按年度收费或按信用卡交易额收费的办法；许多发卡行取消了宽限期，对所有的信用卡交易从过账之日起就开始计息；此外，在信用核准、卡的发行和其他保安问题上都采取了一系列措施，有效地降低了信用卡的经营风险。

采取上述各种措施后，对大的发卡行来说，信用卡仍然是一个强有力的产品；然而对小的发卡行和最高利率受严格限制的地区的银行来说，仍然面临许多问题，例如，难以在所有的信用卡操作领域里提供高效率的计算机化处理；没有足够的经费提供大银行所提供的许多辅助服务项目；随着市场接近饱和，大银行有规模经济和更先进技术的优势，常把较小银行的持卡人吸引过去等。

由于计算机在信用卡业务方面的使用才刚刚起步，系统联网还不够畅通，管理与服务水平不高，同时还存在宣传力度不够，办卡手续复杂，特约网点数量少且分布不当，持卡消费不方便以及信用卡的安全等问题，我国的信用卡市场无论是从持卡人数量占人口总数的百分比，还是从信用卡的消费金额占全国总消费金额的百分比来说，和经济发达国家相比都不高。因此，虽然目前总体来看，信用卡在我国具有广阔的市场前景，但是要使我国的信用卡市场有一个大的发展，逐步赶上或接近国际水平，信用卡的发展任重而道远。

2. 借记卡

借记卡（Debit Card）是指发卡银行向持卡人签发的，没有信用额度，持卡人先存款、后使用的银行卡。借记卡具有存取现金、消费支付、转账结算等部分或者全部功能。借记卡广泛用于 ATM 交易和 POS 交易，是用于代替现金和支票的一种主要手段，因而大大推动了全球借记卡业务的发展。由中国银行发行的借记卡样卡如图 3-5 所示。

图 3-5　由中国银行发行的借记卡样卡

借记卡也称资产卡（Asset Card）。它是一张银行卡，标识持卡人是某特定银行的客户，即该持卡人在该银行有存款；它能为电子银行系统中的自助终端（ATM、POS）所识别，是启动这种终端交易的一把钥匙。借记卡向持卡人提供一种方便的支付机制，其办法是直接减少持卡人的资产，而不是像信用卡那样增加债务。借记卡同适当的支付体制相结合，可在购物交易中代替现金和支票。

（1）借记卡交易的处理过程

在发达国家，金融机构推出借记卡之前，已经建立了完善的信用卡授权系统和处理系统。因此，借记卡系统是将原有的信用卡系统在功能上加以扩充，使之既能处理信用卡交易，又能处理借记卡交易。在进行借记卡交易时，涉及四个参与者：持卡人、商户、金融机构，以及地区性或全国性的银行卡组织。借记卡同信用卡一样，有三种主要用途：在指定的特约商店购物消费，在各成员银行存取现金，在 ATM 上存取现金。提供给借记卡持卡人的各项服务，依发卡行所提供的条件而定。在成员行存取现金是借记卡的一项经常性服务，是典型的存款账户通存通兑服务。在 ATM 上存取款是上述服务的延伸，由持卡人自助完成。用借记卡进行购物消费的过程同信用卡购物消费的过程类似，两者之间的主要区别在于交易的账务处理方法不同。借记卡是进行扣账处理，而信用卡是进行挂账处理。由于这两种卡的账务处理方法不同，两者的交易授权处理方法也不一样。

借记卡交易的授权同信用卡系统一样，如果借记卡交易是脱机处理，交易额低于最低标准限额，则由商户检查止付表和其他核实手段，以决定是否核准这笔交易；若高于最低标准限额，则该商户必须打电话到收单银行的授权中心请求核准，必要时，收单行的授权中心还须通过地区性的或全国性的授权网络向发卡行的授权中心请求核准。如果借记卡交易是联机处理，则全部交易都发送到发卡行的授权中心进行授权处理。

（2）授权中心的类型

发卡行授权中心的设置方案通常有两种。

第一种是借记卡的授权中心同已有的信用卡授权中心结合在一起。如果已有的信用卡授权中心尚有多余的容量，根据借记卡交易的需要，适当修改参数后，就可将借记卡的授权中心与信用卡的授权中心通过接口统一起来。采用这种方案成本低、效率高，实现起来也较快。

第二种是将借记卡授权中心置于存款账户系统。采用这种方案，或者通过信用卡授权中心，或者通过地区性或全国性的授权网络的一个直接接口，把一笔借记卡交易发送到存款账户系统。在这里，集中控制借记卡购物交易、ATM 交易和出纳员终端交易。这种做法的优点是风险最小，缺点是要研制开发新软件，费用较高。

（3）授权文件的类型

授权中心是根据授权文件来决定是否核准一笔借记卡交易请求的。授权文件有负文件（Negative File，也称消极文件）和正文件（Positive File，也称肯定文件）两种类型。

①负文件仅列出成员行已经中止使用的账户表。对于每个没有中止的账户来说，有效的消费限额是相同的。依据这种负文件的授权系统，响应最快，安装与维护的费用也最低。这种授权系统不区分具有不同消费能力的持卡人，即不管该账户当前的存款余额有多少，所有持卡人的消费限额都相同。这种做法虽然简单，但不尽合理，银行也不能从支付能力高于平均水平的持卡人那里得到更多的收益。

②在使用正文件的授权系统里，对每个账户建立不同的授权标准。每个账户可用于消费的金额是依据该账户的实际存款余额，加上适当的透支能力（适用于复合卡交易）来决定的。当发生一笔存款、支票承兑或授权一笔借记卡交易时，都必须及时调整可用消费金额。为了保护银行和持卡人的利益，降低风险，核准一笔借记卡交易与否，还必须检查该借记卡在一天或几天里的交易次数是否超过规定，交易额是否超过规定的交易总额。如果授权通信失败，作为一种补助办法，允许根据负文件来决定是否批准一笔交易。此外，如果发卡行下班，或在规定时间内没有响应，有的发卡行还可给商户规定一个最高的授权交易金额，例如 MasterCard 的授权交易金额为 150 美元。

（4）授权标准

在建立授权标准时，发卡行可采用四种方案，即存款账户余额、存款账户余额加上预授权的透支能力、存款余额加上内部信用限额和采用信用限额。前两种方案不说自明。采用带内部信用限额的方案是假设持卡人非经常持卡购物，且内部信用限额是根据其存款余额或存款余额加上透支能力来决定的。第四种授权标准，不是基于存款余额，而是基于一种可用信用限额，虽然这种方案易于实现，但可能混淆借记卡和信用卡的特性。如果持卡人不及时补充存款余额，持卡人的消费能力可能很快耗尽，为了对持卡人的持卡交易提供最大的支持，各银行常采用存款账户余额（如适宜的话还可加上适当透支）加上一种内部信用限额作为授权标准。如果不采用内部信用限额，则允许 10% ~ 15% 的缓冲额施加到授权参数中去，这样做可以大大减少拒绝授权的数量，而银行面临的损失又不会有明显的增加。

（二）银行卡使用现状

根据中国人民银行发布的《2020 年支付体系运行总体情况》，截至 2020 年年末，全国共开立银行账户 125.36 亿户，全国银行卡在用发卡数量 89.54 亿张，同比增长 6.36%。银行卡跨行支付系统联网特约商户 2 894.75 万户，联网机具 53 833.03 万台，较上年年末分别增长 257.15 万户、331.34 万台；全国共发生银行卡交易 73 454.26 亿笔，金额 888.00 万亿元，同比分别增长 7.28% 和 0.18%。2009—2020 年我国银行卡在用发卡数量如图 3-6 所示。

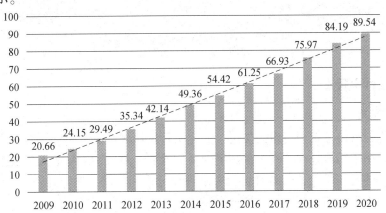

图 3-6　2009—2020 年我国银行卡在用发卡数量

（数据来源：中国人民银行公开数据整理）

拓展阅读

国际信用卡组织

国际上有六大信用卡组织,分别是威士国际组织(VISA International)及万事达卡国际组织(MasterCard International)两大组织及美国运通国际股份有限公司(American Express)、中国银联股份有限公司(China UnionPay Co.,Ltd.)、大来信用卡有限公司(Diners Club)、JCB日本国际信用卡公司(JCB)四家专业信用卡公司。

VISA在200多个国家和地区开展业务,截至2015年9月,全球有多达25亿张活跃使用的VISA卡。

万事达卡于1988年进入中国,成为第一个进入中国的国际支付公司。目前,国内主要商业银行都是万事达卡的会员。

2002年3月,经国务院同意、中国人民银行批准,在合并18家银行卡信息交换中心的基础上,由中国印钞造币总公司、中国工商银行、中国农业银行、中国银行、中国建设银行和交通银行等85家机构共同出资成立中国银联股份有限公司,总部设在上海,主要负责建设和运营全国统一的银行卡跨行信息交换网络,提供银行卡跨行信息交换相关的专业化服务,管理和经营"银联"品牌,制定银行卡跨行交易业务规范和技术标准。

截至2018年年底,中国银联注册资本达29.3亿元,设有36家分公司、银联国际、上海联银创投等全资子公司以及银联商务、银联数据、北京银联金卡科技有限公司、中金金融认证中心等控股子公司。中国银联连续多年获得"高新技术企业"称号,银联电子商务与电子支付国家工程实验室是目前国内金融行业唯一的国家工程实验室,承担了包括国家云计算示范工程、国家科技支撑计划等一系列国家级重点科研项目。VSIA、MasterCard、银联标志如图3-7所示。

图3-7 VSIA、MasterCard、银联标志

(三)银行卡特点

1. 高效便捷

银行卡支付减少了现金货币的使用,简化了付款操作和收款手续。将所有的交易通过银行数据进行中心结算处理,极大提高了交易的效率,节约了交易的人工成本。银行卡消费的便捷性还体现在避免了交易时携带大量现金货币的弊端,尤其是在大额交易的时候,银行卡给使用者带来的便捷性特点更加突出。

2. 安全性较高

相对于现金货币而言,银行卡的数字加密能够让使用更加安全。现金货币不记名的特点使现金的丢失溯回难度比较大,但是银行卡丢失之后仍旧可以通过挂失等操作挽回损失。因此，银行卡相对于现金来说是更加安全的选择。

二、电子现金

电子现金（Electronic Cash）是纸币现金的电子化。广义上来说是指以数字（电子）的形式储存的货币，它可以直接用于电子购物。狭义上通常是指一种以数字（电子）形式储存并流通的货币，它通过把用户银行账户中的资金转换为一系列的加密序列数，通过这些序列数来表示现实中的各种金额，用户用这些加密的序列数就可以在网络上允许接受电子现金的商店购物了。

（一）电子现金特点

电子现金兼有纸质现金和数字化的优势，具有安全性、匿名性、方便灵活、成本低的特点。

1. 安全性

随着高性能彩色复印技术和伪造技术的发展，纸币的伪造变得更容易了，而电子现金是高科技发展的产物，它融合了现代密码技术，提供了加密、认证、授权等机制，只限于合法人使用，能够避免重复使用，因此，防伪能力强。纸币有遗失、被偷窃的风险，而电子现金没有介质，不用携带，没有遗失、失窃的风险。

2. 匿名性

现金交易具有一定的匿名性和不可跟踪性。而电子现金由于运用了数字签名、认证等技术，也确保了它实现支付交易时的匿名性和不可跟踪性，维护了交易双方的隐私权。

3. 方便灵活

纸币支付必须定时、定点，而电子现金完全脱离实物载体，既不用纸张、磁卡，也不用智能卡，使用户在支付过程中不受时间、地点的限制，也不需要像电子信用卡那样的认证处理，因此，使用更加方便。

4. 成本低

纸币的交易费用与交易金额成正比，随着交易量的不断增加，纸币的发行成本、运输成本、交易成本越来越高，而电子现金的发行成本、交易成本都比较低，而且不需要运输成本。

（二）电子现金的种类

目前，电子现金的类型多，不同类型的电子现金都有其自己的协议，用于消费者、销售商和发行者之间交换支付信息。每个协议由后端服务器软件——电子现金支付系统和客户端的"电子钱包"软件执行。电子现金支付已经有几种典型的实用系统开始使用，如 Netcash，E-Cash，CyberCoin，Micropayments 等。

Netcash 是一种可记录的匿名电子现金支付系统。它利用设置分级货币服务器来验证和管理电子现金，以确保电子交易的安全性。E-Cash 是由 Digicash 公司开发的在线交易用的无条件匿名的电子货币系统。它通过数字形式记录现金，集中控制和管理现金，是一种安全性很强的电子交易系统。Micropayments 是由 IBM 公司研制开发的一个专门用于 Internet 处理任意小额的交易，适合在 Internet 上购买一页书、一首歌、一段文字、一个笑话等的微小支付。由于这种支付的特殊性，在传统的支付形式下较难实现时，在 Internet 上通过由 IETF 制定的微支付传输协议（Micro-payment Transport Protocol，MPTP），解决每个商品交易的发送速度与低成本问题。其他的如 Compaq 与 Digital 开发的 Millicent，Cyber-Coin 等。

（三）电子现金的运作

电子现金的运作机制如图 3-8 所示。例如，银行的客户王华进入 Internet 网上银行，使用一个口令（Password）和个人识别码（PIN）来验明自身，在他的客户端"电子钱包"软件中随机产生一个代表一定货币价值的序列号（类似于造币时先要生产一个"坯饼"），然后套上数字信封（这样就没有人可以搞清是谁提取或使用这些电子现金了，这种方式对于保护个人隐私权作用很大），发送到他的开户银行，要求制作电子现金。银行接收到王华的信息后，从他的账户中扣除所需价值的货币额，并且用银行的数字签证为他的序列号和数字信封进行加工（类似于造币时要印刷、签中央银行的发行标记、进行防伪标记等），在这个过程中银行不记录任何与王华的这个特定货币或王华的数字信封有关的任何信息，以确保客户在用电子货币交易时的匿名性，加工完毕发送给王华。王华接收到银行发还的制作好的电子货币后，将电子货币从数字信封中取出放在硬盘中，随后就可以随时匿名使用了。当王华使用该电子货币时，交易商接收到以后就将该电子货币发往王华的开户银行请求授权、认证，银行根据自己的数字签名进行确认，交易商账户上的资金额增加一个相等的量，在这个过程中交易商只能看到银行的签字，而无法看到消费者本人的签名。

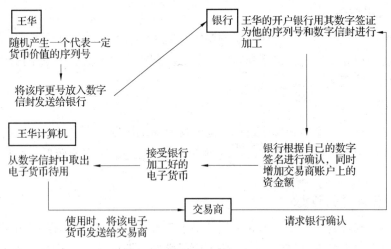

图 3-8 电子现金的运作机制

三、电子支票

（一）电子支票概述

电子支票（Electronic Check）是客户向收款人签发的、无条件的数字化支付指令。它可以通过互联网或无线接入设备来完成传统支票的所有功能。电子支票本质上是纸质支票的电子化，以电子文档签发，载有与纸质支票相似的基本资料，与纸质支票享有同等法律地位，不可转让。电子支票与纸质支票的一个重要不同是，支票的签发者可以通过银行的公共密钥加密自己的账户号码，以防止被欺诈。中国建设银行电子支票样本如图3-9所示。

图3-9 中国建设银行电子支票样本

（二）电子支票特点

电子支票可以取代纸质支票，因为其有以下几点优势。

1. 简单快捷

电子支票的付款速度很快，电子支票可以通过发行银行规定的多种途径在任何地方通过互联网络进行兑付，例如网上银行客户端、银行网页等。电子支票不用亲自收取或存入，电子支票只需要在线上进行签发，收款人就会通过电子邮箱得到电子支票进行兑付。这样的电子化步骤，甚至避免了签发人使用支票簿带来的不便和风险。此外，电子支票的自动校对功能还避免了纸质支票在签发过程中产生的人为错误，也能够给支票的使用者提供便利。

2. 兑付弹性大

电子支票的兑付弹性主要体现在兑付的时间弹性上，相比于纸质支票需要在银行营业时间内到银行柜台进行兑付，电子支票的结算时间会更长，持票人也可随时于网上发出或存入电子支票，或查阅交易状态的电子支票。

3. 相对安全

付款人须使用加密保安编码器通过双重认证（2FA）才可发出电子支票，付款银行可根据内部支票发出记录进一步核实电子支票，电子支票的数码签署采用公开密钥基础建设（Pubic Key Infrastructure，PKI）技术，有效防止电子支票被篡改。中央入票核对机制，避免收款人重复存入同一张电子支票。

（三）电子支票交易流程

电子支票系统目前一般采用专用网络系统，国际金融机构通过自己的专用网络、设备、软件及一套完整的客户识别、标准报文、数据验证等规范化协议完成数据传输，从而控制安全性。系统在专用网络应用上具有成熟的模式，例如 SWIFT 系统，其应用范围主要是企业与企业之间（如银行与银行或银行与普通企业之间）。为了保证报文传输的可靠、完整与安全，SWIFT 主要从以下三个方面进行安全控制：客户身份与操作合法性检查，包括客户口令机制与读写控制；数据完整性控制，即对传输数据进行校验，排除介质故障和篡改；数据安全控制，即对数据进行加密，防止窃听。

公用网络上电子支票系统用于发出支付和处理支付的网上服务。付款人向收款人发出电子支票，即一个经付款人私钥加密的写有相关信息的电子文件，收款人将其存入银行，以取出现金。电子支票由客户计算机内的专用软件生成，一般应包括支付数据（支付人、支付金额、支付起因等）、支票数据（出票人、收款人、付款人、到期日等）、客户的数字签名、CA 证书、开户行证明文件等内容。

电子支票系统中主要的各方有客户、商家、客户的开户行、商家的开户行、票据交易所。票据交易所可由一独立的机构或现有的一个银行系统承担，其功能是在不同的银行之间处理票据。客户使用可访问 Internet 上不同 Web 服务器的浏览器，可浏览网上的商店或商城。该浏览器同时还可向客户显示电子支票的格式。

一笔完整的电子支票业务由若干步骤构成，这些步骤可分为三个不同阶段。第一阶段是客户的购买阶段；第二阶段，商家把电子支票发送给他的开户行，以得到现款；第三阶段，商家的开户银行通过交易所或客户的开户行兑换电子支票。

第一阶段（购买货物）：客户访问商家的服务器，商家的服务器向客户介绍其货物。客户挑选货物并向商家发出电子支票。商家通过开户银行对支付进行认证，验证客户支票的有效性。如果支票是有效的，商家则接收客户的这笔业务。

第二阶段（把支票存入商家的开户银行）：商家把电子支票发送给他的开户行。商家可根据自己的需要，自行决定何时发送。

第三阶段（不同银行之间交换支票）：商家的开户行把电子支票发送给交易所，以兑换现金。交易所向客户的开户行兑换支票，并把现金发送给商家的开户银行。客户的开户行为客户下账。

拓展阅读

香港电子支票发展与使用

香港于 2015 年 12 月推出电子支票，成为世界上首个支票无纸化的地区。2016 年 7 月 20 日拓展至粤港跨境服务，适用于缴纳政府账单、个人或企业之间支付及跨境支付，收款人只需通过网上平台或手机应用程序将电子支票存入广东省参与银行的账户。

自电子支票服务启动以来，使用量持续增加，截至 2021 年 2 月 28 日，经香港银行同业结算有限公司处理的电子支票超过 195 万张，总值约 1 180 亿元，具体如表 3-3 所示。

表3-3 截至2021年2月底香港电子支票交易情况

币种	交易笔数	交易额/百万	参考计算汇率
人民币	16 404	766	100.000
美元	71 015	2 624	647.130
港币	1 865 265	120 199	83.449
合计	1 952 684	118 051.6	—

注：合计交易额以参考计算汇率计算。

数据来源：香港银行同业结算有限公司，参考计算汇率为2020年2月26日新华网发布的汇率。

四、电子钱包

（一）电子钱包概述

电子钱包是随着电子商务的发展而催生出的一种支付工具。电子钱包可以用来存放电子货币，例如电子现金、电子银行卡等。电子钱包有两种形式，一种是小额支付的智能储值卡；另外一种是用于账户管理和线上消费的软件，这类软件通常与银行卡账户连接在一起，如日常生活中经常用到的支付宝和微信支付、京东支付等。这两种电子钱包的根本区别在于信息的存储位置不同。

（二）电子钱包运行机制

电子钱包的运行依托于商业银行和金融机构。电子钱包在完成支付的时候，需要经历以下步骤，如图3-10所示。

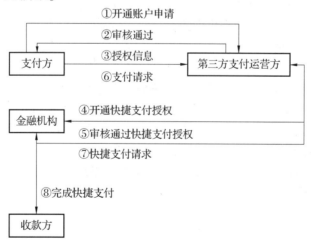

图3-10 电子钱包运行机制

支付方提出开通支付账户的申请之后，电子钱包运营方对资料进行审核，审核通过之后，支付方即拥有电子钱包。支付方将电子现金、银行卡等存放入电子钱包。电子钱包运营方收缴电子现金或者根据支付方授权向对应的金融机构提出建立快捷支付。金融机构审核通过快捷支付授权。支付方在交易付款时，通过电子钱包账户向电子钱包运营方提出付款申请。电子钱包运营方向银行发起快捷支付请求。银行处理快捷支付请求，并完成向收款方的支付。

（三）电子钱包特点

电子钱包的优点在于方便交易，电子钱包的存在与广泛应用使得小额交易、线上交易等变得更加灵活，极大降低了现金的流通频率。消费者只需要输入电子钱包的账户密码就可以实现相应数额的转账，电子钱包极大促进了电子商务的发展，使得交易在空间的跨度更广。支付宝第一笔交易就是一笔跨境电子商务的交易。但是电子钱包有泄露个人私密信息的风险，安全性有待提升。

五、虚拟货币

虚拟货币不是以国家信用背书的信用货币，而是伴随互联网技术发展而产生的一种数字货币。虚拟货币按照自身特征和功能主要分为网络密码币、专用虚拟币和交互式虚拟货币等类型。

（一）网络密码币

网络密码币是基于密码学和 P2P 技术通过复杂算法而实现的，如比特币（BTC）、莱特货币（LTC）等。这里以比特币为例进行详细说明。

1. 比特币的产生

比特币（Bitcoin）的概念最初由中本聪在 2008 年 11 月 1 日提出，并于 2009 年 1 月 3 日正式诞生。比特币的底层技术是一个分布式的共享账本和数据库——区块链。本质上来说，比特币是存在于区块链上的信息。

比特币是一种 P2P 形式的数字货币，P2P 网络是根据中本聪的思路设计发布的开源软件建构的。比特币的交易记录公开透明，点对点的传输意味着一个去中心化的支付系统。和法定货币相比，比特币没有一个集中的发行方，而是由网络节点的计算生成，谁都有可能参与制造比特币，而且可以全世界流通，并且因为在交易过程中运用了计算机领域非对称式加密技术，外人无法辨认用户身份信息。比特币是由系统自动生成一定数量的比特币作为矿工奖励来完成发行过程的。矿工在这里充当了货币发行方的角色，他们获得比特币的过程又称为"挖矿"。所有的比特币交易都需要通过矿工挖矿并记录在这个账本中。矿工挖矿实际上就是通过一系列算法，计算出符合要求的哈希值，从而争取到记账权。

设计者在设计比特币之初就将其总量设定为 2 100 万枚。最开始每个争取到记账权的矿工都可以获得 50 枚比特币作为奖励，之后每 4 年减半一次。预计到 2140 年，比特币将无法再继续细分，从而完成所有货币的发行。

2. 比特币的特点

（1）去中心化

比特币的核心追求就是去中心化。所有愿意加入全网络数据运算的人都可以根据自己的贡献得到比特币，不受任何个人、组织的约束。

（2）交易便捷

交易不受国家限制，尤其是在跨国交易当中，比特币不受外汇管制，显示出其独特的优势。密钥技术可以使其保存在任何的存储介质当中，携带方便，操作安全。

（3）防伪能力强

由于比特币本身设计的特点，比特币自带防伪和重复支付的能力，谁也无法随便篡改比特币的交易信息，因此具备较好的防伪能力。

3. 比特币的风险

（1）成本高

比特币的运行机制意味着需要不断提高计算哈希值的难度，需要矿工进行无数无意义的计算，才能产生更多的比特币。而矿机的运转需要电力的支持，生成新的比特币的成本越来越高。

（2）安全隐患大

比特币生成面临计算的难度，因为其加密性比较好，用户账户的私钥一旦丢失，就无法找回。比特币交易的匿名性，导致交易双方很难受到管制。加密货币去中心化、不受政府监管的特性，使比特币更容易被人为操控，成为资本武器。

（3）交易平台脆弱

虽然比特币本身的安全系数比较高，但是比特币交易平台安全性有待提升。交易平台的脆弱性会导致账户受到来自他人的恶意攻击，从而获取密钥盗走账户当中的比特币。由于区块链的效率，所有节点同步数据需要时间，比特币当中平均十分钟诞生一个区块，也就是每秒只能处理 5 笔交易，交易时间长。

此外，比特币的所有权甚至比美元更集中（排名前 10 000 的比特币地址持有 500 万枚比特币，相当总供应量的 27%），比特币的所有权集中在 1% 的人手中。因此，越来越多的学者认为，比特币等虚拟货币并不是货币未来。真正的货币未来，是由中央政府发行，以区块链技术为支撑的新型电子货币。许多国家纷纷对蓬勃发展的加密货币行业实施严格的监管。

4. 比特币在国外的应用

比特币作为一种新型的虚拟货币，在应用方面还有很多待规范和监管的方面。作为支付工具来说，比特币是互联网货币，因此具有传统货币所不具有的一些特征，极大地便利交易，因此也有私人和机构接受比特币作为支付结算方式。2013 年 12 月，批发网站 Overstock 成了首家接受比特币支付的美国大型零售商。2014 年 4 月，日本政府认可比特币支付方式，使比特币支付合法化。2017 年 4 月，日本家电卖场巨头必客家乐美试点比特币支付服务。美国珠宝连锁店 Reeds Jewelers 的各个零售点都接受比特币支付。比特币在部分国家和地区的交易当中，被用作支付手段，消费者用比特币可以购买商品和服务，包括但不限于实体商品、订阅服务、游戏服务等。

从国家角度而言，日本是第一个使比特币合法化的国家，并赋予了其法定货币地位，然后在 2017 年终止了对比特币的双重征税。澳大利亚是继日本之后的第二个对比特币友好的国家，在 2017 年宣布比特币和加密货币为法定货币。2017 年 12 月下旬，白俄罗斯出台法规使该国的加密货币合法化。任何加密货币或加密货币采矿，交易和资本收益在 2023 年 1 月 1 日之前都是免税的。

持反对态度的国家不少，2021 年 4 月，土耳其央行发布通知明确禁止比特币以及其他虚拟货币作为商品和服务的支付形式，同时还禁止电子货币机构充当向虚拟货币平台转账的中介。随着虚拟货币市场规模及影响力越来越大，其对传统经济及金融体系的影响也将愈加深刻，全球虚拟货币监管必将进一步趋严。

5. 比特币在中国

比特币作为一种新生事物，我国政府从一开始就对其持谨慎对待的态度。

2009年6月4号，《文化部、商务部关于加强网络游戏虚拟货币管理工作的通知》（文市发〔2009〕20号）出台，该文件首次明确了网络游戏虚拟货币的适用范围，对网络游戏虚拟货币与游戏内的虚拟道具进行了区分，同时规定从事相关服务的企业需批准后才可经营。

2011年6月，中国第一家数字资产交易平台比特币中国成立。

2013年开始，在我国市场上，部分淘宝店铺开始接受比特币的使用。

2013年10月，第一本比特币季刊《壹比特》创刊号发行。

2013年10月15日，百度旗下百度加速乐服务宣布支持比特币。

2013年12月5日，《中国人民银行 工业和信息化部 中国银行业监督管理委员会 中国证券监督管理委员会 中国保险监督管理委员会关于防范比特币风险的通知》（银发〔2013〕289号）出台，该文件认为比特币是一种特定的虚拟商品；比特币交易作为一种互联网上的商品买卖行为，普通民众在自担风险的前提下，拥有参与的自由。

虽然比特币在部分场景下给交易带来了极大便利，但是比特币去中心化以及匿名性特征也给不法分子带来了可乘之机。2019年5月，易到用车服务器遭到攻击，黑客加密了易到服务器中关键用户数据，勒索易到支付比特币获取解密方法。

除此之外，比特币不是法定货币，因此也可以跨过国际支付结算的步骤，完成匿名性的跨国资产转移。按照我国外汇监管规定，每人每年可固定兑换外币五万美元。世界上其他大部分国家也有类似的购汇额度限制。受购汇额度的制约，个人利用合法渠道无法完成大额的资产转移，也没有办法绕过监管对国外的资产进行大规模投资，但利用比特币的虚拟货币特性，短时间内就可以绕过政府监管完成资产转移。2017年，中国关闭了本土加密货币交易所，并于2019年封禁了国内对加密货币交易所和初始币发行网站的访问权限，并通过禁止外汇打击所有加密货币交易。

为了保护投资者利益，加强金融市场监管，2021年6月21日，中国人民银行有关部门就银行和支付机构为虚拟货币交易炒作提供服务问题，约谈了多家银行和支付机构，禁止使用机构服务开展虚拟货币交易。2021年9月24日，中国人民银行发布《关于进一步防范和处置虚拟货币交易炒作风险的通知》，指出虚拟货币不具有与法定货币等同的法律地位。比特币、以太币、泰达币等虚拟货币具有非货币当局发行、使用加密技术及分布式账户或类似技术、以数字化形式存在等主要特点，不具有法偿性，不应且不能作为货币在市场上流通。

在计算的过程中，比特币全网会消耗大量的电力能源和算力，而中国很多地区的电力供给以煤电为主，污染巨大且供电量吃紧。比特币挖矿大量耗电，与"3060的碳达峰、碳中和"（即我国承诺2030年碳排放达到峰值，之后排放净值逐步降低，努力争取2060年前实现碳中和①）目标背离。随着国务院金融稳定发展委员会发文要求打击比特币挖矿和交易行为，各大挖矿主要省份先后发文严查矿场，各地政府严令关停比特币矿场。

---

① 碳中和：企业、团体或个人测算一定时间内，直接或间接产生的温室气体排放总量，通过抵消自身产生二氧化碳排放量，实现二氧化碳"零排放"。

不过，目前我国政府对加密货币的禁令只限制了加密货币交易所、发行加密货币、金融机构服务和采矿，并没有直接禁止个人持有加密货币。中央一直严查挖矿、炒币，但主要是为了防范金融风险和出于环保等目的，并没有因此而放弃区块链底层技术。党中央、国务院高度重视区块链技术和产业发展。我国《"十四五"规划和2035年远景目标》中将区块链作为新兴数字产业之一，以联盟链为重点发展区块链服务平台和金融科技、供应链金融、政务服务等领域。

（二）专用虚拟币

服务商通过发行网站或平台专用的虚拟货币，使用者通过该类型的服务币购买本网站或者平台之内的服务。比较典型的有腾讯公司的Q币。在腾讯提供的游戏平台里，游戏玩家可以通过Q币购买游戏方提供的装备、皮肤等服务，使游戏体验更好。玩家可以法定货币向游戏方购买获取游戏币，在游戏当中交易游戏币。

（三）交互式虚拟货币

交互式虚拟货币是既可以在虚拟货币发行主体内使用，又可以向非发行主体购买商品和服务的交互式虚拟货币。交互式虚拟货币是一种中心化的通用性虚拟货币。

六、法定数字货币

（一）法定数字货币概述

从技术的层面来看，国内学者对数字货币逐渐达成了共识，即数字货币是基于区块链技术或分布式记账技术而产生的一种新型加密货币。前文说到，比特币作为一种数字货币，因为其具有一定的缺陷，不能成为真正的货币未来。事实上，国内学者认为，数字货币能否真正完全替代传统货币行使货币的职能，在现阶段取决于数字货币的发行主体。所以，数字货币根据其发行主体的不同，被区分为法定数字货币（Central Bank Digital Currency，CBDC）和私人数字货币。

CBDC通常指作为央行负债发行的、用于支付结算的数字化工具，拥有无限法偿性。从类型看，CBDC可分为零售型和批发型，前者面向全体公众、用于日常交易，后者面向特定机构、用于大额结算。从运营方式看，CBDC可分为单层运营和双层运营，前者由央行直接对公众发行；后者则先由央行把CBDC兑换给银行等机构，再由这些机构兑换给公众。从系统设计看，CBDC可分为基于账户（Account-based）或基于代币（Token-based），前者指通过开立在央行或者商业银行的数字货币账户进行交易，后者则是指在数字钱包间通过中心化或去中心化的结算系统使用代币进行交易。从计息规则看，CBDC可分为计息型和不计息型。

中国人民银行早在2014年就组建了专门团队，对数字货币的发行、流通、安全等问题进行研究。中国作为最早研究央行数字货币的国家之一。2014年，时任央行行长的周小川便提出构建数字货币的想法。2016年成立中国人民银行数字货币研究所（简称"数研所"），是中国人民银行直属事业单位，是中国法定数字货币官方研发机构，主要展开数字货币和电子支付工具（Digital Currency Electronic Payment，DC/EP）的研究。2017年年末，经国务院批准，央行组织部分实力雄厚的商业银行和有关机构共同开展数字人民币体系的研发。2020年8月14日，商务部网站刊发《商务部关于印发全面深化服务贸易创新发展试点总体方案的通知》，明确在京津冀、长三角、粤港澳大湾区及中西部具备条件的试点地区开展数字人民币试点。

中国现阶段央行数字货币（DC/EP）主要作为流通中的现金（M0，即流通于银行体系之外的现金）的替代物应用，也就是说央行数字货币主要是在一定程度上代替现有的现金支付和移动支付，使交易环节对账户依赖程度大为降低，有利于人民币的流通和国际化。同时DC/EP可以实现货币创造、记账、流动等数据的实时采集，为货币的投放、货币政策的制定与实施提供有益的参考。中国研发数字人民币体系，旨在创建一种以满足数字经济条件下公众现金需求为目的、数字形式的新型人民币，支持零售支付领域可靠稳健、快速高效、持续创新、开放竞争的金融基础设施，支撑中国数字经济发展，提升普惠金融发展水平，提高货币及支付体系运行效率。

拓展阅读

中国人民银行数字货币研究所加入多边央行数字货币桥研究项目

中国香港金融管理局、泰国中央银行、阿拉伯联合酋长国中央银行及中国人民银行数字货币研究所宣布联合发起多边央行数字货币桥研究项目（m-CBDC Bridge），旨在探索央行数字货币在跨境支付中的应用。该项目得到了国际清算银行香港创新中心的支持。

多边央行数字货币桥研究项目将通过开发试验原型，进一步研究分布式账本技术（Distributed Ledger Technology，DLT），实现央行数字货币对的跨境交易全天候同步交收（PvP）结算，便利跨境贸易场景下的本外币兑换。

多边央行数字货币桥研究项目将进一步构建有利环境，让更多亚洲及其他地区的央行共同研究提升金融基础设施的跨境支付能力，以解决跨境支付中的效率低、成本高及透明度低等难题。根据研究成果，各参与方将评估多边央行数字货币桥在跨境资金调拨、国际贸易结算及外汇交易中应用的可行性。

（资料来源：中国人民银行网站，2021年2月24日，http://www.pbc.gov.cn/goutongjiaoliu/113456/113469/4196012/index.html）

（二）央行数字货币国际研发进展

目前，一些国家或经济体已开始试点运营CBDC，部分国家或经济体正在进行研发试验，还有一些国家或经济体正在积极论证CBDC可行性但尚无具体研发计划。按支付类型看，现阶段已进入试点运营的CBDC均为零售型，采取双层运营、不计息的方式，批发型CBDC则处于研发或可行性论证阶段。

1. 试点运营央行数字货币的国家或地区

瑞典央行2017年启动电子克朗（e-krona）研发工作，并于2020年2月开始试点。近十年来，瑞典的现金使用量急剧下降，推动瑞典央行研发CBDC。e-krona定位于现金的补充工具，属于零售型CBDC，不计付利息，采取双层运营模式，运用分布式记账技术，遵循有限匿名。此外，乌拉圭、乌克兰、柬埔寨、巴哈马等国央行也开展了CBDC试点。

2. 正在研发试验央行数字货币的国家或地区

欧洲央行和日本央行于 2016 年提出 Stella 项目，开始联合研发批发型 CBDC，对经济体内银行间结算、券款对付结算、同步交收结算、平衡保密性与可审核性等方面分别实施测试。2019 年 12 月，欧洲央行发布报告介绍了零售型 CBDC 方案（EURO chain 项目），定位为现金替代，采取双层运营模式，遵循有限匿名。2020 年 7 月，日本央行发布探讨 CBDC 普及性和运营弹性的技术报告，并表示将通过实证试验探索 CBDC 的可行性。

英格兰银行于 2015 年提出 RSCoin 项目，与伦敦大学合作研究 CBDC，并开展了小规模试验。RSCoin 采用中心化和分布式记账相结合的混合型架构，是一种采用双层运营模式的零售型 CBDC。2020 年 3 月，英格兰银行系统阐释了零售型 CBDC 的设计思路，从发行目标、设计原则、运营模式、系统应用技术等多个维度呈现了对未来 CBDC 的构想。英格兰银行指出，未来发行的 CBDC 是对货币形态和相关支付基础设施的创新，将采取与私营部门合作的模式，以作为现金的补充，提升英格兰银行实现政策目标的能力。

法国央行于 2020 年 3 月启动了"数字欧元"研发工作，旨在改善银行间清算和结算流程，属于批发型 CBDC。2020 年 5 月，法国央行完成了"数字欧元"的首次测试工作，未来还将开展一系列测试。

加拿大央行于 2016 年提出 Jasper 项目，开始研究批发型 CBDC。项目前三个阶段主要聚焦于利用分布式记账技术改善国内大额支付系统，在技术方面取得成功，但效率提升较为有限；第四阶段，加拿大央行与新加坡金管局、英格兰银行合作，探索研发跨境、跨币种的大额支付系统并取得阶段性成果。2020 年 2 月，加拿大央行宣布开始研发零售型 CB-DC，以应对"无现金经济"的出现及私人数字货币的挑战。

新加坡金管局于 2016 年提出 Ubin 项目，开始研究批发型 CBDC，探索使用区块链技术提供更为简洁高效的支付系统，主要用于跨境交易和结算。该项目前三个阶段主要涉及银行间大额支付系统、券款对付系统的重构，第四阶段与加拿大央行 Jasper 项目相互连接，成功进行了跨境、跨币种支付测试。第五阶段则成功开发出一款基于区块链的支付网络，使不同币种可在同一网络中进行支付。

韩国央行自 2020 年 4 月开始研发零售型 CBDC，计划分三步开展测试，依次为需求分析和技术评审、业务流程分析和咨询、试点系统构建和测试。此外，意大利、挪威、丹麦等国也正在积极开展 CBDC 研究。

（三）法定数字货币运行机制

1. 法定数字货币的发行

不同于比特币等加密数字货币的去中心化，央行数字货币（CBDC）坚持原有的中心化管理模式，这主要有几点原因。首先，央行数字货币作为中央银行对社会公众负债的货币本质属性并没有改变。其次，坚持中心化的管理模式有利于国家宏观审慎利用货币政策调控经济运行。最后，央行数字货币的发行并没有改变当前的借贷二元账户结构。中国现阶段央行数字货币（DC/EP）与全球央行数字货币（CBDC）区别在于发行仍然会采用传统的现金发行的双层运营体系，也就是央行制造货币，通过借贷的方式投放到商业银行，商业银行继而通过账户记账的方式投放市场流通。DC/EP 运行结构如图 3-11 所示。

图 3-11　DC/EP 运行结构

在 DC/EP 中，第二层商业机构实际上拥有 e-CNY 的所有权以及可支付的保证。同时，第二层机构也需要承担 KYC、反洗钱以及用户数据隐私保护等一系列合规责任。而一般的 CBDC 往往认为这些责任都归属于央行。

2. 法定数字货币的流通

2010 年 10 月 8 日，深圳市罗湖区向市民发行了 1 000 万元的数字货币，进行了数字货币流通的闭环测试。

数字货币在使用过程当中与支付宝、微信支付等数字钱包的方式类似，但是其背后的交易体系是不同的。与现金的流通比较相似的是，数字货币发生支付的过程是不需要进行银行账户清算等步骤的。央行数字货币在使用的时候是不需要有银行账户的。DC/EP 的另外一个流通当中的特殊场景是，它利用近场通信技术（Near Field Communication，NFC），实现 P2P（Payer to Payer）双离线支付。两只手机可以通过"碰一碰"，实现支付的完成。

在 DC/EP 的运行当中，央行和第二层机构需要承担不同的责任。央行作为第一层架构的主体，其责任则包括以下方面：一是维护数字人民币的币值稳定。央行可以通过对第二层机构做出资本金或发行准备金的要求来维持币值稳定。二是建设可靠的结算与清算等基础设施。三是促进不同支付产品之间的互联互通。当不同支付产品使用的标准或参数不一致时，央行可以在其中进行协调，从而提高产品的通用性，这对消费者将更加有利。四是在动态演变系统中准备好应急和替代方案。无论是系统故障还是升级换代，都需要有替代品或应急方案以保证支付功能不被中断，否则整个市场都有可能受到影响。从这一角度看，央行自身也应研究一种能够起到应急或替代作用的数字货币。

第二层机构至少应该承担以下责任：一是要有适当的资本以减少风险；二是了解客户，即 KYC（Know Your Customer）的责任，在此基础上也要承担起反洗钱和数据隐私保护的责任；三是技术和设备方面的投入、设备的运行保养等责任。

现金和 e-CNY 将长期并存，只不过未来数字货币跟现钞的流通比例会发生变化，随着技术进步和人民生活水平不断提高，以及偏远地区脱贫和群众受教育程度的普遍提高，消费者对于央行数字货币的使用会更加普及，现金的使用场景就会逐渐减少。

对于一些人所担心的用户数据的信息使用方面，国家也会出台相关政策，要求在完成基本金融监管的基础上最大限度保护客户隐私。

（四）央行数字货币对金融体系的可能影响

国际组织及部分经济体央行对 CBDC 可能给金融体系带来的影响开展了前瞻性研究。总体来看，CBDC 的潜在影响因其类型、运营方式以及计息机制的不同而有较大差异。采用单层运营模式或计付利息的零售型 CBDC 对货币政策传导、金融脱媒的影响较大，批发型 CBDC 和采用双层运营模式且不计付利息的零售型 CBDC 则对金融体系影响较小。

计息型 CBDC 可能影响货币政策传导机制，不计息的 CBDC 则影响较小。有观点认为，不计息的 CBDC 只有支付功能，仅可能取代现金，对货币政策不会产生实质性影响。而计息型 CBDC 不仅发挥了支付媒介作用，还有储蓄功能，流动性和安全性高于银行存款，CBDC 利率可能成为存款利率的下限参考，央行可通过调整 CBDC 利率来影响银行存款利率。此外，如果 CBDC 基本替代了传统现钞，央行可通过对 CBDC 实行负利率，提高持有成本，打破零利率下限的约束，进一步引导市场利率下行。也有观点认为，CBDC 的使用可以防止私人数字货币对货币政策传导机制有效性的冲击。

计息型 CBDC 可能对银行发挥金融中介职能带来影响，不计息的 CBDC 则影响较小。有观点认为，如果 CBDC 计付利息，出于安全性考量，存款人可能将银行存款转为 CBDC，资金将从银行账户流向央行账户。面对脱媒压力，银行可能会被迫提高存款利率或选择融入成本更高的同业资金，从而导致信用收缩、银行期限错配风险增加。如果 CBDC 不计付利息，仅作为现金的补充工具或替代品，一般不会导致金融脱媒，但在极端情形下，即存款利率调至零或为负时，仍可能引发金融脱媒。也有观点认为，可通过采用双层运营、不计付利息、限制 CBDC 持有量等方式降低金融脱媒风险。

CBDC 有助于提高支付效率，降低支付成本，助力普惠金融。零售型 CBDC 一般作为现金补充，高效便利，与现有电子支付工具形成互补，增强支付市场竞争性。计息型 CBDC 不仅较电子支付工具更加安全，还具有储蓄功能，对现有电子支付工具有较强替代性。批发型 CBDC 有助于改善大额支付结算，提高跨境支付效率和安全性，降低支付成本，助力国际贸易和金融交易。在传统金融服务欠发达地区，CBDC 依托数字化和安全性优势，通过移动客户端和网络通信，提高金融服务覆盖面和便利程度，提升金融普惠水平。

CBDC 有助于提升反洗钱、反恐怖融资、反逃税能力。与完全匿名使用的现金不同，CBDC 能够实现可控匿名，可以提升识别客户能力，在保护用户合理隐私的前提下，提高对洗钱、恐怖融资、逃税等违法犯罪行为的识别效率和精准度。

本章小结

互联网货币是信用货币的新形态。理解货币的演进史能够帮助我们更好地理解货币的本质。互联网货币根据其发行主体的不同分为电子货币和虚拟货币，前者是法币的电子化；后者由其他机构或者企业发行，不具有法偿性。电子货币包含了银行卡、电子支票、法定数字货币等。虚拟货币包含了网络密码币、专用虚拟币以及交互式虚拟货币等。在区块链技术的基础之上，世界各国开始利用区块链技术进行法定货币的电子化创新，其中，中国的央行数字货币的研发和试运行走在了世界前列。互联网货币相对于传统货币而言，在某些场景下，代替传统货币执行相关职能，也具有传统货币所无法具备的一些特征。

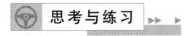 **思考与练习**

一、名词解释
信用卡　电子现金　数字货币

二、选择题
1. 下列选项中，不属于虚拟货币的是（　　　）。

A. Q币　　　　　　　B. 比特币　　　　　　C. 莱特币　　　　　　D. 人民币

2. 下列选项中，不属于互联网货币的职能的是（　　　）。

A. 价值尺度　　　　　B. 流通手段　　　　　C. 支付手段　　　　　D. 取代现钞

3. 数字货币根据其（　　　）的不同，被区分为法定数字货币和私人数字货币。

A. 发行主体　　　　　B. 计价单位　　　　　C. 发行数量　　　　　D. 发行价格

三、简答题
1. 互联网货币的特征有哪些？
2. 互联网货币与传统货币的区别表现在哪些方面？
3. 我国数字货币的发行会产生怎样的影响？
4. 简述电子货币、数字货币、虚拟货币的概念区分。

第四章 传统金融的互联网化

- 理解互联网银行价值和发展趋势
- 了解互联网证券交易的发展和风险
- 理解并掌握互联网保险模式

🔔 **课程思政切入点**

金融发展观和发展思路创新

🔔 **核心概念**

互联网银行，互联网证券，互联网保险，互联网理财

🔔 **材料导读**

中、建、工、农四大银行布局互联网金融

随着"互联网+"热潮的涌现，互联网金融逐渐创造了中国经济的"新常态"，冲击着每个人的日常生活，改变传统金融行业的各个领域。互联网为传统金融业带来了巨大挑战和机遇，很多传统金融机构都在加快互联网金融战略的布局。中、建、工、农四大行对互联网的布局如表4-1所示。

表4-1 中、建、工、农四大行对互联网的布局

银行名称	电商平台	理财平台	支付	即时通信平台	房市
中国工商银行	融e购	工银e投资	工银e支付	融e联	
中国银行			中银E财/中银E捷		
中国建设银行	善融商务	优智规划			房e通
中国农业银行	e购天街	理财e站			

中国工商银行：2015年3月23日，中国工商银行正式发布了互联网金融品牌"e-ICBC"，成为国内第一家发布互联网金融品牌的商业银行，标志着工行已经加快落实互联

网金融战略。工行发布了电商购物平台"融e购"、理财投资平台"工银e投资"以及支付工具"工银e支付",并且开通了即时通信工具"融e联",在社区场景方面有所突破。

中国银行:其布局主要围绕着支付工具"中银E财"和"中银E捷","中银E财"账户是支持与绑定账户间的资金划转、消费支付,办理存款类产品,购买储蓄国债(电子式)、基金、养老宝、保险等投资理财产品,单日消费支付累计不超过10 000元,不支持存取现金服务;"中银E捷"账户是支持与绑定账户间的资金划转、消费支付,账户余额不超过1 000元,不支持存取现金服务。

中国建设银行:不仅构建了电商平台"善融商务",还有理财平台"优智规划",而"优智规划"还包含了针对白领和学生的不同理财方式。同时,中国建设银行搭建的房屋买卖平台"房e通"可以直接查询房屋的售卖信息。

中国农业银行:在主力发展农村金融的同时,仍在互联网金融方面布局了电商平台"e购天街"和理财平台"理财e站",而"理财e站"中包含了多种理财产品,如基金理财、贵金属理财、银行的基本产品、外汇、债券等。

实际上,随着银行发展思路的转变,金融互联网化的步调在2015年大大加速,不仅是中、建、工、农四大行,各商业银行也纷纷开始把互联网金融作为经营转型的重要内容进行战略部署。之前互联网企业在支付、结算和融资领域给银行业带来的冲击,经过一段时间的布局,银行业互联网金融战略愈发清晰。下一步,加强线上线下渠道的互通,充分健全大数据运用,尽快提高竞争力,或将成为各行首要的选择。

(文章来源:根据相关网络资源整理)

第一节　互联网银行

在我国,银行体系一直是金融体系的主体。互联网金融的快速发展对传统金融业产生越来越大的影响,以商业银行为代表的传统金融机构正面临前所未有的挑战和冲击。面对这一新变化、新挑战,传统银行业正发生新的变化。

一、互联网银行概述

(一)互联网银行发展的背景

自1580年在意大利威尼斯诞生第一家银行起,随着商品交换、货币流通的迅速扩大,以及国际贸易的迅速发展,银行业获得了飞速发展,银行业的地位、作用日益加强。科学技术是人类现代文明的基石,是社会发展的推动力。20世纪50年代计算机的发明及广泛的应用前景为银行业的发展奠定了坚实的基础,一些大银行纷纷将这一新技术运用于银行业务的改革和银行业工作方式的更新,从此银行业迈出了电子化的步伐,使具有数百年历史的银行业发生了本质性的变革。

1995年全球第一家网络银行——"安全第一网络银行"诞生于美国,其因超越时间、空间的服务特点而很快得到美国民众的认可,随后英国、瑞士和日本纷纷效仿。我国网络银行的起步较晚,1998年4月招商银行推出具有网络银行性质的网上支付业务。目前,我国的传统商业银行提供的网络银行业务已经有了较快的发展，各大行的网络银行业务已经形成比较完备的体系，而且业务分类和市场定位日益清晰和成熟。当前我国各类商业银行都对网络银行业务的发展给予了充分的重视和足够的资金、技术、人才投入。

（二）互联网银行概念

互联网银行又称网络银行、网上银行。一般而言，互联网银行具备两种概念，一种是机构概念，指完全依赖互联网与客户建立密切关系，提供全方位的金融服务的电子银行，也叫"虚拟银行"或"纯网络银行"，这种没有实际的物理实物柜台作为支撑的网上银行，只有一个网上的办公地址，没有分支机构和营业网点。另一种是业务概念，指依托信息技术和 Internet 的发展、基于 Internet 平台开展各种银行服务的业务形式。我们通常说的"网上银行"属于第二种概念。一般来说，网上银行的业务品种主要包括基本业务、网上投资、网上购物、个人理财、企业银行及其他金融服务。

（三）互联网银行的特点

与传统的银行业务相比，互联网银行业务具有以下特点。

1. 实现全面电子化交易

网上银行在经营业务和产品的过程中实现了无纸化，全面以网上的电子化操作完成业务交易。

2. 突破时间和空间限制，提供灵活便捷服务

网上银行业务打破了传统银行业务的地域、时间限制，具有 3A 特点，即能在任何时候（Anytime）、任何地方（Anywhere）、以任何方式（Anyhow）为客户提供金融服务，这既有利于吸引和保留优质客户，又能主动扩大客户群，开辟新的利润来源。

3. 经营成本低

开办网上银行业务，主要利用公共网络资源，不需设置物理的分支机构或营业网点，减少了人员费用，提高了银行后台系统的效率，大大降低银行经营成本，有效提高银行盈利能力。

4. 服务更加标准化、多样化和个性化

通过银行营业网点销售保险、证券和基金等金融产品，往往受到很大限制，主要是由于一般的营业网点难以为客户提供详细的、低成本的信息咨询服务。利用互联网和银行支付系统，容易满足客户咨询、购买和交易多种金融产品的需求，网上银行能够为客户提供更加合适的个性化金融服务。

二、互联网银行的主要模式

基于互联网银行的两种含义，互联网银行运营也有两种模式，一种指依托信息技术和 Internet 的发展、基于 Internet 平台开展各种银行服务的业务形式。这种就是我们通常说的"网上银行"模式，是传统银行业务在网上的延伸。

另一模式是指完全依赖互联网与客户建立密切关系，提供全方位的金融服务的电子银行，这种模式没有实际的物理实物柜台作为支撑的网上银行，普遍没有分支机构和营业网点，只有一个网上的办公地址。这一模式主要是直销银行（Direct bank，也称直营银行）

模式。

相比于传统银行，直销银行没有营业网点，不发放实体银行卡，用户主要通过计算机、电子邮件、手机、电话等远程渠道获取银行产品和服务，因其业务拓展不以实体网点和物理柜台为基础，直销银行具有更少更精的组织机构，经营成本显著降低。同时，线上模式不受地域限制，能够更加便捷地服务顾客，因此能够为顾客提供比传统银行更高效、更优惠的金融服务。

（一）直销银行模式的类型

作为主要依托电子手段的销售渠道，在内部竞合关系中，建立针对目标客群、独立封闭的渠道体系是纯粹虚拟的互联网银行模式成立的关键。从当前国际实践来看，直销银行模式有以下几种类型。

1. 纯粹的网络银行

以美国的 Security First Network Bank（SFNB）为代表。1995 年美国第一家直销银行 SFNB 正式宣布成立，它也是世界上第一家完全通过互联网运营的纯网络银行。纯粹的网络银行建立之初，以服务网民为宗旨，其业务模式和用户体验更贴近互联网用户习惯，更能吸引年轻的个人用户。但是，由于完全缺乏母银行的品牌支持，在商业模式、信息安全和客户服务方面，纯粹的网络银行面临更大的挑战，对所在国网络用户普及率和监管政策依赖度较高。

2. 全球性的直销银行

以 ING Direct 为代表。在成立 ING Direct 前，荷兰国际集团在海外的对公业务和保险业务已形成一定的市场规模，但尚无零售业务。ING Direct 是荷兰 ING 集团于 1997 年在加拿大设立的第一家直销银行，此后荷兰将该模式迅速向欧美各国推广，成为规模最大的全球性直销银行。经历 2008 年金融危机后，ING Direct 逐步收缩，出售了在北美和英国等多处的直销银行业务，专注在欧洲的业务发展。从发展海外零售业务开始的 ING Direct 模式，成为目前直销银行的样板，但是由于该直销银行的市场份额和先发营销模式，ING Direct 模式是很难复制的。

3. 作为子品牌的直销银行

依靠母公司集团，针对独立的客户群，建立独立的子公司和子品牌，通过电子渠道进行直接销售，是目前欧洲国家使用比较多的直销银行模式。如，德意志银行集团下的 Norisbank 是德意志银行集团的直销银行品牌，主要为互联网精英客户提供金融服务。Norisbank 作为子品牌的直销银行，没有建立完全独立的组织架构，基本上是前台独立，中后台与母银行共享。依托母银行集团的品牌影响、企业信誉、资金实力和后台支持，作为子品牌的直销银行模式得以大力发展，在北欧等互联网渗透率高、市场集中度低的国家成为主流。

4. 作为事业部的直销银行

以汇丰 Direct 为代表。汇丰 Direct 仅是汇丰集团的事业部，仅作为客户的附属增值账户，该直销银行主要关注能带来存款额的客户，强调模式创新和低成本。汇丰 Direct 发展的初衷，和我国中小银行面临的负债压力大、网点偏少的情况有关。但是，作为事业部的直销银行，如何真正建立独立的网络用户群接受度高的品牌，仍然是一个挑战。

（二）我国直销银行发展现状

直销银行作为一种新概念银行已引入国内多年，虽然这一新兴银行运营模式在国外有不少成功经验，但从国内发展现状、发展预期看，仍存在诸多不确定性因素。由于我国银行体系的自身特色，直销银行的设立形式与欧美有所区别。当前，我国直销银行主要是由各商业银行设立的下属二级部门，用户通过手机 App 或电脑绑定已持有的他行或本行借记卡（Ⅰ类账户）生成一个直销银行账户（Ⅱ类账户），不需要亲临银行柜台，就可以购买金融产品和服务。

自 2013 年 9 月，北京银行宣布与荷兰国际集团（ING 集团）合作开展直销银行业务以来，我国直销银行数量呈逐年增长趋势。根据中国报告网数据显示，2014 年我国直销银行数量为 22 家，2017 年直销银行破 100 家，达 105 家；2018 年持续上升，数量达 114 家，2019 年 11 月底，超过了 135 家，其中城商行、农商行成为主力军。但除百信银行外均无独立法人资质，大多数直销银行是作为商业银行中的二级部门存在，未实现独立运营。大部分直销银行只能说有一个直销银行 App 或直销银行事业部，并不是一家完整的、独立核算、独立运营的直销银行机构。在产品方面，则以理财产品、货币基金、存款产品、基金产品为主。根据《互联网周刊》发布的 2020 年度中国直销银行排行榜，基于国内直销银行在用户体验（40%）、产品设计（30%）、市场影响力（30%）三项指数的综合得分，2020 年度中国直销银行排行（前 20 名）如表 4-2 所示。

表 4-2　2020 年度中国直销银行排行榜（前 20 名）

排名	银行名称	直销银行名称	排名	银行名称	直销银行名称
1	江苏银行	江苏银行直销银行	11	恒丰银行	一贯
2	徽商银行	徽常有财	12	光大银行	阳光银行
3	平安银行	平安口袋银行	13	郑州银行	鼎融易
4	民生银行	民生直销银行	14	长沙银行	e 钱庄
5	杭州银行	杭银直销	15	上海银行	上行快线
6	广发银行	广发直销银行	16	南京银行	你好银行
7	宁波银行	宁波银行直销银行	17	晋商银行	晋商直销银行
8	贵阳银行	爽爽 bank	18	广州农商银行	珠江直销银行
9	中信银行	百信银行	19	苏州银行	起点银行
10	甘肃银行	甘肃银行直销银行	20	汉口银行	汉口银行直销银行

虽然近些年我国直销银行数量增长较快，但我国直销银行的发展面临以下几个困境。

首先，民众对直销银行认知度并不高，较多的用户趋向银行将直销银行和手机银行合并。中国金融认证中心（CFCA）对 2 000 名直销银行用户调查显示，超六成（62%）的用户认为两者功能相似，合并起来方便使用。目前，我国大型国有银行和民营银行普遍趋向将两者合并。

其次，直销银行 App 实际功能不尽如人意，应用开发相对不足，用户体验整体水平较低，部分银行的直销银行 App 有名无实。

再次，较多直销银行拥有的活跃客户少，并且大多数的直销银行活跃客户数还呈明显下降趋势。

尽管发展道路并不平坦，但随着金融科技不断成熟，直销银行的数字转型已成大势所趋。我国直销银行如何在数字化转型、周期风险特征明显、互联网流量增长、缺乏线上获客的情形下加快变革以寻求发展之路是我国直销银行未来发展面临的重大考验。

三、互联网金融对传统银行业产生的影响

近些年，相当一部分的互联网企业从非金融领域不断地向金融领域渗透，无论是第三方支付，还是贷款融资平台，对银行的传统存贷业务带来不同的影响。互联网金融作为一种金融和科技的融合创新业务，不断整合金融资本和产业资本，其对传统银行的冲击和影响需要用辩证唯物主义观一分为二地看待。

（一）对银行业传统业务产生冲击

1. 对银行业的传统负债业务造成冲击

随着互联网金融的发展，尤其是以"余额宝"为代表的"宝"类理财产品的出现，其相比于实体银行活期存款或理财产品的利息要高，且存取方便、快捷，越来越多的个人和群体更倾向于网络理财，直接导致商业银行的存款数量明显减少，对传统银行业负债业务产生了较大冲击。传统银行是金融基础设施中最重要的单元，传统银行不仅是整个金融体系运作的平台，也是金融创新和发展的基本环境，更是保持金融系统稳健性的基石。互联网金融则并不承担这方面的"道义"。比如，在全球金融危机之下，疫情背景之下，危急时刻传统银行还是提供了有效有力的金融服务来保障市场的正常运行，提振市场参与者继续进行交易的信心。

2. 对传统银行的信贷业务造成冲击

由于传统银行业的门槛较高，目标客户群多为大中型企业和高端客户群体，且传统银行业的风控较为严格，手续较复杂，众多的小微企业和个人客户较难得到其贷款服务。而P2P贷款和众筹模式等网上信贷门槛低、操作便捷高效，底层客户群体越来越多被互联网金融服务所吸纳，这对银行的传统信贷业务造成了一定的冲击。

3. 对传统商业银行的中间业务造成冲击

以往，传统商业银行居于金融业的顶端地位，掌握着行业资金，其主要收入来源在存贷利差上，对中间业务尤其是支付业务没有足够的重视。但是，随着支付宝等第三方支付服务的出现和普及，其分流会直接影响商业银行的支付结算、银行卡和代理业务等，使传统商业银行的中间业务受到极大冲击。但是，传统银行仍然把握住了支付清算系统的"主通道"，只是在互联网金融的冲击之下，支付系统在技术层面被互联网金融赋予了更多"场景化""定制化"的功能，与每一个人的金融需求，甚至每一笔金融交易与商业活动结合在一起，呈现越来越多细碎的金融交易场景，金融竞争的公平性、支付场景的安全性充满着机遇与挑战。

（二）互联网金融削弱了商业银行的传统竞争优势

互联网金融以其便捷支付、搜索引擎和大数据技术的应用等优势降低了交易成本，简化了交易流程，提供了更加专业、多样化和个性化的金融服务。互联网金融产品利用社交媒体、电商平台、自媒体等多渠道让消费者触及金融服务，相较于传统复杂、烦琐、长链

的银行服务，消费者越来越倾向于将消费与社交融合享受便捷的消费体验，对互联网金融服务的接受意愿更高。传统的商业银行专业的技术、复杂的交易流程等传统优势不断被互联网金融削弱，传统银行的获客模式受到强烈冲击，传统的知识密集和技术复杂的金融产品已经不符合市场新兴客户的需求。如果传统商业不能及时对核心业务进行改革，改变其安全、稳定、低成本和低风险的传统价值目标，与现代社会所需的快捷、方便、参与和体验目标相适应，其未来发展将面临巨大瓶颈障碍。因此，日益激烈的市场竞争促使传统银行不得不转变思维，积极拥抱金融科技，利用大数据和人工智能等技术加快产品与服务的创新，并加快与互联网巨头企业强强联合的步伐。

（三）弱化了传统商业银行的金融中介地位

从现代互联网金融产业的发展趋势来看，互联网金融产业带给传统商业银行最直接的影响就是弱化了传统商业银行的金融中介地位。传统银行提供的金融信息共享效率及金融服务效率较互联网金融有明显的劣势。伴随着互联网金融产业的产生和发展，互联网的信息共享性及传递特性改变了以商业银行为主导的金融市场的信息不对称情况，全面消除了信息沟通屏障，借助互联网平台实现了用户与第三方金融服务平台的信息对接和资源整合，互联网金融为资金借贷双方提供了直接连通的渠道，大大加速金融脱媒，提升了金融市场的活跃程度，弱化了传统商业银行的金融中介的地位。

四、我国互联网银行的发展趋势

互联网和金融的未来趋势是要融合，共同服务于以前未曾被好好服务过的"长尾人群"。互联网金融来了，银行并不会被颠覆，而是要创新。银行的核心价值是风险管理，越来越多的银行未来会把精力更多地放在产品创新上，专心做金融产品的生产，其次是营销、渠道。

随着互联网信息技术的不断进步发展，互联网银行必将降低经营成本、超越时空限制，成为人们信息生活中不可缺少的一环，其发展趋势将主要体现在以下几个方面。

（一）交易会更加安全

安全问题是互联网银行的一个基本问题，也是一个突出问题。机密交易资料被盗用或改变、客户账户密码被窃取或非法篡改、账户资料被挪用等情况时有发生，诸如此类的安全问题已经成为互联网银行风险防范的重点。目前，各银行虽然都采取了各种安全手段，例如，设立防火墙、采用数字证书、CA认证等加强身份识别，使用密码数字键盘、验证码、加密狗等加强信息传输安全，但是安全事故仍然不能避免，采用诸如更复杂的加解密算法、指纹识别等更加安全的技术措施和风险管理方案，进一步加强安全风险监控，仍将是各网络银行的关注重点。发展互联网的核心要素便是对安全的更高要求，随着计算机网络安全技术的不断进步，从互联网银行客户到服务器的整个环节将会采取更加安全的加密、传输、存储、验证技术来保证交易过程的安全，用户的安全意识、银行的风险监管将会在互联网银行的使用过程中得到加强。

（二）更加合规与标准化

互联网银行以虚拟化方式方便、快捷地为客户提供丰富的金融产品和服务，与传统银行相比，互联网银行具有新渠道、新产品、新特性，但也面临新问题、新风险、新环境。

过去制定的相关法律法规、流程规则已不能满足需要，制定和完善适当的行业标准、业务流程、法律法规，采用标准的网络、软硬件平台和工具将是互联网银行的一大发展方向。随着各家银行对网络银行应用技术的认知程度不断加深以及开发技术的不断创新，加上网络用户的普及程度越来越高，越来越多的客户能够更好地体验网络银行功能简便性所带来的便利。

（三）交易的内容更加丰富

互联网的发展，就是为了应对人们日益变换的消费需求。消费者的需求是不断变化的，未来能在竞争不断激烈的市场环境中抢占市场高地的公司必定是能够为消费者提供更加丰富产品的公司。随着金融活动在普通居民中变得日益频繁，银行业务将会被不断改进和创新。网络银行的使用，将驱使银行整合尽可能多的银行业务提供给网上用户。同时，银行也会在成本、质量、客户满意度和反应速度上有所突破，继而能够集中核心力量，获得可持续竞争的优势，最终使网上银行进一步加快向业务综合化、国际化和高科技化的方向发展。这就是人们常说的金融创新带来的业务突破。

（四）金融服务线上化

随着视频通信技术的成熟、数据传输速度的加快，远程面对面的人工服务得以通过网络实现。过去受制于物理空间的金融服务开始通过网络技术向线上延伸，突破了电子银行只能做标准化程度较高、程序比较固定的业务模式。金融服务的线上化，将给未来银行业带来三种变化：首先，银行线下渠道将弱化业务办理的功能，而强化金融服务的功能。线下渠道将更多地为电子银行提供支持，当用户对电子银行新业务存在疑虑时，线下渠道将有效为之解答和介绍；其次，由于视频技术突破了人工智能的束缚，未来银行所有的业务都可以在线上办理，因此会有更多、更复杂的金融服务通过线上办理；最后，金融服务线上化使用户的行为习惯数据能够得到完整记录和积累，后期银行通过数据分析将进一步优化已有的复杂金融服务流程，进一步提高现有金融服务的合理性和办理效率。

第二节　互联网证券

一、互联网证券概述

我国的证券行业起步于 20 世纪 90 年代，只经历了短短几十年的发展，本身还不是很成熟，尚处于逐步完善的过程中。而互联网凭借其强大信息资源的平台优势，对社会各层面的快速渗透能力，使很多行业发生了改变。对于包括证券经纪业在内的金融业而言，由于信息高度关联的行业特性，影响更为深远。

（一）互联网证券的概念

互联网证券亦称网上证券，是电子商务条件下的证券业务的创新，网上证券服务是证券业以互联网等信息网络为媒介为客户提供的一种全新商业服务。网上证券包括有偿证券投资资讯（国内外经济信息、政府政策、证券行情）、网上证券投资顾问、股票网上发行、买卖与推广等多种投资理财服务。

（二）我国互联网证券发展环境

1. 政策环境

近年来，我国对互联网和证券行业的支持力度不断加大。2015年3月5日，在第十二届全国人民代表大会的政府工作报告中，"互联网金融"作为新业态，国家层面将其定义为"大力调整产业结构"的新动力。2015年3月11日，中国证券业协会互联网证券专业委员会正式成立，聘请了40多位来自政府机构、券商、互联网公司、技术公司、学术研究机构的行业专家及学者作为委员及顾问，首次将互联网证券放到重要的战略地位，提出"用3年到5年的时间把互联网证券业务做大做强"。同时还发布了《关于开展中国证券业协会2015年重点课题研究的招标公告》，以"互联网金融背景下的证券业创新发展"为主题提出了多个方向，其中"互联网证券"排名最靠前，互联网对于证券行业未来发展重要性似乎提到了前所未有的高度。

2. 经济环境

我国互联网和电子商务的快速发展为我国互联网证券的发展提供了良好的经济环境。如今各种电商平台及垂直行业电商已经非常普及，这使得在互联网上进行选购和支付成为用户易于接受的事情，而互联网化证券产品类似于电商产品，在这过程中也逐步为客户所接受。根据《中国互联网发展报告2020》的具体数据来看，截至2019年年底，电子商务交易规模达34.81万亿元，连续多年占据全球电子商务市场首位；网络支付交易额达249.88万亿元，移动支付普及率位于世界领先水平。另外，一些大的电商企业在稳步推进传统电子商务的同时，也开始逐步涉足互联网金融，包括互联网证券，这也倒逼证券公司互联网化以应对互联网企业涉足证券行业的竞争。

此外，我国互联网行业正经历快速的发展，根据工信部公布的数据，2020年中国光纤用户渗透率已达93%，4G用户已达12.8亿元。网络渗透率和网络用户不断增加，网络化深入到国民经济的各个领域，当然也包括证券行业。IMedia Research（艾媒咨询）数据显示，中国证券类App用户规模稳定增长，2019年中国证券类App用户规模达到1.11亿，2020年第四季度中国证券类App用户规模达到1.52亿。2015—2020年中国证券类App用户规模数据如图4-1所示。

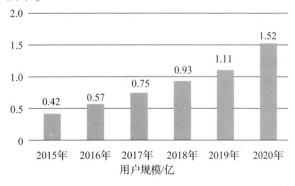

图4-1 2015—2020年中国证券类App用户规模数据

3. 技术环境

我国证券行业开始发展的时间正好是信息技术开始高速发展的时期，证券公司自发展的最初阶段就使用着最先进的信息技术。例如1997年，君安证券率先自主开发了业内第一套投入实际应用的三层架构证券交易系统 JASE97 系统。我国证券托管、交易、结算、支付等基础功能和体系的快速建立得益于最先进的信息技术和网络技术的应用。

现阶段，传统金融行业对 IT 技术的重视程度越来越高，不断加大技术方面的投资。近年来，我国证券行业科技投入也在不断增加，证券业对科技的应用已经达成广泛的共识，绝大部分证券公司开始了科技的应用与研究。例如，2019 年 9 月，财通证券与阿里云、蚂蚁金服签署战略合作协议，共同推动金融科技和证券业务的融合创新；同月，中金公司与腾讯订立股东协议，拟成立合资技术公司。如今，云计算技术已经被证券公司大量使用，大数据和人工智能也被广泛用于数据治理、客户服务、产品推荐和风险管理，基于区块链的联盟链也在征信、资产证券化等领域得到尝试。金融科技对于证券公司发展至关重要已经成为行业共识，领先的证券公司持续大幅增加对金融科技研发和应用的投入，成效也日渐显露。

（三）互联网证券的特点

1. 即时性

计算机客户端软件的出现使即时性成为可能，而移动设备及移动互联网的发展使即时性逐渐成为互联网证券的最大优势。当前用户可以通过各种软件或移动设备，随时随地实现转账、证券交易、产品购买等各种证券服务。如今的各种软件及客户端还有许多信息整合及推送功能，让用户省去自己整合信息的时间，在最短的时间内获得所需信息。

2. 移动化

随着智能手机和移动互联网络的发展，移动互联网金融也获得了快速发展，同时有了更多产业生态。数据显示，自 2014 年以来，我国移动支付用户规模逐渐扩大，2018 年，中国移动支付用户规模达 6.59 亿人。互联网金融的移动化也将带动证券产品的移动互联网化，各大券商纷纷推出手机客户端，4G 和 5G 等移动互联网技术的不断发展也使通过移动互联网办理证券业务越来越有吸引力，而更多的证券业务，如证券开户、证券交易等都可以通过智能手机及其他移动设备随时随地实现。

3. 低成本

2007 年以后，中国证券业的交易佣金率一直在稳步下降。佣金自由化本身就是金融自由化的一部分，互联网券商的出现，只不过是加速了这一过程。日本从 20 世纪末到 21 世纪初推行金融自由化和网络券商革命，网络券商的佣金率在短短两年左右的时间下了一个台阶，跌至不到 40%，并在 2014 年达到约万分之二的水平。我国券商行业整体佣金率水平也因网络开户降至新低。目前，华泰证券、国泰君安、海通证券等大型券商已经通过自有网络平台开通网上开户，网上开户的佣金率为 0.03%。而国金证券与腾讯合作，开放了网上开户业务，推出"佣金宝"，佣金率仅为 0.025%，基本上已经达到网上开户的成本线。此外，大到中信、华泰、海通、国泰君安，小到网信、华菁、川财等，绝大多数国内券商已开通网上开户业务，而营业部也会往轻型营业部发展，进一步降低成本。未来券商佣金率还有继续下降的可能。

二、互联网金融对证券行业产生的影响

互联网金融可以达到并实现与当前直接和间接融资一样的资源配置效率，并在促进经

济增长的同时，大幅减少交易成本，这将对证券行业发展产生深远影响。

（一）改变证券行业价值实现方式

互联网金融的虚拟性为证券行业带来了前所未有的价值创造速度，必然导致价值的扩张，同时互联网金融也引发交易主体、交易结构上的变化和潜在的金融民主化，引发券商传统的价值创造和价值实现方式的根本性转变。

一方面，互联网技术能最大限度减少信息不对称和中间成本，把所有的信息由原先不对称、金字塔型转化为信息的扁平化，最终用户可在信息相对对称中平等自由地获取金融服务，逐步接近金融上的充分有效性和民主化，从而证券行业的服务边界得以扩大。当前券商正积极布局非现场开户、搭建网上平台以及移动终端产品开展业务，以期找到新的盈利增长点。

另一方面，社交网络、电子商务、第三方支付、搜索引擎等互联网技术形成的大量数据产生价值。云计算、神经网络、遗传算法、行为分析理论等更使数据挖掘和分析成为可能，数据将是金融的重要战略资产，阿里小贷正是基于大数据挖掘小微企业信用完成的价值实现。未来券商的价值将更多通过充分挖掘互联网客户数据资源，并开发、设计满足客户个性化需求的证券产品或服务来创造和实现价值，从而实现"长尾效应"。

（二）引发证券经纪和财富管理"渠道革命"

证券与互联网的加速融合，有助于券商拓宽营销渠道，并优化现有经纪业务和财富管理业务传统的运营管理模式，进一步扩大服务边界。与此同时，网上开户和网上证券产品销售使得券商的地域和物理网点优势不再明显，佣金率进一步下降，新产品经纪和资管业务的地位逐步提升，迫使券商经纪业务由传统通道向信用中介和理财业务终端转型。

在不久的将来，网络将成为券商发展经纪业务、财富管理业务的主要平台。随之而来的将是目标客户类型的改变，市场参与者将更为大众化和普及化，追求多样化、差异化和个性化服务是客户的基本诉求。客户的消费习惯和消费模式的改变，要求券商经纪和财富管理业务适应互联网金融趋势，从过去通道中介定位向客户需求定位转型。以客户需求为中心的转型，本质上要求证券公司能够根据不同的客户类型，通过一个对外服务窗口，为客户提供包括融资、投资、理财咨询等一揽子的服务。这意味着证券公司需要对原有的组织模式进行重构，加强各条业务线的协作，提升现有业务的附加价值，实现客户与证券公司共同成长的目标。

（三）弱化证券行业金融中介功能

证券行业具有媒介资本和媒介信息最为基础的两个功能。媒介资本、媒介信息、挖掘信息等功能的发挥，在根本上都依赖于各类信息的搜集和处理能力，而这正是互联网金融的强项。互联网金融与证券行业的结合，会使交易双方的信息不对称程度降低、在金额和期限错配以及风险分担的成本非常低，证券机构发挥的资本中介作用也日益弱化。未来股票、债券等的发行、交易和全款支付，以及投资理财等都可直接在网上进行。比如，Google 上市时就没有通过投资银行进行相关上市服务，而是应用了互联网金融，其股票采用荷兰式拍卖的模式在自身平台上发行。另外，在国外，基于社交网络构建的选股平台，投资收益跑赢大盘，这也在一定程度上取代了券商投资理财的业务。

互联网金融模式下，资金供需双方直接交易，可以达到与直接融资和间接融资一样的资源配置效率，市场有效性大大提高，接近一般均衡定理描述的无金融中介状态，弱化了证券行业金融中介功能。

（四）加剧证券行业的业务竞争

互联网金融以其先天的渠道和成本优势迅速改变资本市场的竞争格局，随着监管的放松，这种竞争还将进一步加剧：一是互联网技术会降低券商业务成本，加剧同业竞争，如各大券商积极布局的证券电子商务，这只是网络经纪业务第一步，非现场开户全面放行后，不可避免引发新一轮的佣金价格战，通道型经纪收入将更加难以为继；二是互联网金融会改变券商业务模式，催生网络经纪等新业态，这将带来新的竞争机会，使未来竞争更加复杂化；三是以阿里巴巴为代表的互联网公司携带客户资源、数据信息积累与挖掘优势向证券行业渗透，加剧行业竞争。近年来高速发展的互联网平台为互联网金融奠定了比传统证券行业更广泛的客户资源基础。互联网公司在运作模式上也更强调互联网技术与证券核心业务的深度整合，凸显其强大的数据信息积累与挖掘优势。比如，以阿里小贷为代表的网络贷款正在冲击证券行业资本中介业务模式；以人人贷为代表的P2P模式则正在绕开券商实现投融资直接匹配；以余额宝为代表的互联网理财产品更是直接冲击券商理财产品市场。

三、我国互联网证券的发展历程

我国的证券市场从成立至今，其发展水平不断提高，与此同时其互联网化在不断深入，回顾我国证券市场的互联网化历程，大致可将其划分为探索期（1997—2012年）、启动期（2013—2014年左右）、成长期（2015—2017年）和成熟期（2018年至今）四个阶段，如图4-2所示。

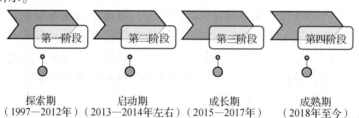

| 第一阶段 | 第二阶段 | 第三阶段 | 第四阶段 |

| 探索期 | 启动期 | 成长期 | 成熟期 |
| （1997—2012年） | （2013—2014年左右） | （2015—2017年） | （2018年至今） |

图4-2　我国互联网证券的发展历程

（一）探索期（1997—2012年）

20世纪90年代中期以后，网上证券交易从美国向各大证券市场蔓延发展，我国网上证券交易也开始起步。1997年3月，中国华融信托投资公司湛江证券营业部最先推出名为"视聆通公众多媒体信息网"的网上证券交易系统，成为中国第一家开展网上交易的券商，该系统在最初连续三年增长速度超过126%。原君安证券、广发证券等公司也随后开通了互联网证券交易服务。

2000年4月，中国证监会颁布实施了《网上证券委托暂行管理办法》和《证券公司网上委托业务核准程序》，标志着我国网上证券交易进入规范化轨道。证券公司开展互联网证券交易业务的积极性被充分调动起来。

2001年以后，互联网证券交易业务发展速度加快，交易量成倍增长。2012年，我国互联网证券交易用户数超过1 350万户，年复合增长率达到13.64%。

在这一阶段，中国的互联网证券交易发展相对缓慢，一方面是因为互联网尚处于起步阶段，网民过少；另一方面，当时的互联网证券交易业务在全球都还算新兴事物，很多证券公司对互联网证券交易业务还不了解，处在观望及探索阶段。

（二）启动期（2013—2014 年左右）

自 2012 年 5 月券商创新大会以来，中国证监会先后出台多个关于互联网经纪业务政策指引的文件，从信息技术指引到非现场开户，步步推进。银行与券商以互联网为依托，重组改造业务模式，加速建设网上创新平台提供全方位的服务。在这一时期，证监会先后批准了 5 批共 55 家证券公司开展互联网证券业务试点，约占券商总数的一半。获批开展互联网证券业务试点的证券公司通过搭建自主平台、与互联网企业合作等多种方式，使互联网证券业务在 2014 年迎来蓬勃发展。在加快互联网化转型的背景下，证券行业的发展空间全面打开，以收入占 GDP 比例计，2014 年国内券商行业收入占 GDP 比例为 0.4%。获证监会批准的网络券商试点名单如表 4-3 所示。

表 4-3 获证监会批准的网络券商试点名单

批次	时间	数量	名单
第一批	2014/4/4	6 家	中信证券、国泰君安证券、银河证券、长城证券、平安证券、华创证券
第二批	2014/9/19	8 家	广发证券、海通证券、申银万国、中信建设、国信证券、兴业证券、华泰证券、万联证券
第三批	2014/11/24	10 家	财富证券、财通证券、德邦证券、东海证券、方正证券、国金证券、国元证券、长江证券、招商证券、浙商证券
第四批	2014/12/26	11 家	华宝证券、东方证券、南京证券、西南证券、中原证券、齐鲁证券、安信证券、华林证券、东兴证券、第一创业证券、太平洋证券
第五批	2015/3/2	20 家	财达证券、东莞证券、东吴证券、国海证券、国联证券、恒泰证券、华安证券、华龙证券、华融证券、民生证券、山西证券、世纪证券、天风证券、西藏同信证券、湘财证券、银泰证券、中金公司、中国中投证券、中山证券、中邮证券

（三）成长期（2015—2017 年）

为进一步支持资本市场创新发展，保障投资者合法权益，自 2015 年 4 月 13 日起，中国证券登记结算公司决定：取消自然人投资者开立 A 股账户的一人一户限制，允许自然人投资者根据实际需要开立多个沪、深 A 股账户及场内封闭式基金账户。这一规定利好互联网券商，改变以往互联网券商"开户容易转户难"的局面。互联网证券业务在网上开户的用户体验、佣金、客户流量及配套产品等方面具备优势，客户数进一步大幅提升。

2015 年证券公司各项业务呈爆发式增长，2015 年度 A 股累计成交金额达 254.68 万亿元，较 2014 年度增加 180.55 万亿元，增长 243.53%。2016 年度 A 股累计成交金额 127.24 万亿元，较 2015 年有所回落，但较 2014 年仍增加了 53.11 万亿元，增长 71.64%。与此同时，国内软件和信息技术的发展日新月异，互联网尤其是移动互联网的普及率稳步上升促进互联网证券业务的发展。截至 2017 年年底，中国网民规模达 7.72 亿人，互联网普及率为 55.8%。手机网民规模达 7.53 亿人，手机上网人群占比由 2016 年的 95.1% 提升至 97.5%。总的来说，2015—2017 年，我国互联网证券的发展处于稳定成长阶段。

（四）成熟期（2018 年至今）

在该阶段，传统券商的互联网化程度不断提升，聚焦垂直细分领域的新型互联网券商蓬勃发展。随着金融科技发展加快，居民通过互联网手段进行理财投资行为增多，而证券行业在互联网化发展上也相对领先。2019 年 3 月 8 日，富途证券赴美上市，成为国内互联网券商出海上市第一股；3 月 20 日，老虎证券紧随其后，亦敲响了纳斯达克的钟声。富途证券和老虎证券相继赴美上市，引发市场对互联网券商的侧目。

相关数据表明，2010—2021 年，中国证券公司总资产规模整体呈现增长趋势，2018—2021 年中国证券业总资产规模情况如图 4-3 所示。中国证券类 App 用户规模稳定增长，2019 年达到 1.11 亿，2020 年达到 1.52 亿。2020 年疫情之下，各大券商线上化经营进入了"实战"模式，平稳抵御了疫情带来的冲击，A 股成交额不断创下新高。此外，借助中信息技术和人工智能的科技发展的优势，传统的投资顾问服务实现了更加高效和智能的管理操作，近年来各大券商均相继推出自己的智能投顾产品，助力财富管理转型。

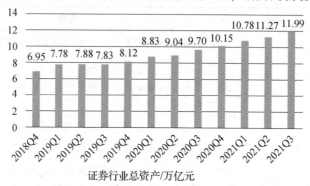

图 4-3 2018—2021 年中国证券业总资产规模情况
（数据来源：根据中国人民银行网站数据整理）

四、我国互联网证券的发展趋势

（一）证券行业佣金率持续下降、盈利模式逐渐多元化

互联网的核心优势在于解决了传统客户所面临的地理区位差异及信息不对称问题，使得客户可以通过网络清晰地比较各家券商的服务内容及服务价格，传统地区展业及佣金方面的管制将不再适用。近几年，受证券公司设立营业部主体资质的放开、网上开户政策、一人多户政策和互联网金融的影响，证券行业的佣金率持续下降。互联网券商虽然发展迅速，但业务总体体量仍然较少、业务结构较为单一。互联网券商突破体量"瓶颈"应加快转型，突破点在于业务延展，发展为业务综合体。券商平台需通过优化业务结构，实现盈利模式多元化，并找准新的收入增长点，降低自身营业收入对佣金收入的依赖性。

（二）营销和服务模式将更加多元化和精细化

随着客户对互联网形成高度依赖，证券公司传统的以区域性驻点证券经纪人为主的营销模式和基于当地物理网点的客户服务模式必然遭遇发展"瓶颈"，证券公司必须通过信息传播速度最快、客户最容易接受的互联网渠道为存量客户提供服务，并通过更多元化的渠道挖掘增量客户源。通过利用微博、微信等社交网络平台，证券公司可以突破营销和服务的地域限制，同时证券公司通过利用先进的云计算和数据挖掘技术对海量信息进行分析，并将结果应用在营销和客户服务实践中，实现精准营销和个性化服务。

（三）新兴技术助力互联网证券行业发展，大数据的应用更加深入

近年来，人工智能、大数据、云计算等新兴技术的发展都为互联网券商的转型变革提供了技术支撑。互联网券商应加快发展金融科技，进一步推进产品的研发创新，以在竞争日趋激烈的互联网证券市场中巩固自身优势。此外，我国证券行业在营销和客户服务中应用大数据信息的程度会进一步深入。国外成熟的金融机构对客户信息的挖掘已经渗透到客户服务和战略决策的各个环节，数据挖掘在成熟市场金融机构多年的实践证明，基于数据挖掘和决策支持的营销服务体系能产生巨大的价值。以传统投顾的标杆性公司美林证券为例，美林证券在20世纪90年代耗费巨资打造的TGA系统和MIDAS系统在过去二三十年间一直在持续改造。正是在这两个强有力的系统的支持下，美林证券对其客户信息和数据的分析更准确，从而能准确地捕捉客户的需求，及时将合适的产品推送给客户，显著增加了其产品销售量，同时也改善了客户体验。

第三节　互联网保险

一、互联网保险概述

（一）我国互联网保险的兴起

自1997年开始，我国陆续出现网上保险。1997年11月28日，国内第一个面向保险市场和保险公司内部信息化管理需求的保险行业中文专业网站——中国保险信息网诞生，标志着保险电子商务的诞生。2000年8月，国内两家知名保险公司中国太平洋保险（简称"太保"）和平安保险几乎同时开通了自己的全国性网站。太保的网站成为我国保险业界第一个贯通全国、连接全球的保险网络系统。平安保险开通的全国性网站PA18，在网上开展保险、证券、银行、个人理财等业务，被称为"品种齐全的金融超市"。同年9月，泰康人寿保险公司也在北京宣布泰康在线开通，可以实现从保单设计、投保、核保、交费到后续服务全过程的网络化。2000年年末，我国已有近80家保险网站，但当时还谈不上真正意义上的互联网保险。直到2005年4月，中国人民保险公司逐渐进入市场细分、竞争加剧的阶段，并在竞争中得到了较快的发展。特别是网络购物市场的爆发式增长，带动互联网保险市场的繁荣。此外，随着人们的保险意识和保险需求在不断增加，社会因素大大促进了互联网保险的发展。目前，互联网保险正处于爆发期，互联网保险的法律制度不断完善，业务领域不断拓展，用户规模不断扩大，营业收入不断提高。

（二）互联网保险的定义

Z2015年7月25日，中国保监会印发了《互联网保险业务监管暂行办法》（简称《办法》）。《办法》对互联网保险给予了官方定义：互联网保险业务指保险机构依托互联网和移动通信等技术，通过自营网络平台、第三方网络平台等订立保险合同、提供保险服务的业务。

(三) 互联网保险的内容

互联网保险的具体内容主要有数据收集和分析、保险产品设计和营销、提供专业的保险需求分析、提供保险产品购买服务、提供在线核保和理赔服务、提供在线交流服务。互联网保险的内容如图 4-4 所示。

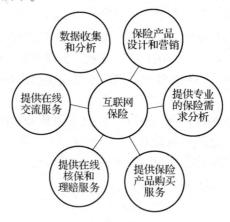

图 4-4　互联网保险的内容

1. 数据收集和分析

同其他互联网子行业一样，数据对于互联网保险具有重要的价值。对消费者行为数据、消费数据等互联网数据加以收集，并运用保险精算技术，可以开发出更加符合客户需求的保险产品。

2. 保险产品设计和营销

应用大数据分析结果可设计出更加个性化的保险产品。然后如何将保险产品销售出去非常关键，在销售环节中，互联网保险的优势是非常明显的，基于互联网技术的精准营销的运用已经十分成熟，通过互联网搜索引擎（如谷歌、百度等）进行定向推广已经被广泛使用，这比撒网式的传统营销手段具有更高效率。

3. 提供专业的保险需求分析

通过保险公司网页上提供的保险需求评估工具对投保人的消费能力、风险偏好等信息进行评估，就能确定符合客户需求的保险。这种网上评估工具可以减少客户选择困扰，将客户潜在需求转变成有效需求，这也是保险产品和客户进行匹配的过程。

4. 提供保险产品购买服务

客户在确定自己需要的保险产品之后，下一步就是进行网上购买。这要求互联网保险公司做好对接服务，提供网上购买入口，开发网站和移动客户端。

5. 提供在线核保和理赔服务

通过推出在线核保和理赔的作业流程、争议解决办法、理赔所需单证、出险联系电话和地址等透明化信息，客户可以方便地办理理赔业务。核保过程线上化有利于提高理赔速度，提高理赔效率，更能减少客户焦虑，提高用户黏性。

6. 提供在线交流服务

由于网络的虚拟性，人们容易对网上保险产生不信任感和不安全感。在线客服提供在线交流、售前咨询和评估、售后保障和理赔服务，有效化解客户购买保险产品的疑虑。

二、互联网保险运营模式

保险行业的商业模式关乎整个行业的综合竞争力，是行业转型升级的重要推动力。目前，我国互联网保险已建立以官方网站模式、第三方电子商务平台模式、网络兼业代理模式、专业中介代理模式和专业互联网保险企业模式为主导的基本互联网保险商业模式体系。

（一）官方网站模式

互联网保险的官网模式是在互联网金融产品的交易平台中，由大、中型保险企业，保险中介企业等为了更好地展现自身品牌、服务客户和销售产品所建立的自主经营的官方网站。如太保、平安、阳光等设立官网进行网上保险产品销售。

建立官方网站的公司需要具备以下几个条件：一是资金充足。企业建立自己的官网，更多的是为了展现品牌、销售产品。为此，企业需要用雄厚的资本获取更多的流量和广告投入。二是丰富的产品体系。互联网金融中，很多企业是利用产品优势获得成功的，拥有几个或一系列完整的产品体系，满足客户在不同时期、不同状态下的需求，一直是选择官网模式的企业所追求的目标。三是运营和服务能力强。一个官方网站要长足经营，需要充分建立和使用互联网快速、便捷、安全的线上管理信息系统、客户关系管理系统、企业资源计划系统等，对运营流程进行改造。

（二）第三方电子商务平台模式

第三方电子商务平台模式是保险公司与第三方电子商务公司合作，在第三方电子商务公司的网站上开展保险业务。如淘宝保险频道、京东商城保险频道、苏宁保险销售有限公司。通常来说，第三方电子商务平台具有相对独立、借助网络和流程专业等特点。从金融监管角度看，第三方电子商务平台模式存在着诸多漏洞。很多第三方平台网站没有保险中介资质，在实际意义上不受监管约束，从而给消费者带来一定的风险。

（三）网络兼业代理模式

网络兼业代理模式指航空、银行、旅游等非保险企业，通过自己的官方网站代理保险企业销售保险产品和提供相关服务。网络兼业代理机构一般销售与其主业有一定关联的保险产品种类。例如，人们乘坐飞机时会有飞机失事的风险，航空公司便代理销售航空意外险；银行客户如果有投资理财需求，银行可以针对这些客户代理一些投资联结保险产品。互联网时代衍生出网络化的兼业代理模式，逐渐成为目前互联网保险公司中介行业最主要的业务模式之一，以其门槛低、办理简单、对经营主体规模要求不高等特点而受到普遍欢迎。但目前许多兼业代理机构都以自己的主业为主，代理的保险产品种类较单一，因而对保险产品的销售不会投入较大的财力和物力，在客户体验度方面效果不佳。我国保险兼业代理机构主要分为银行类代理机构、航空类代理机构、旅游类代理机构等。

需要指出的是，《保险代理、经纪公司互联网保险业务监管办法（试行）》规定，只有获得经纪牌照或全国性保险代理牌照的中介机构才可以从事互联网保险业务。另外，大量垂直类的专业网站在不具备上述监管要求的条件下，以技术服务形式使用兼业代理的资质与保险公司合作开展业务。

（四）专业中介代理模式

专业中介代理模式是由保险经纪或代理公司搭建自己的网络销售平台，代理销售多家保险企业的产品并提供相关服务，客户可以通过该平台在线了解、对比、咨询、投保、理赔等，这些公司实际发挥的是中介代理的作用。

专业中介代理模式包括两类：一类是聚焦保险产品的垂直搜索平台，利用云计算等技术精准、快速地为客户提供产品信息，从而有效解决保险市场中的信息不对称等问题，典型的如富脑袋、大家报等；另一类保险门户定位于在线金融超市，充当网络保险经纪人的角色，为客户提供简易保险产品的在线选购、保费计算以及充当综合性保障安全等专业性服务，如大童网、慧择网等。

（五）专业互联网保险企业模式

专业互联网保险企业模式是专门针对互联网保险需求，不设线下分支机构，从销售到理赔全部交易流程都在网上完成的经营模式。2013年10月9日，称"三马同槽"的纯互联网保险公司众安在线成立，保险行业吹响了正面争夺互联网市场的号角。根据保险公司经营业务主体的不同，专业互联网保险公司大致分三种：产寿结合的综合性金融互联网平台、专注财险或寿险的互联网营销平台和纯互联网的"众安"模式。虽然专业互联网保险公司的运作模式和未来发展方向备受社会关注，但目前公司规模较小，运营模式也都在不断探索和尝试中。

我国互联网保险商业运营模式一览表如表4-4所示。

表4-4　我国互联网保险商业运营模式一览表

模式	含义	特征	典型代表
官方网站模式	大、中型险企，保险中介等所立的自主经营的网站	借助网络直接销售保险产品，为网络直接销售	太保、平安、阳光等设立的官网
第三方电子商务平台模式	独立于商品或服务交易双方，使用互联网服务平台，依照一定的规范，为交易双方提供服务的电子商务企业或网站	类似金融超市，提供包括保险产品在内的多种金融产品	淘宝保险频道、京东商城保险频道、苏宁保险销售有限公司
网络兼业代理模式	在从事自身业务的同时，接受保险公司的委托，在保险公司授权范围内代办保险业务的各类机构	门槛低、办理简单、对经营主体规模要求不高。有的与自身业务有一定联系	网银代销、携程、中航协、移动、铁路系统、航空、车商等
专业中介代理模式	根据保险公司的委托，向保险公司收取保险佣金，在保险公司授权的范围内专门代为办理保险业务的机构	销售保险产品、代理收保费、代理相关保险业务的损失勘察和理赔等业务	惠择网、富脑袋、中民保险网、优保网
专业互联网保险企业模式	全部在线上完成业务，产品针对互联网领域的风险，销售依靠互联网的专业保险公司	完全通过互联网销售和理赔	众安保险、泰康在线

拓展阅读

保险行业数字化转型之众安保险

2020 年 9 月 24 日，金融科技大会——"外滩大会"在上海黄浦世博园区开幕。作为国内首家互联网保险公司，众安保险受邀以至尊合作伙伴身份亮相。众安保险 CEO 姜兴出席大会保险科技论坛时提到，众安自成立起就持续深化科技与保险的融合，不断精进科技力、产品力和品牌力，努力成为"保险科技第一品牌"。

从创立之初，众安科技就在人工智能、区块链、生命科技等前沿技术方面加大投入，在投保、核保到理赔、客服全流程的智能化运营方面获得较多成果，以科技实力来重塑保险链条，带动自身以及全行业发展。此外，众安保险率先看到云计算对于保险行业的重要性，成为国内首家将核心系统放在云端的持牌金融机构，能够支持千亿级的保费规模。众安保险在"双 11"期间实现了每秒出具 3.2 万张保单、2 天内完成新产品上线的成绩。根据众安公布的数据，其在线保费收入持续走高。在 2020 年，众安保险保费收入约为 167 亿元，同比增长 14.13%，在七大上市保险企业中排名第二。

目前，科技数字化、智能化不仅影响着人们的日常生活习惯，也为众安保险的高质量转型发展带来机遇。面对保险行业在科技领域数字化转型的挑战，众安保险把自身沉淀的科技能力向外输出，逐步探索从目标到行为追踪全域数字化经营，为用户带来优质服务与更好的消费体验。同时持续洞察分群经营，为行业和上下游伙伴铺设数字基础设施，为保险业数字化转型夯实基础。

如今众安保险在数字化转型方面取得了较多成果，不仅获得保险公司、金融机构、经代平台、汽车生态、医疗健康、科技与互联网平台 400 家企业及机构的认可与合作，更是在日本、新加坡、马来西亚、印度尼西亚等"一带一路"沿线国家都有开展业务，与友邦保险 AIA、日本财产保险公司 SOMPO 及新加坡 NTUC Income 等金融保险机构建立合作关系，还助力 Grab 等互联网平台从新兴场景挖掘机会，2019 上半年在 Grab 平台就生成保单 1 200 万张。

（文章来源：根据相关网络资源整理）

三、我国互联网保险的发展历程

最早发展互联网保险的国家是美国，究其原因是美国在经济和技术上有突出优势，美国国民第一证券银行最先创立了互联网保险，英国、德国等欧洲国家也于 20 世纪 90 年代后期出现了互联网保险。就目前的国际互联网保险发展水平来看，互联网保险在发达国家的发展比较快速，在业务量、业务流量、产品设计、客户人数等方面颇具规模。互联网保险的发展在我国只有短短二十几年，其发展水平不断提高，与此同时，其互联网化也在不断深入，我国互联网保险的发展历程可分为四个阶段，如图 4-5 所示。

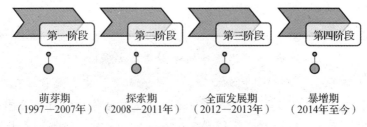

图 4-5　我国互联网保险发展历程

（一）萌芽期（1997—2007 年）

1997 年年底，中国第一个面向保险市场和保险公司内部信息化管理需求的专业中文网站——中国保险信息网诞生。2000 年下半年，太平洋保险、平安保险和泰康人寿也相继开通了自己的保险网站。随后，各类保险信息网站不断涌现。然而，鉴于当时互联网和电子商务整体市场环境尚不成熟，加之受第一次互联网泡沫破裂的影响，受众和市场主体对互联网保险的认识不足，这一阶段互联网保险市场未能实现大规模发展，仅能在有限的范围内起到企业门户的作用。

（二）探索期（2008—2011 年）

阿里巴巴等电子商务平台的兴起开启了中国互联网的新一轮发展热潮。伴随着新的市场发展趋势，互联网保险开始出现市场细分。一批定位于保险中介和保险信息服务的保险网站开始涌现，有些网站借助风险投资快速脱颖而出。在这个阶段，互联网保险公司通过电子商务渠道收取的保费规模依旧较小，其战略价值没有完全体现，因此在渠道资源配置方面仍然处于边缘地带，在政策层面也缺少产业政策的扶持。

（三）全面发展期（2012—2013 年）

进入全面发展期后，保险企业通过不断摸索发展出多种互联网业务管理模式，官方网站、保险超市、门户网站、离线商务平台、第三方电子商务平台等多种互联网保险模式纷纷出现。其中，在被称为互联网金融元年的 2013 年，保险行业获得跨越式发展，以万能险为代表的理财型保险引爆第三方电子商务平台市场，引领互联网保险全面发展的潮流。

（四）暴增期（2014 年至今）

2014 年 8 月 13 日，"新国十条"的颁布为保险业未来转型升级勾勒了新蓝图，支持保险公司积极运用现代互联网技术进行创新，云计算、大数据等技术无疑会带来更多可能和无限潜力。

我国互联网保险从 2012 年开始迅速发展，根据中国保险行业协会发布的《中国互联网保险行业发展报告》数据显示，2016 年中国互联网保险保费收入达到 2 299 亿元，同比增长 65 亿元，同比增幅为 3%，但相较于 2015 年 160% 的增幅，互联网保险保费收入增速明显放缓。与此同时，互联网保险的渗透率亦有所下降，2016 年为 7.43%，比 2015 年的9.2% 降低了 1.8%。2018 年之后，受益于百万医疗等短期健康险的畅销，互联网保费再次快速增长。2020 年，中国互联网保险收入规模达到 2 908.8 亿元，同比增长 9.0%。2014—2020 年中国互联网保险收入规模数据如图 4-6 所示。

图 4-6　2014—2020 年中国互联网保险收入规模数据

随着移动互联技术快速发展，客户运用互联网自主消费的意愿越来越强烈，保险公司也积极利用互联网场景和数据资源，不断进行产品创新。

四、我国互联网保险的发展趋势

我国互联网保险正在经历从表层渠道变革向中层模式优化的发展，网络比价平台、直销网站、App 等模式基本已经落地，而基于线上场景的拓展和新技术的应用，包括从数据来源的扩展到业务流程数据的获取为风险定价、核保、理赔流程再造提供支持等内容，已成为现阶段互联网保险发展的重要内容。我国互联网保险在未来的发展呈现以下趋势。

（一）保险产品创新空间、保险市场范围将不断扩大

互联网快速改变了消费者的生活，也在推动保险产品创新、引导和创造客户需求、提升公众特别是年轻消费群体保险意识方面蕴藏巨大潜力。保险公司基于大数据、云计算，能够对消费者行为数据、消费习惯、支付偏好进行深度挖掘与分析。这为精准营销、精准定价提供了可能性，也为制定个性化、定制化、差异化的保险产品提供了数据基础。2010年，华泰保险与淘宝合作在"天猫"交易线中"嵌入式"运营"退货运费险"，并根据出险率进行保险定价。这是国内首个针对网络交易而设计的创新险种，也是首个实现保险产品动态定价的创新产品。网购中购买"退货运费险"的页面如图 4-7 所示。未来，类似"退货运费险"这类保障消费者互联网消费、支付行为的创新型保险产品将大量涌现。

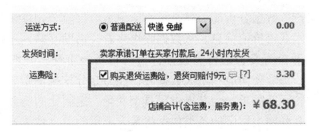

图 4-7　网购中购买"退货运费险"的页面

同时，互联网伴生的移动终端和大数据优势将持续拓展保险市场范围。消费者能够利用网络随时随地进行购买和支付，网络消费、网络支付等网络行为中蕴含的风险能够派生

出新的保险需求，为保险行业开辟出新市场；并且随着大数据技术的深入应用，保险公司能不断提升风险定价与风险管理能力，可以将以前无法或难以有效管理的风险纳入保险公司能力范围。随着经济形势变化和市场化发展，保险市场还将出现大量的细分领域，保险公司能够借助移动互联发展和大数据技术优势，在对原有消费者资源深入挖掘的同时，也覆盖不同地域、不同行业的消费者，提供传统意义上规模不经济的产品和服务，从而占领广阔的"蓝海"市场，进而获得更多的消费者资源和行为数据，形成发展良性循环。

（二）互联网场景化销售带来保险产品改良创新

互联网不断普及和发展的伴生产物就是高频化、碎片化的各类需求，而场景化则是挖掘、满足这些需求的有效途径。线下场景产生的保险需求催生了传统保险产品的发展，而现在很多线下场景逐渐迁移到线上，线上场景的出现为互联网保险产品异军突起提供了契机。例如，网上购买机票时会担心飞机事故，该场景激发了购买航空意外险的需求；淘宝购物交易者买家担心货物不合要求可能会退货，于是激发了运费险的市场需求。

互联网保险不仅仅是简单给保险金融产品穿上互联网的外衣，而是由互联网场景化销售带来产品的改良和创新，用大数据手段来促进保险定价的精细化和差异化。未来互联网保险要以保险为入口，结合更多产业和场景，最后延展到企业和个人的服务。互联网上的保险产品创新也往往和场景销售相结合。例如，在"中秋"卖赏月险，"七夕"卖爱情险，春节卖鞭炮险，夏季卖高温险等。

（三）保险产品销售渠道将更加多样，费率空间进一步释放

由于保险公司营销体系中代理人制度的存在，支付给代理公司、代理人的手续费及佣金等构成了保险公司财务成本的重要组成部分。而随着保险行业市场化程度的持续加深和互联网保险的不断冲击，代理人在传统保险营销体系中的地位和话语权将不断弱化。有研究表明，互联网可以使整个保险价值链的成本降低到40%以下。未来保险产品多样化的销售渠道，将保险产品的销售环节转移到网络上，可能比传统保险行业营销方式节省58%～71%的费用，从而使保险行业进一步摆脱传统营销体系中代理人制度的束缚和制约，进而极大地降低销售成本。显而易见，销售成本的减少可以让保险公司让出部分利润用于降低各险种的保险费率，从而让消费者受益，同时也使保险公司在销售、理赔、管理和产品管理等方面的效率得到极大提升。

（四）数据作为保险行业"核心资产"的地位将进一步加强

在未来互联网充分普及的大环境下，数据成为构建核心竞争力的关键。对保险公司而言，数据就是核心资产，数据分析能力就是核心竞争力。保险公司能够通过数据处理、分析、整合、挖掘等技术获得价值信息。从数据收集来看，借助互联网不仅要获得消费者的行为数据，也要获得潜在消费者的行为数据，为将来拓展市场、开辟新的市场需求做准备；从数据应用来看，保险公司应利用大数据分析能力充分挖掘消费者需求，通过数据采集了解每位消费者的特征及需求，为其提供更具个性化、定制化的服务与产品。

此外，消费者在互联网上留下的各类数据将带来丰富的信息数据，结合多维数据进而分析风险进行产品定价。随着大数据技术的应用普及，风险的计量将更为精准、高效，风险定价趋于精细化、差异化。

（五）"以消费者为中心"的理念将进一步凸显

随着互联网深入人们生活的各个领域，保险的销售模式发生了根本性的变化，由原先以保险产品为主导的销售模式逐渐转化为以消费者需求为核心的销售模式。互联网使得消费者不再被动接受保险公司推送的信息，消费者的需求成为新险种出现的动力，消费者的行为数据成为保险产品设计的基础，这也意味着消费者能够化被动为主动，参与保险产品设计和服务的全过程。保险公司应积极融入这一潮流，利用自身原有优势，提升大数据分析能力，针对目标消费者、潜在消费者的需求，设计定制化的保险产品，同时主动使保费更加透明、保障权益更加清晰，这不仅可以吸引更多消费者，也可以让保险销售的退保率大大降低。

（六）法律法规更加健全，监管体系更加完善

目前，我国的互联网保险法律法规不够健全，监管体系不够完善，创新不足的缺陷显露无遗，未来互联网保险业的监管将会更加严格。近年来，我国互联网保险的法律法规也不断出台，例如，中国银保监会相继于 2019 年 11 月发布《银保监会关于银行保险机构加强消费者权益保护工作体制机制建设的指导意见》，2020 年 6 月发布《中国银保监会关于规范互联网保险销售行为可回溯管理的通知》，2021 年 7 月发布《中国银保监会关于印发银行保险机构消费者权益保护监管评价办法的通知》等。未来我国保险业还将继续在以下方面完善：一是以良好的电子商务环境为前提，不仅要有完备的基础设施和技术标准，还要有安全认证的法律法规；二是完善的法制制度，在准入和信用评价上严格而量化；三是平衡监管过程的"宽松"与"谨慎"，宽松创新支持，谨慎风险控制；四是行业自律意识加强，减少国家强制手段的控制，更多运用行业自律来发展。

第四节　互联网理财

汉代的贾谊曾经说过"积蓄者，天下之大命也。"理财，顾名思义指的就是管理财务。中国自改革开放以来，随着国内股票债券市场的扩容，商业银行、零售业务的日趋丰富和市民总体收入的逐年上升，"理财"概念逐渐走俏。一般人谈到理财，想到的不是投资，就是赚钱。实际上理财的范围很广，理财指的是对财务（财产和债务）进行管理，以实现财务的保值、增值为目的，通常认为理财包含以下含义。

①理财是理一生的财，不仅仅是解决燃眉之急的金钱问题而已。

②理财是现金流量管理，每个人一出生就需要用钱（现金流出），也需要赚钱（现金流入）。因此不管是否有钱，每个人都需要理财。

③理财也涵盖了风险管理。因为未来的更多流量具有不确定性，人身风险、财产风险与市场风险等都会影响到现金流入（收入中断风险）或现金流出（费用递增风险）。

理财分为公司理财、机构理财、个人理财和家庭理财等。国内能够为客户提供理财服务的机构主要有银行、证券公司、投资公司。

随着互联网信息技术在我国的快速发展以及智能手机的大规模普及，越来越多的企业将自己的业务逐渐往互联网金融领域进行渗透，比如传统银行、传统的证券公司、保险公司及基金公司，都开始基于自己的主体业务推出能满足广大消费者需求的互联网理财产

品。与此同时，很多互联网公司也开始把业务领域朝金融行业拓展，并结合自己原本就擅长的互联网信息技术，比如云计算、大数据等，尝试推出自己的互联网理财业务。

一、互联网理财的概念

互联网理财是当前金融行业领域中的热门话题之一，但互联网理财概念在学术界一直未有权威的界定。学术界对网络理财概念的界定多在传统金融理财概念的基础上去进行拓展。金融理财是金融行业中一种综合性的理财服务，即经由专业理财人员对理财用户的财务状况进行评估，确定其理财的需求，最终为其提供一个合理且具有可操作性的金融理财方案，实现其资本流转的自由。互联网理财是传统金融理财的一种新型模式，是理财产品与网络技术深度结合的产物，指由特定的金融机构或非金融机构开发，向不特定对象发行，通过网络平台进行销售、交割、分红、赎回的理财品种。从本质上看，互联网理财产品并未改变传统理财产品的核心内涵和本质，只是利用了网络平台创新了理财产品的销售渠道，因此，结合传统金融理财的概念和互联网特性，互联网理财可以定义为"受委托的金融机构或非金融机构通过互联网媒介销售理财产品来管理或分配流动资金，以达到保值增值目的的金融活动"。

二、互联网理财的特征

互联网理财产品具有投资门槛低、高流动性、高收益率以及操作便捷性等特点，可以为用户节省时间，略去烦琐的手续，能更好地满足中低收入阶层人群的个性化、碎片化理财需求。互联网理财产品的这些特性，相较于传统金融机构更多地为高净值人群提供的"富人理财"模式，是市场向普惠金融转变的重要体现之一。

（一）投资门槛低

传统金融机构的短期理财产品一般具有较高的投资起点，如银行的固定收益类理财产品一般为五万元起投，货币基金类理财产品一般为千元起投。对于常规理财产品，互联网理财产品普遍投资门槛较低。以余额宝为例，"一元起投"的概念和方式使得其理财产品基本上是零投资起点，在很大程度上满足了广大中低净值消费者的需求，对他们具有较大的吸引力。这一特征有效地验证了"长尾理论"，在充分考虑了成本和效率之后，众多小市场所产生的规模效应能够汇聚成与传统主流大市场相抗衡的市场能量。多年来，以余额宝为代表的"宝宝类"理财产品的千万用户群通过不断积累与发展壮大，为相关机构的资金池沉淀了大量的资金，同时也为这些沉淀资金增值保值创造了新的可能。

（二）高流动性

互联网理财产品相较于传统金融理财产品来说，另一典型优势是高流动性。传统的货币基金赎回需要一定的时长，而互联网理财产品能够快速赎回，资金实时到账，具有很高的资金流动性。这不仅能够满足中低收入人群获得理财收益的需求，而且可以随时支取现金用于消费，自主选择的空间很大。

（三）高收益率

余额宝里面的资金可以实时赎回，着实吸引眼球。此外另有一个重要的点，就是余额宝本质上还是一种货币基金，余额宝的收益率比银行活期存款利率高，曾经，余额宝的收益率比银行存款利率至少高出 2 倍。因此，对于大量不懂理财知识的普通民众来说，把钱存入余额宝要比存入银行活期甚至定期存款的收益都还高，这就让这一类互联网金融理财产品显得更具优势。

（四）操作便捷性

互联网理财产品摆脱了传统机构面对面交易的强制要求，节省了时间和交易成本，更加方便快捷。互联网理财平台能实现 PC 端、移动端等多终端操作，消费者可以根据自己的实际需要随时随地进行产品买进与卖出以及资金的提现；实时关注收益情况，在获得良好投资理财体验的同时也获得了较高的投资收益。与此同时，平台软件应用场景的生活化，使用户在利用零散资金获得收益的同时，还可以进行话费充值、水电费充值以及信用卡还款等，为投资者的日常生活提供了便利，互联网理财产品丰富的价值功能满足了更多金融消费者的诉求。

三、互联网理财的种类

互联网理财产品打破了传统金融业务高门槛、低流动性等的束缚，为人们提供了一种相对而言更便捷、更高回报的理财体验，受到了广大投资者的追捧。无论是从用户规模还是从资金规模上看，互联网理财都已成为人们最为重要的理财方式之一。考虑到互联网金融不仅横跨了两个行业，同时也是两个行业的融合，因此我们尝试从互联网企业金融化以及传统金融机构互联网化这两个维度去对互联网理财产品进行划分。我们将互联网理财产品分为以下四类：余额宝类理财产品、P2P 类理财产品、银行及证券类理财产品以及保险基金理财产品。

（一）余额宝类理财产品

互联网理财这一概念的普及是与余额宝的问世与发展同步的，也正因为余额宝从一诞生就受到广大投资者们的热捧，于是越来越多的互联网公司以及传统金融机构开始相继推出自己的"余额宝类理财产品"，如腾讯、中国银行、招商银行、南京银行以及中国银行等。这种理财方式由于其便捷性与无门槛，一方面开创了基金公司与互联网公司联合直销基金理财产品的模式，另一方面也给互联网公司跨界进入金融行业提供了广阔的前景与空间，同时也对传统金融机构产生了冲击，还颠覆了普通用户对零散钱财的理财观念。以余额宝为示例，抽象出这类理财产品的运营模式，如图 4-8 所示。

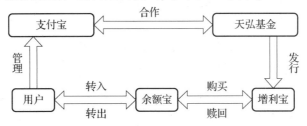

图 4-8 余额宝类理财产品运营模式

（二）P2P 类理财产品

随着互联网技术的飞速发展，许多 P2P 平台兴起。P2P 网络借贷于 2005 年在英国产生，由于该模式比传统金融业灵活便捷，理财产品投资回报利率高，因此很快在全球得到复制。2007 年，我国首家 P2P 网络借贷平台——拍拍贷在上海成立，随后宜信、人人贷等 P2P 网络借贷平台也相继出现。

P2P 理财产品问世以来，以其收益高、流动性强、门槛低等吸引了广大的投资者。该类产品是互联网直接理财的产物，即资金通过 P2P 借贷平台直接流向资金需求方，出资人享受资金出让的收益。为保障投资者的本息安全，不少 P2P 平台与小贷、保险或担保公司合作来保障投资人资金的安全性。另一种保障方式，是平台通过实地论证为投资人提供车子和房产等的实物抵押权。从各大正规的 P2P 平台的理财产品看，P2P 理财产品种类繁多，收益可观，其收益一般在 8%～15%，有抵押物的产品收益最高 12%。需要特别提出的是，当 P2P 平台出现非法集资、运营不善、"跑路"等事件时，投资者会面临巨额损失，P2P 理财是否安全这个问题受到关注。

（三）银行及证券类理财产品

互联网金融的诞生影响了人们的理财方式与理财观念，也间接对商业银行及证券行业的个人理财业务产生了冲击。互联网金融的发展一方面给传统商业银行及证券行业带来了竞争，另一方面也给这些银行带来了大量在传统理财模式下，因为实体网点缺失导致流失，或因为投资金额不够无法服务的用户。这客观上也进一步发掘和壮大了传统银行及证券行业的理财市场。考虑到互联网金融广阔的发展前景，且随着大量投资者的支付习惯及投资理念越来越依赖于互联网，越来越多的传统金融机构不得不尝试与互联网信息技术相结合，开拓新的理财模式。

目前，几乎所有银行及证券公司都将自身经营的金融业务通过互联网以及手机终端实现对客户的服务，譬如转账、收款、支付、账单查看、购买个人理财业务等。各大传统商业银行也陆续推出了网络理财产品，如表 4-5 所示。

表 4-5　银行的证券理财产品表

企业名称	理财产品	合作公司
招商银行	朝朝盈	招商招财宝货币基金
广发银行	慧存钱	广发天天红发起式货币基金
兴业银行	掌柜钱包	兴全添利宝货币基金
交通银行	快溢通	易方达天天理财货币基金
东方证券	东方汇	汇添富货币基金
中信证券	信金保	南方现金增利货币基金
财富证券	财富宝	南方现金通货币基金
国金证券	金腾通	国金金腾通货币基金

除了这些货币基金的理财产品外，各大商业银行还将其他类型的理财产品纷纷嵌入自己的手机 App 业务，以期更快、更方便地触达用户，其提供的理财产品种类丰富，投资金额和理财期限上也可以自主选择。这类理财产品的问题是收益率与理财周期的长短息息相关。一般来讲，理财周期短的产品，用户能获得的收益都比较低，而想要获得较高的收益，就不得不去选择理财周期长的产品。这一方面加大了用户资金存留而无法自由流动的风险；另一方面，理财产品的收益率也不是一成不变的，随着国家大政方针以及整体经济

形势的变化，收益率也会有所波动。因此，用户在购买此类理财产品时，需要平衡好理财收益与资金流动性以及安全性的风险。

（四）保险基金类理财产品

伴随着互联网理财逐渐成为人们最为重要的理财手段之一，国内的保险基金行业也开始按捺不住，把业务触角伸向了这一领域。保险理财之所以广受欢迎，是因为其把保险产品的保障功能与理财产品的投资收益有机结合在一起，理财投资者们在享受保险保障的同时，也能取得一定的收益。正是这种一举两得的优势，使保险理财产品越来越成为互联网理财产品不可或缺的一部分。用户通过保险进行理财，既防范因疾病或灾难而可能带来的财务风险，又可以使自有资产获得一定额度的保值和增值。

除保险外，基金理财也逐渐成为这些用户的另一个投资窗口。基金一般有专业的基金公司管理资金池，通过基金经理进行股票投资和债券投资等方式来实现收益目的，然后通过该基金公司为投资者提供一定的利息。对于普通中小投资者而言，基金的组合投资可以有效分散投资风险，且专业的基金管理公司可以及时调整投资策略，因此一般来说投资者购买基金的投资风险比直接购买股票相对低一些。除了前文中提及的由互联网企业和传统金融机构所共同推出的货币基金外，很多基金公司也构建了自己的网上直销平台与手机App，方便互联网用户直接网上开户，选择购买自己属意的基金理财产品。与此同时，也有很多第三方的理财平台嵌入了基金公司的理财产品，例如在知名的第三方综合型理财平台陆金所，就可以找到许多基金类的理财产品，并且平台还可以根据投资者的风险偏好，利用大数据，去控制推送到用户的App界面上的基金信息。

四、互联网理财的未来发展

（一）互联网理财会进一步发掘顾客潜在需求

为了能在互联网金融的未来发展中保持良好的发展趋势，互联网理财产品必须更关注使用者的潜在需求，可从以下两个方面去发掘。

第一，在强调服务差异化、创新性与专业性的同时，关注非主流顾客的需求，即吸引使用传统理财产品、拥有大量稳定资金的投资者以外的中小投资者。中小投资者拥有理财资金量小、稳定，理财时间碎片的特殊理财条件，与互联网理财产品门槛低、成本低、流动性高、方便快捷和透明度高等特点相匹配。

第二，注重顾客个人信息，产品设计满足需求。未来的互联网理财产品的设计，应同时具备界面简洁和操作简单的特点，为众多理财知识不充分的投资者提供便利。

（二）互联网理财产品将进一步加强内外风险调控

首先，市场系统风险是所有投资方式都不可分散的，并导致收益率随整个市场的利率浮动而变化。对于此类问题，互联网理财产品应充分开发、利用大数据和云计算技术，及时掌握申购赎回信息，对预测误差和开放式货币基金所固有的流动性风险进行严格把控。其次，互联网理财产品将会被逐步纳入央行和国家层面的监控体系，会受到越来越严格的来自政府层面的管控政策和市场监管。最后，互联网金融产品必定通过互联网技术来实现经营与服务，那么就需要不断提升技术安全防范措施，以应对日益严峻的网络安全形势。

(三) 互联网理财开启普惠金融时代

投资者们逐步接受新的理财观念和方式,离不开层出不穷的互联网理财平台。一方面,对于中小投资者,他们具有可支配收入有限、理财知识缺乏、理财时间碎片等特点,操作程序简便的互联网理财产品使投资者能够及时关注账户的资金状态,并在此过程中逐渐增强理财观念。另一方面,响应党中央、国务院"推进普惠金融发展规划"的号召,互联网理财产品的推出在普通民众,尤其是在年轻人的理财知识方面,起到一定的普及作用,有助于广大消费者了解金融行业,提升个人的理财素质。

本章小结

互联网金融的快速发展给传统金融领域中的银行业、证券业和保险业等的传统金融机构带来前所未有的挑战和冲击。互联网为传统金融业带来了巨大挑战和机遇,互联网金融因其具有高效快捷、无时间和空间的限制、信息更加对称等优势而削弱了传统金融业。互联网金融对我国传统银行业、证券业和保险业产生了巨大影响,传统金融业面临巨大的竞争和挑战。为了适应互联网时代的发展,中国传统银行业、证券业及保险业现都正在加快互联网金融的布局和转型。

本章主要介绍了银行业、证券业和保险业这三个传统金融行业的互联网化,分别对互联网银行、互联网证券及互联网保险业的发展背景、定义及特点等内容进行介绍,然后重点阐述它们的运营模式,最后分析我国互联网银行、互联网证券及互联网保险的发展趋势。总体可以看出,随着我国金融市场的逐步开放,金融一体化进程不断加快,银行、证券、保险、信托之间的业务混合经营趋势加剧。为了提升自身的市场份额,各金融机构都使出了浑身解数,不断推出金融创新产品,推出适合于现代消费者的服务。大数据技术会在未来传统金融业互联网化中,应用越来越广泛和深入。我国传统金融业的互联网化将更加深入和寻求更多的创新,相关的法律法规会更加健全,监管体系也会更加完善。

思考与练习 ▶▶ ▶

一、名词解释

互联网证券　互联网保险　互联网理财

二、选择题

1. 世界上第一家互联网银行是 (　　　)。

A. 加拿大皇家银行　　　　　　　　　B. 招商银行

C. 安全第一网络银行　　　　　　　　D. 美洲银行

2. 互联网保险业务目前存在的问题不包括 (　　　)。

A. 法律环境不够成熟　　　　　　　　B. 对象受限

C. 产品过于丰富　　　　　　　　　　D. 承包技术有局限

3. 下列证券公司中,可以网上开户的是 (　　　)。

A. 广发证券　　　B. 国信证券　　　C. 浙商证券　　　D. 以上都是

三、简答题

1. 互联网银行概念有哪两层含义？
2. 我国互联网证券的发展历程及趋势是怎样的？
3. 我国互联网保险的运营模式有哪些？
4. 简述互联网金融理财的种类。
5. 简述互联网金融理财的风险。

第五章　第三方支付

🔔 **学习要点及目标**

- 理解电子支付系统的功能和特点
- 理解第三方支付的运营模式
- 理解第三方支付的主要风险及防范措施

🔔 **课程思政切入点**

行业发展创新观，个人支付领域的安全观

🔔 **核心概念**

第三方支付

🔔 **材料导读**

乐刷科技

2020 年，新冠肺炎疫情的发生一度让经济按下"暂停键"，对很多企业尤其是小微企业而言挑战很大。在此背景下，科技在促进经济的发展方面以及提高企业的抗风险能力上，效果尤其显著。当下，如何运用科技手段提升服务质量与效率、打通科技与商户的"最后一公里"是重中之重。许多科技企业奋勇先行，纷纷助力中国经济恢复，乐刷科技就是这批企业的代表。

乐刷科技成立于 2013 年，在 2014 年取得由中国人民银行颁发的支付业务许可证，可在全国范围内开展银行卡收单、移动电话支付业务，并于 2019 年 7 月成功续牌，是为数不多同时拥有全国范围银行卡收单和移动支付牌照的第三方支付机构之一。2019 年，乐刷科技成为中国第二大非银行独立二维码支付服务提供商，并占据中国二维码支付市场 14% 的份额。目前乐刷科技业务遍布全国，合作商户涵盖餐饮、零售、文娱、美容、家装、物流、医疗等多个行业，已逐步成为移动支付领域的新锐领军企业。作为一家以支付驱动的创新型科技公司，乐刷科技一直在探索传统产业和数字化的结合点，并且在零售、餐饮等行业中树立了多个标杆案例，积累了丰富的经验。

一码聚合，通收通付。乐刷科技凭借其对市场的精准把控，率先推出聚合支付，通过一个通道将微信、支付宝、银联等主流支付方式融合。并且配备收款音箱，收到款项会自动提醒，完全解放商家双手。支持离线收银，商家不用担心断网的情况。同时，系统后台可以实现快速对账、销售数据实时查看，让商家的收银效率和准确率大大提高。

拉新留客，经营有方。顾客流量获取对于中小微商户经营至关重要，维护客户关系、提升客户回购率是商户们都面临的难题。乐刷科技研发的约惠圈，为门店提供低成本获客的营销解决方案。约惠圈针对拉新、提高客单价、复购多种场景优化模板，商家可以通过约惠圈小程序后台一键式建立优惠券，不定期推出打折优惠活动，每日指定单品优惠，可以刺激顾客的消费欲望。同时，还可设置佣金激励店员、好友、顾客转发推广，拉新效果更优。另外，约惠圈提供的社群管理功能，可以帮助商家轻松建立微信社群私域流量池，维系新老顾客，引流门店，刺激复购。长此以往，商家可以培养自己的忠实顾客，并且形成口碑传播，老顾客带来更多新顾客。约惠圈借此帮助商家拓展了客源，甚至成为缔结友谊的平台。

"中国金鼎奖"是由《每日经济新闻》主办的年度大型金融行业活动，评选委员会根据企业的市场规模、客户口碑，以及在前沿科技的探索成果等多个维度进行考量，从而甄选出一批优质的标杆企业。乐刷科技在2020年获得金鼎奖"年度卓越第三方支付平台"荣誉，反映出行业对于乐刷科技阶段性努力的肯定。

（资料由编者根据网络公开资料整理）

第一节 电子支付与电子支付系统

一、电子支付的概述

在实物支付时代，买卖双方必须同时把要交换的物品运输到同一地点，才能完成支付。一般等价物出现以后，物流和资金流在空间上可以分离，但一般等价物的便携性和标准化程度较低。私营和国营的信用中介的出现解决了上述问题，纸币和票据使得支付可以脱离真正的实物，而由信用的方式所表达，支付逐渐变成一种信息的表达。但由于信息不对称，买卖双方之间的时间、空间不一致等原因，交易缺乏沟通，效率低下。电子支付的出现，使支付方式的信息流动更畅通，从而大大提升了支付的效率，使货物流动和资金流动能够同时运转起来。

（一）电子支付的产生

支付源于经济主体之间的经济交换活动，随着商品社会越来越发达，支付活动也在演变。在发展过程中，经历了原始经济社会、自然经济社会、工业经济社会和网络经济社会。

1. 原始经济社会的物物交换

人类使用货币的历史产生于出现物质交换的时代。在原始社会，人们使用以物易物的方式，交换自己所需的物资，比如一只羊换两把斧子。在货币产生以前的社会中，物物交换既是一种原始的商品交换行为，也是一种结清债权债务的行为，采用的结算手段是"以物易物"。在这种行为中，交换过程和支付过程同时发生，可将其称为最原始的支付结算方式。物物交换的价值形式如图5-1所示。

图5-1　物物交换的价值形式

在物物交换中，无论从交换的任何一方来看，都很难清楚地区分买与卖两种不同的交换行为。换言之，在物物交换中，买与卖是相互结合在一起的，买与卖没有分离，买的同时也可以看作卖，卖的同时也可以看作买。比如，在上面的绵羊与斧子的交换中，从拥有绵羊的人的角度看，是卖了绵羊，买了斧子；从拥有斧头的人的角度看，是卖了斧子，买了绵羊。

货币产生以后，原始的物与物交换被代之以物与货币的交换。只有当货币被用于交换，比如，"一只绵羊=若干货币"或"2把斧子=若干货币"时，人们才能分清买与卖的不同。从有绵羊和有斧子的人的角度看，他们失了实物，获得了货币，因而是卖；从有货币的人的角度看，他们让出了货币，获得了实物，因而是买。只有当货币作为交换的中介参与到交换中，卖和买两种不同的交换行为才分化出来，并对人类从此以后的商业交易活动产生决定性的影响和意义。

因此，我们之所以把物物交换称为交换而不作为支付，就是因为买卖不分。只有货币出现后，因商业交换而付出货币的一方的行为才能称为支付，而把出售货物一方的行为称为货物交付。

2. 自然经济社会的货币支付结算

实物支付具有很大的局限性，无论从时间、空间还是物品的范围分析，都使交易方受到很大的限制，比如拥有物的一方所要交换的并不是对方拥有另一物的一方所需要的，从而导致交换的范围和规模都很小。于是，不得不寻找一种能够为交换双方都能够接等价的中间物，作为交换的媒介。当某些商品开始固定地充当一般等价物时，货币就产生了。牲畜、盐、稀有的贝壳、珍稀鸟类羽毛、宝石、沙金等不容易大量获取的物品都曾经作为货币使用过。

货币产生后，货币就成为度量所用于交换的物或劳务价值的工具和符号，就像米、千克、伏特等成为度量长度、重量、电压的工具和符号一样。在人类的历史长河中出现了多种货币类型、称谓和形式，现在世界上二百多个国家的货币名称也不同。例如，目前世界上使用较多的货币是美元（USD）、欧元（EUR）、英镑（GBP）、日元（JPY）、人民币（CNY）等。它们都有一个共同点，就是度量物的价值。价值与价格不同，价格的真实含义是一定数量的货币单位，或者是某种货币单位对某种物的价值度量的结果。价格与价值的关系是：价值是对交换物的效用的度量，而价格是度量的具体数量结果。货币的价值形式和货币量的表现如图5-2所示。

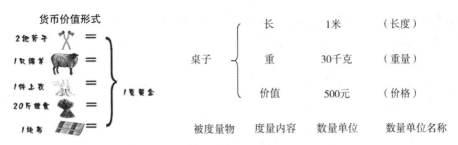

图 5-2　货币的价值形式和货币量的表现

货币的产生是支付手段发展的一次重大飞跃，通过货币支付交换商品的行为才是具有现代意义的货币结算，这种"一手交钱，一手交货"的即时支付结算方式，称为货币即时结算。它是商品经济社会较为低级的结算方式，存在着一些缺点，如流通中会产生磨损、丢失、盗窃、伪造等。

3. 工业经济社会的银行转账支付结算

随着交易环节与支付环节在时间和空间上的分离，而又必须保证贸易的顺利安全可靠，作为支付结算中介的银行因此诞生。这种以银行信用为基础，将银行作为支付结算中介的货币给付行为（即分离出来的支付环节），称为银行转账支付结算方式。正是由于商业信用和银行信用的产生，促进了交易环节与支付环节的分离，才产生了以银行为中介的支付结算体系，这也成为商品经济社会的基础。可见，支付与信用的关系十分密切。这减少了中间许多无效劳动与费用，提高了资金流通的效率并且节省了成本。

支付这种源于交换主体之间的经济交换活动，由于银行信用中介的介入，最终演化成银行与客户之间、银行与银行之间的资金收付关系。而银行之间的资金收付交易，又必须通过中央银行的资金清算，才能完成整个支付结算过程，从而形成一个庞大的银行支付系统，如图 5-3 所示。

图 5-3　银行支付系统

这种通过银行转账的支付结算方式，也称为非现金结算或票据结算，是目前国际上最主要的资金支付结算方式。

4. 网络经济社会的电子支付

工业化时代的传统支付结算方式存在诸多方面的局限性，如运作速度较慢和处理效率较低；业务流程复杂，运作成本较高；不能提供全天候、跨区域的支付结算服务；企业资金回笼滞后，增加了资金运作规模等。随着人类进入信息化时代，电子商务逐渐成为企业信息化和网络经济的核心，电子支付应运而生。

（二）电子支付的定义

电子支付是指以金融电子化网络为基础，以商用电子化工具和各类交易卡为媒介，以现代计算机技术和通信技术为手段，通过计算机网络系统特别是互联网，以电子信息传递形式来实现资金流通和支付的一种支付方式。电子支付采用的支付工具包括电子现金、电子钱包和电子支票等。

电子支付的目的在于减少银行成本、加快处理速度、方便客户、扩展业务等。它将改变支付处理的方式，使消费者可以在任何地方、任何时间，通过互联网获得银行的支付服务，而无须再到银行传统的营业柜台办理。电子商务要实现网络支付，需要采用银行支持的许多网络支付工具，通过银行专用支付清算网络和支付系统才能完成。

（三）电子支付的协议

网络七层模型都有各自对应的协议，其中对话层的 SSL（安全套接层）协议和应用层的 SET（安全电子交易）协议与电子支付有着最密切的关系。

1. SSL 协议

安全套接层（Secure Socket Layer，SSL）协议是由 Netscape 公司于 1995 年研制推出的用于浏览器和 Web 服务器之间的安全连接技术，它面向 TCP/IP 的 C/S 应用程序，提供了客户端和服务器的鉴别、数据完整性及信息机密性等安全措施。该协议已成为事实上的工业标准，广泛应用于互联网的服务器产品和客户端产品中，也是国际上最早应用于电子商务的一种由消费者和商家双方参加的信用卡、借记卡支付协议。

SSL 协议提供的服务主要有认证性、保密性和完整性等特征。

①认证性。SSL 使用数字证书来验证客户机和服务器的合法身份，确保数据发送到正确的客户机和服务器上。

②保密性。SSL 客户机和服务器之间通过密码算法和密钥的协商，建立一个安全通道，在安全通道中传输的所有信息都经过了加密处理，以防止数据中途被窃取。

③完整性。SSL 利用密码算法和 Hash 函数，通过提取传输信息特征值保证信息的完整性。

2. SET 协议

安全电子交易（Secure Electronic Transaction，SET）协议是 VISA 和万事达在 1996 年提出的标准协议模式，它采用公钥密码体制和 X.509 数字证书标准，主要应用于保障网上购物的信息安全。目前，其已成为公认的信用卡、借记卡的网上交易的国际安全标准。

基于 SET 协议的安全电子数据交换系统是一套网络动态认证过程，这个过程概括起来为注册登记、加密处理和动态认证三个步骤。

①注册登记。由社会权威部门成立网络动态的证书颁发机构（Certificate Authority，CA），所有希望今后在网络空间上从事商务活动的买卖双方以及双方的发卡机构和代理银行等都必须事先将自己的详细情况在网络动态证书颁发机构中进行注册登记。只有进行了注册登记的用户，才能够安全地在网上从事支付活动。

②加密处理。每个进行了登记的用户都会得到两个加密处理的钥匙：一个是公钥，一个是私钥。公钥用于提供对方解密有关的信息内容和加密回馈的信息内容。私钥用于自己解密得到的信息和加密发出的信息。

③动态认证。进行了上述两个步骤以后，剩下的问题就是在实际网上交易过程中如何才能确认对方的身份，以及如何动态地得到对方的公钥并进行上述加密过程。这个问题可

以通过网络动态认证的方式来解决，即交易双方在完成商品供需信息的沟通和商贸磋商以后，系统立刻会通过网络自动地对双方的身份进行动态认证，同时使双方获得对方的各相关单位的公匙，最后才开始实质性的商品交易和支付过程。

（四）电子支付的类型

由于电子支付的理论研究尚未成熟，在学术界对电子支付的分类有多种论点，主要按照支付的时间、支付的工具、支付指令发起的方式、交易主体和支付金额的大小等标准进行分类。

1. 按支付的时间分类

根据支付和交易发生的时间关系，可将电子支付分为预支付、即时支付和后支付。

①预支付，即先付款、后购买。预支付系统基本上是通过将电子货币保存到硬盘或一张智能卡上的方式来运行的。包含电子货币的文件称为虚拟钱包，可在任何时候使用这些电子货币为商品和服务完成在线支付。

②即时支付，即交易时付款。因为必须直接访问银行内部数据库才能实现即时付款，所以其安全措施必须比其他付款类型更严格，可通过借记卡或直接借记实现。

③后支付，即先购买后付款。

2. 按支付的工具分类

随着计算机技术的发展，电子支付的方式越来越多样化，主要可分为电子货币类、电子信用卡类和电子支票类。

①电子货币类，如电子现金、电子钱包等。

②电子信用卡类，如智能卡、借记卡、电话卡等。

③电子支票类，如电子支票、电子汇款、电子划款等。

3. 按支付指令发起的方式分类

电子支付按指令发起方式的不同，主要分为网上支付、电话支付、移动支付、第三方支付、销售点终端交易和自动柜员机交易等。

①网上支付。网上支付是以互联网为基础，利用银行所支持的某种数字金融工具，在购买者和销售者之间进行金融交换，从而实现购买者与金融机构、销售者之间的在线货币支付、现金流转、资金清算、查询统计等过程。

②电话支付。电话支付是指消费者使用电话或其他类似电话的终端设备，通过银行系统从个人银行账户里直接完成付款的方式，是电子支付的一种线下实现形式。

③移动支付。移动支付是使用移动设备（如手机等）以无线方式完成支付行为的一种新型支付形式。

④第三方支付。第三方支付指独立于电子商务商户和银行，为商户和消费者提供支付服务的机构来作为第三方提供支付服务。

⑤销售点终端交易。销售点终端交易就是平时用的刷卡支付方式。

⑥自动柜员机交易。自动柜员机交易是到银行设立的自动柜员机根据提示办理转账支付。

4. 按交易主体分类

电子支付按交易主体的不同，主要分为 B2C、B2B 和 B2G。

①B2C。B2C 即企业与消费者之间的电子商务。企业与消费者之间的电子商务通过网上商店实现网上在线商品零售和为消费者提供所需服务的商务活动。

②B2B。B2B 即企业与企业之间的电子商务。企业与企业之间的电子商务是指在互联网上采购商与供应商进行谈判、订货、签约、接受发票和付款以及索赔处理、商品发送管理和运输跟踪等所有活动。

③B2G。B2G 即企业与政府之间的电子商务。政府作为电子商务参与主体，主要表现在政府采购上。政府采购是指各级国家机构、事业单位、团队组织，使用财政性资金采购依法制定的集中目录内或者采购限额标准以上的货物、工程和服务的行为。公开招标是政府采购的主要方式。

5. 按支付金额的大小分类

电子支付按支付金额的大小不同，可分为小额电子支付系统、大额电子支付系统和微支付。

①小额电子支付系统。小额电子支付系统又称零售电子资金支付系统，一般应用于小额贸易支付和个人消费服务。

②大额电子支付系统。大额电子支付系统又称批发电子资金支付系统，主要用于资本市场、货币市场交易和大额贸易的资金结算。微支付指涉及金额特别小的支付，在我国金额为 5 元以下，在美国金额为 5 美元以下。

③微支付。微支付通常应用于下载手机铃声和图片、收听在线音乐、浏览付费网页等。

（五）电子支付与传统支付的比较

电子支付是在货币数字化以后形成的支付方式，与传统支付相比优势明显，主要体现在：支付成本降低，节省人力、物力；业务随网络覆盖面同步增长；用户人数增多，便利性提高。具体而言，电子支付与传统支付的区别主要体现在货币形式、工作环境和通信手段方面。

1. 货币形式不同

电子支付都是采用数字化的方式进行款项支付，而传统支付方式则是通过现金、票据及银行汇兑等实体货币来完成款项支付的。

2. 工作环境不同

电子支付的工作环境是基于互联网等开放性的通信网络环境，而传统支付则是在较为封闭的系统中运作。

3. 通信手段不同

电子支付要求有提供网上银行服务的金融环境，对软硬件设施的要求很高，一般要求有联网的计算机、相关的软件及其他一些配套设施；而传统支付使用的则是传统的通信媒介，对软硬件设备的要求并不高。

二、电子支付系统的概念

（一）电子支付系统的组成

电子支付与结算过程涉及客户、商家、银行或其他金融机构、商务认证管理部门，因此，支撑电子支付的体系可以说是融购物流程、支付与结算工具、安全技术、认证体系、信用体系以及金融体系为一体的综合系统。其中，客户与商家分别代表在网上开展商务交易的双方，即买方与卖方；客户的开户银行又称为支出行或付款行；商家的开户行又称为接收行或执行行；认证中心 CA 是商务活动的第三方认证机构，向商务活动的各参与者发放各种认证安全工具。

基于互联网公共网络平台的电子商务电子支付体系的基本构成主要涉及六大要素，如图 5-4 所示。

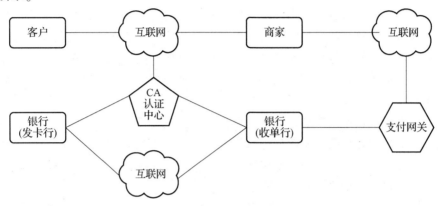

图 5-4 电子支付系统的基本构成

1. 客户

客户一般是指利用电子交易手段与企业或商家进行电子交易活动的单位或个人。他们通过电子交易平台与商家交流信息、签订交易合同，用自己拥有的网络支付工具进行支付。

2. 商家

商家是指向客户提供商品或服务的单位或个人，能够根据客户发起的指令向金融机构请求结算。这一过程一般是由商家设置一台专门的服务器来处理，包括身份认证及各种不同电子支付工具的处理。

3. 认证中心（CA）

认证中心是交易各方都信任的公正第三方中介机构，是安全电子交易的核心环节。它主要负责为参与电子交易活动的各方发放和维护数字证书，以确认各方的真实身份，确保电子支付与结算等交易活动的安全有序进行。

4. 支付网关

支付网关是完成银行网络和互联网之间的通信、协议转换，进行数据加密、解密，保护银行内部网络安全的一组服务器。它是互联网公用网络平台和银行内部金融专用网络平台间的安全接口。电子支付的信息必须通过支付网关进行处理后才能进入银行内部的支付结算系统，进而完成安全支付的授权。

5. 客户开户行（发卡行）

客户开户行是指为客户提供资金账户和网络支付工具的银行。客户所具有的电子支付工具主要由开户行提供。在利用银行卡作为支付工具的网络支付体系中，客户开户行又称为发卡行。客户开户行根据不同的政策和规定，提供银行信用，即保证支付工具的真实性，并保证对每一笔认证交易进行付款。

6. 商家开户行（收单行）

商家开户行是整个支付与结算过程中资金流向的地方。商家将客户发送的订单信息留下，同时将客户传送的支付指令提交其开户行后，就由开户行进行支付授权的请求，以及进行商家开户行与客户开户行之间的清算工作。

（二）电子支付系统的基本流程

在处理电子支付时借鉴了很多传统支付方式的应用机制和过程，基于互联网平台的电子支付结算流程，与传统的支付结算过程类似。其一般流程如下。

①客户接入互联网，进行商品的浏览、选择与订购，填写网络订单，选择应用的电子支付工具，并且得到银行的授权使用，如信用卡、电子钱包、电子现金、电子支票或网络银行账号等。

②客户机对相关订单信息进行加密处理，在网上提交订单。

③商家服务器对客户的订购信息进行检查、确认，并把相关的、经过加密的客户支付等信息转发给支付网关，直至银行专用网络的银行业务后台服务器进行确认，以期从银行等电子货币发行机构验证得到支付资金的授权。

④银行验证确认后通过建立起来的经由支付网关的加密信道，给商家服务器回送确认及支付信息，同时给客户回送支付授权请求，以进一步确保安全。

⑤银行获得客户传来的进一步授权结算信息后，把资金从客户账号拨至商家银行账户，借助金融专用网进行结算，并分别给商家和客户发送支付结算成功的信息。

⑥商家服务器收到银行发来的结算成功信息后，给客户发送网络付款成功的信息和发货通知。

到此，一次典型的电子支付结算流程结束，商家和客户可以分别借助网络查询自己的资金余额，具体的流程如图 5-5 所示。

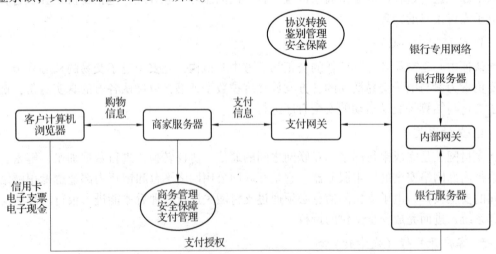

图 5-5 电子支付系统的流程

（三）电子支付系统的功能

电子支付的实现依赖于电子支付系统，只有通过电子支付系统，电子支付才能实现支付结算的职能。电子支付系统通过系统把消费者、交易商和金融机构连接起来，从而更加高效、便捷地完成商品交易活动。电子支付系统具有以下五个主要功能。

1. 认证性

为实现交易的安全性，使用数字签名和数字证书对参与交易的各方身份的有效性进行认证。例如，客户必须向商家和银行证明自己的身份，商家也必须向客户及银行证明自己的身份。认证机构或注册机构向参与各方发放数字证书，以证实其身份的合法性。

2. 加密性

为保证传输的业务数据不被未授权的、非法的第三方截获而造成数据泄密，使用加密技术可以对在网络间传输的商品信息和支付信息采用对称体制和非对称体制对业务数据进行加密，并采用数字信封、数字签名等技术来加强数据传输的保护工作。

3. 完整性

为保证业务数据在传输过程中不被未授权者建立、嵌入、删除、篡改或重放，完整无缺地到达接收方，可以采用消息摘要算法，通过对原文的变换生成消息摘要一并传送到接收者，接收者就可以通过摘要来判断所接收的消息是否完整，否则，要求发送端重新发送以保证其完整性。

4. 不可否认性

电子支付系统用于保护通信用户对付来自其他合法用户的威胁，如发送用户否认其所发的消息，接收者否认其已接收的消息等。电子支付系统必须在交易的过程中生成或提供足够充分的证据来迅速辨别纠纷中的是非，可以采用数字签名等技术来实现。当交易双方出现异议、纠纷时，保证业务的不可否认性。

5. 多边支付性

由于网上交易的支付要牵涉消费者、商家和金融机构等多方，其中传送的购货信息与支付指令必须连接在一起，故商家只有确认了支付指令后才会进行交易，金融机构也只有确认了支付指令后才会提供支付。但同时，商家不能读取客户的支付指令，金融机构不能读取商家的订单信息，这类交易业务的多边支付问题可以通过数字签名等技术来实现。

（四）电子支付系统的特点

电子支付系统与传统支付系统完全不同，相对于传统的支付系统，电子支付系统具有便捷性、高效性、低成本性、操作简便性和可拆分性等特点。

1. 便捷性

电子商务系统使交易突破了时间与空间的限制，客户随时可以下订单进行采购和支付，电子支付支持多种形式，客户可以选择相对最方便的方式完成支付。

2. 高效性

电子支付系统的处理速度很快，只需在网页上单击支付链接，输入相关信息，即可进行支付，支付过程往往仅需数秒便可完成，使网上购物具有高效率的特征。

3. 低成本性

电子支付手段成本很低或者不产生任何其他费用，用户在享受其方便、快捷的同时也不用付出很高的代价。

4. 操作简便性

电子支付的操作流程基本接近，便于用户学习和使用，支付过程只是单击相应的图标，填写必要的信息，确认后便可完成操作。

5. 可拆分性

电子支付可以对交易金额进行账户间直接划拨，省去用户找零的麻烦。因此，商品的金额即使拆分到最小单位也可以进行支付。

第二节　第三方支付的概述

第三方支付制度是整个互联网金融生态环境的基础制度。虽然目前对互联网金融的模式分类还存在很多争议，但不论支付功能本身、互联网金融产品的销售渠道、基于互联网的融资服务还是虚拟货币，都离不开第三方支付。第三方支付的作用不仅体现在其与电子商务的结合中，在供应链金融模式构建、支付清算体系完善、货币结构改变等方面都具有相应作用。

一、第三方支付的概念

随着阿里巴巴、淘宝网等第三方电子商务平台的迅猛发展，如何解决人们对电子支付的信任问题成为电子商务发展新阶段的难题，为了解决这个难题，第三方支付应运而生。

在第三方支付发展起来之前，并未产生第一方支付和第二方支付的概念。所谓第一方支付就是现金支付；第二方支付则是依托于银行的支付，如银行汇票、银行卡支付等。作为两种传统的支付方式，它们在国内有着悠久的历史。随着信息技术的发展，现金支付和银行卡支付在实际使用过程中开始面临地域、距离、网点、时间等方面的限制，在有着更加便捷的选择后，这两种支付方式逐渐开始淡出舞台。现金支付逐渐成为第三方支付的辅助手段，依托于银行的支付也更倾向于巨额交易的场景。

第三方支付是指具备一定实力和信誉保障的独立机构，采用与各大银行签约的方式，通过与银行支付结算系统接口对接而促成交易双方进行交易的网络支付模式。第三方支付平台作为网络交易的监督人和主要支付渠道，提供了丰富的支付手段和可靠的服务保证。客户在交易平台选购商品（服务）后，使用第三方平台提供的账户进行货款支付，由第三方平台通知商家货款到达、进行发货（提供服务），客户检验商品（服务）后，就可以通知付款给商家，第三方再将款项转至商家账户。第三方支付企业的作用就是通过搭建一个公用平台，将成千上万的小商家和银行连接起来，为商家、银行、消费者提供服务。2017年1月13日，《中国人民银行办公厅关于实施支付机构客户备付金集中存管有关事项的通知》发布，明确了第三方支付机构在交易过程中，产生的客户备付金统一交存至指定账户，由央行监管，支付机构不得挪用、占用客户备付金。

二、第三方支付的特点

第三方支付平台是在与各家银行密切合作的前提下，为商户提供整合型网上支付服务。第三方支付平台具有简便性、低成本性、安全性、多功能性和通用性等特点。

（一）简便性

第三方支付平台提供了一系列的应用接口程序，在一个界面上同时整合多种银行卡支付方式，负责交易结算中与银行的对接，有效避免了与银行及多方机构进行交易谈判，使网上购物更加快捷、便利。

（二）低成本性

用户使用第三方平台进行支付不仅避免了与多家银行进行协商，节约了谈判成本。另外，第三方支付平台的收费也较低，有些甚至是免费的，这样可以帮助用户降低运营成本，也降低了银行的网关开发费用。

（三）安全性

第三方支付一般有较成熟的技术支持，资金也可以在第三方账户上保留一定时间，为发现交易是否正常提供了时间支持。另外，第三方支付平台本身依附于大型门户网站，其信用依托也来自与其合作的银行的信用，较好地突破了网上交易的信用问题。

（四）多功能性

第三方支付平台提供了更多样化的增值服务，比如，帮助商家网站实现实时交易查询和交易系统分析，提供方便及时的支付和退款服务，维护客户和商家的利益。

（五）通用性

第三方支付服务系统打破了银行卡壁垒。目前我国实现在线支付的银行卡各自为政，每个银行都有自己的银行卡，这些自成体系的银行卡纷纷与网站联盟推出了在线支付业务，客观上造成消费者要自由地进行网上购物，手里须持有多张不同的银行卡，商家也必须装有各个银行的认证软件，这样极大地制约了网上支付业务的发展。第三方支付平台则很好地解决了该问题，只要商家和消费者在第三方平台上有自己的账户，就可以自由进行交易。

三、第三方支付的分类

按照行业进行分类，第三方支付企业可分为互联网型、金融型和信用中介型。

（一）互联网型第三方支付企业

以支付宝、财付通为首的互联网型第三方支付企业，依托大型电子商务网站，以在线支付业务为基础，迅速做大做强。

（二）金融型第三方支付企业

以快钱、汇付天下、易宝等为首的金融型第三方支付企业，侧重服务行业需求和开拓行业应用。

（三）信用中介型第三方支付企业

以非金融机构的第三方支付公司为信用中介，类似银联商务、嘉联支付这类手机刷卡器产品。这类移动支付产品通过和国内外各大银行签约，具备很强的实力和信用保障，是在银行的监管下保证交易双方利益的独立机构。它在消费者与银行之间建立了某种形式的数据交换和信息确认的支付流程。乐富支付向广大银行卡持卡人提供基于 POS 终端的线下实时支付服务，并向终端特约商户提供 POS 申请/审批、自动结账/对账、跨区域 T+1 清算、资金归集和多账户管理等综合服务。

拓展阅读

汇付天下

2006 年 7 月汇付天下在上海成立；2011 年中国人民银行向上海汇付数据服务有限公司（汇付天下）颁发支付业务许可证，汇付天下成为首批获得"支付牌照"的支付公司；2018 年 6 月成功登陆香港交易所主板，成为中国"金融支付领域第一股"。

汇付天下基于聚合支付的数字化解决方案服务商，以数字化的技术与运营，为各类商户提供基于聚合支付的数字化解决方案，并提供数字化时代的支付处理和账户结算服务，保护客户数据资产安全，为客户持续创造价值。其业务主要覆盖四大板块，即综合商户收单、行业解决方案、SaaS 服务及跨境及国际业务。

2019 年，汇付天下公司完成支付交易量 2.2 万亿元，同比增长 21%；实现营业收入 36.8 亿元，同比增长 13%；净利润 2.43 亿元，同比增长 39%；经调整净利润 3.03 亿元，同比增长 15%。汇付天下科技研发投入超 3 亿元，同比增长 32%，公司研发人员占比提升至 54%。

（资料来源：http://baike.baidu.com.com/item/汇付天下有限公司?fromtitle = 汇付天下 &fromid = 3132291）

四、我国第三方支付的发展

第三方支付平台近几年发展极为迅速，已经成为大多数用户的消费端口，也为互联网金融公司积累了大量的用户消费数据。艾瑞咨询网统计数据显示，截止到 2020 年第三季度，第三方支付交易规模约 5 万亿元，互联网支付企业布局产业互联网发力产业支付的战略脉络逐渐清晰。

（一）我国第三方支付的发展历史

我国的第三方支付业紧随银行体系与电子商务的变革，主要经历了萌芽、发展、转型升级、制度化监管四个阶段。

1. 萌芽阶段（2000—2003 年）

这一阶段有效解决了电子商务中出现的资金流问题，2000 年左右环迅支付和首信易支付两家企业成为首批提供第三方网上支付平台的企业，搭建了在线支付平台，为初生的中国电子商务提供网关和基础应用服务。一年后，环迅支付成为国内唯一支持 Visa 卡和 MasterCard 的在线支付服务平台。2003 年，环迅支付与国内 20 家主流银行建立支付接口，成为当时国内签约银行最多的支付企业。同时，环迅支付平台于 2003 年投入运营并完成首次在线支付。同一年，支付宝等支付企业相继成立，加入了中国网上支付行业的大家族。随着越来越多支付企业的进入，中国第三方支付行业从萌芽阶段渐渐发展起来。

2. 发展阶段（2004—2006 年）

当时国内网络购物市场暂处于萌芽期，整个市场规模只有 10 亿元左右，买卖双方间缺少信任，支付方面存在着巨大"瓶颈"，这些都严重阻碍了国内电子商务的发展。对此，支付宝在 2003 年年底，率先推出了"担保交易"模式。买家先把账款打到支付宝，支付宝通知卖家发货，买家收到货后确认付款，再由支付宝将款打给卖家。这一担保交易模式的推出，有效解决了网上交易及付款的信任问题，为网上信任文化的推广普及奠定了基础，很好地推动了中国电子商务发展。

3. 转型升级阶段（2007—2010 年）

随着越来越多的支付企业加入第三方支付，第三方支付市场的竞争加剧。在竞争过程中，第三方支付企业也开始意识到，不同行业对于资金安全、风险控制、资金管理和行业应用在内的复合需求在不断增加。为了满足来自各行业的呼声，网上支付行业开始不断深入到不同的行业中，开发定制化的行业资金解决方案。第三方支付平台开始独立运作，逐步向淘宝之外的商家开放。以支付宝为代表的第三方支付企业，开始将第三方支付平台独立运作，并向其他行业开放。短短几年内，第三方支付的业务范围涉及 B2C 购物、航空机票、旅游、房产等众多领域。支付宝也凭借其创新，一跃成为中国最大的第三方支付平台，其市场份额占中国整个市场份额的 50% 以上。

4. 制度化监管阶段（2010 年年底至今）

2010 年，网上支付跨行清算系统正式上线，处理网银贷记业务、网银借记业务、第三方贷记业务以及跨行账户信息查询业务。

2010 年 6 月，中国人民银行颁布了《非金融机构支付服务管理办法》（中国人民银行令〔2010〕第 2 号）。2010 年 12 月，中国人民银行又颁布了《非金融机构支付服务管理办法实施细则》。这两个办法对第三方支付的性质、申请许可、监督管理及罚则进行了详细规定，对第三方支付产生了深远的影响。随着第三方支付平台的普及，对第三方支付行业风险的监管也在不断升级。2011 年，央行颁布了首批支付业务许可证，加强对从事支付业务的非金融机构的管理。同年，人民银行下发第一批支付牌照，包括支付宝、银联商务、财付通、快钱等在内的 27 家企业获得第三方支付牌照。2013 年，中国人民银行通过并发布《支付机构客户备付金存管方法》，以保障消费者合法权益为根本，从严管理客户备付金的存放和使用，确保客户资金安全。2015 年，《非银行支付机构网络支付业务管理办法》出台，第三方账户实名制及个人支付账户分Ⅰ、Ⅱ、Ⅲ类，以保证账户安全，维护正常经济秩序，有效防止洗钱、恐怖融资等行为。2016 年，中国银联正式发布《二维码支付标准》，扫码支付市场步入"规范时代"。采用支付标记化技术，通过制定统一的技术安全机制，确保持卡人账户、资金等关键要素的安全。

2017 年 1 月颁布的《中国人民银行办公厅关于实施支付机构客户备付金集中存管有关事项的通知》，让互联网金融支付机构交付客户备付金。7 月中旬，全国金融工作会议进一步指出，要把主动防范化解系统性金融风险放在更加重要的位置，科学防范，早识别、早预警、早发现、早处置，着力防范化解重点领域风险，着力完善金融安全防线和风险应急处置机制。这些政策法规的出台更加明确了第三方支付企业在努力发展业务的同时，还必须按照规定要求，规范业务，申请许可，深化改革，适应监管的需要，敦促第三方支付机构回归支付业务本源。

2018 年，央行发布了《关于支付机构客户备付金全部集中交存有关事宜的通知》，要求自 2018 年 7 月 9 日起，按月逐步提高支付机构客户备付金集中交存比例，到 2019 年 1 月 14 日实现 100%集中交存。

（二）我国第三方支付的发展现状

目前，第三方支付正处于监管加强和行业突围阶段，现阶段我国的第三方支付发展呈现市场规模不断扩大、交易较集中、服务不断深入和创新与风险并存等特点。

1. 市场规模不断扩大

市场规模不断扩大的主要原因：一是第三方支付逐步渗透到网络购物、旅行预订、生活缴费等各领域，推动了整体市场交易规模的上涨；二是相关规定的出台，使第三方支付企业获得了更加广阔的市场发展空间；三是电子商务、旅行预订等支付相关行业的繁荣发展，推动了支付电子化进程，带动第三方支付行业快速成长。

2013—2019 年，我国第三方支付综合支付市场交易规模逐年增长。截至 2020 年年底，中国第三方移动支付交易规模为 249.3 万亿元，较 2019 年增加 23.1 万亿元，同比增长10.2%，如图 5-6 所示。不过从整体来看，近年来市场规模增速在逐渐放缓，主要是因为近年来监管政策趋严，监管下第三方支付无法进行大笔金额交易，影响了整体第三方支付行业的发展。

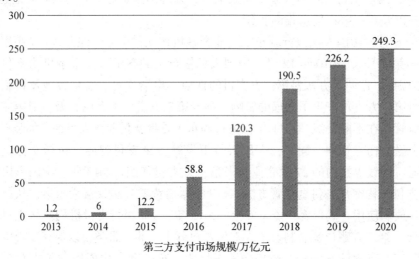

图 5-6 2013—2020 年我国第三方支付市场规模

2020 年第一季度，受新冠肺炎疫情影响，线下消费类交易规模大幅减少，第三方支付综合支付市场交易规模仅为 53.2 万亿元，同比下降 3.97%。随着疫情管控情况的稳定，2020 年第四季度，我国第三方移动支付规模增长到 71.2 万亿元，同比增长 19.1%，同比增速高于前五个季度的增长水平。由于第四季度是电子商务的传统促销季，线上消费的如期上涨奠定了第三方支付市场规模的增长。2021 年第一季度保持继续上涨势头，达到 74 万亿元，如图 5-7 所示。

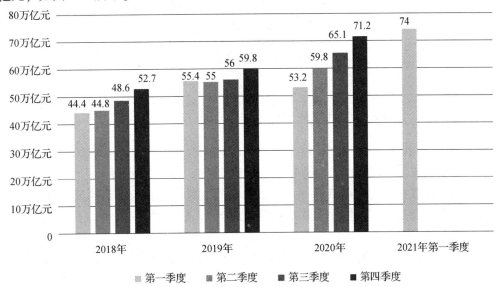

图 5-7　2018—2021 年第一季度的第三方支付市场规模对比

2. 交易较集中

在中国整个第三方支付市场迅猛发展的同时，一大批第三方支付企业成长壮大起来。截至 2020 年 6 月，央行共发放了 237 家支付业务牌照。这一方面得益于用户支付习惯的养成，另一方面也受益于不同年代的不同热点。2013 年以前，中国第三方支付的增速主要由以淘宝为代表的电商引领。2013 年余额宝出现后，金融成为新的增长点。2016 年，以春节微信红包为契机，社交转账成为交易规模的增长动力。

随着移动互联网的快速发展，加之线上流量场景已趋向垄断且达到饱和期，线下场景成为第三方支付巨头要挖掘的金矿。目前，我国第三方支付竞争格局已基本形成，微信支付（腾讯金融）和支付宝等机构凭借着二维码支付，抢占线下市场，在第三方支付市场占据较大的份额。2020 年一季度，支付宝、腾讯金融和银联商务分别以 48.44%、33.59% 和 7.19% 的市场份额位居前三位，三者市场份额总和达到 89.22%，行业集中度较高，如图 5-8 所示。在行业整体规模增长迅速的同时，支付宝和财付通拥有庞大的用户群体和丰富的支付场景，占据绝对的市场优势，并且仍在不断培养用户黏性、开拓新的支付场景以巩固行业地位。通过激烈的竞争，支付宝和腾讯金融双寡头垄断基本形成。

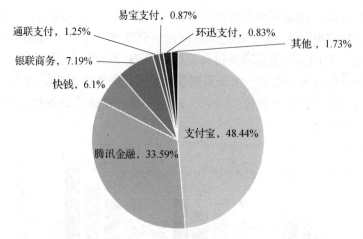

图 5-8　2020 年第一季度我国第三方支付市场份额示意

3. 服务不断深入

随着计算机技术、网络技术和通信技术的不断进步，第三方支付工具不再局限于为电子商务提供基础服务，它不再只是一个网络购物的支付工具，为网络购物提供支付"瓶颈"解决方案，而是在不断扩大其服务范围。如今，人们可以足不出户就通过网络预订机票及缴纳水电费、煤气费、教育培训费等，也可以通过第三方支付工具进行收款、信用卡还款等。可以说，第三方支付提供的服务种类不断丰富，正日益影响和改变着人们的生活方式，在方方面面为人们的生活提供便利和贴心服务，逐渐成为人们的生活助手。

4. 创新与风险并存

随着我国网上支付产业的深入发展，第三方支付企业为突出自身核心竞争力，追求差异化发展道路，纷纷进行创新，使第三方支付创新得到迅猛发展。目前，第三方支付行业的创新主要朝两方面发展，一方面更注重工具的通用性，面向用户需求，提供大众需要的更好的通用服务解决方案；另一方面追求细分市场创新，争取从行业或客户群的特点出发，提供最优的服务解决方案。例如，随着团购网站的发展，越来越多的第三方支付企业开始与团购网站合作。与此同时，由于第三方支付机构爆发的重大风险事件，监管层的处罚频率和力度明显增加。

（三）我国第三方支付的发展趋势

随着人们生活方式的改变和创新的深化，第三方支付还会获得新的发展机会。我国第三方支付呈现普惠金融推进、国际化明显、创新性加强和横向纵向竞争多元等发展趋势。

1. 普惠金融推进

第三方支付积累了大量的用户数据，完成了互联网金融征信和风控数据池的原始积累，为后续金融服务的开展铺平了道路。余额宝的到来，正式点燃了互联网金融的"星星之火"，教育了用户，使其从小众走向大众。由第三方支付开启的普惠金融，将高高在上的金融变成了平易近人的邻家业务，用户通过手中的智能终端唾手可得。

2. 国际化明显

随着贸易和结算的国际化发展，第三方支付将会在国际贸易和国际结算中发挥越来越重要的作用。第三方支付企业将改变目前主要集中在国内发展的格局，有实力的企业将会扩展业务范围，走出国门，为国际贸易和国际结算提供支付清算服务。较为可行的两种拓展方式为：一是通过战略投资，技术、运营经验输出，入股并扶持国外本土移动支付企业，建立全球化用户移动支付服务；二是通过中国游客出国消费行为，向国外商家推广移动支付服务，并通过国外商家的改变来进行国外本土化市场教育，加深国外本土对移动支付的认知，建立全球化商户移动支付网络。

3. 创新性加强

随着技术的进步和客户需求的多元化，创新将不断加强。2011 年以来，支付宝推出了条码技术，商户通过扫描用户手机上的条码即可向用户发起收银。快钱也推出了"快刷"产品，一插即刷的功能让手机变成了移动 POS 机，这些都是创新的结果。随着近年网联的建立，以及监管方式强化与更加灵活，优胜劣汰的行业格局已经形成。除了提供第三方支付服务外，第三方企业必须在业务上进行创新，如通过支付所产生的实际交易数据，深入了解企业端需求，提供更多定制化服务，才能在市场上走得更远。

同时，第三方移动支付交易规模主要来自 C 端（即个人用户）相关的支付交易，但从更广阔的角度来看，目前第三方支付业务主要服务于 C 端用户及与 C 端消费场景直接关联的近 C 端行业内企业，但是大量的商务企业需要通过创新的支付体验以及完整的行业解决方案来提升自身效率，这在未来有较高的市场增长空间。

4. 横向纵向竞争多元

（1）横向竞争活性增加

《非金融机构支付服务管理办法》的颁布，提高了第三方支付行业的准入门槛。根据该办法，要在全国范围内从事支付业务，其注册资本最低限额为 1 亿元，拟在一省范围内从事支付业务的，注册资本最低为 3 000 万元。央行于 2016 年 10 月开始对非银行支付机构进行风险专项整治工作。对于这些不能获得牌照的企业，将会逐步被"大鱼"吃掉。如支付宝已收购了安卡支付，上海富友金融技术有限公司完成了与福建信和通商务有限公司"佰通卡"的并购。如今，随着央行对第三方支付的不断调整，支付机构牌照价格水涨船高，支付机构牌照价格已从 2015 年前的 5 000 万元，飙涨到 7 亿元以上。相信在未来一段时间内，并购的浪潮仍会持续，有可能愈演愈烈。

2020 年 9 月 11 日，国务院反垄断委员会颁布了《经营者反垄断合规指南》。该指南是国务院反垄断委员会为鼓励经营者培育公平竞争的合规文化，建立反垄断合规管理制度，提高对垄断行为的认识，防范反垄断合规风险，保障经营者持续健康发展，促进《中华人民共和国反垄断法》的全面实施，根据《中华人民共和国反垄断法》等法律法规制定的。伴随着反垄断合规措施的落地，可以预见，第三方移动支付市场集中度将出现一定下降，而在这一过程中，通过完整的用户和商户运营体系，维持用户和商户的黏性，为其提供独特价值，是支付机构的关键能力所在。

（2）纵向开放合作生态

第三方支付经济及政策地位已日益明确，更多的行业和企业正在向第三方支付企业开放。以传统行业 B2B 电商、物流、行业解决方案为代表的全新业务体系开始在整体的交易规模中逐步放量。支付企业提供的服务逐步渗透整个产业链，由单纯的提供支付结算服务向提供行业解决方案发展，涉及行业包括钢铁、物流、基金、保险等诸多传统领域。可以预见的是，各支付企业将在不同的细分市场逐步形成稳定的市场竞争优势，多元化格局将逐步显现。

此外，未来几年间第三方支付机构将内部面临新互联网巨头的入局挑战，外部面临银行机构数字钱包业务的再次入场竞争；在企业服务侧除了对原本 B2C 收单业务的角逐外，还会将竞争拓展至更加广阔的企业间支付市场和企业数字化升级服务市场。

第三节　第三方支付的模式

一、第三方支付平台及牌照

我国第三方支付市场从 2004 年开始进入加速发展阶段，自 2005 年年初起，国内第三方支付市场的竞争就日渐白热化。全球最大的第三方支付公司 PayPal 在 2005 年下半年进入中国，在上海建立了全球第 14 个本地化网站"贝宝"，直接向淘宝网支付宝发起挑战。而包括易宝、上海捷银、快钱、北京首信、网银在线在内的一大批国内支付公司也在这一时期浮出水面。第三方支付市场受到前所未有的关注，2005 年也被称为中国的"网上支付年"。在 2008 年和 2009 年，第三方支付的发展呈爆发性增长。为规范第三方支付行业发展秩序，2010 年 6 月，中国人民银行正式发布了《非金融机构支付服务管理办法》，要求包括第三方支付在内的非金融机构须在 2011 年 9 月 1 日前申领支付业务许可证，逾期未能取得许可证者将被禁止继续从事支付业务，我国第三方支付行业正式进入牌照监管时代。

根据《非金融机构支付服务管理办法》，非金融机构支付服务被定义为：非金融机构在收付款人之间作为中介机构提供包括网络支付、预付卡的发行与受理、银行卡收单、中国人民银行确定的其他支付服务在内的部分或全部货币资金转移服务。2011 年 5 月 18 日央行颁发首批 27 张支付牌照，目前共发出 270 张支付牌照，因为多家企业出现违规、合并等情况，最终剩 255 张支付牌照。2020 年国内第三方支付牌照十强名单如表 5-1 所示。

表 5-1　2020 年国内第三方支付牌照十强名单

排名	公司名称	总部
1	支付宝（中国）网络技术有限公司	上海
2	财付通支付科技有限公司	广东
3	银联商务股份有限公司	上海
4	北京银联商务有限公司	北京
5	上海银联电子支付服务有限公司	上海
6	广州银联网络支付有限公司	广州
7	深圳市银联金融网络有限公司	广东
8	宁波银联商务有限公司	浙江
9	平安付科技职务有限公司	广东
10	联通支付有限公司	北京

依据具体从事的业务差异，第三方支付牌照又可细分为互联网支付、银行卡收单、预付卡发行和受理、固定及移动电话支付和数字电视支付牌照。各家可以依据业务需求申请其中一项或几项业务，并经中国人民银行核准业务实施地域范围，具体如表5-2所示。

表5-2 不同支付牌照的具体业务表

牌照类型	具体业务
互联网支付	通过电脑、手机或平板电脑等，依托互联网发起支付指令，实现用户和商户、商户和商户之间的货币资金转移的行为
银行卡收单	通过POS终端以及自助支付服务终端（拉卡拉、缴费易、ATM等），基于电话线、互联网在特约商户为持卡人提供银行卡刷卡消费的授权、清算、拒付等业务
预付卡发行与受理	在发行机构指定范围内购买商品或服务的预付价值。第三方支付机构可发行跨行业消费的预付卡（多功能预付卡），可到众多联盟商户刷卡消费
固定及移动电话支付	含固定电话和移动电话支付，通过拨打商户呼叫中心，通过银行卡授权支付的方式进行相关订单和服务款项的支付
数字电视支付	通过"电视+遥控器"进行银行卡支付，主要包括基础类业务（模拟&数字电视数据宽带、数字电视交互业务等）及第三方业务（如公共事业费、电子商城等）支付

二、第三方支付的运营模式

第三方支付平台运用先进的信息技术，分别与银行和用户对接，将原本复杂的资金转移过程简单化、安全化，提高了企业的资金使用效率。如今的第三方支付已不仅仅局限于最初的互联网支付，而是成为线上线下全面覆盖、应用场景更为丰富的综合支付工具。目前市场上第三方支付公司的运营模式可以归为两大类，一类是以快钱为代表的独立第三方支付模式，另一类是以支付宝、财付通为代表的依托自有B2C、C2C电子商务网站，提供担保功能的第三方支付模式。

（一）独立第三方支付模式

独立第三方支付模式，是指第三方支付平台完全独立于电子商务网站，不负有担保功能，仅仅为用户提供支付服务和支付系统解决方案，平台前端联系着各种支付方法供网上商户和消费者选择，同时，平台后端连着众多银行，平台负责与各银行之间的账务清算。独立的第三方支付平台实质上充当了支付网关的角色，但不同于早期的纯网关型公司，它们开设了类似支付宝的虚拟账户，从而可以收集所服务的商家的信息，作为为客户提供支付结算功能之外的增值服务的依据。

独立第三方支付平台主要面向B2B和B2C市场，为有结算需求的商户和企业单位提供支付解决方案。它们的直接客户是企业，通过企业间接吸引消费者。独立第三方支付企业与依托电商网站的支付宝相比更为灵活，能够积极响应不同企业、不同行业的个性化要求，面向大客户推出个性化的定制支付方案，从而方便行业上下游的资金周转，也使其客户的消费者能够便捷付款。独立第三方支付平台的线上业务规模远比不上支付宝和财付通，但其线下业务规模不容小觑。独立第三方支付平台的收益来自和银行的手续费分成和为客户提供定制产品的收入。但是，该模式没有完善的信用评价体系，容易被同行复制，所以迅速提升在行业中的覆盖率以及用户黏性是其制胜关键。

（二）有交易平台的担保支付模式

有交易平台的担保支付模式，是指第三方支付平台捆绑着大型电子商务网站，并同各大银行建立合作关系，凭借其公司的实力和信誉充当交易双方的支付和信用中介，在商家与客户间搭建安全、便捷、低成本的资金划拨通道。在此类支付模式中，买方在电商网站选购商品后，使用第三方支付平台提供的账户进行货款支付，此时货款暂由平台托管并由平台通知卖家货款到达、进行发货。待买方检验货物进行确认后，通知平台付款给卖家，此时第三方支付平台再将款项转至卖方账户。这种模式的实质是第三方支付平台作为买卖双方的信用中介，在买家收到货物前，代替买卖双方暂时保管货款，以防止出现欺诈和拒付行为。

支付宝和财付通由各自母公司的电商业务孕育而出，本是作为自有支付工具出现。在淘宝、拍拍等 C2C 电子商务网站上聚集的个人商户和小微企业商户没有技术实力来解决网络购物的支付问题，双方通过网络直接交易对消费者而言也缺乏信任感，这就需要中立于买卖双方、有技术实力又有担保信用的第三方来搭建这个桥梁，支付宝和财付通即在这种需求下应运而生。担保支付模式极大地促进了它们所依附的电商网站的交易量，电商网站上的消费者也成为支付平台的使用者。担保交易模式所打造的信任环境为其带来了庞大的用户群，这些海量的用户资源为这类第三方支付平台创造了强大的优势，这是独立第三方支付平台难以企及的。

三、第三方支付的业务模式

第三方支付其实出现得很早，1999 年易趣网、当当网相继成立，网络购物产生了网上支付需求。于是，首信易支付成立了，这也是中国第一家第三方支付公司。但实际上，它并不能算真正的第三方支付，因为其只是单一地把用户需求告知银行，转接到银行的网上支付页面。随着第三方支付技术的不断成熟，第三方支付的业务模式也越来越流程化。目前主要有收取交易费、沉淀资金利息和数据挖掘等较常见的业务模式。

（一）收取交易费

第三方支付平台先与银行确定一个基本手续费率，然后在这个费率基础上加上自己的毛利润，在每次转账时向客户收取一定的费用。第三支付平台服务商的政策也各不相同，有些只对企业收费、个人免费，有些则施行完全免费。

（二）沉淀资金利息

转入第三方支付平台账户里的资金并不都会立即用完，这样留存的资金就保存在服务商的账户里，形成沉淀资金利息收入。对第三方支付平台而言，沉淀资金可分为两大类：一类是待清算资金，如用来支付水电煤气费、还信用卡和银行卡转账的资金，由于第三方支付平台通过银行代付一般有一定周期，因此这些资金在被划走前就会成为沉淀资金；第二类是中间账户资金，第三方支付平台的一大功能是信用中介，顾客利用第三方支付平台在网上购物后，资金首先被划拨到第三方支付平台中间账户，顾客收到货物后再主动或被动确认付款。第一类资金的沉淀周期太短，因此备付金账户的利息收入主要还是来自第二类沉淀资金。

（三）数据挖掘

由于互联网支付市场涌入了各方资金力量，短时间内盈利空间被大大压缩，市场竞争越来越激烈。为了突破"瓶颈"，第三方支付企业也纷纷开始拓展新业务，先后推出了理财服务、行业解决方案、移动支付、跨境支付等结算业务，并开始在支付基础上叠加营销和类金融服务，通过与财务管理、金融服务、营销管理等各类应用叠加，让支付的效应得以延伸，并从产业链金融、精准营销等方面获得相应的收益。其中，以大数据为基础的创新业务可能是最具潜力的发展方向。原因在于，互联网支付行业经过多年的发展，积累了一定的用户数据和交易数据，这些数据能够成为包含巨大价值的"金矿"。未来第三方支付企业最重要的核心业务很可能就是基于数据挖掘和加工商业创新应用，传统的支付结算地位会降为"副产品"。但传统的支付结算不会完全消失，因为它可以源源不断地为企业提供市场数据。

实际上，国内的第三方支付企业已经认识到大数据蕴含的巨大价值，也开始采取系列变革措施，最为典型的是阿里巴巴集团。从2006年开始，阿里巴巴通过支付宝陆续打通了淘宝、天猫及阿里巴巴B2B旗下几个平台的支付业务体系，同时在网络小贷服务上积极进行市场的开拓。除了阿里巴巴这些互联网巨头，其他第三方支付企业也开始积极探索。譬如，主要集中在企业应收应付账款融资服务研发的快钱，和合作银行之间采用将企业的应收账款或应付账款信息与产业链上下游企业一段时间内的资金流转数据统一的方法来合作，企业可以借助订单数据来对自身的信誉度进行证明，借此从银行贷到相应的款项。这种基于大数据的金融信贷业务模式在未来会越来越多。第三方支付企业在进一步推进业务的时候需注意两个关键点：一是通过产品和服务创新来吸引客户，以构建巨大的数据源；二是积极扩展新型的业务，推动数据资产的开发和利用。

四、第三方支付的支付流程及优势

由于对商家、客户、银行都有优势，第三方支付平台在缺乏有效信用约束体系的网络交易环境中脱颖而出。首先，对商家而言，通过第三方支付平台可以规避无法收到客户货款的风险，同时能够为客户提供多样化的支付工具，尤其为无法与银行网关建立接口的中小企业提供了便捷的支付平台。其次，对客户而言，不但可以规避无法收到货物的风险，而且货物质量在一定程度上也有了保障，增强了客户网上交易的信心。最后，对银行而言，通过第三方平台银行可以扩展业务范畴，同时也节省了为大量中小企业提供网关接口的开发和维护费用。可见，第三方支付模式有效地保障了交易各方的利益，为整个交易的顺利进行提供了支持。

（一）第三方支付流程

在实现支付结算服务的整个过程中，第三方支付主要提供中介服务，实施担保资金转移安排，防范资金和货物安全的风险，并提供方便、快捷的通道服务。一次成功的第三方支付主要经过以下流程，如图5-9所示。

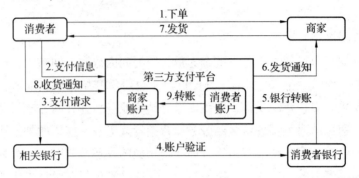

图5-9　第三方支付交易流程

①消费者浏览、检索商户网站，选择商品，提交订单。

②消费者向第三方平台提交支付信息。

③第三支付平台获取消费者支付信息并向相关银行发送支付请求。

④相关银行验证消费者的银行账户信息。

⑤通过第三方平台将资金从消费者银行账户转到第三方账户。

⑥第三方支付平台将成功转账信息告知商家。

⑦商家收到转账成功信息后，准备发货。

⑧消费者收到并验证商品后，向第三方支付平台发送确认支付请求。

⑨第三方将消费者信用账户上的货款划入卖家账户，完成交易。

商家可以将账户中的款项通过第三方支付平台和实际支付层的支付平台兑换成实体货币，也可以用于购买商品。

（二）第三方支付模式优点

第三方支付作为主要的网络交易手段和信用中介，起到了在网上商户和银行之间建立起连接、实现第三方监管和技术保障的作用。第三方支付模式的优点主要体现在安全性、成本低、便捷性及担保性四个方面。

1. 安全性

信用卡信息或账户信息仅需要告知支付中介，无须告知每一位收款人，极大降低了信用卡信息和账户信息失密的风险。

2. 成本低

支付中介集中了大量的电子小额交易，形成规模效应，可以显著地降低支付成本。

3. 便捷性

对使用者而言，其面对的是友好的界面，无须考虑背后复杂烦琐的技术操作过程。

4. 担保性

目前第三方支付模式中较常见的是有担保功能的第三方支付结算支付模式，其在很大程度上保障了收款人的利益。

五、第三方支付的产业链

第三方支付产业链如图 5-10 所示。根据产业链的企业形态，可以将产业链分为产品链和价值链。

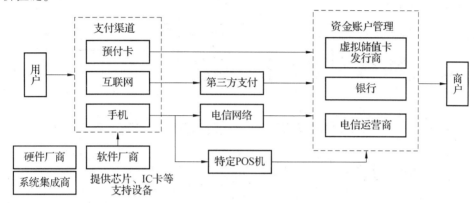

图 5-10 第三方支付产业链

（一）第三方支付的产品链

传统的产业链都是上下游产品的投入与产出之间的关系。产品链是产品的流动，为了实现产品流动而产生的资金流动及信息流动，其实就是专业分工后的产品流动。在第三方支付的产业链当中，第三方支付平台是产业链的核心所在，它贯穿整个交易活动的始终，而非仅涉及某一个环节。第三方支付之所以能贯穿整个产业链，是因为第三方支付服务的具体形态表现为支付工具与支付服务的产品链。产品链的服务对象是进行商品交易与资金清算的客户。

第三方支付产品链要求具备非常高的合作程度，但是其中也存在十分激烈的竞争。假如银行需要提高利润，就会压低第三方支付的服务和电子交易费用，而第三方支付势必会向客户收取更高的费用以维持一定的利润空间。商户一旦从第三方支付中的获益大大降低，就有可能退出第三方支付平台继而选择直接支付等方式。产业链中一旦出现合作关系的改变，就极有可能损害整个产品链的利益，无法达到共赢。因此在第三方支付产业链当中，必须合理处理各方的关系，尤其是第三方支付平台与商业银行之间的关系。如果第三方支付提供的支付结算业务趋近于银行的支付结算业务，两者之间的竞争会加剧，从而影响整个产品链。第三方支付平台当中的企业应当采取差异化战略，提供不同的产品。

（二）第三方支付的价值链

第三方支付的价值链体现为平台内部各业务单元的价值以及与第三方支付相关行业的行业价值链。波特认为："每一个企业都是在设计、生产、销售、发送和辅助其产品的过程中进行种种活动的集合体，所有这些活动可以用一个价值链来表明。"产业价值链的存在，是以产业内部的分工和合作为前提的，专业化的分工可以大大提高效率，扩大价值增值流量，而合作是产业价值链中各个价值增值环节得以"链接"和连续的必要条件。

在此理论基础上，可以建立以第三方支付为核心的产业价值链模型。位于最底层的是由银行、银联等组成的基础支付层。在基础支付层提供统一平台和接口的基础上，一些具有较强银行接口技术的服务商对其进行集成、封装等二次开发，形成了产业链的第三方支付服务层（中间层）。在产业链的最顶层是由终端消费者形成的应用层。第三方支付产业价值链如图 5-11 所示。

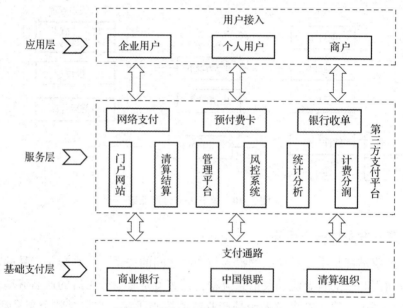

图 5-11　第三方支付产业价值链

第三方支付平台的竞争，不只是内部企业与企业之间的竞争，更是这个价值链之内的竞争。整个价值链的综合竞争力决定了企业的内部竞争力。第三方支付平台需要生存和发展，就必须为平台内部的企业以及相关的利益集团，包括消费者、供应商、银行等创造价值。创造价值即增值活动，在第三方支付产业链当中，增值活动会直接影响到第三方支付的竞争力。

第三方支付为企业和个人提供良好的互动结算系统，并按照客户的需求不断改善和升级。银行的服务体系也随着第三方支付的发展需要不断完善。第三方支付与银行合作，可达到银行、第三方支付企业、客户共赢的效果。支付宝是在线支付的一个典型例子，从事第三方支付的服务活动，银行专门从事金融产品的研发与清算，而将在线交易服务外包给支付宝。生产销售本是企业内部的增值活动，现在第三方支付打破了这种陈规。银行支付业务外包，使企业内部价值链由不同企业组成，因而消费者获得产品的渠道不再是产品链运动的结果，而是由价值链完成价值创造之后的结果，可见价值链容易达到共赢效果。但是对于这种外包模式来说，外包企业即第三方支付企业更占优势，因为它们可以通过自身的赢利模式比银行赚取更高的利润。假若以产品互补结成价值链，价值活动的创新会更容易实现第三方支付产业的共赢。中国第三方支付产业表如表 5-3 所示。

表5-3　中国第三方支付产业表

监管机构				
中国人民银行 中国支付清算协会				
	账户侧 支付机构	清算机构	收单侧 支付机构	收单外包 服务机构
付款方	支付宝 微信支付 壹钱包 京东支付 苏宁支付 美团 翼支付 ……	银联 网联	银联商务 快钱 随行付 星驿站 易宝支付	收钱吧 付呗 扫吧	收款方

（注：当账户侧与收单侧为同一支付机构时，只需要在发卡侧清算，无支付机构间清算环节；账户侧支付机构亦为大量直连商户提供收单服务；收单机构亦会直面商户提供以收款为基础的全套服务）

第四节　第三方支付的风险及防范

第三方支付是为了解决电子商务中的安全交易问题，为网络交易中的商家、银行和消费者搭建安全、互信、方便、快捷、实时、低成本的交易平台，与产品所在国家以及国外各大银行签约，并具备一定实力和信誉保障的第三方独立机构提供的交易支持平台。在网络交易中买卖双方的资金流转通过第三方支付平台来完成，保证了由于买卖双方互不了解而引发的信用问题，促进了网络交易的发展。在经历多年的发展之后，第三方支付在我国已被大众所熟知，一大批第三方支付机构日益壮大，支付宝、快钱、财付通等第三方支付巨头占据了大部分市场份额。但随着第三方支付的快速发展，其风险也日益受到关注，如果不能有效地对第三方支付的风险进行分析并找出防范对策，将会对第三方支付市场的发展形成不利影响。

一、第三方支付的主要风险

（一）合规风险

合规风险的性质通常较为严重，造成的损失也较大，是第三方支付机构所面临的最基础的风险。合规风险主要是针对第三方支付机构而言的，它包含两层含义：其一，第三方支付机构服务违规而导致损失的风险；其二，第三方支付机构监管缺位而导致损失的风险。

1. 服务违规
基于服务违规的合规风险指第三方支付机构因未能遵循法律、监管规定和规则、自律性组织制定的有关准则，以及适用于机构自身业务活动的行为准则，而可能遭受法律制裁或监管处罚、重大财务损失或声誉损失的风险。这一点主要是强调第三方支付机构因为各种自身原因违反法律法规和监管规则等而遭受的经济或声誉损失。

随着第三方支付在我国发展壮大，中国人民银行于2010年相继出台了《非金融机构支付服务管理办法》和《非金融机构支付服务管理办法实施细则》等法规，正式将第三方支付机构界定为非金融机构，并由中国人民银行进行监管，同时国家开始通过以颁发牌照的方式规范市场准入和业务范围。为了进一步规范每类业务的具体运作，中国人民银行针对预付卡、移动支付业务、客户备付金存管等又先后出台了一些具体管理办法，主要有《支付机构预付卡管理办法》《中国金融移动支付系列技术标准》《支付机构客户备付金存管办法》等。随着国家对第三方支付行业的重视以及监管措施的逐步完善，第三方支付机构在运作时必须首先保证合规守法，否则会给机构带来严重的负面影响。例如，2014年3月，中国人民银行处罚了包括汇付天下、易宝支付等在内的8家第三方支付机构，通知其从4月1日起停止接单，究其原因是年初浙江、福建等省部分持卡人通过向信用卡内存入大额溢缴款，与部分商户合谋套取发卡银行额外信用额度，多家发卡银行被牵涉其中。

2. 监管缺位

基于监管缺位的合规风险指第三方支付监管法律法规缺位，致使第三方支付机构业务被叫停或者面临更加严格的监管而遭受的风险。

一般而言，国家通常是在第三方支付某项业务发展过于迅速并出现相应问题时推出相关管理办法加以规范。因此，第三方支付机构的创新类业务可能随时受到监管的约束。

（二）沉淀资金风险

"信用担保、二次结算"的模式使第三方支付机构内部滞留了大量的客户备付金，第三方支付机构的中介性质使资金在平台内部有可控性的停顿，从而产生沉淀资金风险。具体来说，沉淀资金主要包括在途资金和支付工具吸存资金两种形式。

1. 在途资金

第三方支付机构的运作模式即为买卖双方提供一个交易的中介，因此，资金需要通过第三方支付平台来实现最终的支付。具体做法是买方选购商品之后将资金转入第三方支付平台，待其最终确认付款时再由第三方支付平台转入卖家账户。而在这个过程中，资金从转入第三方支付平台开始至实际确认付款之间通常有数天的时间差，在此期间这笔资金存在于第三方支付平台内部，形成了所谓的在途资金，这是第三方支付机构沉淀资金最主要的来源。

2. 支付工具吸存资金

对于交易担保型账户模式而言，客户需要在第三方支付机构内开立虚拟账户来完成交易。通常情况下，该虚拟账户内部会有一定的留存资金用于交易，其具体的运作类似于银行的活期存款账户，当有交易需求时通过转账即可完成交易，平时这笔资金留存于虚拟账户中，形成了沉淀资金的又一大来源。

对于沉淀资金风险，央行于2013年6月出台了《支付机构客户备付金存管办法》，要求第三方支付机构的客户备付金必须全额缴存至相应的备付金专用存款账户且不得擅自挪用、占用或借用，这就限制了第三方支付机构擅自动用沉淀资金。但是《支付机构客户备付金存管办法》同时也允许第三方支付机构在满足日常支付业务办理需要后，可以以单位定期存款、单位通知存款、协定存款或者中国人民银行认可的其他形式存放客户备付金。此时，沉淀资金风险转化为一种间接风险，即沉淀资金的风险取决于备付金存管银行沉淀资金运用的收益情况。如果备付金存管银行出现流动性风险，不能按时足额支付定期存款或协定存款的利息，沉淀资金的风险就会产生。

（三）基础设施风险

基础设施风险主要是第三方支付机构自身导致的，当这类风险发生时，买卖双方可能因此受到不同程度的损失。即使软硬件设备故障没有造成实际损失，也可能影响客户的使用，不利于客户群的巩固。由于这类风险是机构自身所致，因此及时有效地提供客户满意的解决方案会增加客户黏性，相反，若是对此置之不理或者推卸责任，虽然短时间内不会有明显的影响，但是不利于机构的长远发展。基础设施风险主要涉及移动端风险、内部软件程序风险及硬件系统缺陷风险等。

1. 移动端风险

移动支付是指移动支付工具使用者通过以手机为主的移动终端完成支付的一种新型支付模式，它代表着支付结算领域新的发展方向。随着我国移动支付的快速发展，其风险也随之而来。移动端的风险是指第三方支付移动端系统安全设计方面存在漏洞而导致的客户资金被盗、交易失败等风险。目前移动端的设计上仍存在漏洞，以支付宝为例，移动支付需要客户输入支付密码，一旦客户手机丢失，不法分子就可以通过"忘记密码"选项重新申请新的密码进行转账和支付，从而将客户账户的资金盗走。

2. 内部软件程序风险

内部软件程序风险是指第三方支付机构在具体运作时，处理业务的流程设计不当所引发的风险，具体来说包括合同条款的设计、转账支付流程设计、报账流程设计等，如果这些内部的软件程序设计有误，将会影响使用者的使用。作为依托互联网经营的第三方支付机构，其内部的软件操作流程设计至关重要，直接影响着第三方支付机构所提供服务的质量。如果流程设计不当，即使未发生人员操作问题也可能产生交易失败的风险，一方面，第三方支付机构在处理常规业务时，可能因为内部软件流程设计引发相关问题；另一方面，当客户的账户出现异常时，可能因为没有相应的风险防控流程设计而导致客户遭受损失。

3. 硬件系统缺陷风险

硬件系统缺陷风险是指第三方支付机构在运营过程中因为计算机硬件设备故障而导致的风险。由于第三方支付机构的特殊性，计算机硬件设备对第三方支付机构的经营发挥着至关重要的作用，一旦计算机硬件设备出现故障将导致交易无法完成，给客户和第三方支付机构带来不小的损失。以支付宝为例，"双11"期间由于淘宝网和天猫商城推出一年一度的优惠活动，当天的交易量达到一年的最高值。如此大的交易量需要计算机系统有效运作做保证，否则，一旦交易量激增超过其设备所能处理的交易上限，将导致系统不能正常交易。不少网友曾表示，在"双11"期间的高峰时段很难完成支付，在系统恢复时其心仪的商品可能已经被抢购一空。因此，由于计算机硬件设备引发的风险，不但影响消费者的网络交易，也会使第三方支付机构自身的信誉受到损害。

此外，网络支付中还有一类特有的风险，称为"掉单"，是由于网络故障、客户端故障等引发的在客户完成支付后信息传递发生中断的风险，可导致商家未能及时收到货款，只能通过各方协商对账来进行解决。但在实际过程中这种对账费时、费力，第三方支付机构可能由于免责而不能提供有效的解决方案，使商家和消费者受损，影响第三方支付机构的公信力。

（四）网络欺诈风险

网络欺诈行为的发生不仅影响消费者的交易，也会破坏交易秩序，对第三方支付机构本身也有很大的影响，网络欺诈风险也是第三方支付在运营过程中的一个重要风险。消费者的防骗意识薄弱和第三方支付机构的免责行为都助长了网络欺诈风险。

1. 消费者的防骗意识薄弱

在虚拟交易环境下不法分子会利用网络漏洞进行欺诈使消费者受损，这种情况通常是不法分子利用消费者自身的防骗意识较弱的缺点。具体而言，一般是通过注册网店，然后推出一些优惠活动吸引消费者参与，并告知若想参与此活动只能通过所给链接进行支付，从而诱使消费者付款。此外，还有一种方式是以第三方支付机构的名义给消费者发邮件，通过窃取消费者的账户信息来实现其不法行为。随着网络交易的丰富，各式各样的欺诈形式层出不穷，其本身大都与第三方支付机构无关，但是不法分子正是利用消费者对第三方支付机构的信任或第三方支付机构本身运作时存在的漏洞实施不法行为，最终使消费者蒙受损失。

2. 第三方机构的免责行为

第三方支付机构通常设有免责条款。以支付宝为例，其明文规定："本公司对您所交易的标的物不提供任何形式的鉴定、证明的服务。"这本身就是不承担相关监督责任的行为。此外，由于对第三方支付机构业务操作的具体流程没有相关规定，导致无法对其注册用户的信息进行有效的核实和管理，这也使不法分子能够利用虚假信息来实现网络欺诈。

（五）买卖纠纷处理风险

买卖纠纷处理风险是第三方支付机构经营过程中一直存在的一类风险，但是未能像上述风险一样被给予足够的重视和研究。买卖双方纠纷处理风险是指在第三方支付运营过程中，由于买卖双方纠纷而导致交易不能正常完成或使客户发生损失等情况时，第三方支付机构未能有效解决问题而产生的风险。这种风险具有普遍性，它直接影响第三方支付机构的公信力和社会的认可度。

一般是由于买卖双方对交易未能达成一致意见，如买方不认可商品质量而选择退货，但是过了7天无理由退货的期限，在申请退货时遭到拒绝。此时由于第三方支付的中介性质，资金尚未转移到卖方账户，但是买方同样无法要回款项。在双方达成一致意见之前，资金一直滞留于第三方支付平台，虽然资金安全得以保证，但是纠纷无法得到有效处理。目前买卖双方通常会首先向第三方支付机构来寻求帮助，但是国内大部分第三方支付机构会偏向于选择第三方进行纠纷调解，但谁来扮演第三方的角色，这个问题一直未能解决。如果第三方支付机构能够采取相应的措施帮助此类纠纷的解决，不仅能够维护交易秩序，而且能在买卖双方间建立起一定的公信力，有利于机构的长远发展。

二、第三方支付风险的防范建议

（一）强化合规监管

现阶段，为加强合规监管，国家可以考虑制定针对第三方支付机构的评级制度，并加强针对第三方支付的反洗钱办法的制定。

1. 制定机构评级制度

国家对第三方支付机构采取颁发牌照的方式进行准入，如果国家权威部门能针对第三方支付机构建立相应的评级标准，便可对持有牌照的第三方支付机构进行科学的量化考量，在缓解信息不对称问题的同时有利于规范第三方支付行业的发展，促使第三方支付机构自身不断改进技术、提高服务质量，从而降低风险。

2. 制定反洗钱办法

第三方支付的运作为洗钱活动提供了一个新的途径，不法分子利用第三方支付的中介性质隐匿资金来源，对经济的发展造成了不利的影响。现阶段，虽然国家已有《支付清算组织反洗钱反恐怖融资指引条例》，但是还未出台针对第三方支付的相关办法和规定。因此，应尽快制定有针对性的管理办法，并加强相关监管，重点监控第三方交易过程，要求第三方支付机构及时上报可疑交易，保存相关交易记录，以利于市场的有序发展。

（二）健全社会信用体系

社会信用体系的建设关系到市场的方方面面，在网络信息时代，虚拟交易尤其需要相应的信用体系来规范其发展。第三方支付机构掌握着大量的客户数据，充分利用这些信息不仅有利于我国信用体系的建设，也有利于第三方支付风险的规避。健全社会信用体系主要体现在完善个人征信系统和建立个人信用评分制度两方面。

1. 完善个人征信系统

我国的社会信用体系，尤其是个人征信系统，是以中国人民银行的个人征信系统为主导而建立的，商业性的征信系统尚在建设中。中国人民银行的征信系统主要记录个人银行信贷信用信息，绝大部分的非银行信用信息还未被纳入。由于第三方支付机构掌握着数量庞大的买卖双方的信息数据，在互联网金融快速发展的今天，将第三方支付所掌握的大数据纳入个人征信系统，从而形成庞大的个人信用信息数据库，不但能够完善我国的社会信用体系，消除交易中的信息不对称现象，防范第三方支付中的各种信用风险，而且能够减少甚至杜绝各种诈骗现象的发生，规范市场秩序，维护市场交易主体的经济利益，促进经济社会的健康发展。

2. 建立个人信用评分制度

在建立个人信用评分制度方面，我国还没有建立科学规范的信用评分制度，这在一定程度上导致了信用风险的增加。如果第三方支付机构能对已有客户信息进行科学的分析评估，形成对客户的信用评分，将会缓解由信息不对称导致的一系列问题，使市场的发展更加透明化、规范化。

（三）强化机构内部控制

对于第三方支付机构而言，其内部的风险防控至关重要，严格的内控可以有效地防止风险事件的发生，减少由此带来的损失。强化机构内部控制可以从健全内部管理办法、实行程序化管理和提高人员素质等方面入手。

1. 健全内部管理办法

第三方支付机构内部应该制定相应的管理办法，这些办法可以有效地规范机构自身的运营，例如建立操作流程的相关制度、风险防控的指标及应对措施等。这些办法可以为企业内部的操作提供依据，避免因为机构自身行为不当而导致违反相关规定的情形发生，同时也能提高服务质量和服务效率，形成良好的管理架构。针对移动支付的发展，第三方支付机构应该在拓展相关业务的过程中注重安全问题，在保证安全性的前提下进行支付结算的创新，而不能单纯为了追求快捷而忽视安全。具体而言，第三方支付机构应该在符合《中国金融移动支付系列技术标准》的前提下，通过完善移动支付风险管理机制建设、提升支付技术水平等措施来提升移动支付的安全性，保护客户交易支付安全。

2. 实行程序化管理

第三方支付机构应该在健全内部管理办法的基础上实行程序化管理。程序化管理不仅包括第三方支付机构某种活动或者完成某项工作的内容、操作方法及其相应的规则和前后衔接递进的关系，还涉及营运结果的反馈机制等内容。程序化管理可以明确操作人员的职责权限、规范各类人员的行为，防止由于第三方支付机构内部员工操作不规范而导致风险事件的发生。同时，程序化管理可以和员工的绩效考核相结合，使员工在遵循基本方法和原则的基础上能够发挥自身的能动性和创造性，高效完成工作。

3. 提高人员素质

第三方支付机构掌握着大量的客户信息，如果内部员工不重视职业道德，将客户信息泄露，会对客户造成损失，同时也会使第三方支付机构自身的声誉受损。因此，机构应该重视对员工职业道德的培训和自身企业文化的宣传，使员工认同企业，从而更好地完成工作。同时，第三方支付的运作依赖网络和计算机的支持，如果员工操作不当，将会造成交易失败等问题，影响正常的支付。因此，第三方支付机构应该对人员严格进行技术培训，使其操作符合规范，保证交易的正常进行。

第三方支付以其独特的运作模式方便了人们的生活，改变着人们的消费习惯。随着普惠金融的推进以及国家监管的不断完善，第三方支付市场将会朝规范化的方向迈进，在不断创新业务、服务大众的同时，为经济可持续发展注入新的生机和活力。

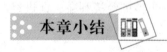

本章小结

支付源于经济主体之间的经济交换活动，随着商品社会越来越发达，支付活动也在不断演变。支撑电子支付的体系是融购物流程、支付与结算工具、安全技术、认证体系、信用体系以及金融体系为一体的综合系统。

本章主要介绍电子支付和第三方支付，并提出第三方支付存在的风险和防范措施，对电子支付系统的组成、基本流程、功能和特点进行了系统的介绍。第三方支付是指具备一定实力和信誉保障的独立机构，采用与各大银行签约的方式，通过与银行支付结算系统接口对接而促成交易双方进行交易的网络支付模式。第三方支付具有简便性、低成本性、安全性、多功能性和通用性等特点。目前，国内第三方支付主要有互联网型、金融型和信用中介型三类。在具体的结算支付环节中，第三方支付主要提供中介服务，实施资金转移，防范资金和货物安全的风险，并提供方便、快捷的通道服务。我国第三方支付呈现普惠金融推进、国际化明显、创新性加强和横向纵向竞争多元等发展趋势，同时，第三方支付仍然存在一定风险，主要风险包含合规风险、沉淀资金风险、基础设施风险、网络欺诈风险、买卖纠纷处理风险等，有待进一步提升技术与业务创新，加强法律法规的监管力度。

思考与练习

一、名词解释
电子支付　第三方支付

二、选择题
1. 下列选项中，不属于第三方支付平台的是（　　）。

A. 支付宝　　　　B. 财付通　　　　C. 汇付天下　　　D. 网上银行

2. 2010 年，我国要求包括第三方支付在内的非金融机构须申领支付业务许可证，逾期未能取得许可证者将被禁止继续从事支付业务，我国第三方支付行业正式进入（　　）监管时代。

A. 牌照　　　　　B. 法律　　　　　C. 信息　　　　　D. 支付

3. 以数据形式流通的货币是（　　）。

A. 电子现金　　　B. 电子支票　　　C. 支票　　　　　D. 现金

三、简答题
1. 简述电子支付系统的功能。
2. 简述电子支付和传统支付的异同。
3. 简述第三方支付的含义。
4. 简述第三方支付的运营模式和业务模式。
5. 简述第三方支付的主要风险。

第六章　众　筹

🔔 **学习要点及目标**

- 理解众筹的概念及功能
- 掌握众筹的一般融资流程
- 掌握众筹的运营模式

🔔 **课程思政切入点**

众筹等创新途径的灵活运用，个人知识产权的保护

🔔 **核心概念**

众筹，奖励式众筹，股权式众筹，债权式众筹

🔔 **材料导读**

味央猪众筹

2017年3月，网易旗下农业品牌网易味央全民养猪众筹正式启动，用户登录网易考拉海购或网易三拾两个平台即可参加众筹。此次全民养猪众筹共分为1元、666元、2 000元和5 000元四档。众筹回报期在3个月至8个月左右，参与者可获得的回报包括猪肉购买优惠和现金等。众筹起步档是一项名为"全民养猪"的权益，参与门槛仅1元，只要支付1元，用户就可以加入网易养猪事业，并在249天后获得黑猪成长奖励金0.1元。投1元得1.1元，假如用户购买多份，那么回报则变得相当有吸引力。除了1元档，其他三个档也各自有一定吸引力。666元档，相当于花666元获得价值888元的消费券，适合喜欢网易味央猪肉和猪肉脯等周边制品的用户。2 000元档则类似分销返佣机制，适合人际关系活跃，乐于和亲朋好友分享的人群。众筹中参与门槛最高的是5 000元档，适合更大投资金额的猪肉爱好者。用户投入5 000元，到期后可获得163元黑猪成长鼓励金。以支持5万元计算，8个月后可获得1 630元。除了现金回报，也可以选择兑换159元的网易味央黑猪肉礼盒。5 000元档另外还有两项具有吸引力的权益：一是两年内购买网易味央猪肉、猪肉周边产品可享受9.5折优惠；二是有机会获邀参观网易味央养猪场。在低利率的资产

配置环境下，2017 年的银行理财产品收益率连连走低，保底型的理财产品收益更是普遍低于 3.8%。5 000 元档要钱有钱，要肉有肉，是比较适合"吃货"的选择。

此次味央猪众筹，上线 56 小时突破 1 000 万元，上线整 4 天突破 1 130 万元，成功刷新了当年中国农业类千万级众筹的速度和总额双纪录。

（资料来源：网易新闻，2017 年 3 月 21 日 https://www.163.com/news/article/CG2EN9UN000189DH.html）

第一节　众筹概述

众筹兴起于美国的文创领域。2009 年，一个致力于支持和激励创造、创新、创意活动的网站 Kickstarter 在美国成立。该网站的出现，将"有创意无资金"和"有资金愿支持创意"的两个群体实现了有效的信息匹配和资金流动——有创意者可以在 Kickstarter 发布创意项目，并同时发布资金需求，有资金者通过网站选择自己感兴趣的好创意项目进行投资。这种借助互联网"无远弗届"特性而产生的新兴融资模式，有效地解决了文创领域小项目融资难的问题，让很多创意者实现了梦想并创造了奇迹。

随后，众筹作为新型互联网融资模式强势兴起。2011 年，众筹进入中国。作为后起之秀，中国众筹市场发展迅猛。仅 2018 年上半年，我国众筹实际融资金额就高达 137.11 亿元。根据世界银行的预测，到 2025 年，全球众筹市场规模将达到 3 000 亿美元，发展中国家市场规模也将达到 960 亿美元，其中 500 亿美元在中国。

一、众筹的内涵

众筹是一种新的融资方式，是互联网信息时代出现的适合小微（初创）企业的融资方式，它通过特有的合约安排来管理风险，使普通的大众投资者可以参与到原本只有创业投资基金和天使投资者能参与的对企业初创阶段的投资，因而也是实现普惠金融的重要手段。众筹和其他融资方式具有显著的不同，而现代意义上的众筹方式与传统意义上的众筹也有区别。

（一）众筹的概念

"众筹"，英语为 Crowdfunding，即大众筹资，本意指用"团购+预购"的形式，向网友募集项目资金的模式。当代互联网众筹是指由项目发起人利用互联网和 SNS（社交网络服务）传播的特性，发动公众的力量，集中公众的资金、能力和渠道，为小微企业、艺术家或其他个人进行某个项目或创办企业提供必要的资金援助。众筹项目种类繁多，不仅包括新产品研发、新公司成立等商业项目，还包括科学研究、民生工程、赈灾、艺术设计等项目。只要是网友喜欢的项目，都可以通过众筹方式获得项目启动的第一笔资金，或者获得项目发展的第一批"粉丝"用户。

和传统融资方式相比，众筹的精髓在于小额和大量，融资门槛低且不再将是否拥有商业价值作为唯一的评判标准，为创业公司的融资开辟了一条新的途径。从此，融资渠道不再局限于银行、私人股权投资和风险投资，只要是网友喜欢的项目，都可以通过众筹方式获得项目启动的第一笔资金，为更多小本经营者或创作人提供了无限的可能。

（二）众筹的特征

根据众筹方式的概念，以及目前世界各国众筹发展的实践，可归纳出众筹这种融资方式的几个重要特征。

1. 众筹是一种更开放的融资和投资方式

在互联网金融的概念中，众筹和 P2P 网络借贷最符合金融的融资本质特征，而第三方支付则是金融的衍生支付功能，其他如纯互联网银行则代表了传统金融的互联网化，众筹被认为是互联网金融最为重要的领域，相对于传统的融资方式，众筹更为开放，互联网的平民化和灵活性使众筹的发起和资助都与身份、地位无关，甚至是商业价值也并不作为唯一评价标准，只要项目能够打动网友的心，就可能获得融资。

2. 众筹的融资门槛低

传统金融渠道倾向于把零散资金汇集起来，交给专业投资机构进行统一投资。为了降低资金归集和管理的成本，投资门槛较高，汇集的资金一般由专业的机构进行管理。机构在进行投资时，为了得到与其募资规模相匹配的回报，同时为了降低管理风险，当投资项目的回报规模达不到预期时，即使是一些回报率十分不错的项目，投资机构往往选择放弃。这种集中投资，在投资一些复杂度高、回报规模大的项目时具有巨大的优势。专业团队的介入往往能对这些复杂项目进行准确评估，甚至帮助项目进行改进以提高其回报率。但是当项目规定较为明确、复杂度低、回报规模小时，这种集中投资就难以适应。

依托于互联网的众筹模式将投资分散化、去中介化，让每一个资金持有者都参加到投资领域中，这种投资模式降低了投资门槛，也同时分散了投资风险，让市场上呈现出更多的投资机会，使在专业机构眼中难以获得投资的项目在新的互联网模式下获得资助。

国外主要将众筹的金融资源配置到小微（初创）企业中。如，美国众议院通过的众筹立法规定，众筹的主体必须是初创企业，每年融资总额也不得超过 100 万美元；意大利的众筹监管规则规定，存续超过两年的公司没有开展股权众筹的资格，开始运营后第二年产值超过 500 万欧元的公司也不能开展股权众筹。

3. 众筹的投资主体主要是普通民众

不同于天使投资和私募投资，众筹投资主体的门槛也相对要低。商品类众筹对于投资者来说完全没有门槛。股权类众筹被认为是天使投资的平民化，但是股权类众筹基于对投资者的保护和投资者风险承受能力的考虑，对投资者和融资者进行了双向的限制。例如，意大利对股权众筹的投资者要求每人每个项目不得超过 500 欧元，每人每年不得超过 1 000 欧元投资。众筹的投资主体具有平民化特征，体现了互联网金融和新金融时代对于共享金融、经济发展理念的贯彻。

4. 众筹的融资行为通过互联网进行

众筹方式的一个存在基础是社区或网络。传统的众筹行为（Old-fashioned Crowdfunding）是线下进行的，例如中世纪著名画家利用教会网络来筹集资金作画，而现代意义上的众筹是完全在线上的，所有的众筹行为经过互联网众筹平台。从社区或网络的角度来说，互联网的出现使其融资效率远远超过了传统教会、熟人社区网络。因此现代众筹几乎都是在线上面对广大投资者公开进行的，众筹者通过互联网众筹平台进行筹资，投资者通过互联网众筹平台进行投资，互联网众筹平台对于投资者和融资者在众筹的整个过程中负有媒介的责任。

（三）众筹的分类

1. 按照回馈方式进行分类

众筹按不同的回馈方式可分为四种。第一，捐赠式众筹：单纯的赠予行为，创意者无须向投资者提供任何形式的回馈。投资人通过捐赠自己所认可的理念或产品而获得参与情感或心理上的满足。第二，奖励式众筹：投资人可获得象征性的礼物，或在项目完成后优先于消费者获得相应的商品或服务。第三，股权式众筹：与股权投资类似，投资者投入资金后可以得到发起人新创公司的股份，或得到其他可在未来进行利润分享的凭证。股权式众筹大大降低了投资门槛，分散了投资风险；尽管如此，由于股权式众筹涉及许多法律问题，其运作模式中可能存在违反现行法律之处或处在法律规定的模糊地带。然而，股权众筹无疑是众筹的真正魅力所在。第四，债权式众筹：这种模式类似于发起人向投资者借款，双方为借贷关系。项目发起人须在规定的时期偿还资金，并按照事前的约定支付利息。后三种合起来称为投资类众筹。捐赠类众筹与投资类众筹尽管都是基于相同的互联网基础及大众参与，但是投资类众筹一般所涉及的金额较高，而相应的法律规定及相关参与流程较捐赠类众筹更为复杂。众筹按照回馈方式的分类及各类比较如表6-1所示。

表6-1　众筹按照回馈方式的分类及各类比较

众筹模式	商业模式	特征	优点	缺点
捐赠类众筹	捐赠式众筹	慈善：投资者不期待任何回报	风险甚少	捐赠者不获得任何形式的证券或利息。有时发起者难以获得大额资金。无问责机制
投资类众筹	奖励式众筹	投资者可提前获得商品或服务。这种模式形成一种特有的商品预售市场	风险低（主要是交付风险和欺诈风险）	当产品受众面小时，发起人难以获得大量资金
	股权式众筹	投资者获得股权或利润分享权	可获得投资对象的潜在收益，能吸引较大投资者群	需要承担投资失败的风险，且受相关证券监管法律约束
	债券式众筹	投资者获得债权，并可凭债权获得固定的利息收益	双方约定回报率。在破产时，债权持有者将得到优先偿还。由于风险降低，筹资者易于获得更多资金	当项目已有稳定现金流时才适合发行债券。而创业项目的破产风险一般较高，难以获得借款

2. 按照筹资方式进行分类

众筹按照筹资方式分类可分为三类。第一类，全有或全无（AON，All-Or-Nothing）：如果在众筹期内，所筹得资金达到筹资目标，则发起人获得筹款；如果在众筹期内，所筹得资金无法达到筹资目标，则发起人不能获得任何资金，之前所筹款项将返回投资者。第二类，所筹即所得（KIA，Keep-It-All）：当众筹期结束时，无论所筹资金是否达到筹资目标，发起人都将获得已筹款项。第三类，混合模式：发起筹资计划时，可以选择以"全有或全无"或者"所筹即所得"中的一种方式筹款。众筹按照筹资方式的分类及各类比较如表6-2所示。

表6-2　众筹按照筹资方式的分类及各类比较

众筹模式	特征	优点	缺点
全有或全无（AON，All-Or-Nothing）	只有达到发起人预先设置的筹资目标，发起人才能获得所筹资金	将部分投资风险转移给项目发起人，使发起人对项目推广及筹资计划进行更周全的准备	筹资失败率较高，在处理一些可扩展性较强的项目时不够灵活
所筹即所得（KIA，Keep-It-All）	当众筹期结束时，无论所筹资金是否达到筹资目标，发起人都将获得已筹款项	当项目的可扩展性较好，即便筹资金额不足也不会影响交付时，这种方式较为灵活	投资者承担大量风险，而同时投资者可能花费较少精力对项目进行宣传和准备。若筹得金额不足可能导致项目最终夭折
混合型	发起人可以自由选择使用 AON 或 KIA 作为筹资方式	较为灵活，发起人可根据实际情况选择合适的模式	增加了平台复杂度，投资者在参与时须仔细甄别项目所使用的筹资模式

二、众筹的主体

众筹的业务模式是项目发起人在平台注册、提交和发布融资项目，众筹平台根据其成长性、市场前景等标准对融资项目进行筛选，公布项目的融资目标、天使投资者等信息，向潜在的投资者推荐，并建立投资者和项目发起人之间的联系，提供沟通渠道。如果投资者决定投资该项目，就通过网络完成相关支付、转账以及其他财务和法律手段，项目发起人则承诺给投资者股权、产品或其他形式的投资回报。从上述众筹的基本模式，可以看出众筹活动主体包括筹资人、众筹平台和项目出资人三类。

（一）筹资人

筹资人（项目发起人）作为项目的直接发起者、资金筹集者以及日后项目经营者，在项目创意与项目经营上具有优势，其主要工作内容是向外界展示项目创意、项目风险、项目前景及资金需求等，开展日后项目经营，分享项目成果。具体工作按流程主要包括项目申请、收获筹资、项目经营及成果分配，如图6-1所示。

图6-1　项目发起人工作流程

项目申请即向众筹平台提交项目融资请求，主要内容包括申请人信息、项目名称、项目团队介绍、图片或视频式的项目描述、筹资额度与期限、项目进展与风险、项目承诺与回报等。收获筹资表明项目申请已通过众筹平台审核，并在设定的期限内完成了设定的筹资额，发起人可以顺利通过众筹平台得到支持者投资的资金。如果未能在期限内将设定的筹资额完成，筹资就此失败，发起人不能收获筹资。通常收获筹资的金额为期限终止时实际筹资额的 90%～100%，众筹平台的佣金及服务费就来自剩余资金。项目经营是发起人收获筹资后的重要工作，也是发起人融资的最终目的。为了保证项目经营的顺利实施，出资人需要对项目进行监管，发起人也有义务定期向出资人发布项目经营信息。成果分配是发起人最后的工作，也是向出资人实现承诺发放回报的信用体现。如果项目经营成功，发起人需要在预先约定的时间完成承诺的回报；若未能在约定的期限内实现承诺，将视作项目经营失败，发起人后期可不再履行成果分配的义务。

项目是具有明确目标、可以完成且有具体完成时间的非公益活动，如出版图书、制作专辑或生产某种电子产品等。项目不以债券、股权、利息、分红等资金形式作为回报。项目发起人必须具备一定的条件，如年龄、国籍、银行账户、资质和学历等。项目发起人对项目拥有 100% 的自主权，不受任何第三方控制。项目发起人要与中介机构（众筹平台）签订合约，明确双方的权利和义务。项目发起人通常是需要解决资金问题的创意者或小微企业的创业者，但也有个别企业为了加强与用户的交流，在实现筹资目标的同时，强化众筹模式的市场调研、产品预售和宣传推广等延伸功能，以项目发起人的身份号召公众（潜在用户）介入产品的研发、试制和推广，以期获得更好的市场反响。

（二）众筹平台

众筹平台（中介机构）是连接发起人和支持者的互联网终端。作为发起人与出资人的中介机构，具有专业化服务及平台优势，其主要工作内容是以保护发起人与出资人的利益为前提的，为项目资金筹集牵线搭桥。

1. 众筹平台工作流程

众筹平台具体工作流程主要包括项目审核、项目展示、筹资管理和收获佣金，如图 6-2 所示。

图 6-2 众筹平台工作流程

（1）项目审核

项目审核是众筹平台工作的开始，也是决定项目能否参加众筹的关键。众筹平台在收到项目申请后，需要审核项目申请内容，对申请信息的完备性、真实性及项目可行性进行评估。只有满足完备性、真实性以及可行性的要求，项目申请才能通过审核。

（2）项目展示

项目展示表明项目审核已经通过，并通过众筹网络平台向外展示。项目展示包括项目预展示与项目展示。项目预展示的主要目的是争取他人的关注，获得市场反馈，从而调整项目内容，以确保后期项目展示能筹集到足够的资金。项目展示的内容包括项目详细介绍、筹资金额、筹资期限、支持方式以及项目回报等。

（3）筹资管理

筹资管理即在发起人预先设定的筹资期限内对所筹集资金进行日常管理，以及筹资期结束后，对实际筹资额的分配。筹资期结束后，若实际筹资达到或超过预先设立的筹资额，则表示筹资成功，筹资平台从中抽取一定的佣金及服务费后，将剩余资金及时交给发起者；若实际筹资额小于预先设立的筹资额，表明筹资失败，筹资平台需要将实际筹资额返还给出资人，众筹平台并不收取任何佣金及服务费。

（4）收获佣金

收获佣金即在筹资成功后，按照预先约定的佣金比率（一般为 0 到 10% 不等），从实际筹资额中抽取少部分作为项目佣金及服务费，这也是众筹平台收入的体现形式。

2. 众筹平台的责任

中介机构是众筹平台的搭建者，也是项目发起人的监督者和辅导者，还是出资人的利益维护者。上述多重身份的特征决定了中介机构（众筹平台）的功能复杂、责任重大。首先，众筹平台要拥有网络技术支持，根据相关的法律规定，运用虚拟运作的方式，在虚拟空间内发布项目发起人的创意和融资需求信息，实施这一步骤以在项目上线之前进行细致的实名审核为前提，并且确保项目的内容完整、可执行和有价值，确定没有违反项目的准则和要求。其次，在项目筹资成功后要监督、保证项目的顺利展开。最后，当项目无法执行时，众筹平台有责任和义务督促项目发起人退款给出资人。

（三）项目出资人

项目出资人（公众）作为项目所筹资金的来源方，具有资金优势，对筹资者的项目和回报感兴趣的，有能力支持的人。出资人主要是以发挥自身资金优势为前提，支持、监督项目实施，并获得项目成果分享。众筹流程中项目出资人的主要工作包括项目评估、项目支持、项目监管和收获回报，如图 6-3 所示。

图 6-3　出资人工作流程

1. 项目评估

项目评估是出资人对项目进行合理判断的过程，也是出资人对项目进行理性投资决策的前提。项目评估围绕项目的筹资目标、回报种数等进行判断。

2. 项目支持

项目支持是支持者对项目的实际投入工作，当前在我国的主要形式为资金支持。支持者只需要按照众筹平台的指导，在网上即可完成项目资金的支持工作。

3. 项目监管

项目监管是支持者为了确保项目经营的顺利实施，而定期或不定期地与发起人进行沟通；项目发起人也有义务定期向项目支持者发布项目经营信息。

4. 收获回报

收获回报是支持者参与众筹的最终收益体现形式，发起人需按约定发放对支持者承诺的回报。当前在我国，为了与非法集资相区分，很多众筹平台均规定不得将红利、股权等作为回报，而必须以实物资产的形式，如项目最终产品等。

出资人往往是数量庞大的互联网用户，他们利用在线支付方式对自己感兴趣的创意项目进行小额投资，每个出资人都成了"天使投资者"。公众所投资的项目成功实现后，对出资人的回报不是资金回报，而可能是一个产品样品，例如一块手表，也可能是一张唱片或一场演唱会的门票等。出资人资助创意者的过程就是其消费资金前移的过程，这既使生产和销售等环节的效率得到了提高，生产出原本依靠传统融资模式无法推出的新产品，也满足了出资人作为用户的小众化、细分化和个性化的消费需求。

三、众筹的流程

项目发起人在众筹平台发起申请，为融资项目制作宣传资料，制定融资金额、进度等目标。众筹平台对众筹计划进行审查并筛选，以保证项目质量，控制风险。审核通过后，众筹平台展示项目，并积极发挥发起人与投资者之间的沟通桥梁作用，吸引潜在投资者，促使项目融资成功。如在规定时间，项目所有人达到融资目标，则融资成功，项目发起人获得融资款项；反之，众筹平台会将融到的资金退还给投资者，项目停止。融资成功后，项目进入实施阶段，发起人向投资者兑现之前所承诺的回报。众筹平台的操作流程如图6-4所示。

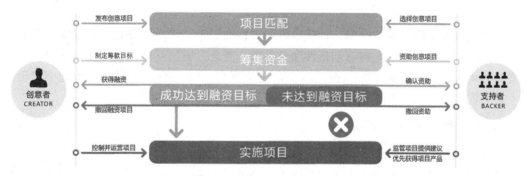

图6-4 众筹平台的操作流程

部分众筹平台在某些环节上会有所不同，但无论是何种类型的众筹网站，贯穿整个筹资过程中的一个重要环节都是相同的，那就是项目发起人和投资者之间的交流。这种交流既是项目的介绍，也是吸引潜在投资者了解并接受项目的宣传过程，对项目能否融资成功至关重要。

四、众筹的盈利模式

任何机构要想持续发展，必须有稳定的收入来源。在世界范围内，对众筹网站的赢利模式还没有一个清晰的划分，仍处于摸索阶段。从国外成功实现盈利的网站来看，赢利来源一般有以下几种类型：交易手续费（佣金）、增值服务费和营销推广费。

（一）交易手续费

交易手续费即网站对所提供的服务收费，这是目前众筹网站的主要收入来源，一般按照筹资金额的特定比例来收取，普遍是融资总额的5%。例如，国内产品众筹平台中，京东按照项目类别不同收取众筹金额的3%～8%的手续费，苏宁收取3%。

（二）增值服务费

增值服务费主要指对筹资者进行合同、文书、法律、财务等方面的指导工作而收取的费用，筹资者可以把融资的所有事项都外包给众筹平台处理，众筹平台收取相应的费用。

（三）营销推广费

营销推广费也是部分众筹平台的收入来源，包括合作营销、广告推广等费用。这部分费用只有少部分众筹网站收取。国内市场中，淘宝依托其庞大的数据和平台优势，其众筹模块主要从增值服务和营销推广业务中获利。

第二节　众筹的模式

根据回馈方式的不同，我们可将众筹分为奖励制众筹、募捐制众筹、股权制众筹和债权制众筹。这四种众筹模式有各自的特点和具体的融资方式。

一、奖励制众筹

（一）奖励制众筹的概念

奖励制众筹又称回报型众筹，指项目投资者在众筹平台中投资项目，并最终会得到项目的产品或者服务。筹资人拥有创新性项目但资金匮乏，通过互联网众筹平台将其独特创意发布并为出资人设定相应的回报，而出资人依据自己的兴趣或者现实需求选中投资目标，最终促成筹资人、出资人以及众筹平台三方共赢。

（二）奖励制众筹的特征

1. 预购性

奖励制众筹具有一定的预购性，存在投资和消费的结合，但本质上还是出资人的消费行为。投资行为和消费行为最主要的区别之一，就是投资行为的目的在于获取最大化利益，而消费行为则是为了生活所需。显然，奖励制众筹项目出资人的消费属性明显，经营者不能以现金形式直接向消费者返还利润，其行为有别于股权众筹和债权众筹的出资人行为。

2. 回报多样性

奖励型众筹的回报具有多样性。作为最为普及的众筹模式，奖励制众筹迎合了大众消费观念。在产品回报方面涵盖了智能设备、创意产品、文化书籍、影音作品、漫画游戏、农副产品等多样的产品类别，在服务的回报形式上也精细巧妙，比如线下体验、抽奖资格、产品的后续升级、潜在的宣传收益等个性化服务。随着时代的发展，相信越来越多创意十足的产品和服务会在奖励型众筹中得以实现，更多定制化、个性化配套和服务也会出现在奖励型众筹的模式中。

3. 注重创意性

与其他众筹模式相比，奖励制众筹更注重创意性和独特性。奖励型众筹的发展壮大，离不开创意这个核心思想，产品和服务的新奇独特是吸引出资人的关键，缺乏个性和创意的项目往往难以获得出资人的青睐。在奖励型众筹中，出资人和筹资人不仅仅是一种消费买卖关系，更突出了项目出资人对筹资人创意的认可，在认筹过程中可能还会涉及人生梦想、价值追求上的感情连接。

（三）奖励制众筹的运作

1. 奖励制众筹的主体架构

项目筹资人（也称项目发起人）一般是需要解决研发生产资金缺乏问题的创意发明者或者小微企业的创业者，其与互联网众筹平台签订协议，在平台上为自己的创意项目宣传融资，实现众人拾柴火焰高的目的。奖励型众筹是互联网融资的新模式，其创业门槛虽然较低，但仍对项目发起人提出了诸多方面的要求，如新颖的创意、发起人本身的学历与资质、相关专利权和自主权等。奖励型众筹的项目发起人一般处于创业初期，通过互联网平台众筹在实现筹资目标的同时，亦能号召公众和潜在用户介入产品的研发推广，产品也可获得更好的市场响应。

项目投资人（也称项目支持人）往往是数量庞大的互联网用户，在众筹平台上用在线支付的方式对欣赏的众筹项目进行资金支持，待众筹项目集资成功后获取相应的回报。奖励型众筹常常会设置回报档位，根据支持金额的不同，支持人会获得相应的回报。

互联网众筹平台作为联系项目发起人和支持人的媒介，利用其网络技术支持，为发起人和支持人双方订立众筹合同提供了交易平台，在奖励型众筹的运营中起到了连接的关键作用。项目发起人的申请被平台通过后，就可以通过众筹平台将其创意和融资需求发布在平台上，依靠网络空间对众筹项目进行广泛宣传。在众筹项目融资过程中，平台会根据相关法律法规，对筹资进展进行监督，同时保证项目支持人的个人信息、财产安全。此外，众筹平台为项目资金提供临时性的信用托管并提供网络技术服务支持，通过搭建线上信息沟通渠道，利用网络科技手段，实现对项目发起人和支持人双方的督促监管。

2. 奖励制众筹的运作阶段

奖励型众筹的运作模式决定其众筹项目回报是非财务性回报。在奖励型众筹运营过程中，任何一个环节失败都会导致该众筹项目失败。根据奖励型众筹的实践现状，一个完整的奖励型众筹过程应该包括项目申请及平台审核期、项目投放及资金筹集期、项目生产期、项目回报期四个阶段。

（1）项目申请及平台审核期

项目发起人通过前期的准备，把包括个人信息（发起人姓名、身份证号、住址、联系方式、银行卡账户等）、项目信息（项目名称、筹款金额、筹款期限、项目进度、支持资金档位、回报方式等）等在内的材料提交给平台审核并提交众筹项目的申请方案。众筹平台接收申请后，对项目发起人提供的材料真实性以及项目的创意型、可行性进行审核评估。如果通过审核，则众筹项目上线；若未通过审核，则项目被退回。

（2）项目投放及资金筹集期

项目发起人利用众筹平台，在网上以文字、图片或者视频等形式向公众详细宣传其众筹项目。项目支持人通过浏览众筹平台，锁定自己感兴趣的项目并进行资金的支持。支持人的资金会暂时存放在平台账户或者平台委托的第三方机构进行托管。资金的筹集模式有两种类型：固定型与灵活型。所谓固定型，是指要求筹集到的资金必须达到设定的目标金额，此时平台会在扣除服务费和保证金后将筹集到的资金转入发起人账户，项目即可进入产品研发和量产环节，项目支持人获得产品或者服务后，该众筹项目结束。如果筹集资金在有效期内未达到目标金额，已经筹集到的资金将原路退还给项目支持人。灵活型模式指无论项目募集程度如何，发起人都有资格使用这笔资金。在国内外的众筹实践中，奖励制众筹大多数采取的是固定型模式。

（3）项目生产期

项目发起人从平台获得资金后按照计划进行生产，在此期间发起人会通过平台汇报相关进度并接受众筹平台和支持人的监督。生产过程中如遇到无法解决的困难，导致无法按计划生产合格的产品，发起人会根据实际情况申请延长生产期或者宣布众筹失败。如果宣布项目失败，发起人应当通过众筹平台按照此前的众筹协议返还所有发起人的支持资金。

（4）项目回报期

项目发起人按照承诺向支持者提供相应产品和服务。支持人在收到回报之后，确认其是否符合众筹承诺中的要求，满意即可确认收货，这就意味着项目结束，奖励型众筹完成。若产品或服务不符合众筹合同要求，支持人可根据协议要求退还产品或服务，如涉及生命健康和财产权益的侵权问题，项目支持人可依法维权。

（四）奖励制众筹的发展

1. 奖励制众筹的起源

奖励制众筹本质上是为特定目的，以承诺奖励为吸引，向众人募集少量资金的活动。奖励制众筹活动在 18 世纪的欧洲初露端倪，随后便成为文学艺术领域颇受欢迎的创意融资方式，影响力不断扩大。例如，为确保美国的标志性建筑自由女神像的顺利完工，1885 年《纽约世界报》出版商约瑟夫·普利策在其报纸上发布了众筹项目，该项目最后从超过 12 万名支持者那里募集了 100 091 美元。

早期的奖励制众筹的共同点是发起者在文学艺术领域具有较高社会声誉和较多信息传播渠道，这是奖励制众筹能发展成最早的众筹类型的原因。在 18 世纪和 19 世纪进行众筹活动需要承担高昂的信息搜寻成本、信息传递成本、小额支付成本和信息信任成本。而文学艺术领域具有较高社会声誉的人拥有一群忠实粉丝，其不需要付出额外的成本搜寻潜在支持者，容易通过演出等方式传递融资需求信息、获取信任，并通过集中的现实交付方式来降低支持者的支付成本。奖励制众筹相比于其他众筹类型，融资目的非常特定，回报相对确定，因而更容易产生信任。

互联网时代为奖励型众筹提供了良好的契机：互联网极大地降低了众筹活动的成本，使更多的支持者可以提供资金。自 2008 年开始，以美国为首的国外众筹市场得到了快速发展。2009 年成立的 Kickstarter 是第一家互联网奖励制众筹平台，并逐渐成为创业公司的主要融资渠道。Kickstarter 鼓励创意项目上线，同时对创意的审核标准较为规范。在筹资规制和费用收取方面，Kickstarter 是相对刚性的"全有或全无"模式，即如果达不到创意者的融资目标，创意者将不会得到融资，既有的支持者投资将被撤回；只有项目成功达到融资目标后，Kickstarter 才会收取实际融资额的 5% 作为佣金。如今，Kickstarter 已发展成世界上最大、最有名的众筹平台，同时，在美国也出现了许多不同细分领域的众筹平台，为游戏、艺术、软件应用等不同领域的创意或产品提供众筹服务。

Kickstarter

Kickstarter 网站创意来自一位华裔创始人 Perry Chen（中文译名陈佩里），他的正式职业是期货交易员，但因为热爱艺术，开办了一家画廊，还时常参与主办一些音乐会。2002 年，他因为资金问题被迫取消了一场筹划中的在新奥尔良爵士音乐节上举办的音乐会，这让他非常失落，他开始酝酿建立一个募集资金的网站。Perry 回忆说："一直以来，钱是创意事业面前的一个壁垒。我们脑海里常会忽然浮现出一些不错的创意，想看到它们能有机会实现，但除非你有个富爸爸，否则不太有机会做到这点。"

2009 年，Kickstarter 在美国纽约成立。Kickstarter 是一个专为具有创意方案的企业筹资的众筹网站平台。Kickstarter 网站致力于支持和激励创新性、创造性、创意性的活动。通过网络平台面对公众集资，让有创造力的人获得他们所需要的资金，以便使他们的梦想有实现的可能。Kickstarter 众筹的生态系统及主要参与者如图 6-5 所示。

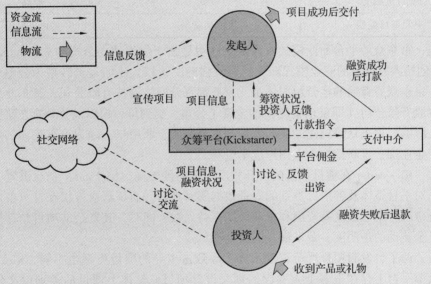

图 6-5　Kickstarter 众筹的生态系统及主要参与者

Kickstarter 平台的运作方式相对来说比较简单而有效：该平台的用户一方是有创意且渴望进行创作和创造的人，另一方则是愿意为他们出资的人，然后共同见证新发明、新创作、新产品的问世。Kickstarter 网站的创意性活动包括音乐、网页设计、平面设计、动画、著作以及所有有能力创造以及影响他人的活动。2015 年 9 月 22 日众筹网站 Kickstarter 宣布重新改组为"公益公司"，创始人称将不追求公司的出售或上市。

（资料来自 https：//baike. baidu. com/item/Kickstarter/8332973？fr＝aladdin）

2. 奖励制众筹在中国的发展

目前，中国的奖励型众筹平台向集团式和混合式方向发展。早期的奖励制众筹平台依靠移植美国 Kickstarter 的商业模式起家，初期市场良好但未能站稳脚跟，后续出现诸多龙头企业被收购，甚至停止营业、倒闭等现象。奖励制众筹的发展困境之一在于高昂的导流成本。与此相比，具有较大流量基础的互联网巨头有明显的优势，因此如淘宝、京东、苏宁等互联网巨头正以集团化的方式运营着奖励制众筹子平台。此外，从吸引发起人的角度，近期还出现奖励制与股权制众筹模式混合运营的平台。结合我国奖励型众筹发展过程中出现的不同形态，可将其提炼为专业与综合的二元类型，并在综合类型下细分为集团式和混合式两种子类型。

3. 典型奖励制众筹平台的对比

中国的京东众筹和美国的 Kickstarter 是比较典型的奖励制众筹平台，两个平台在商业模式决策依附性、平台透明度、主要项目类型等方面存在较大差别，如表 6-3 所示。

表6-3 京东众筹与 Kickstarter 的对比表

对比项	京东众筹	Kickstarter
商业模式决策依附性	较强	较弱
平台透明度	较低	较高
主要项目类型	生活消费类	文化创意类

首先，京东众筹平台商业模式决策依附性明显强于作为独立公司的 Kickstarter。Kick-starter 的创始人对重要的商业模式转变具有较强的决策权，比如是否转型为公益企业。与之相比，京东众筹背后的运营组织体是北京奥都百升网络科技有限公司，其是北京京东金融科技控股有限公司（即京东金融）的全资子公司，受到母公司以及整个京东集团整体战略的较大影响。京东众筹构建的发起人规则主要面向企业用户，因为京东集团的用户资源主要在于企业端，重新挖掘个人用户成本过高。

其次，Kickstarter 在项目数据的公开程度上透明度更高。Kickstarer 企业设置了专门的统计页面对平台整体及各项目类别的筹资数据实时更新。而京东众筹仅在首页公示全平台累计支持金融、单项最高筹资额和单项最高支持人数，同时，其复杂的项目结算规则降低了筹款资金流动的透明度，带来潜在的资金池风险。

最后，两平台发起项目严苛程度不同，导致占主导的项目类型也不同。Kickstarter 等奖励型众筹平台上存在很多个人发起的创意设计项目，整体上项目的类别以文化创意为主。京东众筹主要是公司或公司代理个人发布已经成型的产品项目，且产品类别以生活消费类为主。

从长远来看，项目发起条件和类型的差别不利于奖励制众筹在中国的健康发展。一方面，中国的奖励制众筹平台设置了较高的项目发布门槛，京东众筹规则中发起人的资质要求对于初创者而言几乎不可能实现。为此，京东众筹认定的众创服务商似乎为初创者提供了解决方案，但其也带来了高昂的代理成本。另一方面，中国的奖励制众筹平台支持发起的项目类别非常有限，很多领域的创业无法通过这种方式获取融资。

二、募捐制众筹

（一）募捐制众筹的概念

募捐制众筹又称公益型众筹，指项目投资者对项目无偿提供资金支持，不求回报。募捐制众筹有较强的捐助特征，主要强调的是投资者对社会的一种投资，是投资者的一种精神消费。募捐制众筹和传统的慈善捐款不同，其在捐赠的基础上，往往还带有一定的"投资"特性。

近年来，越来越多的贫困家庭因家庭成员身患重病没钱医治而采取募捐制众筹的方式来获取治疗费用。同时，贫困大学生因交不起学费而进行募捐制众筹的例子也屡见不鲜。在一定程度上，募捐制众筹在使社会资源得到充分配置的同时，也为陌生人之间施以善意提供了更广阔的空间。

（二）募捐制众筹的特征

募捐制众筹具有无偿性、低门槛、传播广、高效性等特征。

1. 无偿性

作为募捐制众筹，其投资者（捐赠人）无任何实质性回报。"众筹"一词出现在互联网时代，被认为是互联网金融的一个重要板块，但募捐制众筹相比于其他众筹模式，完全不具备金融特性，无偿性是募捐制众筹的典型特征。

2. 低门槛

募捐制众筹项目"投资门槛"很低，参与此种众筹的投资者（捐赠人）以小额捐赠居多。据统计，单次捐赠 100 元以下的群体约占总体的 80%，而单次捐款 100 元以上的仅占总体的 20%。

3. 传播广

募捐制众筹通过微信朋友圈转发来使不特定的多数人知晓，其传播速度往往成几何倍数增长，快速传播使得众筹范围不断扩大。

4. 高效性

通过发挥互联网"无远弗届"的属性，面向不特定多数人募集资金，尽管小额捐赠居多，但因人数庞大，所以募捐制众筹往往能在短时间内募集到几万元甚至几十万元的救助资金，这充分体现了募捐制众筹高效性的特征。

（三）募捐制众筹的步骤

目前国内开展募捐制众筹项目的平台，通常有平台注册、申请众筹、审核信息、创建推广、筹集款项、提取款项和发起人上传钱款去向七个步骤。

1. 平台注册

在相关众筹平台注册成为平台用户是募捐制众筹的第一步。需要注册的用户包括求助者（发起人）与捐赠人。这个环节可以通过相关众筹网站的互联网主页进行注册，但通常更多的用户是通过微信公众号等进行快速注册。

2. 申请众筹

注册成功后，由募捐制众筹发起人在相关众筹平台提供相关信息，向平台提出设立众筹项目的申请。其中，发起人需要向平台提供的信息包括求助者基本身份信息和具体的求助信息。求助者基本身份信息目前主要包括身份证信息、家庭住址、主要联系方式等。如果发起人不是求助者本人，还需要提供证明发起人与求助者关系的信息。求助信息包括具体求助事由和众筹目标金额。具体求助事由相关信息因求助事项不同而分成大病救助类求助信息和其他类求助信息。大病救助类求助信息目前主要是医院提供的病例证明。其他类求助信息包括但不限于学费通知单等相关单据。众筹的目标金额可以在网站设置的上限以下随意申请。在这一环节，通常各个众筹平台会与发起人签订《个人求助协议》，协议对众筹平台与求助者（发起人）的相关权利、义务进行约定。

3. 审核信息

当发起人提交了求助者相关信息之后，相关众筹平台对发起人提供的信息进行审查。众筹平台对发起人提供信息的真实性以及求助事由的合理性进行审核。实践中，在审核信息的环节，通常发起人会收到相关众筹网站工作人员的电话，该工作人员被称为"筹款顾问"，主要为发起人如何正确发起众筹进行电话指导。筹款顾问会提示发起人提交信息的规范性以及帮助厘清求助事项，并告知注意事项等。

4. 创建推广

审核通过的募捐制众筹项目正式在相关众筹平台创建。已经创建的募捐制众筹项目会在相关众筹平台的网站显示，同时生成一条求助链接，供求助者（发起人）转发。求助者通过微博、微信朋友圈等社交网络进行无限次转发，以达到推广此众筹项目的目的，让更多潜在的捐赠人（不特定的多数人）获知其求助信息。值得注意的是，众筹平台在募捐制众筹项目的推广过程中不负责帮助发起人（求助者）对众筹项目进行推广。

5. 筹集款项

有意捐赠的个人可以直接在求助链接上进行捐赠，所筹集的款项在众筹期限内直接打给众筹平台。有的募捐制众筹项目在短短几天内就能筹集到目标款项。

6. 提取款项

当募捐制众筹的金额达到众筹目标，或者虽未达到目标金额但已经到了众筹时限，发起人（求助者）须在众筹平台补充相关医疗信息等救助信息，填写收款信息和车房情况后便可提取所筹款项。众筹平台不在募捐制众筹项目中收取任何费用。

7. 发起人上传钱款去向

发起人（求助者）上传其所筹款项的使用情况证明（即钱款去向）。在实践中，由于相关众筹网站没有强制性要求和制约措施，这一仅凭自愿原则的约定几乎没有用户遵守。

（四）募捐制众筹的发展

由于我国社会保障体系的建设和健康保险普及度仍存在一定的提升空间，募捐制众筹的社会需求猛增，导致此类众筹发展规模非常可观。截至2018年10月，募捐制众筹仅在轻松筹、水滴筹、爱心筹三家众筹网站进行的大病救助类众筹金额已超过400亿元。我国有众多运营募捐制众筹项目的网站，总体上可以分为两类，一类是民政部指定的公益类众筹平台，另一类是非民政部指定的众筹平台，如表6-4所示。

表6-4　募捐制众筹种类

募捐制众筹平台种类	代表平台
民政部指定	腾讯公益、阿里巴巴公益、京东公益、轻松筹、水滴筹
非民政部指定	爱心筹、筹啥呢

目前，国内运营募捐制众筹项目的互联网平台多为混合性平台。在上述民政部指定的公益类众筹平台中，新浪微公益、腾讯公益、公益宝、广益联募四家平台既可以运营公益

项目（为慈善组织开展网络募捐提供平台），同时也开辟了为私益救助型众筹提供信息服务的运营板块，如表6-5所示。

表6-5 募捐制众筹平台的私益板块

募捐制众筹平台	私益板块
新浪微公益	医疗救助
腾讯公益	疾病救助
公益宝	求助
广益联募	个人救助
轻松筹网络科技公司	轻松筹
水滴互保科技公司	水滴筹

　　国内在私益救助型众筹领域占绝大部分份额的主要是轻松筹、爱心筹、水滴筹三家大病求助平台。而这三家平台中，轻松筹和水滴筹又占据了市场的主要份额。轻松筹在2014年建立；水滴筹在2016年后来居上，通过开展私益救助型众筹以及相互保等业务获得了上亿元的融资，成为行业领军。这三家大病众筹平台的出现，为很多中低收入又因患病陷入贫困的家庭提供了向不特定多数人求助的渠道，让社会资源得以有效配置。截至2018年9月，轻松筹累计筹款超过255亿元；截至2021年10月，水滴筹为大病患者累计筹款超过370亿元；截至2020年1月，爱心筹为大病家庭累计筹款超80亿元。

三、股权制众筹

（一）股权制众筹的概念

　　股权制众筹是企业家在互联网上，以提供股权、收入或利润中的一部分吸引投资者，寻求融资的一种方式。股权众筹可以作为获取早期融资的一种替代方式，即股权众筹可能是融资战略中的一种方式，吸引融资战略中下一个阶段的其他资金。因为投资者所面临的不确定性是，项目所生产的产品是否符合大量潜在顾客的需求，所以投资者必须评估投资的风险，即项目未来的绩效。

（二）股权制众筹的分类

1. 根据融资运作模式的不同划分

　　根据股权众筹平台通常采用的融资运作模式，划分为"All Or Nothing"和"All And More"两种类型。

　　采用"All Or Nothing"模式的平台要求：如果在规定的融资期限内，所筹得的资金达到融资目标，则融资方获得筹款；如果在规定的融资期限内，融资方没有完成融资目标，则已获得的所有资金必须原数返还给投资者，项目众筹失败。这种方式被认为是保护投资者，以及鼓励项目融资方设置与其项目所需的资金量相符合的融资目标。例如，英国的股权众筹平台Crowdcube规定，如果融资方未达到融资目标，那么已筹集的资金会原路返还到投资者的个人账户，平台不收取任何费用。

　　采用"All And More"模式的平台要求：当融资结束时，无论所筹资金是否达到融资目标，融资方都可以决定是否使用当前已获得的全部资金。在市场中，对于一些平台或项目，一旦达到上限则不能继续融资；对于有些平台或项目，达到融资上限之后额外的资金还可以进入，直到项目融资的截止日期。

2. 根据股权出售方式的不同划分

根据股权出售方式的不同，股权制众筹可以分为凭证式、会员式和天使式三种。

(1) 凭证式股权众筹

凭证式股权众筹是指企业名义上通过互联网出售某种会员卡或预付卡等凭证，而实际上出让的是与凭证相捆绑的股权。跨媒体营销平台美微传媒与花草事护肤品牌都试图通过这样的方式来募集资金，即出资人购买会员卡，公司附赠相应的原始股份。这两例凭证式股权众筹的试水在网络上都引起了争论，许多人认为这种融资手段具有非法集资的嫌疑，均已被国家相关部门叫停。

(2) 会员式股权众筹

会员式股权众筹是指借助专业的互联网社交平台发起，通过熟人圈、朋友圈、校友圈以线上或线下的方式介绍，主要目的在于汇集具有共同兴趣爱好或志同道合的群体。每个人通过小额出资获得会员资格，同时成为公司的股东，会员或股东除了以出资额为限进行相应的消费之外，更主要的是可以获得此群体内部的资源共享或群体内部的合作关系。会员式股权众筹典型的例子就是 3W 咖啡馆、北大 1898 咖啡馆等。

(3) 天使式股权众筹

天使式股权众筹，顾名思义是类似于商业天使投资的类型，也是最接近风险投资的模式。即在项目的早期阶段，投资者通过出资获得企业股权，后续通过成功退出获得投资收益。与天使投资或风险投资不同的是，天使式股权众筹是通过互联网实现的，而且以大量小额资金汇聚的形式共同投资于一个项目，这些小额投资者通常以他人代持或成立有限合伙企业的方式间接持有公司股权。当前，国内大部分的股权众筹为天使式股权众筹类型，也被称为天使投资或风险投资的互联网化。

（三）股权制众筹的步骤

股权制众筹涉及三方，分别是融资方、众筹平台以及投资方。融资方向互联网众筹平台进行筹资项目的提交，提交的方式可以是线上，也可以是线下。众筹平台根据相关法律法规对融资方和融资项目进行审核，审核通过后双方合作对项目融资的具体方案进行完善，确认可行性。众筹平台对融资项目审核通过后，将项目发布到平台上进行筹资。在规定天数内筹集的资金达到目标金融，则项目成功，投资者将资金汇入第三方托管账户。若项目筹资成功，投资者得到项目的股权；若项目筹资失败，则资金全部退还投资者。投资后的管理涉及对平台、投资者和融资者的监管，需要完善、透明、及时的信息沟通机制，是股权制众筹真正需要进行风险管理的部分。

（四）股权制众筹的持股方式

1. 平台代理持股

在平台代理持股模式中，投资者浏览股权众筹平台上的项目，并选择项目进行投资，投资者认购的资金暂存于股权众筹平台的银行托管账户或第三方支付机构账户中，如图6-6 所示。在项目完成融资之后，由股权众筹平台与投资者签署协议，组织成立专用基金，先前认购的投资者成为该专用基金的投资者，先前认购的资金也由股权众筹平台的银行托管账户或第三方支付机构账户转入专用基金账户。最终，在股权众筹平台认购的投资者整体以此基金入股的方式间接对项目融资方持股，而该专用基金由股权众筹平台负责管理，决定何时发放收益、选择退出。换言之，该专用基金作为唯一新增股东出现在融资方的股权结构表中，每个投资者并没有投票权等股东权利。

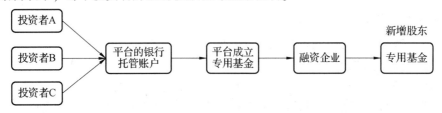

图 6-6　平台代理持股模式

这种模式的优势是显而易见的。对于融资方而言，融资方的股东结构表中仅新增一位，避免了后续风险投资或上市时烦琐的股东签字程序，降低了股东分散的协调成本，简单的股权结构也更容易吸引到机构投资者的投资。对于投资者而言，该模式避开了小额投资者缺乏专业知识和投资经验、对融资方企业开展尽调成本较高的不足，使小额投资者可以依托股权众筹平台本身的公信力和专业性进行投资，更加安全可靠。

该模式类似于传统的基金投资，但与之不同的是投资者可以选择自己感兴趣或者有个人偏好的项目进行投资，并且可以与项目融资方建立联系，依托股权众筹平台进行沟通交流，并对项目发展进行实时监督，而不是传统的纯粹依靠基金经理来操作。但在该模式中，股权众筹平台需要承担更多的责任，比如项目上线之前的审核、调查，融资阶段的资金管理，融资成功之后对项目的监督等。一旦出现项目清算退出的情况，尽管股权投资是以出资额为限对企业承担有限责任，但在该模式下不可避免会对股权众筹平台的声誉产生重大影响。

2. 个人直接持股

在个人直接持股模式中，投资者在平台上浏览其列出的可投资项目，然后通过对感兴趣的企业进行创始人背景、行业情况、主要产品、发展潜力等各方面的分析，进行风险与收益的权衡，据此选择个人认为有潜力的企业进行投资，如图 6-7 所示。如果企业或项目达到目标投资金额，则表明融资成功，投资者随后会收到股权证明、投资协议书等代表股东身份和未来收益凭据的纸质文件。

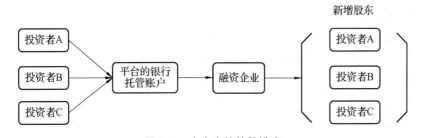

图 6-7　个人直接持股模式

该模式对投资者设定的门槛较低，使投资群体较为广泛。个人直接投资省去了融资方和投资者之间的中介活动，但融资方需要对每一个投资者进行单独的调查，耗费精力和时间，影响股权众筹的效率。另外，股权型众筹网站虽然会发布投资的建议和风险提示，但对于大部分专业知识相对较少的小额投资者而言，一方面他们仍然很难判断所投资企业或项目的发展潜力和市场价值，另一方面他们需要耗费大量的时间和精力来识别可投资的项目。

3. 合投双方持股

合投双方持股模式是指领投与跟投双方同时持股的模式，如图6-8所示。在该模式中，领投承担投资前项目调查、与融资方就投资条款进行谈判、筛选投资者、投后项目监督和管理等责任，并在项目成功退出之后收取一定的附带权益；而投资者只需浏览项目，选择自己感兴趣的项目或者跟随值得信赖的领投进行投资。在跟投者认购之后，资金首先进入股权众筹平台的银行托管账户，在融资完成之后，由平台组织成立专项基金入股融资企业。

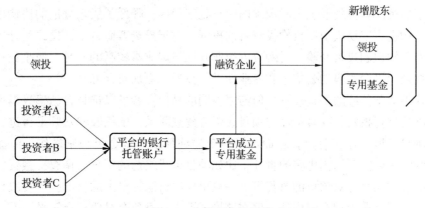

图6-8　合投双方持股模式

从融资方的股权结构可以看到，通过合投融资，融资方企业的股权结构表中仅增加了两个股东，即领投与合投中用于收集投资者资金的专用基金，而专用基金中的投资者不出现在融资方企业的股权结构表中。换言之，联合投资者作为一个整体出现在融资方的股权结构表中，并且联合投资者与领投具有相同的投资地位。值得注意的是，受限于当前国内对股权众筹的监管，国内合投模式多由领投组织成立专项基金，而股权众筹平台仅作为融资的中介。在国内合投模式中，既存在合投双方同时持股的情况，也存在领投一并加入跟投者投资成立的专项基金，由专项基金统一持股的情况。

合投双方同时持股模式，除了具有避免融资方面临的股东分散、协调成本高，以及相对弥补了小额投资者自身不足等优势之外，还具有明显的经济意义。具体而言：第一，合投可以为联合投资者带来更高的回报。相对于种子基金，即专门投资于创业企业研究与发展阶段的投资基金，合投的管理费用更低，可以将更高比例的所筹资金用于投资。第二，合投中的领投将"利益共享，风险共担"引至每笔投资中。领投的投资条款与联合投资者的投资条款是相同的，所面临的激励是一致的，这对跟投者而言，相对降低了投资风险。第三，领投通过合投可以做到用少量的资金撬动更多的资本进行投资，不仅极大地扩大了可投资的项目数量，而且成功退出之后还可获得额外的投资收益。

（五）股权制众筹的收益构成

在众投模式中，投资者之间是平等的，投资者的回报与投资金额成正比，不同投资者之间的回报率没有差别。而在合投模式中，根据投资者身份的不同，股权众筹的投资收益也不同，其中，领投人的收益构成主要包括管理费用、自有投资收益，以及合投项目的投资收益分成（即附带权益）三部分。

1. 管理费用

这是对领投人开展严格的项目筛选、尽调、专业的项目法律文本签署及完善的投后管理服务所耗费时间与精力的补偿，类似于风险投资基金经理人的管理费。在实际操作中，大部分股权众筹的领投人未收取管理费用，以此保持对风险投资基金的竞争优势，吸引更多的投资者跟投。

2. 自有投资收益

这是指领投人对项目进行"真金白银"的直接投资的收益，该部分收益与跟投人的投资收益获得的时间和获取的回报率均是一致的。

3. 投资收益分成（附带权益）

这是指在项目成功完成退出时，领投从合投项目净收益中按一定比例提取。

（六）股利制众筹的收益方式

根据当前国内外股权众筹市场发展现状，可将股权制众筹投资的收益方式划分为股权式、收益权式、组合式三种类型。

1. 股权式

股权式是指融资方向合格投资者出让一定比例的股份，从而获得资金。投资者通过出资，以他人代持或成立专项投资该公司的有限合伙企业等形式，直接或间接地成为公司股东，享有股东权利。因此，股权众筹的股东以出资额为限承担有限责任，在项目清算时，须在债务偿清后才有可能收回股东出资的部分。股权式的收益采取股东分红、配送股权等方式，一般由无风险利率收益与风险溢价构成。需要注意，股权众筹的风险溢价一般相对较高，因此收益较高，属于高风险、高回报。

2. 收益权式

收益权式是指融资方在股权众筹平台上发布融资项目，将其融资目标额相对应的股权比例质押给股权众筹平台，投资者对项目进行投资。融资完成后，投资者并不直接或间接成为融资企业的股东，相应地也不获得融资企业的股份，而是以其出资额所占股份比例获得股权收益，即投资者仅有收益权，而没有其他的股东权利。其本质是发起人与投资者之间关于收益权让渡的一份契约。

与股权式相比，收益权式的特点是投资者不参与融资企业的经营管理，不享有股东权利，投资者看重的是较好的收益，不稀释融资企业的股份。换言之，可以保持完整的项目所有权，无烦琐的登记注册制度，无低效的投票决策制度。收益权式适用于对项目收益的估值有一定的依据，稳定但成长性较低的项目，如房地产、实体店项目，以及一些影视项目等。

3. 组合式

组合式是指融资方以股权制众筹为主，同时将奖励制众筹、债权制众筹、募捐制众筹中的某些要素融入众筹架构实现的融资，投资者获得相应的股权收益及其他形式的回报。一方面，组合式比纯粹的股权众筹对投资者更有吸引力；另一方面，组合式可以满足融资方融资需求之外更多元化的需求，如产品的营销需求和企业承担社会责任的需求等。投资者除了获得股权收益外，还可能获得产品、感谢信、利息等其他类型的收益。

股权制众筹的组合式类型具体包括：股权众筹、奖励众筹、债权众筹和募捐众筹的组合体，股权众筹、奖励众筹和债权众筹的组合体，股权众筹、奖励众筹和募捐众筹的组合体，股权众筹、债权众筹和捐赠众筹的组合体，股权众筹和奖励众筹的组合体，股权众筹和债权众筹的组合体，股权众筹和募捐众筹的组合体。

四、债权制众筹

（一）债权制众筹的概念

债权制众筹是指投资者对项目或公司进行投资，获得其一定比例的债权，未来获取利息收益并收回本金。我国债权众筹的基本运行模式大致为融资者将其项目展示在众筹平台上，投资者根据众筹平台上的相关信息判断是否投资。如果投资者进行投资，融资者应在一定期限归还本金及利息。

债权制众筹与公司发行债券融资有相同之处，即投资者都拥有相应的债权。两者的本质区别在于企业必须达到一定的信用和资产标准，并经申请审核批准后才可发行债券，而债权众筹者的融资并不需要向有关部门申请，也不需要通过单独的发行程序，只要通过债权众筹平台的审核即可进行融资。由此可知，相对于企业发行债券融资的前提条件，我国债权众筹程序相对较为简便。正是因为简便，债权众筹一定程度上易演变成一把"双刃剑"。

（二）债权制众筹的特征

在我国，债权众筹主要有门槛低、宽泛性、创意性、高效性和风险性五个特点。

1. 门槛低

在我国，个人或企业向银行贷款都需要提供与贷款金额等价值的抵押或者担保，并经过银行系统的审核才符合贷款的基础条件。但是，我国的小微企业或初创企业一般较难达到银行的贷款标准，无法顺利实现贷款。我国债权众筹则不需要各融资者达到银行的"高标准"，因此相对于银行贷款来说，债权众筹有着门槛低的特点。

2. 宽泛性

债权制众筹的宽泛性体现在筹资者和投资者两方面。我国债权众筹中融资双方展现出一对多的形式，即一个筹资主体面对多个投资主体。在"互联网+"的背景下，债权众筹对于双方主体并无特别要求，使得双方主体所处的社会阶层、工作场所、生活居住地等千差万别。以双方参与金融活动门槛低为基础，再以"互联网+"为主要的参与手法，使筹资双方的宽泛性更加明显。

3. 创意性

创意性可理解为具有可收益性或者具有可发展性，其主要表现在债权众筹平台中所提供的项目或者产品上。债权众筹者大多是缺乏资金流、具有前瞻性、能够提供具体实施方案的个人或者企业，对于这类人或企业而言，创意是其生存发展的唯一出路。因此，债权众筹者融资的项目或产品必须是极具创意的，才能吸引投资者投资，才能实现债权众筹行业的可持续发展。

4. 高效性

目前我国债权众筹完全依赖于互联网而存在，是结合大数据背景和以互联网为根基而形成的一种"新生事物"，而且互联网的特点本身便是高效便捷。相对于线下的各种交易，以互联网为支撑，债权众筹变得尤为高效。

5. 风险性

风险主要表现在当前我国债权众筹金融不像传统已进入成熟稳定阶段的金融业务，其正处于转型阶段。一方面，要对线下的筹资者提交的资料进行全面的审核，对于众筹平台而言是难以实现的，债权众筹平台尽职调查的缺失，使其仅靠线上提供的电子数据进行汇总分析，并对客户进行信息真实性和还款能力进行审核，这成为一个风险来源。另一方面，债权众筹金融没有系统的规则和监管体系对其进行监管，很容易触碰非法集资的红线或产生其他法律风险。

（三）债权制众筹的步骤

债权众筹项目平台的基本运作流程主要涉及项目发售申请、联合尽调、项目复审、签署协议、核准发行、认购申请、项目成立、结算交割和收益兑付。

①项目发售申请。发售人（筹资者）通过有具备推荐资质的推荐机构向众筹平台报备拟发售的项目。

②联合尽调。众筹平台项目发行部对项目进行初审，并确定是否进行发售立项，若确定立项，则由推荐机构组织联合尽调，并准备发售材料。

③项目复审。提交项目发行材料给众筹平台项目发行部进行复审，若复审通过，则进入发售审核内部程序，并进行最终发售审核。

④签署协议。众筹平台项目发行评审委员会做出是否准予发行的决定，并进行公告，若发售审核通过，发售方向众筹平台缴纳审核费后，及时签订《项目方与交易所签署发售服务协议》等文件。

⑤核准发行。众筹平台发布项目发售广告、认购风险提示及认购指南。

⑥认购申请。投资人注册会员并通过合格投资人审核后，进行认购。

⑦项目成立。众筹平台根据项目成立条件发布项目成立公告，达不到项目成立条件的，宣告发售失败，即众筹失败，认购资金全部退还投资者。

⑧结算交割。在项目众筹成功后，众筹平台将相应款项交给发售方。

⑨收益兑付。众筹平台根据项目收益兑付方式做好收益及时兑付结算等工作。

（四）债权制众筹与股权制众筹的区别

1. 融资主体及形式不同

相较而言，债权融资的主体更具有广泛性，融资形式及融资链条更为复杂。股权众筹的主体为企业，债权制众筹的主体除了企业，还包括自然人、政府机构以及非商业组织，范围更广。债权制众筹的借款人常常被视作"金融消费者"而非"证券发行人"，然而，股权制众筹的融资人常常被视作"证券发行人"，并受到一定的规制。从众筹形式上看，股权制众筹的形式主要体现为投资合同；而债权制众筹的形式可以是一切与债权交易相关的形式，目前已经存在的形式有借贷合同、债券、票据贴现和资产证券化等。基于融资主体和融资形式的具体情况如表6-6所示。

表6-6　基于融资主体和融资形式的具体情况

维度	种类	
	债权制众筹	股权制众筹
融资主体	企业、自然人、政府机构以及非商业组织	企业
众筹形式	一切与债权交易相关的形式	投资合同

因此，债权融资更易被异化，从而带来更为复杂的监管问题。部分国家或者地区首先许可股权制众筹，而未对债权制众筹予以明确许可，如新西兰、日本、澳大利亚、德国等。在上述国家中，债权制众筹要么被明确禁止，要么仅可通过"银行放贷+债权转让"的方式进行。

2. 投资者主要风险不同

基于投资者权利内容和对众筹平台的依赖两个角度，投资者主要风险不同，具体情况如表6-7所示。

表6-7　基于投资者权利内容和对众筹平台的依赖的投资者主要风险具体情况表

维度	种类	
	债权制众筹	股权制众筹
投资者权利内容	易变现 权利的确定性	不易变现 对融资者的依赖大
对众筹平台的依赖	依赖性强	依赖性弱

从投资者权利内容角度，股权制众筹的投资者相较债权制众筹的投资者风险更大，股权制众筹投资者权利的实现有赖于公司的运营，收益具有或然性。因为股权制众筹领域无相应的二级市场，且投资者一般具有主体资格及金额限制，所以不易变现。股权制众筹对融资者信息披露的真实性、全面性、持续性及可理解性要求更高，对公司管理层的忠诚运作及资信实力依赖更大。债权制众筹投资人所享有的债权则更为简洁，具有确定性、可预知性以及相对股权的优先受偿性等特征。因此，仅从权利内容角度，股权投资无疑比债权投资风险更高，具有更大的不确定性且变现更难。

从对众筹平台的依赖角度，债权投资者受到来自平台的风险更大，债权投资人对平台的依赖更甚。投资前，投资人依赖平台风控体系筛选项目、确定价格；投资后，依赖平台及平台合作机构转移资金，处理回款；债务人违约时依赖平台追收债务。所以，在平台倒闭的情况下，投资人几乎难以以一己之力就自己的小额投资对借款人追讨投资。此外，平台日常管理的客户资金较股权制众筹规模更大，投资者的预存资金或未及时提现的还款、借款人融资成功而未及时提现的资金，均有被平台挪用或受其破产影响的风险。而股权制众筹投资者尽管也依赖平台筛选项目、控制风险，但是平台倒闭对其股权的享有与行使的影响较小，同时，平台客户资金的日常沉淀规模有限，被挪用的风险更低。

3. 融资人义务不同

股权众筹人的信息披露义务更重，披露内容要求更全面，除了名称、住所及组织形式之外，还包括公司的持股结构、治理情况、经营情况描述、商业计划、发起人的主要风险、财务状况以及资金目的和用途、管理层背景及违法记录等。鉴于股权的持续性及性质，公司对投资者的义务也具有持续性（重点是持续披露义务），从而确保股东权利的行使。

相对股权制众筹而言，债权制众筹投资者投资风险更小，债务人信息披露范围有限。例如作为金融消费者的自然人借款人有隐私权，可以不予披露姓名等。企业融资者的信息披露义务也主要在融资时，多不负担股权众筹人的持续披露义务，债权人对企业经营也不享有监督权和知情权，无权影响融资主体治理机制与控股结构等。

4. 众筹平台义务不同

债权制众筹平台建立详尽的客户资产管理体系、落实反洗钱措施、制定信息报告制度以及"生前遗嘱"等，而股权制众筹平台侧重于提醒投资者进行适当性审查义务、对融资人的尽职调查义务、投资风险教育与警示义务，以及建立投资者之间、投资人与融资人之间的沟通机制等。

（五）债权制众筹与 P2P 借贷的关系

P2P 借贷指通过网络平台的借贷双方之间点对点的借贷，从双方权利、义务的关系形式上来看，其体现为借款合同，从集资投资形式来看，借贷双方以点对点形式结合。随着债权制众筹的发展，其从最初的多发生于自然人之间的借贷到公司债券众筹和票据融资，投资形式也从最初的点对点对接到集合投资计划开始出现。债券制众筹与 P2P 借贷存在着相同点和不同点。

1. 债权制众筹和 P2P 借贷的相同点

债权制众筹和 P2P 借贷的相同点主要体现在交易平台性质相同、盈利模式相同和交易产品性质相同等方面。

①交易平台性质相同。根据互联网金融监管要求，两类平台都只能作为信息中介，不得从事自融、向出借人提供担保、吸收公众存款及设立资产池业务。

②盈利模式相同。因为债权制众筹和 P2P 借贷的网络平台提供知识、信息中介服务，所以收入都是借贷双方成交之后的手续费。

③交易产品性质相同。从本质而言，债权制众筹和 P2P 借贷交易的产品都是债权，资金的出借人获得的都是债权到期时扣除手续费后的利息收入。

2. 债权制众筹和 P2P 借贷的不同点

债权制众筹和 P2P 借贷的不同点主要体现在债务主体不同、债务规模不同和对应关系不同等方面。

①债务主体不同。P2P 借款的借款主体是自然人；债权制众筹的借款主体是企业。

②债务规模不同。根据《网络借贷信息中介机构业务活动管理暂行办法》的规定，同一自然人在同一 P2P 借贷平台的借贷余额不可超过 20 万元，在不同 P2P 借贷平台的借款总额不可超过 100 万元；债权制众筹平台的债务人是企业，因此借款标的在大多数情况下高于此限制。

③对应关系不同。由于众筹是众人筹集资金，所以一笔借款项目对应的是众多的个人投资者，是一对多的关系；P2P 的双方都是自然人，因而是一对一的债权债务关系。

第三节　我国众筹存在的问题及应对措施

众筹的出现为我国小微企业和个人提供了新的融资渠道，不仅帮助小微企业解决"融资难"的问题，也推动了金融创新，引起了社会各界的关注。但众筹在我国发展的时间较短，还存在一定的问题，需针对性地落实一些合理的措施。

一、我国众筹发展现状

（一）发展阶段

在我国，曾出现过"众人咖啡""一起咖啡"等与众筹类似的模式，但现代意义上的互联网众筹自 2011 年才开始起步。国内众筹行业的发展历程经过了三个阶段。

1. 萌芽起步阶段（2011—2013 年）

2011 年 7 月，我国国内第一家众筹平台"点名时间"正式上线。2013 年，界面设计和运营模式都与众筹网站 Kickstarter 非常相似的中国版"众筹网"上线。

2. 爆发增长阶段（2014—2015 年）

2014 年 7 月 1 日，我国电商平台京东涉足金融，其网站推出众筹模块"凑份子"。一时间，互联网巨头电商纷纷创建众筹平台或者投资众筹领域，各式众筹平台在我国互联网市场中兴起。这一阶段我国众筹产业发展迅速，上线平台数量较多。

3. 行业洗牌阶段（2016 至今）

从 2016 年开始，除了互联网巨头平台之外，其余中小众筹平台在各细分领域开始崭露头角，开拓新的业务模式，出现各个细分领域的标杆。2017 年是深度洗牌的一年，监管趋严、规范发展的金融监管大背景下，凑热闹、赶风口、投机、套利、伪众筹等的众筹平台逐步退出市场，行业野蛮生长的局面已基本结束。根据人创咨询有限公司的数据统计，我国的众筹平台数量呈不断下降趋势，截至 2020 年 1 月，全国处于运营状态的众筹平台仅 66 家，与 2019 年同期相比减少 79 家，下降率为 54%，与 2018 年同期相比减少 219家，下降率达到 77%，如图 6-9 所示。

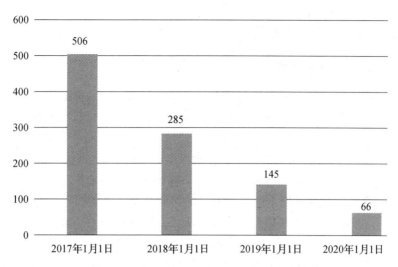

图 6-9　2017 年 1 月—2020 年 1 月我国处于运营状态的众筹平台统计

一方面，众筹平台数量结束野蛮增长；另一方面，中国的众筹项目数量和金额不断跃升。2021 年 12 月 Kickstarter 平台与协办方 Bay Power 中科数字前海孵化器在上海公布了 2021 年中国项目在 Kickstarter 众筹核心数据，2021 年中国项目在 Kickstarter 平台上线 959 个项目，众筹资金共计 9 500 万美元，平均众筹金额约 9.9 万美元；2021 年 Kickstarter 众筹额度最高的前十个设计 & 科技项目，其中有 7 个来自中国，分别是 Ecoflow 便携式家用电源（1 218 万美元）、Elegoo3D 打印机（474 万美元）、YesWelder 五合一焊机和切割机（356 万美元）、Bluetti 家用储能电源（312 万美元）、Polaris 智能三脚架云台（268 万美元）、Gamma 石墨烯夹克（249 万美元）、xTool M1 激光切割机（248 万美元）。

（二）存在困难

新冠肺炎疫情带动了全球线上消费市场，众筹市场也不例外。国内电商都正在或想尝试拓展海外市场，而海外众筹成为数字营销的一环，正吸引着更多品牌方加入其中。但是从前端到后端，我国的中小企业仍然面临以下困难。

1. 获客成本高

引流成本增高，也就要求品牌在数字营销上的多方面能力，从众筹到 TikTok 等更多尝试；利用互联网用户运营思维提高单个用户的终身价值。

2. 跨境物流缺乏选择能力

要考虑具体如何实现商品在全球更短的交付时间以及更快速的退换货服务，并同时降低物流及仓储成本。

3. 售后服务本土化有难度

针对维护成本高的科技产品，要考虑如何为用户提供当地线下的技术支持、售后服务，真正实现用户与品牌的闭环。此外还有不同关税及隐私政策调控的壁垒，随着不同国家政策变化，要面对关税收紧、数据隐私保护管控等各种问题，都会对售后服务本土化的开展产生不同的影响。

二、我国众筹存在的主要问题

（一）相关法律制度不完善

在我国，由于众筹出现的时间相对较短，且法律存在一定的滞后性，对众筹行业并未出台专门的法律进行规范，众筹的法律地位不明确，法律界限也较为模糊。目前，我国涉及众筹监管的相关法律有《中华人民共和国公司法》《中华人民共和国证券法》《中华人民共和国民法典》等，而法规主要是《私募股权众筹融资管理办法（试行）》。然而，这些法律法规在实际案例中很难具体应用，对于一些行为是否违法违规并不明确。

2015 年，《关于促进互联网金融健康发展的指导意见》中首次明确指出"股权众筹是指通过互联网形式进行公开小额股权融资的活动"，具有公开、小额、大众的特征。股权众筹一旦通过互联网发行，就已面向社会公众，也存在一定的"广告"效应，从本质上已经符合证券公开发行的"不特定对象"条件，应当属于公开发行。但是，这与我国证券法相违背，操作过程中界限模糊，容易成为非法集资。由此可见，项目发起人的法律地位模糊，投资者和平台的切实利益无法得到切实保障，在一定程度上阻碍了众筹业的发展。

（二）众筹平台的监管缺失

当今世界，如何对众筹进行有效监管一直是亟待解决的难题。虽然众筹在我国依然处于初创阶段，但互联网的飞速发展使众筹平台在一段时间内不断涌现，竞争十分激烈。如今在运营中的众筹平台数量虽然大幅减少，但对平台的监管依然存在提升的空间。

首先，外部缺乏统一的平台市场准入标准和监管机构，内部对众筹发起人和项目的门槛设置过低，审核机制不完善，导致众筹平台乱象横生。2019 年 11 月 30 日，一则《卧底水滴筹：医院扫楼，筹款每单提成》的报道，曝光"水滴筹"在各个医院病房引导患者发起筹款。水滴筹线下推广团队的扫楼视频让舆论哗然，几乎引起公众的信任崩塌。

其次，众筹项目的资金使用责任并不明确。一旦项目众筹成功，平台将资金交给项目发起人，投资者和平台都无权干涉资金的具体使用和流向。众筹平台存在大量投资者的沉淀资金，这部分资金存在被平台挪用的风险。外部监管不到位，内部监管缺失，导致一些平台"卷款跑路"事件也在现实中多次上演。

（三）众筹项目知识产权的侵权

众筹的项目不一定是完整的产品或者方案，部分众筹项目仅仅是一个创意或者设计，即半成品，还不符合知识产权保护的条件。在平台发布项目信息时，一旦被他人剽窃，难以得到知识产权相关保护。即使是完整的项目产品方案，筹资者在平台发布项目信息时，为了吸引投资者的目光，需将项目全方位展示，侵权行为也极易发生，从而导致商业秘密的泄露。如为了保护知识产权而减少关键细节，虽然在一定程度上保护了产品知识产权，但投资者无法了解到项目核心内容，又会投资热情减退。

三、我国针对众筹行业问题的应对措施

（一）健全相关法律法规

众筹行业要在我国稳健发展，就必须健全相应的法律法规，加快推进众筹行业的立法

工作。制定专门的法律法规对众筹各参与主体的权利、义务进行明确规定，划分众筹项目的融资金额，严格区分众筹与非法集资类犯罪的界限，达到风险防控的目的。虽然《关于促进互联网金融健康发展的指导意见》中明确了股权众筹的定义，但对于融资的"小额"金额到底是多少并未有明确说明，且股权众筹仅仅是众筹的模式之一，并不能规范整个众筹行业。众筹行业在我国属于新兴行业，政府应当结合我国众筹业发展现状，加快制定相关法律法规，使众筹领域有法可依，推动众筹行业的发展。

（二）加强众筹平台监管

1. 设置准入门槛，降低众筹风险

众筹行业在我国飞速发展，各类平台层出不穷，必须建立市场准入制度，设置准入门槛，从源头上对平台进行监管，降低众筹风险。政府可根据不同的众筹模式设置不同的准入标准，例如针对股权类众筹平台，相关部门对该公司的注册资本、员工证券从业资质以及财务报表等进行综合判断，符合标准的由有关部门颁发经营许可。

2. 明确专业的监管机构，提高行业水平

众筹本身具有大众性、多样性等特点，可涉及影视、科技、音乐、游戏等多个行业。专业的监管机构对各类众筹进行监管，并进行统一备案登记，取消各类行业协会登记的职能，以简化流程。

3. 建立信用评级系统，促进信息对称

在众筹活动中，投资者的融资信息获得渠道较少，对项目筹资者的相关信息较为陌生，信息的不对称性导致众筹项目的融资周期拉长。因此，应基于中国人民银行征信中心和第三方征信机构的基础数据，建立我国的众筹行业信用评级系统，缓解信息不对称的问题。

（三）普及众筹知识

由于众筹属于新兴事物，我国大部分的投资者对众筹的相关风险认识不到位，多数投资者在众筹平台进行盲目跟风投资，本身并不了解众筹项目的风险。因此，各众筹平台及主管部门要加强众筹知识宣传，通过播放视频、现场宣讲等方式帮助投资者学习交流。众筹平台自身可对投资者进行风险承受能力测试，根据测试结果匹配合适的众筹项目。同时，有关部门应加强知识产权方面的知识普及，对众筹主体进行知识产权普法教育，加强筹资者和平台的知识产权保护意识，让广大公民做到知法守法，不侵犯他人知识产权。

本章小结

本章主要围绕众筹的知识点展开，首先通过介绍众筹的基本概念、功能、众筹主体，阐述众筹的流程和盈利模式，重点介绍其运营模式，主要分为奖励制众筹、募捐制众筹、股权制众筹、债券制众筹四种类型。从概念、特征、步骤等梳理其差异。最后分析我国众筹的发展现状，针对我国众筹存在的主要问题来阐述我国众筹问题的应对措施。

思考与练习

一、名词解释

众筹　奖励制众筹　股权制众筹

二、选择题

1. 下列选项中，不属于众筹主要包括的参与方的是（　　）。

A. 平台运营方　　　　B. 投资人　　　　　　C. 消费者　　　　　　D. 筹资人

2. （　　）指项目投资者在众筹平台中投资项目，并最终会得到项目的产品或者服务。

A. 奖励制众筹　　　　B. 募捐制众筹　　　　C. 股权制众筹　　　　D. 债权制众筹

3. 众筹方式和其他融资方式具有显著的不同，以下不属于众筹特征的是（　　）。

A. 普惠性　　　　　　B. 门槛低　　　　　　C. 网络化　　　　　　D. 封闭式

三、简答题

1. 简述众筹的概念。

2. 简述众筹的四类运营模式。

3. 简述募捐制众筹的特征。

4. 简述股权制众筹与债权制众筹的区别。

5. 简述我国众筹的主要问题。

第七章　供应链金融

🔔 学习要点及目标

- 理解供应链金融的概念和特征
- 理解供应链金融的模式
- 理解供应链金融的模式和发展趋势

🔔 课程思政切入点

供应链金融缓解中国小微融资之困、助力乡村振兴战略

🔔 核心概念

供应链，供应链金融，供应链金融业务模式

🔔 材料导读

顺丰供应链金融

顺丰成立于1993年，专注于服务质量，建立起庞大的信息采集、市场开发、物流配送等服务网络，因而发展迅速，成为国内快递行业的巨头企业之一。2015年年初，顺丰快递公司设立了金融服务事业部，自此揭开了顺丰参与供应链金融的序幕。顺丰现发展较为成熟的供应链金融产品和服务有四项，即仓储融资、保理融资、订单融资和顺小贷。

下面以顺丰金融信贷产品中的仓储融资为例进行介绍。

2014年10月，顺丰金融服务事业群的仓储融资产品开始内部测试，2015年1月正式设计完成，3月上线推出。2015年3月，顺丰全国上百个仓库为电商商家提供分仓备货，同时推出顺丰仓储融资服务。优质电商商家如果提前备货至顺丰仓库，不仅可以实现就近发货，还可凭入库的货品拿到贷款，融资金额在100万~3 000万元，解决资金短缺的问题，并可随借随还，降低客户的融资成本。庞大的物流配送网络，密集的仓储服务网点，再加上新兴的金融贷款业务，形成完整的物流服务闭环。这一模式极大地提高了客户的服务满意度和客户黏性。顺丰仓储融资模式如图7-1所示。

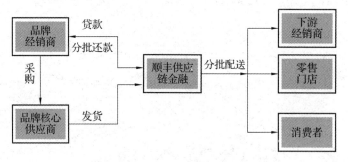

图7-1　顺丰仓储融资模式

　　物流公司参与供应链金融的优势在于，收集了海量的客户收发货物信息，已经能监督货物在途状态。以顺丰来说，其物流系统包括顺丰速运、顺丰仓配、顺丰供应链等；信息流和资金流系统包括历史交易数据、支付交易数据、物流系统信息、征信引入等；商流系统包括顺丰优选、顺丰家、顺丰海淘等。实现了物流、信息流、资金流和商流的"四流合一"，为顺丰参与供应链金融业务奠下了坚实的基础，"四流合一"也是供应链管理中的重要内容。

　　2020年以来，顺手赚、顺手付等金融产品相继面世，四大供应链金融产品稳定发展，顺丰的金融业务正在稳步推进，各项产品的成长速度也在加快，这些创新的产品和服务必将带动顺丰更广阔的业务发展。

　　　　　　　　　　　　　　　　　　　　　　　　（资料来源：根据相关网络资料整理）

第一节　供应链金融概述

一、供应链的概念及特征

（一）供应链的概念

　　供应链（Supply Chain）的概念并不是一成不变的，而是开放性的，其内涵和外延随着经济技术水平和相关研究的不断发展而不断深化和拓展。供应链是一种流程，也可以看作一种由一系列企业组成的价值增值链系统，是一种把环节中多个主体联结在一起的组织结构。美国供应链协会对供应链的定义是："供应链是目前国际上广泛使用的术语，涉及从供应商的供应商到客户的最终产品生产与交付的一切努力"。

　　《中华人民共和国国家标准物流术语》（GB/T 18354—2021）对供应链的定义是："生产及流通过程中，围绕核心企业的产品或服务，由所涉及的原材料供应商、制造商、分销商、零售商直到最终用户等形成的网链结构。"按照核心经营领域来对供应链类型进行划分，以农产品为核心经营的就属于农产品供应链。

　　供应链并不只是简单地指把产品从供应商那里送到消费者手中这一过程，在这一过程中还存在增值，位于供应链上的每一家企业包括消费者都能从中获益。因此，供应链也可以说是涵盖整个产品运动过程的增值链。供应链包括物资流通、信息流通、资金流通以及商业流通四个流程，如图7-2所示，四个流程有各自不同的功能及不同的流通方向。

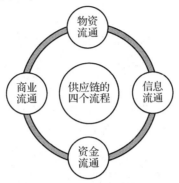

图7-2 供应链流程

1. **物资流通：物资（商品）的流通过程**

这是一个发送货物的程序。该流程的方向是由供货商经由厂家、批发与物流、零售商等指向消费者。一直以来，物资流通具有非常重要的地位，很多企业也将低成本发送商品作为重点课题。

2. **信息流通：商品和交易信息的流通过程**

信息流是在供货商和消费者之间进行双向流动的。过去人们注重物资流通，而对信息流比较忽视，但随着业务越来越复杂和细分，信息流通变得越来越重要。

3. **资金流通：货币流通过程**

资金流通是企业正常运转的保障，对于建立完整的经营体系极为有利。资金流通的方向是由消费者经由零售商、批发商与物流、厂家等指向供货商。资金流通主要包括资金的及时回收、投资及融资等。

4. **商业流通：买卖的流通过程**

这是接受订货、签订合同等的商业流程。商业流通的方向是在供货商与消费者之间双向流动。在互联网时代，商业流通形式变得多样化，店面销售、上门推销、网络销售与线上销售线下服务逐渐兴起。

一般来说，商业流通是动机和目的，资金流通是条件，信息流是手段，物资流通是过程。"四流"互为因果关系。商业流通是物资流通、资金流通和信息流通的起点，也可以说是后"三流"产生的原因，一般情况下，没有商业流通就不太可能发生物资流通、资金流通和信息流通。反过来，没有物资流通、资金流通和信息流通的匹配和支撑，商业流通也不可能达到目的。

（二）供应链的特征

供应链是一个网链结构，由围绕核心企业的供应商、供应商的供应商和用户、用户的用户组成。每个企业是一个节点，节点企业和节点企业之间是一种供需关系。供应链的这种结构决定了其具有以下特征。

1. **复杂性**

供应链节点企业组成的跨度（层次）不同，供应链往往由多个、多类型甚至多国企业构成，供应链结构模式比一般单个企业的结构模式更为复杂。

2. 动态性

供应链会因企业战略和适应市场需求变化而发生变化，它随时处在一个动态调整过程中，供应链中包含的节点企业也会发生变化，这就使供应链具有明显的动态性。

3. 面向用户需求

供应链的形成、存在、重构，都是基于一定的市场需求。并且在运作过程中，用户的需求拉动是供应链中信息流、物流、资金流运作的驱动源。

4. 交叉性

节点企业可以是这个供应链的成员，同时又可以是另一个供应链的成员，众多的供应链形成交叉，增加了协调管理的难度。

现如今，企业之间的竞争早已变为供应链之间的竞争。在这一背景下，企业必须和其他企业联合起来，以供应链的形式与其他供应链展开竞争，而供应链的竞争则少不了供应链金融的支持。

二、供应链金融的概念及特征

（一）供应链金融的定义

在国内，2006 年 6 月，深圳发展银行首次提出了供应链金融的概念，认为供应链金融是指在对供应链内部的交易结构进行分析的基础上，运用自偿性贸易融资的信贷模型，并引入核心企业、物流监管公司、资金流导引工具等的风险控制变量，对供应链的不同节点提供封闭的授信支持及其他结算、理财等综合金融服务。与此同时，深圳发展银行还推出了多款供应链金融产品。其他银行机构纷纷效仿，相继推出具有各自特色的供应链金融产品。自此以后，供应链金融在国内开始迅速发展。

关于供应链金融（Supply Chain Finance，SCF）的概念，国内普遍认为："供应链金融是指以核心客户为依托，在真实贸易的背景下，运用自偿性贸易融资方式，通过应收账款质押登记、第三方监管等手段封闭资金流或者控制物权，以此来为供应链上下游企业提供的综合性金融产品和服务。"换句话说，供应链金融是一种独特的商业融资模式，它依托核心企业，对单个企业或多个企业提供全面的金融服务，从而稳固供应链上核心企业与上下游企业之间的产供销链条，降低运作成本，使银行、企业和供应链和谐共存，持续发展。供应链金融通常为"M+1+N"模式，核心企业为"1"，供应商为"M"，分销商或客户为"N"，核心企业为供应商和分销商或客户提供综合金融。

在国外，Timme 等（2000）学者认为，供应链上的参与方与为其提供金融支持的处于供应链外部的金融服务提供者可以建立协作关系，而这种协作关系旨在实现供应链的目标，同时考虑到物流、信息流和资金流的变化和供应链上参与主体的经营，这一过程称为供应链金融。Hofmann（2005）认为，供应链金融处于物流、供应链管理、合作、金融的交集。供应链金融是一种方法，这种方法让供应链中多个组织，包括外部服务提供商，通过计划、指导、控制组织间的资金流来共同创造价值。Aberdeen（2007）根据调查报告，认为供应链金融的核心问题就是重视供应链的融资和结算成本，并设计出对供应链成本流程的优化方案。Lamoureux（2007）认为，供应链金融是一种在核心企业主导的企业生态圈中，对资金流通的可行性和融资成本进行系统优化的过程。这种优化主要是通过对供应链内的信息流进行归集、整合、打包和利用的过程，注入成本分析、成本管理和各类融资手段而实现的。以上这些界定的特点都指出了供应链金融通过供应链企业与金融服务提供者之间的合作关系，能够优化供应链资金流、降低供应链财务成本。

结合国内外对供应链金融概念的理解，可以将供应链金融看作集物流运作、商业运作和金融管理于一体的管理行为和过程。它将贸易中的买方、卖方、第三方物流及金融机构紧密地联系在一起，实现了用供应链物流盘活资金，同时用资金拉动供应链物流的作用。在这个过程中，金融机构如何更有效地嵌入供应链网络，与供应链经营企业相结合，实现有效的供应链资金运行，同时又能合理地控制风险，成为供应链金融的关键。

（二）供应链金融的特点

供应链金融的特点概括起来主要包括以下几个方面：

1. 参与主体多元化

供应链金融的参与主体不仅包括传统信贷模式中的金融机构与融资企业，还增加了核心企业和物流企业。作为新增的主体，核心企业和物流企业在供应链金融中发挥着重要的作用。核心企业为供应链金融提供信用支持，它的运营状况对供应链的运行情况有至关重要的影响；物流企业则扮演"中介者""监管者"和"信息中心"的角色，不仅为中小企业提供专业与定制化的物流服务，还利用质押物为中小企业做担保，除此之外，还为银行提供仓储监管、质押价格评估和拍卖等中间服务，充分发挥其在物流管理、资产设备以及人才上的优势，弥补了银行等金融机构在质押物监管等方面的缺失。

2. 具有自偿性、封闭性和连续性的特点

自偿性指的是企业还款的来源主要是贸易所得的货款。通过操作模式的设计，还款企业的销售收入会自动导入银行的特定账户。

封闭性指的是银行等金融机构通过设置封闭性贷款操作流程来保证款项专用，借款人不能用于其他用途。

连续性指的是同类贸易行为在上下游之间会持续发生，在此基础上的授信行为也可以反复进行。

3. 突破了传统的授信视角

供应链金融的授信针对的是整个供应链，授信方式为"1+N"模式，即围绕核心企业寻找供应链中客户的资金需求，大大降低客户的开发成本，增加企业对银行的依存程度。

不仅如此，供应链金融还改变了银行对中小企业的授信方式，使中小企业融资的门槛变低。银行等金融机构不再考察中小企业的静态财务报表，而考察其在供应链金融中的交易背景。

4. 风险相对可控

供应链金融服务要求资金进行闭合式运作，也就是第二点所说的封闭性。供应链金融要对资金流、贸易流和物流进行有效控制，使融资运用合理，将其运用在可控范围之内，按照具体业务逐笔审核发放，并及时回收与监管现金流，达到风险控制的目标。也就是说，在供应链金融服务过程中，资金流、物流都应该按照合同规定的模式来流动，这无疑减少了风险。

三、供应链金融的参与主体

一般来说，供应链金融中的参与主体分为四大类：资金需求主体、金融服务提供商、风险承担者和交易风险管理者。

（一）资金需求主体

在商业交易过程中，无论哪种业务模式，供应链金融是基于交易主体的需求而产生的，故而，供应链金融实施的起始点便是有需求的一方，即资金需求主体。资金的需求主体可以是供应链节点上的企业，包括核心企业和上下游配套企业。

通常在一条供应链所涉及的企业当中，总会存在一家规模较大、实力较强，能够对整个供应链的物流和资金流产生较大影响的企业，而这家企业的信誉、资金实力都有较强的保障，称为核心企业。在供应链金融服务中，核心企业可以为上下游中小企业融资提供相关的担保。一般而言，配套企业多数在充当供应链金融服务的需求者，主要是其在供应链中处于弱势地位，资金容易不足。

（二）金融服务提供商

金融服务提供商是供应链金融中直接提供金融资源的主体，即特定的金融服务机构、商业银行及投资者，甚至还会涉及非金融支付机构，比如支付宝、财付通等企业。狭义来看，金融服务提供商是所有致力于为其他机构的投资及财务需求提供金融支持的机构。广义看来，金融服务商包括所有有结算合同的机构，而非必须是链上的契约方，这就包含了金融服务商、银行或者保险公司的资本投资、证券投资或者风险管理等，甚至代理商或者咨询企业（提供信息及咨询服务）也属于广义上的金融服务提供商。

（三）风险承担者

一般而言，风险承担者可以是供应链金融中直接提供金融资源的主体，也可以是在资金需求者融资过程中承担担保责任的其他利益相关者。风险承担者以前者为主，主要包括商业银行、投资机构、保险公司、担保/保理机构以及对冲基金等，这类参与主体一般发挥着以下三种职能。

第一，直接促使资金放贷和信用增强，要实现这一点需要确立供应链金融业务标准，否则这些机构将面对较大风险，因为它们并不直接介入供应链的实际运行，所以，只有确立标准，才能使它们及时监控交易的细节与过程，把握可能存在的风险。

第二，后台与风险管理。虽然在供应链金融中有交易风险管理者管理风险，但是由于金融机构是最终的风险承担者，所以，它也需要有风险管理体系和手段，这包括交易文件的管理，以及将信用与其他风险管理者结合起来的运作框架等。

第三，融资产品条款的具体安排，包括金融产品定价或收益设计等，特别是如何通过供应链金融体系的建立，使供应链参与各方获得相应的利益和回报。

（四）交易风险管理者

交易风险管理方要做的事情是将买卖双方的交易数据、物流数据等与融资活动相关的数据整合起来。风险管理方首先需要对交易双方的资质进行分析和审核，然后要整合交易中的物流数据，并甄别这些数据的完整性和可靠性。因此，风险管理方需要具备物流管理的专业知识，以此来正确把握物流业务的运行状态，避免出现信息偏差。

在供应链金融中，信息技术和大数据是保证物流信息与融资活动完美结合的技术基础。风险管理方需要通过大数据技术，对收集来的海量数据进行综合性的统计分析。根据交易的特点、产品的性质等进行数据分析，把握交易的特征以及各参与主体的行为状态，以此全面了解供应链的运行状况、控制融资风险。在这个过程中，它还要监控真实交易的过程、监控产品的状况，尽量控制融资过程中可能发生的风险。

需要注意的是，供应链金融平台提供方有时会同时充当风险管理方，这种情况在电商零售领域比较常见。但是在产业供应链中，上下游企业间的交易流程和物流信息更加复杂，有实力的平台又太少，所以很多时候分别由不同的主体来充当平台提供方和风险管理方。这些主体有的时候可能是专门的服务机构，如物流公司、商贸公司，有时候可能是供应链中的核心企业。

四、供应链金融与传统金融的异同

供应链金融与传统金融都以满足融资需求为目标，但供应链金融更为灵活，能够为企业提供个性化解决方案，两者之间的不同主要有以下几点。

（一）服务对象有所不同

传统金融的主要服务对象是大型企业、核心企业或极具潜力的企业，中小企业获得融资很难。

供应链金融的主要服务对象是供应链中的核心企业以及上下游的中小企业。金融机构考察中小企业在供应链中的地位和与核心企业的交易记录，作为金融机构决定是否为中小企业融资的重要依据。

（二）抵押标的不同

传统金融多需要企业以固定资产，尤其是不动产作为抵押物进行贷款。

供应链金融是在供应链内部封闭授信，将购销过程中产生的动产与货权抵押给银行进行贷款，这其中就包括应收账款、预付账款以及库存等。供应链金融的融资是严格限制在中小企业和核心企业之间的贸易。

（三）授信条件不同

在传统金融中，企业一般要抵押不动产，所以金融机构很少担心还款来源，就算企业经营状况不佳，不动产也可以补偿损失。

在供应链金融中，由于还款来源的自偿性，以核心企业的信用为担保，交易中的购销行为为贷款依据，再加上金融机构与物流企业合作，可以起到货押监管的作用。

（四）融资方式不同

传统金融多是担保融资，尤其是不动产抵押担保。

供应链金融则为信用融资，以核心企业的信用情况以及链条中企业在供应链中的地位为依据，以真实的交易行为为基础进行贷款。

（五）风险把控程度不同

传统金融的人工成本、时间成本以及风险识别成本较高，金融机构参与时，只是与对应的融资企业进行沟通，对风险的把控能力较差。

供应链金融模式下的金融机构对融资企业及其所在环境以及所处地位进行综合授信，可以将风险控制在既定范围之内，与此同时扩大业务量，实现企业与金融机构的双赢。

（六）融资企业话语权不同

传统金融模式下，融资企业一般处于弱势地位，融资成本很高，资金运转效率不是很理想。在供应链金融模式下，融资企业有核心企业的信用作为保护，可以把个体信用扩展为企业链信用，话语权得到了提高，与金融机构的关系也得到了改善。表7-1直观体现了供应链金融对比传统金融的优势。

表7-1 传统金融与供应链金融对比

对比项目	传统金融	供应链金融
授信主体	大型企业、核心企业等	核心企业与上下游中小企业
授信条件	担保、动产抵押	还款来源自偿性，动产或货权抵押
融资渠道	银行	银行或其他非银行机构
参与程度	跟踪融资企业	跟踪整个经营过程
融资及时性	手续复杂，效率低	高效、及时
达到的效果	解决核心企业的融资困境	盘活整个供应链资产
信息披露	不充分	闭环交易，信息易检测
风险对比	道德风险与信用风险高	信用风险低，但核心企业承担较高的道德风险

第二节　供应链金融的业务模式

本节主要介绍供应链金融的四种主要业务模式：应收账款融资、预付款融资、存货质押融资和战略关系融资。

一、应收账款融资

（一）应收账款融资概念

应收账款融资指供应链中的中小企业用应收账款单据作为抵押，以核心企业的担保为前提，向金融机构进行融资的模式。

由于赊销已成为贸易中的主要销售方式，供应链上游企业的现金流非常紧张，企业承受着巨大的资金压力。为了确保生产运营的可持续性，这些企业必须找到更为便捷的资金来源，而应收账款融资则是一种非常合适的方法。应收账款融资操作流程如图7-3所示。

①货物供应商首先与下游采购商达成交易。

②采购商向供应商发出应收账款单据。

③货物供应商将应收账款单据转让给金融机构进行融资。

④采购商对金融机构做出付款承诺。

⑤金融机构根据采购商的信用状况进行综合授信。

⑥金融机构向货物供应商发放信用贷款，缓解货物供应商的资金流压力。

⑦当合同付款期限到期时，采购商应按照协议内容向金融机构支付账款。

⑧金融机构扣除之前支付给供应商的信用账款与核定利息后，将剩余款项支付给供应商。

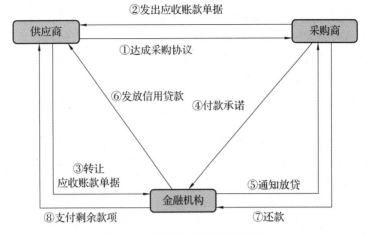

图7-3　应收账款融资操作流程

（二）应收账款融资种类

目前，我国应收账款融资的主要方式有三种：第一种是银行从事的应收账款质押融资业务，主要使用贷款的模式；第二种是保理公司从事的应收账款转让融资；第三种是票据池授信，这种主要是在前期的商业汇票抵押贷款或贴现的基础上发展起来的，形式灵活，能有效地为供应链上企业融通资金，加速资金周转。

1. 应收账款质押融资

应收账款质押融资的本质就是将公司的应收债务权作为担保，通过相应的金融机构提前将资金取出，它最终是一种以权益为担保的交易。该融资模式减轻了中小型企业的资金流负担，从而为正常的生产经营提供有力的保障。虽然说此应收账款在交易中只是一种质押担保品，但相较于其他的担保还是有差异的，应收账款是实实在在的资金权益，因此在还款处理上相当灵活，若公司双方产生纠纷，可以银行为中介，银行可以行政手段进行纠纷处理。

应收账款质押有三个的特点：第一个是保障担保债权的受偿，从属性上来说，它从属于被担保债权；第二个是不可分割性，应收账款质押进行转让的时候必须考虑被担保债权，基于同一合同或收款权等产生的债权，只能全部质押给同一质权人；第三个是优先受偿性，主要是针对出质人是否履约而定的，当出质人不履约时，质权人就可以享受到该应收账款的受偿优先权。

2. 应收账款保理融资

应收账款保理融资是指供应商卖方客户售卖货品给下游买方客户，卖方客户需要及时获取货款，将应收账款的债权转让给金融服务机构，金融服务机构在提供资金支持的同时赚取服务费以及利息，实现三方双赢。保理融资的一般做法是，保理商从其客户（供应商或卖方）手中买入通常以发票形式表示的对债务人（买方）的应收账款，同时客户需要提供与此相关的单项或多项服务，包括债款回收、销售分户账管理、信用销售控制以及坏账担保等。对于客户而言，转让应收账款可以获得销售回款的提前实现，加速流动资金的周转。此外，卖方也无须提供其他质押物和担保，对卖方来说压力较小。

3. 票据池授信

在商业贸易交易过程中，一般来说，应收账款是基于交易双方的信任而存在的，而在相互之间信用体系还未完善之间的交易双方，应收账款的应用有较高风险，此时，交易双方，尤其是卖方会选择风险相对较低的商业票据，因而应收票据是应收账款的一种载体。

根据深圳发展银行与中欧工商管理学院供应链金融课题组共同做出的定义，票据池业务是"银行或其他金融机构向企业提供包括票据管理、托收、授信等在内的一系列结算与融资服务"。其中，票据池授信是指企业将收到的票据进行质押或直接转让后，纳入银行授信的资产支持池，银行以票据池为限向企业授信。票据供应商通过银行的票据池业务，减少了自身票据管理的工作量，并能实现票据拆分、票据合并等效果，解决了票据收付过程中期限和金额不匹配的问题。

融资客户将用于支付的票据外包给银行进行票据保管、票据托收等服务，同时银行根据票据池的票据资产情况进行授信。因而，票据池业务能够最大限度地实现票据的融资功能，满足企业票据管理外包的要求，提升资金集中管理的能力，因此票据池授信是未来很重要的一种供应链金融形态。

4. 其他应收账款融资

应收账款融资模式除了以上三种融资模式之外，还涵盖商业承兑汇票贴现、国内信用保险和商业发票贴现等融资模式。

商业承兑汇票指的是企业凭自身商业信用而开出，并且在固定的周期内支付一定金额给持票人或收款人的一种票据。商业承兑汇票有一段账期，商业承兑汇票的持有者可持有、贴现或者背书转让。

国内信用保险是国际信用保险在我国落地生根发展而成的，一般只是国内保理或者商业发票贴现、应收账款质押业务的附加条件。信用保险是一种以买方付款信用为标的的保险。最初在国内的功能是使出口企业最大限度地规避买方不付款的信用风险。

商业发票贴现指银行与卖方之间存在一种契约，根据该契约，卖方将现在或将来基于其与买方（债务人）订立的货物销售合同所产生的应收账款转让给银行，由银行为卖方提供贸易融资、销售分户账管理、应收账款的催收等综合性金融服务。

二、预付款融资

（一）预付款融资的内涵

供应链下游企业一般要向上游供应商预付账款，从而获得正常运营所需的原材料、半成品或者成品。这样一来，下游企业的资金就被长时间占用，如果是价值较高的产品交易，下游企业的资金有限，很有可能无法抵偿购买商品的流动资金。为了解决这一问题，下游企业就要进行预付款融资，以某笔或者多笔预付账款进行融资，从而获得银行提供的短期信贷支持。

预付款融资模式是指在上游企业承诺回购的前提下，由第三方物流企业提供信用担保，中小企业以金融机构指定仓库的既定仓单向银行等金融机构申请质押贷款来缓解预付货款压力，同时由金融机构控制其提货权的融资业务。预付款融资可以理解为"未来存货的融资"，预付款融资的担保基础是预付款项下客户对供应商的提货权，或提货权实现后通过发货、运输等环节形成的在途存货和库存存货。当货物到达后，融资企业可以向银行申请将到达的货物进一步转化为存货融资，从而实现融资的"无缝衔接"。

（二）预付款融资模式的类型

1. 先票后货授信

先票后货是存货融资的进一步发展，它是指客户（买方）从银行取得授信，在交纳一定比例保证金的前提下，向卖方议付全额货款；卖方按照购销合同以及合作协议书的约定发运货物，并以银行为收货人，货物到达后设定抵质押作为银行授信的担保。在实践中一些热销产品的库存往往较少，因此企业的资金需求集中在预付款领域。同时，因为该产品涉及卖家及时发货、发货不足的退款、到货通知及在途风险控制等环节，所以客户对卖家的谈判地位也是操作该产品的条件之一。对客户而言，由于授信时间不仅覆盖了上游的生产周期和在途时间，而且到货后可以转为库存融资，因此该产品对客户流动资金需求压力的缓解作用要高于存货融资。另外，因为是在银行资金支持下进行的大批量采购，所以客户可以从卖方争取较高的商业折扣，进而提前锁定商品采购价格，防止涨价的风险。对银行而言，可以利用贸易链条的延伸，进一步开发上游企业的业务资源。此外，争取订立卖方对其销售货物的回购或调剂销售条款，有利于化解客户违约情况下的变现风险。另一个好处在于，由于货物直接从卖方发给客户，因此货物的权属要比存货融资模式更为直观和清晰。先票后货授信的业务流程如图7-4所示。

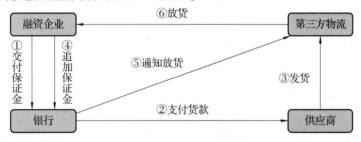

图7-4　先票后货授信的业务流程

①融资企业向银行缴存一定比例保证金，取得银行授信。

②银行直接将授信资金作为预付款向上游供应商支付全额货款。

③供应商收到货款后按照购销合同以及合作协议书的约定安排第三方物流公司发运货物，第三方物流公司发货到银行指定地点，以银行或银行指定的监管方为收货人。

④融资企业提货之前，向银行按比例追加一定数额的保证金赎货。

⑤银行收到赎货款通知监管方释放所抵/质押的货物。

⑥监管方通过第三方物流将货物放货给融资企业。

对先票后货业务来说，在考察风险时需要注意三个方面：一是对上游客户的发货、退款和回购等履约能力要进行考察。二是在途风险的防范、损失责任的认定。三是货后入库环节的控制。

2. 保兑仓融资模式

保兑仓融资也叫担保提货授信，在这种融资模式下，融资客户要先缴纳一定的保证金，银行才会为客户提供贷款，用于支付供应商的采购款。随后，客户应分次缴纳提货保证金，银行再分次通知供应商向客户发货。假如供应商发货出现不足，应就其不足部分由银行承担退款责任。

在真实的交易背景下，核心企业承诺回购，中小企业以购买产品产生的应收账款为依据，向银行申请融资，授信银行指定第三方的物流企业作为核心企业的发货中心，核心企业按照约定发货的融资模式。进行该种融资模式主要针对采购阶段的企业资金短缺情况，适用于下游的中小企业进行融资。保兑仓融资模式相较于应收账款融资模式来说，增加了第三方物流企业的参与来监管质押物品。融资企业和供应商之间进行交易，仓单作为质押，审查企业的情况合格后，向企业提供贷款，同时与供应商签订回购协议，与第三方签订仓储监管协议。银行根据供应商质押的仓单开具银行承兑汇票，交给供应商，之后供应商向融资企业进行分批放货，如果汇票到期，保证金账户不足，供应商应该回购仓单项下余下的货物。具体流程如图7-5所示。

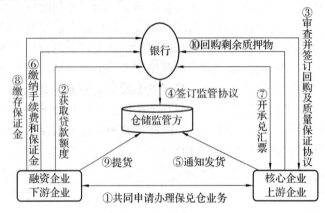

图7-5 保兑仓融资模式的业务流程

①买卖双方签订购销合同，共同向经办行申请办理保兑仓业务。

②买方在银行获取既定仓单质押贷款额度，向供应商购买货物。

③银行审查卖方资信状况和回购能力，若审查通过，签订回购及质量保证协议。

④银行与仓储监管方签订仓储监管协议。

⑤卖方在收到银行同意对买方融资的通知后，指定仓库发货，并取得仓单。

⑥买方向银行缴纳承兑手续费和首次30%承兑保证金。

⑦卖方将仓单质押给银行后，银行开立以买方为出票人、以卖方为收款人的银行承兑汇票，并交予卖方。

⑧买方缴存保证金，银行释放相应比例的商品提货权给买方，直至保证金等于汇票金额。

⑨买方获得商品提货权，去仓库提取相应金额的货物。

⑩循环⑧~⑨，若汇票到期，保证金账户余额不足，卖方于到期日回购仓单项下剩余质押物。

3. 国内信用证业务

国内信用证业务是指在国内企业之间的商品交易中，银行依照买方（客户）的申请开出的凭符合信用证条款的单据支付货款的付款承诺，国内信用证可以解决客户与陌生交易者之间的信用风险问题。它以银行信用弥补了商业信用的不足，规避了传统人民币结算业务中的诸多风险。同时，信用证也没有签发银行承兑汇票时所设的金额限制，使交易更具弹性，手续更简便。此外，客户还可以利用在开证银行的授信额度开立延期付款信用来提取货物，用销售收入来支付国内信用证款项，不占用自有资金，优化了资金使用效率。卖方按规定发货后，其应收账款就具备了银行信用的保障，能够杜绝拖欠及坏账。对于银行而言，国内信用证相比于先票后货授信以及担保提货授信，规避了卖方的信用风险，对货权的控制更为有效。同时，银行还能够获得信用证相关的中间业务收入。像公路隔离护栏、指示牌等配套设施生产企业，其上游产业链延伸是企业实力和信誉资质较好的钢材生产企业或大型钢贸企业。假如公路建设企业的资金周转出现了问题，又向钢材生产企业进行产品采购，需要进行融资，银行方面可以为公路建设企业提供国内信用证业务，具体业务流程如图7-6所示。

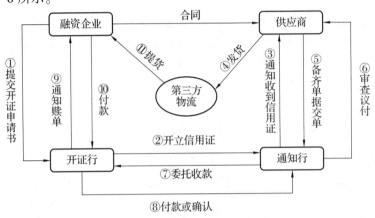

图7-6　国内信用证业务流程

①买卖双方签订购销合同，买方向开证行提交开证申请，申请开立可议付的延期付款信用证。

②开证行受理申请，向通知行（卖方开户银行）开立国内信用证。

③通知行收到信用证并通知受益人（卖方）。

④卖方收到国内信用证后，按照信用证条款和合同规定发货。

⑤卖方发货后备齐单据，向委托行（通常为通知行）交单。

⑥委托行（议付行）审查单据，若单据无误可向卖方支付对价。

⑦委托行（议付行）将全套单据寄送开证行，办理委托收款。

⑧开证行收到全套单据、审查单证相符后，向委托收款行（议付行）付款或发出到期付款确认书。

⑨开证行通知买方付款赎单。

⑩买方向开证行付款，收到符合信用证条款的单据，最后是买方提货。

国内信用证业务来说，在考察风险时需要注意三个方面：一是货权单据选择的法律有效性；二是跨行操作时关注不同银行的国内信用证管理办法的差别；三是与交易双方明确争端及货后入库环节的控制。

三、存货质押融资

（一）存货质押融资概念

存货质押融资又被称为库存质押融资。根据《中华人民共和国国家标准物流术语》

（GB/T 18354—2021）可知，存货质押融资指需要融资的企业（即借方），将其拥有的存货作为担保，向资金提供企业（即贷方）出质，同时将质物委托给具有合法保管存货资格的物流企业（中介方）保管和占有，以获得贷方资金的业务活动。它是物流企业参与下的动产质押业务。

可用作质押的存货种类不断丰富，原材料、半成品（在制品）、成品（产成品）、企业的机械设备等，都可作为存货质押的担保物。企业在购买原材料、生产、存储、发货等阶段，或多或少持有相应量的存货，这些企业如果存在融资需求，则可以盘活这些存货，以质押方式获得融资。此笔款项可用于生产经营，可减少在途货物对资金的占用，提高运营效率。

在这一操作过程中，第三方物流企业也会以监管的身份参与进来，主要参与主体有保理商、融资企业和物流企业，融资企业以在第三方物流公司的存货作为质押物，其间引入第三方物流公司对质押物进行监督管理。第三方物流公司对货物完成验收并进行评估，向银行出具相应的证明文件，银行根据评估结果给予一定的额度授信。

（二）存货融资的类型

从实践角度出发，我国存货融资的形态主要分为以下几类：

1. 静态抵质押授信

静态抵质押授信是指客户以自有或第三人合法拥有的动产为抵质押的授信业务，银行委托第三方物流公司对客户提供的抵质押的商品实行监管，抵质押物不允许以货易货，客户必须打款赎货。静态抵质押授信适用于除了存货以外没有其他合适的抵质押物的客户，而且客户的购销模式为批量进货、分次销售。静态抵质押授信是货押业务中对客户要求较苛刻的一种，更多适用于贸易型客户。利用该融资服务，客户得以将原本积压在存货上的资金盘活，扩大经营规模。同时，因为只允许保证金赎货，不允许以货易货，故赎货后所释放的授信敞口可被重新使用。静态抵质押授信业务流程如图7-7所示。

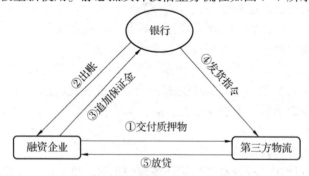

图7-7 静态抵质押授信业务流程

2. 动态抵质押授信

动态抵质押授信是延伸产品，银行对于客户抵质押的商品价值设定最低限额，允许在限额以上的商品出库，客户可以以货易货。这适用于库存稳定、货物品类较为一致、抵质押物的价值核定较为容易的客户。同时，对于一些存货进出频繁、难以采用静态抵质押授信的客户，也可运用动态抵质押授信。对于客户而言，由于可以以货易货，因此对生产经营活动的影响相对较小。特别对于库存稳定的客户而言，在合理设定抵质押价值底线的前提下，授信期间几乎无须启动追加保证金赎货的流程，因此对盘活存货的作用非常明显。对银行而言，该产品的保证金效应相对小于静态抵质押授信，但是操作成本明显小于后者，因为以货易货的操作可以授权第三方物流企业进行。

例如，中信银行与北京现代、上海大众等汽车生产商之间的合作便属于动态质押授信。由于在中国汽车产业链中，上游汽车厂商具有较强的品牌优势，而中间经销商受资金短缺的困扰，面临如何增强经销能力的问题。因此，各大汽车制造商都希望减轻下游经销商的资金负担，拓展其经销能力，通过签署一系列框架性协议，汽车制造商列出希望银行支持的经销商的名单和采购量。通过这种合作推荐的方式，由银行、生产商和经销商共同签署三方协议，经销商就被纳入与银行和生产商合作的三方平台。这其中没有任何担保的概念在先，而是由银行先提供银行承兑汇票以及贷款的支持，也就是先给经销商一定的授信支持，增强其采购能力。款项付给生产商以后，生产商用专门的车队将汽车发送到经销商所在地。因为经销商不是和银行总行而是和某个分行签署双边协议，所以当汽车运到这个分行的所在地时，协议方会对买来的汽车进行一系列的交割。交割之后，在严格意义上说，这些车不是质押在银行的，而是存放在经销商所在地，银行根据经销商的销售情况发放汽车生产合格证。动态抵质押授信业务流程如图7-8所示。

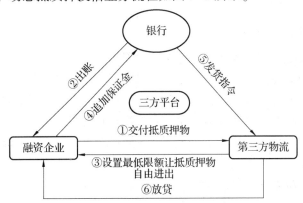

图7-8 动态抵质押授信业务流程

3. 仓单质押授信

仓单质押授信是国内运用较为成熟的一种供应链融资方式。按照平安银行的划分，仓单质押可以分为标准仓单质押授信和普通仓单质押授信，其区别在于质押物是否为期货交割仓单。

标准仓单质押授信是指客户以自有或第三人合法拥有的标准仓单为质押的授信业务。标准仓单是指符合交易所统一要求的，由指定交割仓库在完成入库商品验收、确认合格后签发给货主用于提取商品的，并经交易所注册生效的标准化提货凭证。标准仓单质押适用于通过期货交易市场进行采购或销售的客户以及通过期货交易市场套期保值、规避经营风险的客户。对于客户而言，相比动产抵质押，标准仓单质押手续简便、成本较低。对银行而言，成本和风险都较低。此外，标准仓单的流动性很强，这也有利于银行在客户违约情况下对质押物的处置。例如，对于为公路建设提供钢材的企业来讲，企业手中可能会持有一定量的钢材的期货标准仓单，用以进行风险对冲操作，从而缩减成本及提高利润率，但是，这又会在一定程度上占用企业的资金。在这种情况下，银行方面可以为企业提供标准仓单质押业务，用以满足企业的金融服务需求。标准仓单质押业务流程如图7-9所示。

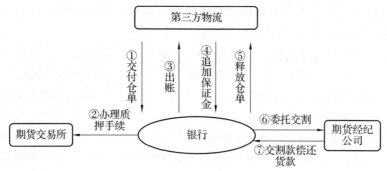

图7-9　标准仓单质押业务流程

普通仓单质押授信是指客户提供由仓库或其他第三方物流公司开具的非期货交割用仓单作为质押物，并对仓单做出质押背书，银行提供融资的一种银行产品。鉴于仓单的有价证券性质，出具仓单的仓库或第三方物流公司需要具有很高的资质。

四、战略关系融资

（一）战略关系融资概念

上面介绍的三种融资方式都属于在有抵押物前提下的融资行为，因而与原有的企业融资方式存在一定的相似性。然而在供应链中存在着基于相互之间的战略伙伴关系、基于长期合作产生的信任而进行的融资，我们将其称为战略关系融资。这种融资方式的独特之处在于要求资金的供求双方相互非常信任，通常发生在具有多年合作关系的战略合作伙伴之间。战略关系融资更多意义上代表了供求双方之间已经不仅依靠契约进行治理，还有关系治理。

（二）战略关系融资的主要形态

战略关系融资是指供应链参与企业之间基于长期合作关系所形成的信任而进行的融资活动。其特点是，银行在融资过程中由于对供应链以及交易关系缺乏了解而仅仅成为资金来源，甚至有些情况下并没有银行参与，供应链中的参与企业是融资服务的组织者，目的是通过引入融资加深彼此之间的战略合作关系，为未来的价值创造打下基础。

战略关系融资的具体业务流程以及与其他供应链融资的不同之处

假设X企业是国际领先的消费品贸易公司，已有百余年历史，其核心业务包括贸易出口、本土市场（美国、欧洲、亚洲）经销、物流、零售等。在愈加激烈的竞争中，X企业充分认识到上游供应商的重要性。正如X企业某经理所说："我不怕来自其他企业的竞争，但我害怕有实力的供应商没有加入我的供应链，或者我的优质供应商为其他企业生产。"正是基于以上认识，为了牢牢"抓住"优质供应商，X企业除了提供一系列供应商支持计划之外，还开发了"关系融资"这一特殊的融资方式。首先，X企业各事业部会根据以往交易数据筛选出关键供应商，针对这部分供应商，X企业事业部会主动向其询问是否出现资金短缺情况并鼓励供应商进行生产设备、管理设施的改善升级。X 企业在总部设立财务审核部门，X 企业各事业部根据供应商需求向总部财务审核部门提出申请，然后由企业总部直接对供应商进行资金支持。这种融资方式的独特之处在于，融资并不以某个单独交易为依据，而是以双方的长期合作关系为基础，甚至不涉及抵质押物品。在这一融资过程中，X 企业关注的问题是通过给供应商提供融资，提升供应商的质量，从而提升供应链的价值创造能力，改善供应链整体生态，从根本上塑造供应链的竞争优势。战略关系融资业务流程如图 7-10 所示。

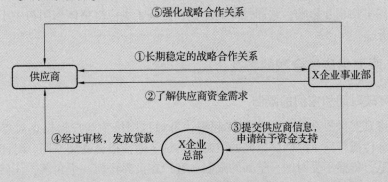

图 7-10　战略关系融资业务流程

战略关系融资作为供应链融资的新形态，超越了传统的应收账款融资、存货融资和预付款融资，它以提升供应链价值创造能力为导向，以长期合作关系为基础。这种融资方式只能由嵌入在供应链网络中的企业主导，因为只有这些企业才了解行业中的隐性信息，才能控制风险，银行等金融机构由于无法深刻理解具体的交易及供应链上下游情况，从而仅仅起到资金提供者的作用。战略关系融资是未来供应链金融理论与实践发展的新方向，也是进一步提升供应链价值创造能力的新源泉。

从供应链的企业与上下游交易关系来看，应收账款融资主要用于对供应链下游企业赊销有较长账期造成的资金紧张；预付款融资主要解决企业采购时遇到的资金短缺问题，通过预付款融资可以缓解一次性交付大额订货资金带来的资金压力，甚至能够拿到超越自身资金能力的订单；存货质押融资主要用于盘活采购之后在途物资以及产成品库存占用的沉淀资金，提高资金利用效率；而战略关系融资则是从战略角度提前锁定未来能力，保障供应链的长期稳定发展。

第三节　互联网供应链金融

一、互联网供应链金融概述

近年来，随着利率市场化的推进，商业银行存贷利差逐渐收缩，而国内中小型企业融资市场很大，因而有不少商业银行开始涉足供应链金融领域。同时，得益于互联网的崛起，互联网金融在短短两年的时间里快速发展成金融领域里不可忽视的力量，并且凭借自身在技术、数据上的优势，开始涉足供应链领域。未来供应链金融与互联网休戚相关，

"互联网+供应链"新模式逐渐流行。目前，基于"互联网+"来构建产业链金融服务体系，成为市场的热门话题。互联网供应链金融的关键在于利用大数据、云计算、移动互联网、人工智能、区块链等技术，打造基于产业的数字化普惠金融平台，获取和分析客户交易、结算、征信、资产、行为等各维度数据，深刻剖析客户的融资需求和行为特点，体现"场景驱动、智能风控、贯穿链条"等特点，为企业生产交易各环节自动匹配合适的融资产品和融资额度。

互联网供应链金融是传统供应链金融在"互联网+"时代下与互联网技术、互联网金融形态等新兴事物相互影响、共同发展的产物，是基于供应链整体信用为中小企业提供融资的金融服务。

二、互联网供应链金融的特征

（一）突破时间和空间的限制

互联网将真实世界和虚拟世界连接起来，可通过网络为客户提供点对点的全天候服务；同时信息传播打破了时间、空间的限制，传统金融传播会受到空间、时间的限制，而在虚拟网络里，传播不受时间、空间的限制。客户在世界任何一个角落、任何时间，只要有网络，就能享受到互联网供应链金融服务。

（二）知识经济、信息革命时代的新金融模式

信息革命时代，信息逐渐成为重要生产力，信息化也是金融自然演进的趋势。传统金融的客户关系是一个封闭的系统，企业经营信息、交易数据难以获取，导致金融服务受到严重的局限，存在较大的风险；而互联网供应链金融突破了这种客户关系模式，突破以往模式影响有限的局限性，打造去中心化、信息共享、客户互帮互联的联络枢纽，最后以基本功能免费吸引客户，然后通过增值服务实现获利。

（三）以较低成本获得客户，但利润降低

传统金融机构在与客户合作中扮演着组织者、服务者、平台提供者等角色，与客户之间是以利益为基础的交易关系，而在互联网模式下，金融机构能够以更低的成本获得客户，与客户直接进行沟通，二者的关系是客户和客户的关系，双方是平等的。此外，传统金融机构多是利用信息不对称来获得差额利润，较为简单，且利润丰厚。但互联网金融由于信息公开，较大程度消除了信息不对称，所以互联网供应链金融的利润通常低于传统金融。

（四）重塑了公司形态和社群关系

互联网模式基于网络，可以实现生产商与最终消费者的直接沟通，可根据消费者的需求定制产品或服务，因此能够做到去毛利、去库存，甚至去管理，而这与传统的公司模式完全不同，新的公司模式带来了新的社群关系。

社群经济是指一群有共同兴趣、共同品位、共同价值观的客户抱成团，形成群蜂效应，在一起沟通交流、协作、互动，对品牌产生反哺的价值关系。这是互联网时代的一种特色经济，其以产品和客户之间的信任为基础，客户注重的不再是产品本身的功能，而是附加在产品上的价值，如文化、品位、魅力、口碑等。

虽然网络共同体并非实体，但并不代表共同体是没有秩序的、紊乱的，事实上在社群

内，个体行为会受到约束，而这个约束来自共同体的集体利益，比如网络借贷，一旦出现违约行为，其可能会被永远逐出网络借贷体系，再也不能参与这种模式。在互联网供应链金融中亦是如此，如果供应链上企业出现违约行为，其可能永远被互联网供应链金融拒绝，从此再也无法利用此模式获得融资。

（五）可定制化融资解决方案

互联网时代，尤其是大数据兴起后，收集、处理、分析客户信息变得简单可行，金融机构可以收集客户多方面信息，并运用信息技术、大数据技术从中挖掘出有用的信息，为客户提供定制化融资解决方案。

传统金融机构通常将少数高价值客户视为主要客户，为其提供良好的金融服务，而这部分人终究是少数，剩余的大多数群体很难享受到金融服务。而互联网金融则不同，它重视这些被传统金融忽视的群体，这类群体虽然个体资金较少，但累积起来数额是惊人的。因此互联网供应链金融通过为这些用户提供金融服务，可以实现快速占领市场、发展壮大的目标。

（六）具有强大的网络外部效应

在互联网上，组织机构很松散，人与人之间的空间距离可能隔得很远，也可能很近，彼此在网络上无话不谈，但亲密程度较低，互惠程度较低，社会学家为这种联系起了个名字，叫作弱联系。弱联系的好处在于信息传播速度非常快，传统生产环节创新通常要数年时间，而互联网创新周期则是数月，甚至一周。某产品或者服务一旦得到用户的认可和推荐，就能通过弱联系实现快速传播，用户数在短时间内能够快速增长。

弱联系具有的强大传播功能，大大缩短了互联网创意的投资回报周期，因而能够吸引到巨额的风险资金，这样也能够解释互联网供应链金融何以会发展得如此快速。

三、互联网供应链金融的模式

随着国家对发展供应链金融不断给予政策上的支持，助力缓解中小企业融资难、融资贵的问题，目前众多企业在布局供应链金融业务，特别是基于大数据、区块链、物联网的相关技术和信息的深入发展，供应链金融运用互联网发展的优势在近些年得到了快速的发展。思瀚产业规划研究院发布的数据显示，2019 年中国供应链金融市场规模达到 22 万亿元，2017—2019 年中国供应链金融年均增速达到 25%。总体来看，供应链金融在中国仍处于初步阶段，不过受益于应收账款、存货量以及融资租赁市场的不断发展，供应链金融在中国发展较为迅速。

现阶段我国互联网供应链金融的模式从组织形式划分的话，可以分为电商平台主导、商业银行主导、核心企业主导、核心物流企业主导以及综合性第三方平台主导的经营模式。

（一）电商平台主导的互联网供应链金融

传统电商平台在多年的发展中，积累了丰富的商家信息和历史交易数据等优质精准数据，可以利用自身平台的积累深挖交易数据，利用对信息流、商流和物流的各种优势，以自有资金或金融机构资金为核心企业的上下游中小企业提供融资服务和各类金融产品。由于电子商务企业的电商平台具有先进的技术，能够保证交易的安全性，对相关数据的监控及风险管理具有较强应对能力，通过与客户系统的对接实现其灵活性。一方面，电商平台可以利用注册的资本和电子商务信用体系为一些小微企业提供所需要的贷款；同时，电商平台还可利用自身的信用体系和其他银行进行合作，为小微企业提供相应的融资。

以京东商城为例。京东在发展金融业务的过程中，以供应链金融为根基。京东供应链金融服务平台，是一个基于电子信息技术的服务平台，其主要是面向上游企业开展一系列完整金融服务。2012 年 11 月 27 日，京东商城在中国银行的支持下，基本完成供应链金融服务平台的建立。之后京东持续加码互联网金融，致力于形成自己独具特色的京东供应链体系。目前，京东供应链金融分为两大部门：融资服务和理财服务。融资服务方面，提供给企业客户的融资途径有直接融资和间接融资：直接融资产品有京保贝、京小贷、动产融资等，可以帮助企业在各种条件下实现融资；间接融资主要是给供应商进行信用赋能，帮助供应商顺利从银行获得资金。理财服务方面有帮助公司理财的企业金库，可以在企业资金充裕时，为企业提供理财服务，提升资金使用效率，降低运营成本。京东供应链金融产品如表 7-2 所示。

表 7-2　京东供应链金融产品

类别	产品	对象	特点
融资服务	京小贷	中小微企业	订单贷或信用贷
	易贷	品牌下游经销商	定向用于品牌方采购，信用贷
	动产融资	经（分）销商/代理商	预付款融资、现货融资、采购融资
	京东快银	中小微企业	线上缴税融资、流动资金贷款
	企业金采	优质企业客户	先采购、后付款，两种账期
	京保贝	商户、供应链核心企业	一站式供应链金融服务，提供整体方案
理财服务	企业金库	中小企业	现金管理和余额增值

（二）商业银行主导的互联网供应链金融

互联网改变了人们的投资方式，在大数据时代人们可以利用互联网实现投资和融资项目。因此，商业银行在供应链金融中所起到的资金提供者的作用可能会被削弱。另外，为了方便对供应链的现金流和信息流等实现有效的控制，首先要掌握动产担保物权，同时还要降低信息不对称，为此，一些商业银行建立了自己的电子商务平台，同时保持自己的电商和资金提供者的身份。而电子商务平台可以有效地为中小型企业的发展提供交易发布信息，同时还能够掌握线上交易的具体数据，并且建立自己的电子商务信用体系，从而更好地为企业提供金融服务。从目前中国供应链金融业务发展较好的中国工商银行、中国银行、平安银行、中信银行及民生银行来看，中国工商银行凭借传统优势覆盖了多个行业；中国银行侧重于全球供应链金融领域；平安银行在贸易融资方面最强的力量集中于钢铁、能源、有色等周期性强的行业，此外，平安银行也在积极拓展新兴行业，主动退出部分风险较高的领域；中信银行的供应链金融强项在于汽车金融；而民生银行主要是以长单融资、船舶融资和大宗贸易融资为核心的结构性融资，如表 7-3 所示。

表7-3 各银行供应链金融业务行业关注领域

银行	供应链金融关注行业及特点
中国工商银行	借助传统优势覆盖了各个行业
中国银行	海内外一体化，提供全球供应链金融，服务于大型国企走出去战略和外贸企业
平安银行	积极拓展抗周期的新兴行业，主动退出部分风险较高的领域和客户
中信银行	以汽车和钢铁供应链为特色，延伸医药、纸业、建筑、工程机械、食品、服装等行业
民生银行	以走出去融资、长单融资、船舶融资和大宗贸易融资为核心的结构性融资服务

以国内的平安银行橙e网"生意管家"为例。平安银行是国内涉足供应链金融业务较早的银行之一，橙e网是平安银行旗下供应链生意平台和金融电商平台的整合体。橙e网上的"生意管家"是专门提供供应链协同的云平台，能够帮助目标客户轻松管理"1+N"链条客户群的进销存、订单—运单—收单，特别适合中型企业快速、零成本实现生意电商化。橙e网的"互联网+供应链融资"解决方案，志在实现全产业链的金融服务覆盖，被冠以"网链平安"系列融资服务，将平安银行在供应链金融领域深耕十多年的实践，借助互联网平台，覆盖到上游的上游供应商、下游的下游经销商，同时服务于更小体量的核心企业及其上下游客户。

（三）核心企业主导的互联网供应链金融

由于核心企业自身所拥有的强大实力和对所处行业的深入了解和丰富经验，很多产业链上的核心企业牵头，开展产业供应链金融。这些核心企业在互联网供应链金融上有三大优势：一是可快速地组织上下游或者平台的用户参与到供应链金融中来；二是这种核心企业有控制上下游的强势能力，以及长期专注于某个行业的专业性，可以转变成很强的风控能力来控制风险；三是核心企业在资源的集聚方面比较强。很多核心企业都在搭建自己的平台，拿相关的牌照，既有做资产的牌照，如保理、小贷，也有卖资产的牌照，如私募、基金等，所以这个是未来的趋势。产业+金融只是初始，未来会发展成产业供应链金融的形态，即核心企业平台+多元化的资本市场+互联网金融科技，其中互联网金融科技非常重要，它能够突破供应链金融发展的三大"瓶颈"，即风控、效率、资金。

以苏宁为例，作为国内最大的商业零售企业，苏宁有着优良业绩和市场占有率，经过多年发展和数据积累，苏宁在开展供应链金融服务方面拥有了巨大的优势。2011年，苏宁提出布局供应链金融的战略规划，且开始涉足支付业务。2012年2月，苏宁推出了苏宁小贷，这是一种面向中小微企业的电子商务金融业务，凡是苏宁经销、代销供应商均可以与苏宁易购签订的结算单应收账款作为抵押物进行融资贷款，此项业务单笔融资额最高可达1 000万元。2014年7月苏宁众包上线，对于参与众包平台的企业，苏宁拿出媒体资源和线上线下引流资源推广，苏宁旗下的"易付宝"、小贷公司对平台企业开放，首批投资10亿元设立平台信贷资金。而2014年9月供应商成长专项基金的提出，则是助力解决中小微企业的融资难问题，供应商在向苏宁进行融资时，苏宁还将拿出专项资金，通过利息补贴的形式反哺供应商，最高补贴为苏宁信贷利息的20%。2019年3月12日，由苏宁金融委托华泰证券管理和推广的华泰资管—苏宁供应链1号资产支持专项计划成功发行，这是苏宁金融自2018年8月供应链金融服务正式上线以来的首笔供应链金融ABS产品。2020年，苏宁金融在供应链金融方面投放额超过 1 000 亿元。

从产品维度上来看，目前苏宁的供应链金融产品包括账速融、信速融、货速融、乐业贷、票速融、综合授信等多种融资产品，涵盖了应收账款融资、订单融资、存货融资、票据融资、信用融资、采购贷款等各种融资类型。苏宁供应链金融产品如表7-4 所示。

表7-4　苏宁供应链金融产品

产品	账速融	信速融	货速融	乐业贷	票速融	综合授信
对象	供应商专享	苏宁云台商户	货物质押贷款	经销商/代理商	商业汇票客户	全网企业

（四）核心物流企业主导的互联网供应链金融

供应链金融中，第三方物流企业作为连接供应链上各企业货物流通的桥梁，在整个供应链中有举足轻重的地位，不仅是商品交易过程中的重要支付环节，也是供应链金融参与主体之一。目前国内很多物流企业开始基于物流服务环节提供供应链金融服务。物流供应链金融业务与传统信贷不同，不只是关注企业规模、净资产、负债率等，而更加看重供应链条所附载的交易信息，如供需关系、产品价格波动趋势、应收或应付账款、存货、核心企业的信用等级、融资主体在供应链中的地位和作用等，形成金融机构—物流企业—借款企业的三方关系。物流企业对供应链的运转过程很熟悉，能够有效监督质押动产、降低融资风险，但并不会对链条企业的正常运营带来干扰，确保供应链的效率。

目前供应链金融比较成功的第三方物流企业有德邦、顺丰等大型物流企业，它们通过整合物流、资金流和信息流，进入供应链金融。

（五）综合性第三方平台主导的互联网供应链金融

综合性第三方平台主导的互联网供应链金融参与主体为综合性的第三方平台，将物流、结算、商务、资金等集合起来形成一站式供应链管理，包括提供互联网供应链金融服务。这些平台掌握了大量的供应链交易信息，如物流、客户、存货控制等信息。国内怡亚通、苏州的一号链、南京的汇通达等平台对供应链全过程信息有充分的掌握，已集成为一个个强大的数据平台。

以怡亚通为例。怡亚通创建于 1997 年，是一家一站式供应链管理服务平台，2004 年开启"专业供应链服务商"战略发展新纪元。2007 年公司在中国深圳 A 股成功上市，确定"全球最优秀的供应链服务商"的战略目标，开启发展新篇章。怡亚通将供应链的各个环节有效地整合起来，使之成为一站式供应链管理服务平台，为客户提供线上和线下的供应链金融解决方案。目前，金融业务收入已是怡亚通重要的盈利来源。

四、互联网供应链金融助力破解中国小微融资之困

截至 2020 年，中国约有 3 800 万家中小企业，占中国企业总数的 98％以上，中小企业是中国经济的重要组成部分，2019 年对全国国内生产总值的贡献超过 60％，然而，其不断增长的流动资金需求却大部分没有得到满足。长期以来，小微企业融资问题也一直是重点、热点议题。2021 年的全国两会上，政府工作报告中提到"创新供应链金融服务模式"。值得注意的是，这是政府工作报告首次单独提及这一内容，体现了国家对供应链金融的"重点关注"。互联网供应链金融无疑是供应链金融创新的服务模式，自新冠肺炎疫情发生以来，在解决中小企业融资难问题上发挥了重要作用。

实际上，近年来央行、银保监会等部门先后出台了一系列法规和政策以加速供应链金融行业的发展和创新，如 2019 年 7 月，银保监会发布了《推动供应链金融服务实体经济的指导意见》；2020 年 3 月，银保监会发布了《关于加强产业链协同复工复产金融服务的通知》；2020 年 9 月，央行、银保监会等八部委出台了《关于规范发展供应链金融 支持供应链产业链稳定循环和优化升级的意见》，这些新规亦鼓励企业加强供应链管理的数字化建设，推进供应链金融行业的发展。

以上一系列举措，体现了供应链金融在国家发展战略上是十分重要的，未来我国的供应链金融发展空间会越来越大。随着区块链、大数据、人工智能等新兴技术的应用，提高供应链金融服务水平，更好支持中小微企业高效融资；搭建地方小微企业数字化平台，依托于互联网供应链平台，以"数字金融"破解小微企业融资困境势在必行。

五、我国互联网供应链金融发展趋势

借助于互联网的发展，供应链金融正在经历快速发展，这显然会影响各个行业的发展。未来，在国家政策支持和"互联网+"浪潮的推动下，包括商业银行、供应链核心企业、第三方物流企业、电商平台等在内的各方参与主体将利用自身的优势在供应链金融领域展开充分的合作和竞争。未来，我国互联网供应链金融的发展将呈现以下趋势。

（一）互联网供应链金融服务更加专业化

由于中小型企业普遍存在融资难的问题，融资市场需求很大，随着经济的发展，电商平台迎来互联网金融发展机遇。电商趁机推出供应链金融业务，此举不仅改善了电商的服务质量、扩大了平台商家数量，而且也提高了电商的利润水平。电商交易平台为中小型企业提供多方位和更加专业化的融资服务，可成为电商领域新的竞争点。此外，电商交易平台可依据积累的商家基本信息和历史信息等优质精准数据，测算商家的经营状况和资信状况，进而对商家的信用水平进行评价，形成包括信贷形式、额度、期限、利率等要素的授信方案。中小型企业商户通过在电商网站上的大量经营数据、商户历史交易流水，就能衍生出针对商户上下游货物、服务赊购产生的应收账款的资金融通服务，也只有基于电商的消费场景，数据闭环的平台、信用赊购的垫付和应收账款才能有标准化扩张的可能。

未来，融资企业可直接在电商供应链平台申请贷款，平台实时审核，整个过程均可在线上完成，简化流程，降低人工成本和融资成本，实现融资企业和融资资金提供方直接对接。

（二）构建金融生态圈

互联网供应链金融，在大数据、云平台、移动互联网等技术不断发展的支持下，供应链金融未来可能实现商业银行或其他金融机构、核心企业、电商巨头和网贷平台等互联网供应链金融参与方的资源整合、信息共享、利益共赢，以"在线互联+风险控制+产融结合"的形式，充分发挥互联网供应链金融的"网络化+精准化+数据化"的三大优势，打造一个富有竞争力的实体产业链金融生态圈。供应链金融本身就已经为风险防控提供了保障，通过互联网实现"物流+商流+资金流+信息流"的整合，确保金融生态圈的良性循环和健康稳定运行。在互联网、产业链、金融三个要素高度融合的基础上，供应链金融服务平台出现，供应链实现由"链"到"网"的转变，并构建一个新型的开放化的金融生态圈。

（三）信息技术发展推动互联网供应链金融大数据化

当前，人工智能、区块链、物联网等前沿技术不断取得突破，持续推动我国"互联网+供应链金融"的创新发展。例如，物联网技术的发展可以帮助供应链金融建立完整的供应链信息系统；大数据技术创新可以为供应链金融创造更好的数据收集方式，降低服务商的数据收集成本。通过大数据分析，核定中小企业在其行业及产业链的价值，了解企业的运营情况、产品质量和资信情况，在数据化的处理模式中，金融机构针对供应链金融业务结合实际生产运营及对客户的风险管理手段，构建数字化的授信评级参数及模型，基于对中小企业融资客户的数据进行深入剖析，将数据分析结果和授信评级模型进行关联匹配，将客户的授信方式从传统的调研授信向数字化授信演进。信息技术的不断发展和应用，将进一步推动互联网供应链金融向大数据化发展。

（四）关注垂直细分领域，进行精细化运作

互联网赋予了供应链金融无限的延展性，使其发展成一个理论上没有边界的巨大"生物圈"。焦点企业可以通过对各项数据的掌握，为融资企业提供量身定做的融资服务以及个性化的融资产品。考虑到不同产业链上的企业对金融服务的需求存在着很大的差异，以及产业链本身的复杂性，供应链金融服务的供给者试图面向各种不同行业的企业提供供应链金融服务是不现实的。相反，供应链金融服务的供给者必须依托自身的数据优势，对自己的客户进行精准的定位，找准自己具有优势的一条或几条供应链，并通过不断深耕来挖掘供应链金融的价值空间。要实现为各垂直细分供应链上的企业提供个性化供应链金融产品和服务的目标，供应链金融的提供者必须对行业属性及行业特征有深度的把握，能够进行准确的判断。

未来必然会有更多专业化、垂直化的业务平台伴随着社会分工的精细化、纵深化不断涌现，这些集信息咨询、交易、担保、投融资等服务于一体的业务平台将致力于从各自行业的精耕细作中深挖价值空间。

（五）供应链金融风险管理系统更加整合化

互联网供应链金融在增加中小企业信用度，加快中小企业发展的同时，受外部条件的影响，以及在参与主体、系统控制等方面存在不足，也面临一些风险，如行业风险、操作风险和信用风险等。

在智慧供应链或网络环境下，供应链金融的风险管理需要真正实现全过程、全方位、全天候的管理，未来对互联网供应链金融服务的风险管理会更加整合化，将实现制度环境、管理要素、技术手段以及企业内部和企业之间产业互联网系统的全面整合，全面、系统地进行风险管理，从而更好地服务于供应链运营和融资需要。

本章小结

本章主要围绕供应链金融和互联网供应链金融展开。先介绍供应链的概念和特征，进而提出供应链金融的相关理论，然后介绍供应链金融的概念、特征及供应链金融的参与主体等，重点介绍了应收账款融资、存货融资、预付款融资及战略关系融资四种供应链金融

的模式。此外，本章介绍了我国供应链金融的意义。未来随着区块链、大数据、人工智能等新兴技术的应用，我国互联网供应链金融模式将更能实现创新发展。

思考与练习 ▶▶ ▶

一、名词解释

供应链　供应链金融　战略关系融资

二、选择题

1. 供应链金融的风险中最主要的是 (　　)。

A. 信用风险　　　　　B. 汇率风险　　　　　C. 利率风险　　　　　D. 操作风险

2. 仓单质押授信可以分为标准仓单质押授信和普通仓单质押授信，其区别在于质押物是否为 (　　)。

A. 期货交割仓单　　　B. 现货交割仓单　　　C. 期权　　　　　　　D 信用证

3. 下列选项中，不属于在有抵押物前提下的融资行为的是 (　　)。

A. 应收账款融资　　　B. 预付款融资　　　　C. 存货质押融资　　　D. 战略关系融资

三、简答题

1. 供应链金融的内涵是什么？

2. 供应链金融的模式有哪些？

3. 互联网供应链金融的模式有哪些？

第八章　互联网金融征信

🔔 **学习要点及目标**

- 了解个人征信体系的构成
- 理解互联网金融征信的作用
- 国内外征信体系建设模式的比较

🔔 **课程思政切入点**

诚实守信的道德观

🔔 **核心概念**

信用，信用体系，征信，互联网金融征信体系

🔔 **材料导读**

芝麻信用

芝麻信用，是阿里巴巴蚂蚁金服旗下独立的第三方征信机构，通过云计算、机器学习等技术客观呈现个人的信用状况，在信用卡、消费金融、融资租赁、酒店、租房、出行、婚恋、分类信息、学生服务、公共事业服务等上百个场景中为用户、商户提供信用服务。从本质上来说，芝麻信用是一套征信系统，该系统收集来自政府、金融系统的数据，充分分析用户在淘宝、支付宝等平台的行为记录。

芝麻信用评分（简称芝麻分），是在用户授权的情况下，依据用户各维度数据（涵盖金融借贷、转账支付、投资、购物、出行、住宿、生活、公益等场景），运用云计算及机器学习等技术，通过逻辑回归、决策树、随机森林等模型算法，对各维度数据进行综合处理和评估，在用户信用历史、行为偏好、履约能力、身份特质、人脉关系五个维度客观呈现个人信用状况的综合评分。分值范围为350到950。持续的数据跟踪表明，芝麻分越高信用水平越好，在金融借贷、生活服务等场景中表现出越低的违约概率。较高的芝麻分可以帮助个人获得更高效、更优质的服务。芝麻信用通过分析大量的网络交易及行为数据，可对用户进行信用评估，这些信用评估可以帮助互联网金融企业对用户的还款意愿及还款

能力得出结论，从而决定是否为用户提供快速授信及现金分期服务。

如果你使用支付宝，打开手机看看，你的芝麻信用分是多少。

（资料来源：根据网络相关资料整理）

第一节 信用体系概述

一、信用和个人信用

（一）信用的定义

"信用"一词从其来源来看，最早是与伦理一词相连的，起源于拉丁文"Credio"，原意为信任、信誉、相信，后被引入英文成"Credit"。所谓信用，是指依附在人之间、单位之间和商品交易之间形成的一种相互信任的生产关系和社会关系。信誉构成了人之间、单位之间、商品交易之间的双方自觉自愿的反复交往，消费者甚至愿意付出更多的钱来延续这种关系。《新帕尔格雷夫经济学大辞典》对信用的解释是："提供信贷（Credit）意味着把对某物（如一笔钱）的财产权给以让渡，以交换在将来的某一特定时刻对另外的物品（如另外一部分钱）的所有权。"《牛津法律大辞典》的解释是："信用（Credit），指在得到或提供货物或服务后并不立即而是允诺在将来付给报酬的做法。"

今天，"信用"这个词包含极其丰富的内涵。它可能是人类认识中最为复杂、最难以捉摸的概念之一，对信用的真正含义的认识，仁者见仁，智者见智，可以从不同的角度进行探究。在通常意义上，我们至少可以从三个角度来理解"信用"。

1. 从伦理道德层面看

信用主要是指参与社会和经济活动的当事人之间所建立起来的、以诚实守信为道德基础的践约行为。从伦理角度理解信用实际上是指"信守诺言"的一种道德品质。人们在日常生活中讲的"诚信""可信""讲信用""一诺千金""答应的事一定办到""君子一言，驷马难追"，实际上反映的就是这个层面的意思。从这个层面来看，信用对一个国家、一个民族都是至关重要的，因为一个社会只有讲信用，才能形成良好的社会"信任结构"（Trust Structure），而这个信任结构是一个社会正常运转的重要基础。

2. 从法律层面来看

诚实信用，又称诚信原则，是民法的基本原则之一。根据《中华人民共和国民法典》第七条规定："民事主体从事民事活动，应当遵循诚信原则，秉持诚实，恪守承诺。"要求民事主体从事民事活动，包括行使民事权利、履行民事义务、承担民事责任时，都应秉持诚实、善意，信守承诺，讲诚实、重诺言、守信用。诚信原则对建设诚信社会、规范经济秩序、引领社会风尚具有重要意义。

3. 从经济学层面看

信用是指在商品交换或者其他经济活动中，授信人在充分信任受信人能够实现其承诺的基础上，用契约关系向受信人放贷，并保障自己的本金能够回流和增值的价值运动。在经济学领域，信用有广义和狭义之分。

广义上，信用是一种主观上的诚实守信和客观上的偿付能力的统一。具体说就是"遵守诺言，实践成约，取信于人"，这种伦理精神反映在现实经济活动中，是指经济主体之间，以谋求长期利益最大化为目的，建立在诚实守信基础上的心理承诺与约期实践相结合的意志和能力，以及由此形成和发展起来的行为规范和交易准则。信用的进一步发展，使它由交易的实现手段变为交易方式，出现信用交易，它实际上是广义上的"信用"概念在经济领域的运用和引申。

狭义上，信用作为商品经济条件下价值运动的特殊形式，是指一种建立在信任受信人在特定期限内付款或还款的承诺基础上的能力，它使后者无须付现就可以获取商品、服务或资金。信用是随着市场的发展而产生的。市场交易中，起初是物物交易，进而是以货币为媒介的交易，随着市场交易的不断发展，商品与货币的相向运动在时间上出现了不一致，如赊销和预付，这样就产生了信用交易，形成了信用关系。信用交易的应用大大降低了市场交易的成本，扩大了市场的规模，可以说，现代的市场经济是建立在千头万绪、错综复杂的信用关系之上的。

（二）信用的形式

信用结构是在经济运行中信用活动形成的均衡状态。这种均衡状态是由信用总规模中各层次、各类型信用活动的规模均衡，相互关系均衡共同构成的，它表现的是包括宏观与微观在内的各种信用活动的有机关系，以及信用活动现有的和动态的布局。信用的形式随着市场经济发展而演变，根据授信、受信对象的不同，主要可以分为以下四种形式。

1. 国家信用（Fiscal Credit）

国家信用是指以国家为主体进行的一种信用活动，也称财政信用，是以国家（中央和地方政府）为主体，按照信用原则筹集和运用财政资金的一种再分配方式。国家信用是国家按照信用原则以发行债券等方式，从国内外货币持有者手中借入货币资金，因此，国家信用是一种国家负债，指以国家为一方所取得或提供的信用。国家信用包括国内信用和国际信用。国内信用是国家以债务人身份向国内居民、企业、团体取得的信用，它形成国家的内债。国际信用是指一国政府以债务人身份向别国的政府、银行及其他自然人或法人所提供的信用。国家的国际信用形成国家的外债。

2. 商业信用（Commercial Credit）

商业信用也称企业信用，是企业之间进行商品交易时，以延期支付或预付形式提供的信用或者形成的信贷关系，主要有赊销、预付和商业汇票三大类形式。商业信用是社会信用体系中最重要的一个组成部分，由于它具有很大的外在性，因此，在一定程度上它影响着其他信用的发展。从历史的维度而言，中国传统的信用，本质上是一种道德观念，包括两个部分，一部分为自给自足的以身份为基础的熟人社会的私人信用，另一部分为相互依赖的契约社会的商业信用。

商业信用的主体是工商企业，客体主要是商品资本，因此，它是种实物信用。

商业信用与产业资本的变动是一致的，即商业信用的数量和规模与工业生产、商品流通的数量、规模是相适应的，在动态趋向上是一致的。

而从法律的理念看，商业信用具有四个特点。

第一，商业信用具有财产性。也就是说，商业信用是一种物化的信用，衡量商事主体信用程度高低的一个重要标准就是其拥有财产的多寡，因此，我国公司法确立了严格的法定资本制，旨在维护和保障商业活动中商业信用的财产基础。

第二，商业信用具有外在性。商事交易奉行外观主义，以交易双方当事人表示的外部行为为准，根据外部行为来推定内在意思，其目的在于保护交易安全，提高交易效率，也有利于社会稳定。

第三，商业信用具有制度依赖性。商业信用需要许多具体的制度安排来促进。商业信用是由各种商业习惯在长期的交易过程中所形成的一种信赖，这些习惯在现代社会逐渐制度化，比如，信息披露制度、公示制度、信托制度等。

第四，商业信用具有非恒定的独占性。也就是说，商业信用会随着商事主体经营状况的变化而处于不断变化的过程中，企业的不善经营和频繁的非诚信行为完全有可能导致降低甚至于丧失商业信用。

3. 金融信用（Banker's Credit）

金融信用是银行及其他金融机构以货币形式，通过存款、贷款等业务活动提供的信用，金融信用是金融行业的信用。金融业由于其特殊的性质，从产生伊始，就和信用相伴相生。对于金融业而言，金融信用在金融业的资产中无可置疑地占有首要地位。正如一位银行家所言："信用是银行的生存之本。"金融信用作为银行赖以生存的基础，一方面银行必须确保存款人自由取款，另一方面需要贷款人确保按时、如数还本付息，缺一不可。如果贷款人不对银行恪守信用，那么银行最终也无法对存款人恪守信用。从这个意义上说，金融信用本质上是企业信用和个人信用的整合。银行实为经营货币的企业，其资产大多数是亿万公众的财产。金融信用是商业信用发展到一定水平时产生的，它的产生标志着个国家信用制度的发展和完善。

4. 个人信用（Personal Credit）

个人信用是指一种建立在对个人在特定期限内付款或还债承诺信任的基础上的能力，它是后者无须付款就可以获取商品、服务或资金的能力，是基于信任、通过一定的协议或契约提供给自然人（及其家庭）的信用，它不仅包括用作个人或家庭消费用途的信用交易，也包括用作个人投资、创业以及生产经营的信用。

个人信用的债务人是消费者，即使用生活资料的个人与家庭。从信用的本质来看，信用是以偿还和付息为基本特征，以信任为基础的。当授信人（债权人）授信失当或受信人（债务人）回避自己的偿付责任时，信用风险就会发生。信用交易越发达，信用的风险也就越大。为了控制这种风险，使风险水平降低，预防是进行信用交易之前最重要的一个环节。客观公正的信用评估可以事先对受信人的信誉和品德以及履约能力进行判断，然后再决定是否交易、如何交易，以达到降低信用风险的目的。

个人信用是从属于商品和货币关系的一个经济范畴，不是任何特定社会形态的专利，它可以追溯到中国古代的西周时期和西方的古希腊时期，当时原始的个人信用销售关系已经存在。据文献记载，中国的周朝就有"赊"和"欠"等个人信用的记载。但是，它同现代市场环境下的个人信用和信用销售概念不能相提并论。现代市场环境下的"个人信用"概念属于现代市场经济范畴，它建立在比较成熟的买方市场经济制度的基础上，标志是征信公司和征信服务的出现。

二、信用体系

（一）社会信用体系

经济学的信用是授信方和受信方之间遵守契约能力的约定。履约能力强则信用高，反之则低。因此，它是一个相对概念。市场经济是契约经济，各个经济实体都围绕契约约定的各种关系要素而运转。社会信用是各种契约链正常履行的综合反映。

1. 我国社会信用体系的概括

1999 年 10 月，中国科学院世界经济和政治研究所"建立国家信用管理体系"课题提出了社会信用体系的概念，奠定了社会信用体系的理论基础。随着社会信用体系的不断扩充完善，2014 年国家发改委出台了《社会信用体系建设规划纲要（2014—2020 年）》，这是中国首个关于社会信用的顶层设计文件。该纲要对社会信用体系进行了详细的定义："社会信用体系是社会主义市场经济体制和社会治理体制的重要组成部分。它以法律、法规、标准和契约为依据，以健全覆盖社会成员的信用记录和信用基础设施网络为基础，以信用信息合规应用和信用服务体系为支撑，以树立诚信文化理念、弘扬诚信传统美德为内在要求，以守信激励和失信约束为奖惩机制，目的是提高全社会的诚信意识和信用水平。"

与西方着眼于经济交易和金融活动的社会信用体系不同，中国所建立的社会信用体系是广义的社会信用体系，既包含经济交易信用体系建设，也包括社会诚信体系建设。西方发达国家社会信用体系建设主要有两种模式：一是以美国为代表的以信用中介机构为主导的模式，完全依靠市场经济的法则和信用管理行业的自我管理来运作，政府仅负责提供立法支持和监管信用管理体系的运转。在这种运作模式中，信用中介机构发挥主要的作用，其运作的核心是经济利益。二是以欧洲为代表的以政府和中央银行为主导的模式，在这一模式下，政府通过建立公共的征信机构，强制性地要求企业和个人向这些机构提供信用数据，并通过立法保证这些数据的真实性。在欧洲这种模式中，政府起主导作用，信用中介机构作为中央银行的一个部门建立，而不是由私人部门发起设立；银行需要依法向信用信息局提供相关信用信息；中央银行承担主要的监管职能。

2. 我国公共信用的数字化建设

公共信用是社会信用体系的重要组成部分，公共信用信息是评价信用情况的重要指标。公共信用信息是指国家机关、法律法规授权的具有管理公共事务职能的组织以及群团组织等，在依法履职、提供服务过程中产生或者获取的，可用于识别信用主体信用状况的数据和资料。从信息获取来源角度来看，公共信用信息来源主要是政务、司法等国家机关以及法律法规授权的组织，因此公共信用信息具有权威性和公信力。

中国公共信用数字化市场从 2015 年开始快速增长，其市场规模从 2015 年的 2.4 亿元快速增长至 2019 年的 11.2 亿元。2015 年，国家工商总局开始投入资金建设国家企业信用信息公示系统，并积极对接国家各部委投建的信用平台；2016—2017 年，国家信息中心全面启动全国信用信息共享平台项目（二期）建设，各级政府、国家发改委也开始大量布局社会信用和公共信用系统，相关项目总数及资金规模快速攀升；2018 年，由于部委层面新建的信用平台投入下降，整体市场增长放缓；2019 年，公共信用数字化服务业务的发展为整体市场注入了活力，提高市场增长速度。截至 2019 年年底，公共信用数字化建设在一些基础领域和关键环节取得了重要的进展，为 2020 年的收官打下良好的基础。

当前，中国已建成统一的社会信用代码制度并基本实现全覆盖；国家各部委公共信用基础设施（如信用信息共享平台等）基本已经达到饱和，信用公示共享水平大幅提升；地方信用平台建设已经进入三期建设，并不断丰富平台功能；信用红黑名单制度、守信联合激励和失信联合惩戒机制不断完善；以信用信息数据为核心的经济社会治理机制逐步形成。

3. 我国社会信用建设的进展

（1）社会信用体系迈入高质量发展新阶段

社会信用体系顶层设计基本完成，组织机制完善等基础工作取得突破性进展。以《社会信用体系建设规划纲要（2014—2020年）》和《关于建立完善守信联合激励和失信联合惩戒制度 加快推进社会诚信建设的指导意见》等文件正式发布为标志，我国社会信用体系建设顶层设计基本完成。社会信用体系建设的范畴涵盖政务诚信、商务诚信、社会诚信和司法公信四大领域。在组织机制上，国务院在2007年就成立了社会信用体系建设部际联席会议。2020年政府工作报告明确提出，完善社会信用体系。

2019年，国务院办公厅发布了《关于加快推进社会信用体系建设构建以信用为基础的新型监管机制的指导意见》，指出为加强社会信用体系建设，深入推进"放管服"改革，进一步发挥信用在创新监管机制、提高监管能力和水平方面的基础性作用，更好激发市场主体活力，推动高质量发展，以加强信用监管为着力点，创新监管理念、监管制度和监管方式，建立健全贯穿市场主体全生命周期，衔接事前、事中、事后全监管环节的新型监管机制，不断提升监管能力和水平，进一步规范市场秩序，优化营商环境。从创新事前环节信用监管、加强事中环节信用监管、完善事后环节信用监管、强化信用监管的支撑保障、加强信用监管的组织实施五个角度加快我国的社会信用体系建设。

2020年5月17日，新华社播发的《中共中央 国务院关于新时代加快完善社会主义市场经济体制的意见》提出，构建适应高质量发展要求的社会信用体系和新型监管机制。2020年12月7日，中共中央发布的《法治社会建设实施纲要（2020—2025年）》提出，加快推进社会信用体系建设，提高全社会诚信意识和信用水平。2020年12月18日，《国务院办公厅关于进一步完善失信约束制度 构建诚信建设长效机制的指导意见》正式对外发布，标志着社会信用体系迈入高质量发展新阶段。信用法治建设扎实深入推进。制定全国社会信用法提上日程，《社会信用法（草案）》正在征求各地方和相关部门意见；地方立法取得积极进展，截至2020年12月初，上海、河北等9个省（市）已出台省级社会信用相关地方性法规。

（2）建立了统一社会信用代码制度

统一社会信用代码制度全面实施，全国信用信息共享平台实现与44个部委、全国31个省区市和65家市场机构互联互通，守信联合激励和失信联合惩戒机制的建立让"守信者处处便利，失信者处处难行"信用大格局逐步构建成形。

统一社会信用代码，相当于法人和其他组织的"身份证号"，是推动社会信用体系建设的基础。统一社会信用代码制度改革前，我国原有的机构代码不统一，分散在多个部门，缺乏有效协调管理和信息共享的工作机制，大多数代码仅应用于各部门内部管理，一些部门信息数据共享不畅。统一社会信用代码可以将分散在各地区、各部门、各领域的信用记录归集整合到当事主体的名下，形成完整统一的市场主体信用档案。政府部门、社会公众通过代码可以有效识别主体身份，并对信息进行关联比对分析，为褒扬诚信、惩戒失信创造条件。统一社会信用代码推动各地区、各部门信息共享，并与社会和市场各方面信息交换整合，形成可供利用的大数据资源，为政府监管和服务提供支撑保障。

（3）实现了全国范围内的社会信用信息归集共享

信用代码基本实现全覆盖，那么如何整理集纳这些信用信息呢？早在 2015 年，信用信息的载体——全国信用信息共享平台启动建设，目前平台实现了与 44 个部委、全国 31 个省区市和 65 家市场机构互联互通，归集信用信息超过 165 亿条。平台实现了三项功能：一是共享交换功能，平台与各部门和地区，通过目录清单按照授权查找、浏览、批量获取信用信息并实现共享；二是信息档案查询和系统嵌入功能，将归集的各部门、各地区信用信息进行比对，通过已经实施的统一社会信用代码制度记录于同一个主体名下，生成关于某一主体的全景式信用信息报告，各接入单位可进行信息查询，或打印和下载信用报告，也可通过接口方式将信用档案查询功能嵌入到部门行政审批系统或业务系统中，实施逢办必查、逢报必查，为审批和监管提供信息化支撑；三是守信联合激励和失信联合惩戒功能，设计了主体信息共享、信息比对、数据推送、守信和失信"红黑名单"信息联动、奖惩措施效果统计和反馈等功能。平台有效打破了政务信用信息孤岛，提高事中、事后协同监管效率，并且为联合奖惩工作提供了发起、响应、效果反馈等功能，有力支撑了守信联合激励和失信联合惩戒措施的落实。

信用信息平台不仅为政府部门工作提供便利，也为老百姓生活提供服务。依托全国信用信息共享平台，信用中国网站同步建设，推动了信用信息的公开。社会公众可以在网站或者手机上查询企业及相关组织的基础信息，查询有过失信记录和受到多部门联合惩戒的失信"黑名单"信息以及行政许可、行政处罚等信息，了解不同城市的信用状况，查看信用工作相关动态和行业资讯等。

自 2015 年 6 月 1 日上线以来，全国信用信息共享平台已通过信用中国网站信息公示栏目上线 27 类公示信息，其中行政许可和行政处罚信息数量超过 7 200 万条，信用中国平台首页如图 8-1 所示。

图 8-1　信用中国平台首页

平台建设越来越完善，应用场景也越来越丰富。比如，信用状况良好的小微企业，可以参与平台与中国工商银行合作的"信易贷"项目。目前"信易贷"已经为 18 家企业提供 1.5 亿元贷款，还将不断拓展与金融机构的合作面，提供更多普惠金融产品。全国信用信息共享平台已与多家市场机构签订信用信息共享协议，包括中国工商银行、中国建设银行、阿里巴巴、京东、滴滴出行、美团点评等。

根据国务院发改委、中国人民银行等部门部署要求，针对少数生产弄虚作假、恶性竞争加剧、质量风险抬头等问题，为进一步强化事中、事后监管，推进信用市场健康发展，建立联合惩戒制度，针对法院执行、市场监管、税收征管、进出口、涉金融、安全生产等重点领域的失信问题，有关部门通过机制化共享公示失信联合惩戒对象名单信息、实施联合惩戒措施等，加大对重点领域失信问题的惩戒、警示和治理力度。目前，现有国家级信用联合惩戒合作备忘录超45个，联合激励备忘录5个，制定联合奖惩措施100多项，初步建立起"发起-响应-反馈"机制。相关红黑名单信息通过信用中国网站向社会公开，在招投标、政府采购等过程中广泛查询使用，如图8-2所示。

图8-2　信用中国平台红黑名单查询页面

（4）建立了部际联动的联合奖惩制度

2014年，国务院发布实施了《企业信息公示暂行条例》，确立企业信息公示制度，改企业年检制度为年报制度，建立行政许可和行政处罚信息7个工作日内双公示制度。守信联合激励和失信联合惩戒将推进重点领域全覆盖，各地方、各行业陆续出台红黑名单管理办法，规范各领域红黑名单的认定、奖惩、修复和退出。同时，开展重点职业人群的个人信息采集，完善个人诚信记录形成机制。

（二）个人信用体系

1. 个人信用体系的定义

个人信用体系是指根据居民的家庭收入资产，已发生的借贷与偿还、信用透支、发生不良信用时所受处罚与诉讼情况，对个人的信用等级进行评估并随时记录、存档，以便信用的供给方决定是否对其贷款和贷款多少的制度。通俗地说，个人信用体系是一套详细记录个人历次信用活动的登记查询系统，这是在社会范围内构建发达的信用消费经济的基础，也是大力提倡的金融生态环境建设的支柱之一。个人信用是整个社会信用的基础。市场主体是由个体组成的，市场交易中所有的经济活动与个人信用息息相关，一旦个人行为失之约束，就会发生个人失信行为，进而出现集体失信现象。因此，个人信用体系建设具有极其重要的作用。

2. 个人信用体系的构成

个人信用体系包括个人信用主体、个人信用征信机构、个人信用评分系统和个人信用惩戒和规范四个方面。

（1）个人信用主体

这是指信用报告所指向的对象，是具有民事行为能力和一定偿还能力的个人。信用报告的使用者包括商业银行、提供贷款的零售商和其他合法的信用报告的购买者，他们通过购买有关信用主体标准化的个人信用报告，获得专业化的个人信用评估服务，以此作为对个人消费信用放款的依据，规避信用风险，提高贷款效率。

（2）个人信用征信机构

这是指提供消费者个人信用状况调查服务的专业机构，它们主要提供消费者信用调查报告、征信数据和个人信用评分服务。个人信用征信机构将分散在各商业银行及社会有关方面的个人信用信息汇集起来，进行加工、存储，形成个人信用信息数据库，利用信用评分系统和其他工具对个人信用度进行公正的评价，并出售标准化的个人信用报告和信用分数。如果个人信用征信机构在其生产的个人征信报告中完全使用基于客观事实的数据，那么它提供的报告就是客观报告，这种个人信用征信机构被称为报告机构；如果个人信用征信机构主要是进行实地调查，反映知情人看法或观点，以取得主观性的调查结果，形成带有对被调查对象的看法和观点的主观报告，那么这种征信机构称为调查机构。

（3）个人信用评分系统

这是个人信用中介机构或消费信用授信方在合理分析个人过去的信用数据和特定行为的基础上，利用特定的计算模型通过对过去的评判来预测信用主体未来的信用风险，以此决策是否授信和是否提供相应授信条件。它可以帮助授信者节约审查费用、加快审查周期，为消费者进行消费信用提供更加便利的条件。目前从信用中国平台上关联的个人信用关联信息评分机构包括央行、信用服务机构和电信运营商三类，如图8-3所示。

图8-3 我国现有个人信用关联评分机构

（4）个人信用惩戒和规范

这包括两方面的内容：一是对消费者失信的惩罚，包括不良信用信息记录和破产记录；二是对征信机构和管理机构行为的规范。面对消费信贷过程中出现的不还款行为，失信惩戒成为重要的惩罚手段。在健全的市场经济中，信用成为个人经济交往的保证，而个人信用信息又成为个人信用的见证。

3. 我国个人信用体系的现状

我国个人消费信贷业务经过发展取得了一定的成绩，同时也建立了属于我国的个人信用体系，但仍在许多问题，主要表现在以下四个方面。

（1）法律不够健全，缺乏与个人消费信贷相配套的法律法规

中国人民银行鼓励各商业银行开办各类消费贷款业务，但目前只下发了住房和汽车的消费贷款管理办法，而其他的消费贷款管理办法尚未出台，也未制定统一的消费信贷合同文本，致使商业银行在经营运作中出现无序和不规范等现象。目前《中华人民共和国商业银行法》《中华人民共和国担保法》都缺乏针对个人消费信贷的法律条款，导致银行在开展个人消费业务的时候只能套用针对企业制定的法律条规，存在一定的法律真空地带。

（2）个人信用调查机制不健全

现在办理个人信贷消费业务，主要调查单位还是银行，这中间存在许多问题：一方面对个人现有的评估主要信赖于信贷员的贷款"三查"工作，由于个人消费信贷的贷前调查工作内容较为有限，很大程度上取决于信贷员个人的主观判断，对信贷及评估人员中可能存在的道德风险目前也没有有效的约束机制。在贷款审批过程中，由于审批人不直接与客户接触，而可供审查的贷款资料非常有限，加上量大、笔数多，审批人也无暇对每一笔贷款都进行详细的询问与审查。此外，对于消费额度贷款有效期、首次支用期以及还款计划的确定缺乏较为科学的判断依据。至于贷后跟踪管理，因人员少、业务量大、范围广等客观原因，在一定程度上流于形式。

（3）化解风险能力弱

自开展个人消费信贷以来，为了完成国家交给的发展消费信贷、刺激经济增长的任务，各家银行都投入了大量的人力、物力和财力，虽然在抢占市场份额和扩大业务量方面成绩显著，但也在不同程度上出现了放宽贷款条件的现象，这样做必将影响银行的信贷资产质量，使收益与风险的比例失调，既加大了银行的经营风险，又无法满足国家对银行提高经营管理水平所提出的要求，因此，面对激烈的市场竞争和瞬息万变的外部环境，防范和化解金融风险已刻不容缓。从宏观上讲，目前各家银行均各自为政，纷纷致力于建立自己的个人消费信贷"营销网络"，这样做虽然可以独享收益，但资金需要量大，成本高，且可能面临市场开拓失败的风险。

（4）同业信息未完全共享

中国人民银行的全国银行信贷登记咨询系统已覆盖全国 301 个城市，是目前中国最大的征信数据库。但由于各种原因，目前还难以对外公开使用。因此要建立和完善全国范围的个人信用体系，除要有配套法规以外，查询系统也要完善。特别是通过哪种方式进行异地查询值得研究，使用信函、传真或是网上查询？从信息技术发展的趋势来看，网上查询应该是最能降低交易成本的一种查询和获得信息的方式，并且也是一种效率最高的方式。由于此项查询是有偿的，实际上是购买一种无形商品——个人信用信息，因此应归到电子

商务的范畴。其中有许多问题尚待解决：是采用建立费用低、查询效率低的互联网查询，还是采用建立费用高、查询效率高的类似股票交易的一个专门网络？查询系统的收费标准如何确定？若有关部门不提供信用线索或信息、失真怎么办？等等。

第二节　征信及其体系

一、征信的概述

（一）征信的含义

征信在中国是个古老的词汇，《左传》中有"君子之言，信而有征"的说法，意思是说一个人说话是否算数，是可以得到验证的。征信活动的产生源于信用交易的产生和发展，信用、诚信是与征信密切相关的概念。所谓信用，是指能够履行诺言而取得的信任，核心为诚实守信不欺诈的行为；所谓诚信，即讲诚实、守信用，重点是为人处世的道德品质。尽管信用主要局限于社会经济领域，诚信隶属于道德伦理范畴，征信从属于信用信息管理领域，但它们紧密相连，相互配合。诚信是社会主体应当遵守的道德规范，信用是诚信在社会经济中的行为表现，征信是培养诚信增加信用的有力手段，三者共同构筑社会信用体系。

现代经济是信用经济，信用作为特定的经济交易行为，是商品经济发展到一定阶段的产物。信用本质是一种债权债务关系，即授信者（债权人）相信受信者（债务人）具有偿还能力，而同意受信者未来偿还的承诺。但当商品经济高度发达、信用交易的范围日益广泛时，特别是当信用交易扩散至全国、全球时，信用交易的一方想要了解对方的资信状况就会变得极为困难。此时，了解市场交易主体的资信就成为一种需求，征信活动也应运而生。可见，征信实际上是随着商品经济的产生和发展而产生、发展的，是为信用活动提供的信用信息服务。

征信（Credit Reporting/Credit Information Services）是指为了满足从事信用活动的机构在信用交易中对信用信息的需求，依法采集、整理、保存、加工自然人、法人及其他组织的信用信息，并对外提供信用报告、信用评估、信用信息咨询等服务，帮助客户判断、控制信用风险，进行信用管理的活动。

从上述定义可知，征信不仅仅是对信用信息进行采集、整理、保存、加工、提供的活动，还包括信用评级。征信业务主要由信用登记、信用调查和信用评级组成。

从行业分工的角度看，征信对应着有关信息产品的收集、加工和生产，即由专业服务机构代理客户对交易另一方的资历信用等方面的情况进行调查和判断，为决策人发放贷款、选择贸易伙伴、签约、选择结算方式或者处理逾期账款、经济纠纷等提供决策参考。

征信是对信息收集处理提供的活动，然而并非所有机构的上述行为都构成征信。只有依法设立主要经营征信业务的征信机构采集及使用信用信息的行为，才能构成征信。会计师事务所、律师事务所以及电信公司等在业务经营过程中，对信用信息的获取使用等活动不属于征信；国家机关以及法律、法规授权的具有管理公共事务职能的组织依照法律、行政法规和国务院的规定，为履行职责进行的企业和个人信息的获取使用等活动也不属于征信。

（二）征信的作用

征信在经济、金融运行中具有以下作用：

1. 降低信用风险

征信最基本的功能是：了解、调查、验证他人的信用，使赊销、信贷活动中的授信方能够比较充分地了解信用申请人的真实资信状况和如期还款能力；通过信用信息的传输来降低信用信息不对称的困境，起到约束市场交易各方的行为、使授信方的风险降到最低的作用。

2. 节约交易成本

征信是由专门的征信机构负责对受信人的信用状况进行调查评定，专业征信机构的出现是社会分工的必然结果，有利于提高社会运行的效率，节约信用交易的成本。如果由各授信机构独立完成对受信人资信状况和履约能力的调查、评估，不仅成本高，而其信息来源的真实性和可靠性都难以保证，控制信用风险的能力就较低。

3. 惩戒功能

征信活动使信用信息都在征信机构掌握之中成为一种可能。由于征信机构掌握的信用信息覆盖面广，信用结果的传播速度也快，失信惩戒机构的作用能得到最大限度的发挥，使受信人（债务人）认识到守信的重要性，失信获得的利益仅是一次性的，而经济惩罚则是长期的、广泛的。

4. 提高社会信用观念

征信可以起到一种无形的导向作用。征信的存在使信用变成一种潜在的经济资源，信用报告可以成为政府、企业或个人进入信用社会的一种资格证明，成为从事契约活动的通行证，从而对受信人的行为起到制约和规范的作用，提高全社会的信用观念。正是因为征信具有上述作用，征信业才逐渐发展成市场经济中不可或缺的一环，成为我国个人信用发展过程中讨论的热点。

（三）征信的分类

1. 按征信对象分类

按征信对象的不同，征信主要分为企业征信和个人征信两种。

（1）企业征信

企业征信的快速发展是从 20 世纪 60 年代开始的。第二次世界大战后，一些国家经过经济恢复时期，到 20 世纪 60 年代进入了经济高速增长时期，国内外贸易量大幅度增加，交易范围日益广泛，企业征信的业务量也随之迅速增大，从而进入了大规模信用交易的时代。又经过几十年的发展，发达国家的征信服务业已经比较成熟，形成了比较完备的运作体系和法律法规体系，对各国经济发展和规范市场秩序起到了重要作用。

（2）个人征信

个人征信是指依法设立的个人信用征信机构对个人信用信息进行采集和加工，并根据用户要求提供个人信用信息查询和评估服务的活动。个人信用报告是征信机构把依法采集的信息，依法进行加工整理，最后依法向合法的信息查询人提供的个人信用历史记录。

2. 按服务对象分类

按服务对象可分为信贷征信、商业征信、雇佣征信以及其他征信。

信贷征信的主要服务对象是金融机构，为信贷决策提供支持；商业征信的主要服务对象是批发商或零售商，为赊销决策提供支持；雇佣征信主要服务对象是雇主，为雇主用人决策提供支持；另外，还有其他一些征信活动，诸如市场调查，债权处理，动产、不动产鉴定等。各类不同服务对象的征信业务，有的由一个机构来完成，有的在具有数据库征信机构的上下游的独立企业内完成。

3. 按征信范围分类

按征信范围可分为区域征信、国内征信、跨国征信等。

区域征信一般规模较小，只在某一特定区域内提供征信服务。这种模式一般在征信业刚起步的国家存在较多，征信业发展到一定阶段后，大都走向兼并或专业细分，真正意义上的区域征信随之逐步消失。

国内征信是目前世界范围内最多的机构形式之一，尤其是近年来，开设征信机构的国家普遍采取这种形式。

跨国征信正在迅速崛起，此类征信之所以能够得以快速发展，主要有内在和外在两方面原因：内在原因是西方国家一些老牌征信机构为了拓展自己的业务，采用多种形式（如设立子公司、合作、参股、提供技术支持、设立办事处等）向其他国家渗透；外在原因主要是由于经济全球化进程的加快，各国经济互相渗透，互相融合，跨国经济实体越来越多，跨国征信业务的需求也越来越多，但由于每个国家的政治体制、法律体系、文化背景不同，跨国征信的发展也受到一定的制约。

二、个人征信的概述

（一）个人征信的特征

个人征信，就是以征信机构为主体进行的对个人信用信息的收集、利用、提供、维护和管理的活动。从个人征信机构的运作实践来看，个人征信具有三个显著特征。

1. 个人征信具有网络效应

这是指参与信息共享安排的银行越多，信用报告给银行带来的效用越大。这是因为，一方面，银行对潜在借款人的资信状况掌握会越来越全面和及时，对个人信用报告的信任度越来越高；另一方面，平均每家银行摊销的数据库固定成本越来越少，有利于分摊个人信用报告的价格。网络效应体现了联合征信的价值以及个人征信行业标准化的重要性。

2. 个人征信具有较强的规模经济效应

这是由个人征信行业的高固定成本、低边际成本特性决定的。随着查询次数的增多，个人征信机构每产生一份信用报告所增加的成本很低，这使得个人征信在某种程度上具有"自然垄断"的特征。

3. 个人征信存在一定的正外部性和负外部性

个人征信的正外部性主要是指其对信用文化的培育及守信意识的灌输作用，以及对消费信贷市场稳定发展的促进作用。但由于个人征信涉及信息公开与隐私保护的矛盾，对个人隐私的不当传播会造成一定的负外部性。

（二）个人征信体系

征信体系是指由与征信活动有关的法律规章、组织机构、市场管理、文化建设、宣传教育等共同构成的一个体系。征信体系的主要功能是为信贷市场服务，但同时具有较强的外延性，也服务于商品交易市场和劳动力市场。其中，个人征信体系是指与个人征信活动有关的法律规章、组织机构、市场管理、文化建设、宣传教育等共同构成的一个体系，其主要功能是为信贷市场服务。在实践中，征信体系的主要参与者有征信机构、金融机构、企业、个人及政府。

完善的个人征信体系可以约束和规范社会个体的信用行为，降低交易成本，有效避免市场交易中的信用风险，建立良好的社会信用秩序和市场经济秩序，促进国民经济有序、健康运行和社会道德体系的建设。个人征信体系构成如图8-4所示。

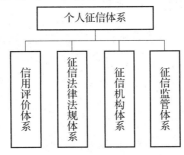

图8-4　个人征信体系构成

1. 信用评价体系

个人信用评价是第三方信用评级机构依据评级标准，按照一定的方法和程序，在对个人信用进行全面了解、征信和分析的基础上，对其信用度进行评价，并以专用符号或文字形式来表达的活动。信用评级一般采用定性和定量相结合的方法，采取一系列指标，来为被评级对象打分。

2. 征信法律法规体系

法律环境是制约个人征信体系建设的关键因素，由于个人征信必然涉及个人信用数据的收集、公开、使用、披露和管理，以及个人隐私的保护、国家机密的保护和社会公众的利益维护等各方面的问题。同时，征信机构的市场准入与退出，征信业的监管和违规行为的处理等，都离不开法律的支持。因此，建立完善的个人征信体系，必须首先坚持立法先行，通过个人征信立法和配套制度的建设，确保征信活动的公平、公正、公开。

3. 征信机构体系

征信机构是授信人（或贷款人）联合成立或共同认可的，由其收集、整理和分析受信人（或借款人）的信用信息，帮助授信人完成对受信人全面调查的机构。个人征信服务业具有智力密集、技术密集、专业化程度高、市场集中度高的特点，承担着个人信用信息收集、加工、处理和传递的功能，在防范信用风险和促进信用交易方面发挥重要作用。因此，要按照严格的行业规范和标准，发展一批具备较高执业资质和道德水准、独立公正、市场化运作的信用中介服务机构。信用中介服务机构应坚持独立、客观、公正的基本原则，为银行和社会提供个人信息咨询、信用调查、个人信用评估等服务，以及帮助客户判断和控制信用风险。

4. 征信监管体系

个人征信市场的健康发展离不开有效的监管，有效监管是实施个人征信法规的重要保障。在个人征信体系的建设过程中，需要政府在制定并执行征信规则、对征信机构进行管理（包括征信机构的市场准入、日常经营活动和市场退出等的管理）、直接或间接进行征信市场的调控等方面发挥作用。另外，行业自律必不可少，同时，"失信惩罚机制"会让失信者付出代价，甚至名誉扫地，从而督促公众严格守信。

个人信用征信是整个体系的基础，个人信用评分系统、惩戒和规范机制都是在个人信用征信的数据平台上运行的，因此也是体系建设的重中之重。

三、国内外征信体系建设模式比较

发达国家经历长时间的市场经济发展已形成较为完善的社会信用体系，但因各国在文化、历史、经济及法律体系上存在差异，故社会信用体系建设模式也不同。

（一）国外征信体系建设模式

1. 公共征信模式下的互联网金融征信体系建设

比较典型的采用此征信模式的国家有法国、德国、意大利。该模式下的征信体系主要以各国的中央银行或银行监督部门为主导部门，由国家直接出资建设，不以营利为目的，同时辅以立法的方式要求政府、银行、财务公司、保险公司在内的所有金融机构都必须加入到公共信用登记体系。作为对等条件，公共信用登记体系内的信用数据只服务于金融机构，而不向社会其他需求者提供。

其征信体系建设可以分为两个部分：一是由各国中央政府银行监督管理，主要采集一定数额之上的商业银行的信贷信息，主要是为央行监管和商业银行开展信贷业务服务；二是由市场化的征信机构组成，主要从事个人征信业务领域。此种模式下，互联网金融征信体系的建立主要依托于公共征信部门和机构。

以法国为例，其国内没有私人征信机构，政府控制着全国的征信服务。法国央行于1946年成立了信用服务调查中心，并由该中心建立起了公共信用征信登记体系，该体系可以分为企业信贷登记体系和个人登记体系。法国央行规定，所有信贷机构和金融机构必须按月上报关于分期付款、贷款、融资租赁和信用卡透支的逾期记录情况。法国公共征信机构的设立旨在为协助金融监管部门进行监管服务。例如，中央银行可通过分析研究征信机构上报的数据信息来考察其货币政策的执行情况，并对各金融机构的放款情况、信用风险情况进行监管调控。

欧洲采用公共征信模式的国家在信息采集类型及最低限额方面有以下特点：首先，主要采集一定数额之上的商业银行的信贷信息。在这一制度下，一些从事信贷额度之下的信贷信息的采集、加工、整理，并对外提供征信产品服务的民间征信机构渐渐涌现。这样一方面可以丰富市场的产品类型，活跃市场；另一方面可以减少公共信用登记体系采集信贷限额之下的信息的成本。其次，在收集信息的类型方面。西班牙和意大利不仅收集正面的信息，也收集负面的信息。德国和奥地利只收集正面的信息，不收集企业的不良贷款和逾期信息。出于保护个人隐私的目的，1995 年欧洲议会颁布了《个人数据保护纲领》，该法案主要是为了在数据征集与个人隐私保护之间实现平衡。1997 年欧盟通过了《数据保护指南》，完善对个人隐私数据的保护，特别指出不能滥用数据。2016 年 4 月，欧盟议会通过《一般数据保护法规》（General Data Protection Regulation），取代《个人数据保护纲领》。《一般数据保护法规》是欧盟为顺应互联网技术发展而提出的，旨在维护信息主体的合法权益，一旦发生数据泄露问题，信息主体能够查询自身信息的储存和处理情况并有权要求在第一时间被告知。

（1）公共征信模式的优点

在社会信用信息分布较为分散的情况下，可以由政府牵头来协调社会各个方面，强制性地向社会各部门采集信用信息数据，从而可以在较短的时间内迅速建立起信用信息数据库，具有明显的社会效应。

（2）公共征信模式的缺点

在公共征信模式下，中央银行作为全国征信业的监督管理部门，对商业银行等各类金融机构的征信情况进行监督管理。这一模式下的征信体系主要向金融提供服务，并不对外界开放，因此，无法形成覆盖全社会的失信惩戒和防范风险的有效机制。此外，政府部门不以营利为目的建立起来的信用信息数据库并不参与社会竞争，征信产品也不向市场提供，因此会导致前期花费的巨额资金得不到补偿，削弱各方参与的积极性，产品缺乏竞争力。此外，以政府为背景，公共征信体系无法实现绝对的中立，因为这样会削弱征信的目的和意义。

2. 私营征信模式下的互联网金融征信体系建设

采用私营征信模式的典型国家是美国、英国和加拿大。这种模式下的征信机构是完全市场化的，独立于政府，主要以营利为目的。政府制定相关法律规范私营征信机构的发展方向，保护信息主体的合法权益。以美国模式为例，美国具有特殊的银行设立制度，限制银行在全美的竞争，银行体系出于信息共享的需要而倒逼征信制度的建立与发展。美国经历了 160 多年的时间，最终建立了比较完善的现代征信体系，它是典型的私营征信模式（也称为市场化征信模式）。美国征信业主要以商业性质的公司为主体，征信公司由民间资本投入并建立运营，并且独立于政府，主要以营利为目的，对外提供有偿征信服务。美国征信体系结构示意如图 8-5 所示。

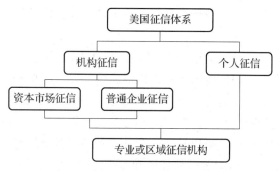

图 8-5　美国征信体系结构示意

美国的民营征信服务机构主要以私人和企业法人注资组建。这类征信机构的数据来源广泛，有的源于银行类金融机构和信贷协会，有的来自财务公司和融资租赁公司等。其中，艾可飞公司的数据库数据容量巨大，存储有超过 2 亿美国人和 1 600 万加拿大人的个人消费信息资料。益佰利公司掌握着大量的原始用户信息，数据涵盖 1 亿多个家庭的 2 亿多个消费者，上千万家企业，上亿个 E-mail 地址等。在信息的类型方面，不仅采集正面的信用信息，也采集负面的信用信息。

美国征信业的法律是在法庭判决中逐渐发展完善的，各种类型的判例就是征信法律的依据。20 世纪 60 年代美国便开始颁布信用监管的法律，发展至今其信用信息服务业的法律体系已经比较齐备。其主要做法：一是使法律范畴涵盖信用产品生产、销售、使用的全过程，涉及信用管理的主要法律有《消费者信用保护法》《诚实借贷法》《公平信用报告法》《公平债务催收作业法》《平等信用机会法》《公平信用结账法》等。二是对信用报告机构和信用报告使用者均进行规范。《公平信用报告法》是美国信用管理法律框架中最核心的法律，消费者信用报告机构和使信用报告的消费者都要遵守《公平信用报告法》的条款，并以这些条款为依据保护消费者权益。三是及时对法律法规进行完善。上述法律伴随着美国的经济发展变化都进行了相应修改完善，其中 1970 年出台的《公平信用报告法》在 1996 年、2002 年分别进行了重大修改。《公平信用报告法》是规范征信行业活动的核心法律，该法律不仅针对个人，也规范企业和机构法人的征信过程，重点是保护个人数据。经过多年的不断发展完善，美国具备了比较完善的法律法规体系和监管体系，形成了客观、独立、公正的法律氛围，政府不参与征信并且政府自身也是征信的对象，从而征信机构可以保持中立、公正。

组建行业协会，充分发挥行业协会的自律作用也是私营征信模式的重要手段。在英美，自律对互联网金融行业的良性竞争、规范运营和保护消费者权益起到很好的促进作用。美国早在 19 世纪末就成立了民间信用管理组织，目前，消费者数据业协会、美国国际收账者协会和全国信用管理协会三家信用行业协会影响力较大。其中，1896 年成立的全国信用管理协会规模最大、历史最悠久。协会通过联系会员单位举办交流会议、开展专业教育培训、制定技术标准、为客户提供商账追收服务、为授信机构提供决策咨询服务、进行政府公关等活动，推动信用行业良性发展。在英国，2011 年，当时占英国 P2P 市场份额 92% 的三家公司成立了全球首个互联网金融行业自律协会。2012 年，英国的 12 家众筹公司也成立了众筹协会并设立了相应行为准则，通过制定融资平台最低资本额、信用评级、信息安全管理、反欺诈和反洗钱措施等，约束筹资人，保护出资人权利，促进行业良性发展。

为鼓励金融创新，避免"一管就死"，英国政府也采取行业自律先行、监管随后跟进的方针，初期阶段不设立专门的政府监管机构或出台针对性法律和法规，而是让行业协会自我管理，让其自由发展。随着互联网金融行业发展壮大，开始逐步进行监管。在美国，网络信贷被列为信贷类理财产品，需要经美国证券交易委员会批准准入，只有取得证券经纪交易商牌照的网络信贷企业才可以营业。此外，美国证券交易委员会坚持以信息披露为准的监管方法，要求 P2P 平台对收益权凭证和对应的借款信息进行全面的披露，从监管的角度促使美国 P2P 行业的业务走向合法化、透明化，使 P2P 平台提高其信用风险管理能力。

（1）私营征信模式的优点

私营征信模式的优点是可以充分调动市场积极性与活力，能够规范运作，迅速形成庞大的规模，提高信用服务效率水平。该模式下的征信机构会根据市场的需求状况来提供多样化的产品服务，并且更加主动地去获取全面的信用信息，信息的共享程度较高。以美国为例，首先，政府不向征信机构进行投资，可以节省财政费用；其次，在完全市场化的情况下，征信机构会根据市场需求创造相对应的征信产品。在市场化的条件下，市场充分竞争，优胜劣汰，有助于征信产品的创新。

（2）私营征信模式的缺点

相较于私营征信模式的优点，私营征信模式的缺点更加突出。首先，在时间上，市场征信体系需要经过很长的时间才能达到一定的有效规模，并且在发展的初期极易出现不规范操作的行为。市场化模式通过不断试错来完善信用法规体系，从而使整个社会信用体系建设进程减缓。其次，在发展培育方面，在本土征信机构发展不成熟之际，外资征信公司容易抢占国内市场，使国内的征信机构发展更加艰难。最后，在信息安全方面，征信机构在市场竞争和盈利性驱使下，不断追求创新，对政府的监管提出更高的要求。我国征信业处于发展的起步阶段，各方面的法律还有待完善，因此在现有法律环境下，不可完全照搬私营征信模式。

3. 混合型征信模式下的互联网金融征信体系建设

混合型征信模式既不同于以美国为代表的私营征信模式，也区别于以法国为代表的公共征信模式，是介于公共与私营之间的一类混合型征信模式。采用混合型征信模式的典型代表是日本。日本的征信体系由银行业协会等建立的会员制征信机构和商业性质的征信中介机构共同组成。采用混合型征信模式与日本的行业协会在本国经济中的地位和影响力有很大关系。银行协会、信贷业协会与信用产业协会三足鼎立，它们组成的会员制信用信息互换平台向会员提供数据信息，协会不以营利为目的，与此同时，会员有义务向协会信用信息中心提供其掌握的数据。

日本的三大行业协会，即银行协会、信贷业协会、信用产业协会，拥有的数据基本上可以满足会员对个人信用信息采集调查的需求。协会涵盖各个业务领域，包括银行、信用卡公司、保险公司等。日本银行业协会组建了全国的银行个人信息中心，在个人签订贷款合同前需要向银行如实提供个人的信用信息。消费者的信用信息只在协会会员之间共享，不对外公开。

（1）混合型征信模式的优点

混合型征信模式的优势在于：一是由行业协会组织牵头建立，行业内会员相对来说比较容易协调，同时有利于稳定各方的合作关系；二是在协会内部，各会员单位按照共同的行为规范，明确各自的权利、义务，能够提高信用信息数据库的质量。

（2）混合型征信模式的缺点

首先，在一些行业协会发展较落后的国家和地区，行业协会在经济中并没有太多的话语权，因而也不会产生像日本那样的影响力。同时，行业之间的发展不平衡客观上也会制约信用信息征集的准确性和完整性。其次，由于信用信息只在协会内部共享不向社会提供服务，因而会带来经济效益和社会效益的双重下降，会员片面采集消费者信用信息而不进行更深一步的整合和处理，会降低数据的利用效率，造成数据资源的浪费。

总的来说，这三种模式是在不同历史条件、法律制度、文化氛围和社会信用状况等背景下产生的。私营征信模式适合市场化程度较高的国家；公共征信模式要么适合小国，要么适合处于转型阶段、私营征信机构不发达和对债权人保护较差的国家；混合型征信模式则适合行业协会较发达的国家。

（二）我国征信体系的建设

建设征信系统是中国特色社会主义市场经济的一项重要制度安排。征信系统建设以市场需求为动力，依靠政府推动发展，起源于金融业的市场化改革，始于 1997 年银行信贷登记咨询系统。2002 年 3 月，按照国务院要求，由人民银行牵头的 22 个单位，组成企业和个人征信体系专题工作小组，负责提出全国企业和个人征信体系建设总体方案。2002 年银行信贷登记咨询系统全国三级联网运行。2004 年，人民银行启动银行信贷登记咨询系统升级工作，将原来分布在 337 个城市的三级分布式数据库升级为全国集中统一的企业征信系统，实现数据在全国的大集中，统一对外提供服务。2005 年 12 月，企业征信系统实现主要商业银行的全国联网运行，并在天津、上海、浙江、福建四个省（市）开通查询用户试运行。2006 年 6 月末，企业征信系统实现所有中资、外资商业银行和有条件的农村信用社的全国联网运行，并于 2006 年 7 月末完成全国范围内与银行信贷登记咨询系统的切换工作，这意味着全国集中统一的企业和个人征信系统全国联网运行。全国集中统一的企业征信系统的建成，减少了数据流转环节，加快了数据流转速度，同时解决了分布式数据库各级统计汇总数据不一致的问题，提高了数据更新的及时性和一致性，扩大了企业信息的覆盖面。

为适应全国集中统一的个人信贷市场发展的需要，防范住房贷款、消费贷款、信用卡业务的信用风险，人民银行在上海试点的基础上，积极推动建立全国集中统一的个人征信系统。2004 年年初，人民银行开始组织商业银行建设全国集中统一的个人征信系统。2004 年年底，个人征信系统实现了 15 家全国性商业银行和 8 家城市商业银行在北京、重庆、西安、南宁、深圳、绵阳和湖州 7 个城市的成功联网试运行。2005 年 8 月，个人征信系统已完成与全国所有商业银行和部分有条件的农村信用社的联网运行，并于 2006 年 1 月在全国联网运行。经中编办批准，2006 年 3 月中国人民银行设立法人事业单位中国人民银行征信中心，负责征信系统的建设、运行和管理。国务院于 2013 年 1 月颁布《征信业管理条例》，将征信系统定位为"金融信用信息基础数据库"，征信中心作为专业运行机构，负责建设、运行和维护。为"征信"这一崭新行业在中国确立了法律地位，对企业征信业务全部放开、全面支持，授权中国人民银行对征信业市场进行管理，这标志着中国的征信业进入了法制化、规范化的快速发展阶段。2014 年 6 月发布的《社会信用体系建设规划纲要（2014—2020 年）》，标志着我国社会信用体系建设进入全面推进时期。在此背景下，2014 年年底 50 多家企业征信机构完成备案，2015 年年初 8 家机构获准开始个人征信业务准备工作，我国征信事业迎来了快速发展的春天。

目前我国已形成以中国人民银行征信中心为核心的政府主导制的征信体系，包含公共征信机构、社会征信机构和信用评级机构三大部分，如图 8-6 所示。

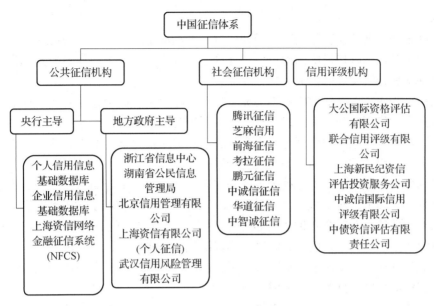

图 8-6　中国征信体系

中国人民银行征信中心负责建设、运行和维护的全国集中统一的企业和个人征信系统（简称征信系统），是我国社会信用体系建设的核心组成部分，已经成为我国重要的金融基础设施和社会主义市场经济体制的基石，为我国宏观经济管理、金融政策制定、金融风险防范、金融生态环境改善、国民经济持续快速健康发展发挥了重要作用。

中国人民银行征信中心已经成为全球最大的征信机构，全国持牌金融机构均已接入该征信系统，其运行维护的金融信用信息基础数据库采集内容极为丰富，不仅包括企业和个人的基础信息、信贷信息，而且覆盖信用状况的其他信息，如社保及公积金信息、公用事业信息、行政处罚信息、司法信息、税务信息等。

中国人民银行征信中心运维的国家金融信用信息基础数据库在覆盖面上有先天优势；互联网金融、消费金融等非银行金融爆发式增长带来长尾用户群体数据的海量增长，市场化征信机构作为该数据库的补充，发展空间极大，百行征信作为民间征信的集大成者，获得牌照的同时也意味着其承担起完善我国"政府+市场"双轮驱动征信框架大局的重要使命。

第三节　我国互联网金融征信体系

一、我国互联网金融信用的产生

随着中国经济的快速发展与变革，以及互联网的普遍使用，互联网金融也在蓬勃发展中。以互联网为代表的现代信息技术正在推动金融业的深刻变革。与此同时，占中国企业总数98%以上的中小微型企业及创业者的资金需求逐步增多，但以银行为代表的传统金融机构却无法满足其金融需求。而互联网金融具有透明度更强、参与度更高、协作性更好、中间成本更低、操作上更便捷的特点，相比传统金融机构和渠道而言，更易受到中小微企业的青睐。

互联网金融发展的速度超出市场预期，这一新型的金融形态在短短几年内就以破竹之势迅速确立了其在金融格局中的地位。与此同时，互联网金融信用体系发展的滞后也成为制约互联网金融持续发展的重大"瓶颈"。

相关研究表明，现有征信体系不能完全适应金融机构，亟须建立与互联网金融发展相适应的普惠金融信用标准体系。以央行的征信系统为例，央行征信系统主要采集银行信贷记录信息，而互联网金融的信用有其自身的特点，更多情况下需要采集多种类型的信用数据，如电子商务交易数据、用户的消费行为数据等。

互联网环境日益成熟，人们社会生活的很多方面已经离不开网络，年轻一代甚至有大半的生活发生在网上，对于现在的人们来说，虚拟与现实边界已经日益模糊，交易、买卖、沟通交流即使没有完全在网上，也正在向线上线下结合的方向发展。随着社交、商务、金融等的互联网化，人们在互联网上不仅沉淀了真实姓名、身份证号、电话、银行卡号、信用卡号和社交圈，还不自觉地沉淀了自己的行为习惯、喜好和活动轨迹，如今甚至连一个人即时的位置信息都可以追踪。

随着互联网上个人信用范围越来越广，如今专门进行互联网信用评估的公司也已经出现，这些公司建立互联网个人信用评估的模型，通过利用社交网站或者购物平台上的个人数据来评估消费者的信用风险。他们认为，当金融机构为某个客户提供信贷时，如果这个客户在金融机构缺乏信用记录或者过往信用记录曾有污点，那么会对该客户获得金融机构的贷款造成障碍，此时他/她的社会身份、在线声誉和职业联系人圈子，应该成为信用公司考虑的因素。人们的网络行为已经具备真实世界行为的影响力和价值。

拓展阅读

百行征信有限公司

百行征信有限公司是在中国人民银行监管指导下，由中国互联网金融协会联合芝麻信用管理有限公司、腾讯征信有限公司、深圳前海征信中心股份有限公司、考拉征信服务有限公司、鹏元征信有限公司、中诚信征信有限公司、中智诚征信有限公司、北京华道征信有限公司8家机构共同发起组建的市场化征信机构，注册资本10亿元。其中，中国互联网金融协会持股36%，其余8家机构各持股8%。2018年，百行征信获得我国第一张个人征信业务牌照，并落户深圳福田。同年，百行征信与15家互联网金融机构和消费金融机构正式签署信用信息共享合作协议。包括重庆百度小额贷款有限公司、重庆三快小额贷款有限公司、重庆西岸小额贷款有限公司、重庆苏宁小额贷款有限公司、吉安市分期乐小额贷款有限公司、捷信消费金融有限公司、中银消费金融有限公司、招联消费金融有限公司、马上消费金融有限公司、苏宁消费金融有限公司、中原消费金融有限公司、一汽汽车金融有限公司、东风标致雪铁龙汽车金融有限公司、宜人贷、拍拍贷，这也是首批接入百行征信信用信息的企业。根据签署的合作协议，这15家机构将成为百行征信首批接入代表机构，向百行征信系统全面、准确、及时地报送征信信息。百行征信将对信用信息进行采集、整理、保存和加工，并向接入机构提供信用信息的查询及相关增值服务。

2020年7月，百行征信完成了企业征信业务经营备案，成为国内拥有个人征信和企业征信双业务资质的市场化征信机构。截至 2021 年 5 月 22 日，百行征信累计拓展法人金融机构 2 084 家，个人征信系统收录信息主体超 2 亿人，面向市场推出征信产品 28 款，所有产品累计调用量突破 7.1 亿笔。

此前，中国提供个人征信服务的只有央行征信中心和其下属的上海资信公司。征信中心作为央行直属事业单位，负责我国企业和个人信用信息基础数据库的建设、运行和维护。百行征信与央行征信的区别主要体现在以下几点。

1. 数据来源有区别

央行征信数据主要来源于传统持牌金融机构（如银行等），只记录与金融相关的业务数据。

百行征信当中的机构除了金融数据，也收集其他数据，包括生活、电商、其他交易的数据。相对于央行征信，百行征信更多的是起到补充作用，但不排除以后和央行征信数据互通。

2. 用途不同（贷款而言）

央行征信是作为银行等其他金融机构借贷业务风险评估的一个依据。

百行征信是作为部分金融机构、网贷平台、互联网公司、民间借贷等借贷业务风险评估的一个依据。

3. 数据结构上的差异

央行征信中心更多的是结构化数据，百行征信可能包括非结构化数据。非结构化数据包括网络图片、视频、聊天记录等，而不仅仅是数字信息。

百行征信产品更加丰富，除征信报告外，旗下的征信机构都有自己的评分，还有更深层次的模型、精准营销、大数据的服务。

（根据网络公开资料整理）

二、我国互联网征信业的发展

（一）我国互联网征信的需求与供给

互联网征信通常是指通过大数据、云计算等技术采集个人和企业组织在互联网交易或各种互联网服务中留下的行为数据，并进行信息评估的活动。互联网征信不只能够统计存在于银行卡消费记录、贷款偿还情况和契约履约情况等，客户个人的网上行为，比如通过社交软件发言和交流体现个人品德，通过各大电商的消费记录体现个人的消费能力和购物倾向，通过网络借贷平台的借款记录体现个人的借贷还款情况等，都可以使征信中心从更全面的领域和角度完整收集个人信用记录。

1. 网络贷款业务的发展催动了我国互联网征信的需求

2013 年，我国的网络贷款业务开始了快速扩张期。与此同时，2013 年余额宝的出现加速了人们对互联网理财的认知。移动互联网、网上理财意识、对投资回报的迫切诉求一起推动了网贷行业的爆发式增长。这一年也被称为"互联网金融的元年"，中国网贷行业也逐渐形成了有效的风控体系。但随着更多企业的加入，行业逐渐显现出失控的一面，从业人员缺乏对行业的敬畏，资产质量大幅下滑。

互联网借贷缺乏还款渠道和相关监管，导致互联网贷款的不良贷款余额和不良贷款率上升。根据网贷之家2018年1月发布的《2017年中国网络借贷行业年报（完整版）》数据显示，截至2017年年底，我国网络借贷行业总体贷款余额达到12 245.87亿元。网贷坏账率和逾期率不断提高，"现金贷"坏账逾期催收成功率仅为20%。

严格意义上讲，我国互联网征信业的真正兴起应当追溯到2013年。互联网金融是传统金融与现代信息技术的深度融合，其凭借普惠、高效与便捷等优势得以迅猛发展。然而在初期监管缺位的情况下，其野蛮生长的代价是乱象丛生，金融违约情况严重。究其根本原因就是互联网金融征信制度的缺失。

在我国互联网金融发展的前期阶段，传统征信制度没有拓展至互联网领域，互联网金融公司尚未接入中国人民银行征信系统，其所涉及的互联网金融信用信息无法传输给征信中心，也无法得到金融信用信息基础数据库的数据支持，征信系统与互联网割裂，使得互联网金融决策无异于盲人摸象。为防范信用风险，一些互联网金融公司尝试开展征信实践，以芝麻信用为例，其依托阿里巴巴集团与蚂蚁金服集团采集互联网金融数据，利用大数据、云技术分析，通过"芝麻信用分"提供个人信用服务。征信的核心在于信息共享，而各互联网金融公司各自为政，数据不统一，形成业务闭环，难以满足互联网金融征信的需要。

征信行业的现行标准是《征信管理条例》，但对互联网企业在进行信息的收集、使用等行为方面未建立针对性的管控体系，对用户信息的泄露、篡改等问题，缺乏及时有效的监督、约束管理。此外，当前我国现行的大部分征信监管主要在传统征信机构如央行等，而针对互联网企业的监管活动较为分散且目标不明确，继而造成互联网金融征信的进入门槛不高，标准要求、市场秩序均未达到统一等情况，甚至出现恶性竞争现象。

传统的央行征信系统于2014年开通信用信息查询的互联网通道，为公众获取征信服务提供了一条快车道。为解决P2P行业的征信服务不足问题，上海资信有限公司、安融惠众征信有限公司在2013年分别建立了NFCS、MSP两类P2P行业信息共享服务平台。

2. 互联网征信机构蓬勃发展

在互联网金融与信息时代深度交融的同时，问题平台的增加暴露出我国互联网金融征信体系建设滞后的窘境。由于互联网金融企业在资产规模和合规性上尚不能达到央行征信系统的要求，新型金融业态的迅速发展迫切需要大数据征信融入传统征信体系，要求网贷公司更全面地了解客户的信用情况、资产情况、收入来源等各种客户信用信息，这样一来就促进了大量的互联网征信机构的产生。

随着"互联网+"的发展，传统的信用报告机构也与时俱进，积极跟进网上信用报告的发展。2018年5月23日，由央行发起并由中国互助黄金协会和八个市场机构联合组建的以市场为基础的个人信用报告机构宣布挂牌成立。而其最大的股东中国互联网金融协会早在2016年9月就创建了旨在为从业机构提供信用信息的报送及查询服务的信用信息共享平台，截至2018年4月20日，该平台已正式接入蚂蚁金服、京东金融、国美、苏宁、唯品会、百度金融、宜人贷、陆金所、网信、拍拍贷等100余家从业机构，收录自然人借款客户4 200多万个，借款账户累计1亿多个，入库记录达4.2亿多条，这是传统信用信息在互联网领域的重大创新。

3. 互联网信用信息产品相继出现

与传统的信用信息产品相比，互联网信用可以提供更丰富的产品。一方面，它可以为用户提供个人和企业信用报告、身份认证、评分、信息验证、统计指标和互联网服务等基本产品；另一方面，还可以为用户提供防范各类风险的附加产品，如防范身份欺诈风险、信用卡风险、信贷风险等解决方案，提供贷后风险跟踪预警，并根据客户需求开展市场调查及研究咨询、增值服务。用户最常用的产品是个人或企业信用报告和评分产品，例如"腾讯信用点""小猪信用信息""前海信用信息"等。用户除了将这些信用分用于基本的信贷、金融服务外，还应用于一些增值服务，如租赁、借贷、购物等，为降低 P2P 行业的信用风险提供了有效支持。

（二）我国互联网金融征信体系的模式

互联网金融是一种金融创新模式，其本质仍然是金融。网络化、虚拟化的环境使信用成为互联网金融的生存之本，需要建立起以大数据为基础、与互联网金融相匹配的征信制度。

从目前我国互联网金融征信业发展的现状与趋势来看，要选择符合我国基本国情的模式来发展我国的互联网金融征信体系，必须结合我国历史条件、征信市场化状况、社会信用环境状况和社会信用体系建设模式等实际情况，做到借鉴与创新相结合。我国尚处在转轨时期，征信市场化状况和社会信用环境不甚理想，单纯采取私营的互联网金融征信模式并不现实，还需要充分发挥政府的作用。在借鉴国外经验的基础上，建设政府主导的公共互联网金融征信体系更符合中国国情。

以中诚信、中智诚、鹏元等为代表的具有公司服务平台性质的老牌征信机构于 2015 年年初积极加入央行第一批个人征信业务行列中，除不断加固本领域的信用评级、信用监测等征信服务外，还积极开发诸如"天下信用"的征信产品，并通过与政府等公共部门和其他金融机构的合作，在人才引进、反欺诈服务等方面提供全新的征信服务。此外，一些私营的征信机构及依托互联网金融业务创新开办征信活动的新型机构陆续出现。如，以"芝麻信用"为代表的电商平台、以"腾讯信用"为代表的社交平台、以"考拉征信"为代表的支付平台，以及以"前海征信"为代表的互联网金融企业纷纷建立了独有的征信体系。至此，形成了以央行为主导、市场为补充的新型征信体系。

（三）互联网金融征信的作用与机遇

互联网金融的兴起有益于征信业务创新，使征信业在以下方面得到发展新机遇。

1. 征信业务需求迅速增长

互联网金融模式给金融消费者带来个性化的金融服务、精细化的金融营销和批量化的业务处理。准确掌握服务对象的信用状况、消费习惯与风险偏好更为重要，征信业务的需求也将快速增加。传统金融机构将拓展金融服务领域，将原有查询信用报告开展信贷业务，扩大到对电子商务领域和互联网平台上小微企业、个人的信用信息征集。网络小额信贷以及电子商务的开展高度依赖交易对象的信用信息，也将产生巨大的征信需求。此外，金融服务和产品为有效防范违约风险，也需要征信机构提供行业历史违约率、重要风险预警和个人信用评分等产品。因此，互联网金融兴起及发展将为征信业带来更广阔的市场空间。

2. 征信产品将更丰富

互联网技术已经相当成熟，基于互联网收集信息数据、提供服务给征信服务带来便利。大数据、搜索和云计算等也将推动传统征信服务方式的升级和产品的创新。传统征信业务将得到优化，如可利用互联网平台开展信用信息报告查询、个人身份信息验证等业务，也可将村镇银行和小额贷款公司等小型金融机构接入互联网平台。高端征信业务将得到发展，通过互联网，资金需求方的信息在社交网络显示和传播，由搜索引擎组织和标准化，云计算进行高速处理，变成动态变化、时间连续的信息序列，最终得出资金需求者的风险评分和动态违约概率。在积累完整历史数据后，还可以利用大数据技术提供挖掘行业分析、重大风险预警和宏观的经济形势预测等服务。

3. 信用信息征集范围更广

通过互联网技术的应用，传统的社会征信机构将扩大征集范围，同时阿里巴巴、腾讯、京东和百度等互联网企业依托电商平台、社交网络和搜索引擎等工具整合加工信用信息，各级政府部门也将进行电子政务工程改革，为依托互联网实现各部门间信用信息共享提供可能性。最终，在征集互联网信用信息后，原本以征集信贷数据为核心的人民银行征信系统可以征集到包括信贷、证券、保险、电子商务、政务和司法等领域的信用信息，进一步提高专业化和完整性。

（四）我国互联网金融征信体系构成

我国目前已经形成由监管者、征信机构、征信用户、数据提供商以及征信数据主体组成的互联网金融征信体系，如图 8-7 所示。

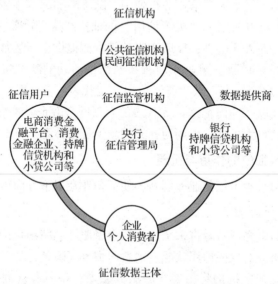

图 8-7　我国互联网金融征信体系组成

当前，国内的征信体系中除了中国人民银行征信中心这个公共征信机构以外，在互联网金融模式下，还存在多家与社会化征信相关业务的机构和组织，主要包含以下四类。

1. 企业融资服务平台

企业融资服务平台主要通过互联网直接或间接采集企业融资需求信息和其他信用信息，为企业和银行牵线搭桥，并将信息提供给商业银行，供银行在放贷时参考使用。这种形式一般不直接通过买卖信息获得利益，而是通过收取手续费等其他形式盈利。2019年4月7日，中共中央办公厅、国务院办公厅印发了《关于促进中小企业健康发展的指导意见》，明确提出"依托全国公共信用信息共享平台建设全国中小企业融资综合信用服务平台，开发'信易贷'，与商业银行共享注册登记、行政许可、行政处罚、黑名单以及纳税、社保、水电煤气、仓储物流等信息，改善银企信息不对称，提高信用状况良好中小企业的信用评分和贷款可得性"。为落实中央文件要求，在国家发改委的指导下，国家公共信用信息中心启动全国中小企业融资综合信用服务平台建设。

全国中小企业融资综合信用服务平台（全国信易贷平台）由国家公共信用信息中心建设，依托全国信用信息共享平台，整合税务、市场监管、海关、司法、水电气费以及社保、住房公积金缴纳等领域的信用信息，"自上而下"打通部门间的信息孤岛，降低银行信息收集成本。通过完善信用信息采集标准规范，健全自动采集和实时更新机制，来确保信息归集的准确性、时效性和完整性。监管部门鼓励有条件的地方建设地区性中小企业信用服务平台，选择合适方式对接全国中小企业融资综合信用服务平台，改善银企信息不对称现状。

2. 第三方支付平台

第三方支付平台以及与之相关的电商平台，通过互联网长期积累了客户的交易行为信息。如阿里小贷整合了阿里巴巴、淘宝、支付宝的经营记录、交易状况和投诉反馈等百余项信息指标，建立了标准化的信贷审批流程。目前，第三方支付虽然只是将这些信息在同一集团内部使用，但是这在一定程度上已经属于征信行为了，如果这些信息对外提供，就是典型的征信业。

3. 新兴金融机构平台

根据我国2013年实施的《征信业管理条例》，从事信贷业务的机构应当按照规定向金融信用信息基础数据库提供信贷信息。近年来，国家大力发展以村镇银行、小额贷款公司、融资性担保公司为代表的新型金融机构，其中大部分尚未接入金融信用信息基础数据库。为了提高信息金融机构的介入程度，各银行征信中心正在搭建互联网平台，提供一种可选择的接入共享方式。

4. 民间借贷机构共享平台

以P2P为代表的民间借贷机构发展到新阶段，出于规避风险、坏账追收的目的，也提出了信息共享的需求。为此，针对民间借贷机构的信息共享平台逐步建立，如此前提到的征信中心的全资子公司上海资信有限公司的网络金融征信系统（NFCS），就是首个基于互联网的征信系统，主要为实现民间借贷机构的信息共享并为其提供征信服务。

（五）完善互联网金融征信体系的意义及措施

1. 完善互联网金融征信体系的意义

互联网金融的核心是信用，互联网金融体系运行的基石是征信，互联网金融征信是基于征信对象的互联网行为数据，结合其他渠道数据，依托大数据、云计算和信用评估模型等信息技术，对征信对象进行信用评估。互联网征信从数据获取角度上扩展了信用基础数据的广度和深度，并且在信用评估理念和评估方法上有所创新。互联网征信的信用基础数据主要包括互联网交易数据和互联网社交数据，能够比较全面地反映征信对象行为的内在动因和外在表现，据此实现对征信对象的综合信用评估。互联网金融征信体系的作用主要体现在以下五个方面。

（1）规范互联网借贷双方行为

互联网金融征信体系的建设有助于消除互联网金融交易双方的信息不对称，形成信用信息更加透明的系统平台，规范互联网金融借贷双方的金融交易行为。互联网金融征信体系建设应该实现多个互联网金融平台和多种互联网金融模式的有效对接，实现多平台和多模式的客户金融信用数据共享和查询。更加全面地搜集企业和个人的互联网金融行为数据，对其信用状况进行综合评价，辅助互联网金融企业进行贷款决策。根据博弈论，博弈双方在多次交易过程中选择守信获得的收益现值普遍优于失信带来的收益，因此互联网金融交易双方都倾向于守信。互联网金融征信体系建设有利于规范互联网金融借贷双方的金融行为，确保双方履行相应的权利、义务，互联网金融征信系统的建立将为互联网金融行业的健康发展提供强有力的支持。

（2）进一步完善金融征信体系

互联网金融征信体系是传统金融征信体系的有益补充，有利于建立更加完善、覆盖面更广的金融征信体系。传统金融征信体系建设降低了商业银行贷款发放风险，有效避免商业银行与借贷方的信息不对称，防止多方举债和信用不良客户的贷款申请获批，降低贷款客户道德风险发生的可能性。目前，现有的传统金融征信体系与互联网金融征信体系相对独立。互联网金融征信体系是金融征信体系的重要组成部分，应该与传统金融征信体系融合发展共同筑牢金融征信体系。覆盖面更广、信用信息更加全面的金融征信体系，可以更好地防范系统性金融风险的发生，更好地满足企业特别是小微企业的融资需求。

（3）有助于降低交易成本

互联网金融交易当事人之间对信息资源占有程度不同，互联网金融征信制度就是为了减少信息不对称、降低信用风险而确立的法律规则。通过互联网金融征信机构对交易主体信用信息的采集、分析、评估等活动，授信方能够较充分地了解信用申请人的信用，进行基本理性的判断，从而调整双方信息不对称状态，避免逆向选择与败德行为。以 P2P 网络借贷为例，P2P 用以解决难以从传统途径获得融资的小额借贷，借款人多为普通人、小微企业，投资人面临较大的信用风险。在互联网金融征信制度之下，P2P 平台先行向互联网金融信用信息数据库查询借款人的信用信息，互联网金融征信机构以互联网大数据为基础，结合中国人民银行征信中心的征信系统，建立综合模型对借款人的信用状况进行真实准确全面的评价，确定借款人的违约信用风险等级，之后 P2P 平台将信用报告与借贷信息同时提供给投资人，由投资人自行决定是否提供资金、与借款人商谈具体的借款利率等事宜。互联网金融征信制度可以消弭交易主体的信息不对称，提高网络借贷的质量，降低 P2P 的违约比率，促进互联网金融良性发展。

（4）更好服务小微企业和实体经济

互联网金融征信体系构建有助于互联网金融发展，便利小微企业融资。中国经济进入新常态,增速由高速转入中高速。在"大众创业、万众创新"的时代背景下,促进实体经济增长对于中国转变经济发展方式、调整产业结构具有重要意义,小微企业在经济增长中将继续发挥重要作用。但另一方面,小微企业在经济规模、风险承受能力等方面的不足,导致其融资受到制约,甚至会出现难以为继的情况。由于商业银行对小微企业贷款普遍设置较高门槛和附加条件,小微企业只能转向民间借贷,融资成本大幅提高。电子商务、互联网经济、互联网金融的发展需要以强大的实体经济为支撑,加强互联网金融征信体系建设有助于确保互联网金融行业健康发展,更好地消除小微企业与互联网金融企业之间的信息不对称,降低征信成本,更好发挥互联网金融作为新型金融配置方式,高效率服务小微企业融资和实体经济发展,降低融资成本。

(5)有助于树立良好的社会信用风尚,维护网络空间安全

社会主义市场经济是信用经济,确立社会主义市场经济的信用内涵并不断发展,对于提升中国社会主义市场经济的活力和抗风险能力尤为重要。建设全面、科学、合理的互联网金融征信体系,应该制定科学合理的信用衡量标准,让守信者机会更多,失信者寸步难行。市场博弈理论认为,在多次交易的市场化环境中,在较为便捷的信用信息共享机制下,企业和个人会倾向于选择守信。这可以不断提升全社会的信用水平,在全社会树立起诚实守信的良好风尚,而良好的社会信用风尚也会引导个人和企业更加诚信。完善互联网金融征信体系建设,同样有利于维护网络空间安全。法律对网络环境下信用信息确立标准化、规范化的征信规则,保证关键信息、基础设施不受破坏,提高征信服务的安全性,维护网络信息安全。

2. 完善互联网金融征信体系的措施

(1)逐步健全征信法律体系

从2015年开始,中国互联网金融进入合规监管阶段,截至目前,有40多部专项法律法规对其进行规范,涵盖了支付机构、P2P网络借贷、小额贷款/征信、众筹、虚拟货币、互联网保险、网络基金销售、互联网信息服务等九个方面,其中涉及征信类的专项法规有9部。为进一步健全法律法规,维护征信过程中的个人权益,我国应加强对互联网金融征信的立法,更需加快对个人权益维护的立法,完善征信业的法律法规。相关监管部门应严厉打击不合规的征信机构,对于非法利用主体信息的机构和人员都予以严惩并曝光,建立起一套征信机构不敢违规、不能违规、不会违规的长效机制。

(2)保护信息主体隐私

互联网数据的指数级增长为互联网金融征信的开展提供了大量的基础信息,互联网金融征信企业可以通过大数据技术对征信基础信息进行分析挖掘,快速实现对征信对象的信用评估。在现代信息技术的支持下,个人网络行为几乎全部处于互联网平台监视之中,个人信用信息被提取于无形,知情权被漠视;各大互联网平台提供服务时,以格式条款、一揽子方式迫使个人进行信息收集的概括授权,同意权被虚化。目前互联网金融企业开展征信实践时,过度收集征信对象互联网行为数据的情况时有发生,容易侵犯信息主体的隐私权。互联网金融征信体系应该确定互联网金融征信的数据采集标准及征信要素,明确对互联网金融征信企业的定位,指导和规范征信信息采集行为。

互联网金融征信企业对互联网征信数据的采集应该坚持规范化、标准化等原则。规范

化就是指在法律法规明确规定的范围内对信用评价的相关信息进行采集，不能因为互联网信息采集的便捷性就任意扩大对信息主体的采集范围；标准化就是对征信对象开展标准化的信息采集，做到标准统一、公平合理。规范化、标准化的信息采集可以更好地保护信息主体的隐私权，切实维护信息主体的合法权益，完善征信市场的法制化环境。信息的分级分层划定，明确了征信的边界，避免海量的互联网信息泛征信化，避免个人信息被过度采集泛滥使用，尤其是明确禁止采集的敏感信息，对个人信息保护意义重大。加强个人信息保护，并非排除互联网金融征信，抑制金融创新，而是要通过制度化方式确立合理的规则，依托大数据技术，既保证信息主体隐私权益的实现，又保证个人信息在一定范围内公开与自由流动，使个人利益与社会利益共存于良性互动的社会体系之中。

（3）加快信息共享机制建设，建立失信惩罚制度

打通信息共享通道，建立失信惩戒机制，提高违约成本，使信用体系健康发展。在英美等P2P借贷业务起步较早的国家，注册借款人账号或注册互联网金融公司，都需要注册其社保账号，关联银行账号、学历、以往不良支付的历史记录等信息，信用信息共享程度较高，违规成本也因之较高。在美国，企业和个人都十分重视保持自身良好的信用记录，因为美国的信用交易随处可见，信用制度很完备，并且信息共享渠道畅通，没有信用记录或信用记录有污点的企业或个人，将很快被披露并对其生存和发展带来很大的麻烦。

互联网金融高速发展，网络的虚拟性也使失信、背信行为伴生，虚构事实、隐瞒真相愈演愈烈，以至于演化为信任危机。政府应当主动、大力建设互联网金融征信平台。当前我国第三方互联网金融征信平台中，具有一定代表性的是上海资信有限公司的NFCS、中诚信券与北京融惠众的MSP系统，可将这两种当相对稳定的系统进行拓展，建立央行征信之下的子系统，实现互联网金融征信企业之间的信息共享、透明化管理，以此攻克互联网金融与传统金融之间的信息壁垒，实现资金交易平台、社交活动、网贷活动等互联网企业的全面信息共享。大量信用产品的频繁交易和使用，使之与信息主体的日常生活的各个方面息息相关，从而达到约束和威慑失信者的目的。

互联网金融应当建立褒扬诚信、惩戒失信的机制。互联网金融征信制度就是以法律规范的方式推进社会信用建设，设定互联网金融征信的征信机构、信息主体、信息提供者、信息使用者之间具体的权利、义务责任，覆盖信息提供、信息采集、信息使用、信息保护等各个环节，保障真实准确完整信用信息的提供，以此降低互联网金融信用风险，为诚实守信者提供更大的发展空间，让失信、背信者付出沉重的代价，促使交易主体信守诺言，进而形成良好的互联网信用环境。

 **本章小结**

本章介绍了信用、个人信用体系、个人征信体系、互联网金融信用、互联网金融征信体系的概念，重点阐述了互联网金融征信业的兴起、互联网金融征信体系的作用、国内外的互联网金融征信体系，并重点对比分析了国内外征信体系建设模式，为建设我国互联网金融征信体系提供了思路。

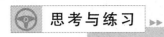 思考与练习

一、名词解释

个人信用　信用体系　征信

二、选择题

1. 下列关于互联网金融下的征信业务的叙述中，有误的一项是（　　　）。

A. 借助互联网金融平台，征信系统可以将更广范围的信息采集入库，并通过互联网征信平台实现更高效的信息共享

B. 通过及时采集互联网金融领域的相关信用信息，帮助征信系统快速适应社会的新发展，建立起更为完整、全面的信贷指标体系，为政策制定提供强有力的信息支撑

C. 目前大多数网络贷款可以完全利用银行间的征信系统进行征信核查

D. 在互联网金融的背景下，征信系统现有的应用架构、数据架构、技术架构等方面的设计已开始难以满足现实要求，需要针对互联网金融进一步提升其扩展性、灵活性和前瞻性，以适应未来的发展需要

2. （　　　）负责建设、运行和维护全国集中统一的企业和个人征信系统。

A. 中国外汇管理局　　　　　　　　B. 中国人民银行征信中心

C. 中国银行　　　　　　　　　　　D. 国务院办公厅

3. 人们在日常生活中讲的"答应的事一定办到""君子一言，驷马难追"实际上反映的是（　　　）层面的意思。

A. 信心　　　　　B. 信用　　　　　C. 征信　　　　　D. 大数据

三、简答题

1. 根据授信、受信对象的不同，信用可以分为哪几种形式？

2. 简述我国个人征信体系的构成。

3. 简述国外征信模式的分类。

4. 简述我国征信体系的层次。

5. 论述进一步完善我国互联网金融征信体系的措施。

第九章　互联网金融风险与监管

🔔 **学习要点及目标**

- 了解互联网金融的风险
- 理解互联网金融监管的作用
- 比较国内外互联网金融监管的异同

🔔 **课程思政切入点**

社会主义发展的辩证观、矛盾观、发展观

🔔 **核心概念**

互联网金融风险，监管体系，监管机制

🔔 **材料导读**

e租宝事件

e租宝是安徽钰诚控股集团股份有限公司旗下以融资租赁债权交易为基础的互联网金融居间服务平台，全称为金易融（北京）网络科技有限公司，注册资金1亿元，总部位于北京，成立于2014年2月。e租宝成立一年多时间，因其发展迅速，被称为当时中国互联网金融领域的一匹"黑马"。截至2015年12月3日，e租宝注册用户达489.9万人，累计投资金额为729.53亿元。对此，有网友曾经调侃，你可能不知道互联网金融是啥玩意儿，但你不可能没听说过e租宝。这家谜一样的公司，一年半的时间内累计吸金超过740亿元，规模堪比中型银行。2015年12月16日，e租宝涉嫌犯罪，被立案侦查。2016年1月警方查明：安徽钰诚控股集团、钰诚国际控股集团有限公司于2014年6月至2015年12月间，在不具有银行业金融机构资质的前提下，通过e租宝、芝麻金融两家互联网金融平台发布虚假的融资租赁债权项目及个人债权项目，包装成若干理财产品进行销售，并以承诺还本付息为诱饵对社会公开宣传，向社会公众非法吸纳巨额资金。其中，大部分集资款被用于返还集资本息、收购线下销售公司等平台运营支出，或被挥霍，造成大部分集资款损失。2019年7月2日至2019年8月30日对e租宝平台集资的全国受损集资参与人进行信息核实登记。2020年1月8日，北京市第一中级人民法院发布e租宝案首次资金清退公告。

（资料来源：根据网络相关资料整理）

第一节　互联网金融的风险概述

互联网金融风险主要有信用风险、法律风险、技术风险和业务运营风险等，不同风险的表现形式和造成的影响程度不同。

一、信用风险

传统金融企业在信用风险方面研究较多，已经形成了比较完善的信用评估体系。虽然互联网的开放性减少了网络信息的不对称现象，但这更多的是在需求对接等资源配置上的效率提升，而在识别互联网金融参与双方信用水平上没有太大作用。同时，由于互联网本身的特点，互联网金融领域的信用风险较传统金融行业更难控制。相较于传统金融对交易客户的资质进行线下的面对面评估，耗费大量的人力、物力、资源及时间，互联网金融凭借其技术优势能迅速对采集的海量信息进行分析，获取有效优质的客户，有针对性地提供融资服务，提高市场运作的效率。然而仅仅依靠数据的统计并不能全面掌握交易双方的信用，缺乏面对面的交流也使信用调查结果缺乏全面性和可靠性，信息不对称增加了道德风险和逆向选择，且担保体系不健全、社会征信体系不完善都增加了信用风险发生的可能性。

（一）来自资金需求方的信用风险

由于互联网金融虚拟性的特点，交易双方互不见面，只是通过网络发生联系，这使对交易者的身份、交易的真实性验证的难度加大，增大了交易双方在身份确认、信用评估方面的信息不对称。同时，互联网金融发展历程短、进入门槛低，大部分企业缺乏专业的风险管理人员，不具备充分的风险管理能力和资质，加上网络贷款多是无抵押、无质押贷款，从而增大了信用风险。互联网金融中的信用风险不仅来自交易方式的虚拟性，还存在社会信用体系的不完善而导致的违约可能性。由于我国的社会信用体系建设处于初级阶段，全国性的征信网络系统也还没有建立起来，加之互联网金融还未纳入央行征信系统，信用中介服务市场规模小、经营分散，而且行业整体水平不高，难以为互联网金融企业风险控制提供保障。

由于上述原因造成的信息不对称，导致互联网金融中存在一定的信用风险。客户可能会利用金融机构与自身信息不对称的优势进行证明信息造假，骗取贷款，或者在多家贷款机构获得贷款。

一般而言，有信用且优质的客户大多能从银行等金融机构获得低成本的资金，而那些资金需求难以满足的人群往往成为互联网金融企业的主要客户群体，这部分人或者企业可能存在以下情况：信用存在问题，没有可抵押担保的资产，收入水平低或不稳定；部分客户可能会利用其信息不对称优势，通过身份造假、伪造资产和收入证明，从互联网金融企业获取贷款资金。此外，互联网金融平台之间没有实现数据信息的共享，一个客户可能在多个平台进行融资，最后到期无法偿还而产生信用风险。如果违约资金额大，涉及的客户数量多，则很可能引起公司倒闭，进而使其余投资者资金被套，无法追问。

（二）来自互联网金融企业的信用风险

互联网金融平台经营者如果自身经营有问题、坏账率高，可能通过虚假增信和虚假债权等手段骗取投资人的资金，隐瞒资金用途，拆东墙补西墙，最后演变成"庞氏骗局"，使投资人利益受损。以众筹平台为例，其主要的信用风险来自资金托管方面。我国央行规定，只有取得支付业务许可证的非金融机构才能从事支付业务，而大多数众筹平台并不具备这样的资格。但在实际操作过程中，投资者将钱拨付到众筹平台的账号中，由平台转到成功募集的项目上，整个过程中极少通过独立的第三方账户对这些资金进行托管，一旦平台出现信用问题，投资者就难以追回投资。

互联网金融机构还会依靠政府、媒体的推荐以及学者或明星代言等提高信用，使投资者放松警惕，参与交易。这些金融机构一旦失信，就可能会造成公众信用的崩塌。

另外，任何金融产品都是对信用的风险定价，互联网金融产品如果没有信用担保，该行为风险就可能转嫁到整个社会。互联网金融中，无论是网贷平台还是众筹平台，其发行产品的风险无法由发行主体提供信用担保。如今很多网贷平台都引入担保公司担保，且不说担保公司的注册资本能支撑多大的担保金额，其担保模式在合法性方面就存在很大问题，这种形式的担保并不能降低互联网金融的信贷风险。

（三）数据误差导致的信用风险

根据统计学原理，如果用于统计的样本规模不够大或者数据不完全，存在选择性偏误或系统性偏误，那么统计出来的结果误差将非常大。大数据意味着更多的信息，但同时也意味着更多虚假信息，这对数据的真实性提出了挑战。同时，由于大数据具有数据类型多样、价值大但密度低等特点，利用互联网获得的数据来分析客户的信用情况是否足够可信还无法准确定论。

在现有的互联网金融业务中，除了电商平台拥有足够大的数据规模以外，其他平台如网贷、众筹等，本身体量不大，数据积累也不足以应用大数据技术。统计学家曾证明：采样分析的精确性随着采样随机性的增加而大幅提高，但与样本数量的增加关系不大。分散割裂的数据，如果不能很好地整合，就算数据量很大，也可能导致分析不准确。大数据需要多维度、全面的数据才能确保有效性。由于全社会开放与共享数据还很难，数据质量因此大打折扣。互联网金融平台从外部市场等获得的数据可能存在多种因素造成的数据失真。因此，在使用平台积累数据进行信用评价时，也可能会产生由数据统计偏差导致的信用风险。

二、法律风险

（一）信息隐私保护的风险

在互联网时代，人们在网络上的一切行为都可以被服务方知晓，包括用户浏览网页、发微博、逛社交网站、网络购物的信息。所有这些网络服务都会通过对用户信息的洞察获取商业利益，例如，用户在电商网站上浏览了冰箱，相关的冰箱销售广告就会在未来一段时间内推荐给用户；用户在社交网络上提到某种产品或服务，这类型的产品或服务就能主动找到客户。所有这种商业行为本质上就是通过对用户隐私的洞察来获取商业效益。

互联网金融平台在现有的技术水平下，可以凭借一个信息节点挖掘交易者的所有客户信息，通过数据挖掘与数据分析，获得个人与企业的信用信息，并将其作为信用评级及产品设计、推广的主要数据。这一做法是否侵犯了隐私权及其在中国的合法性也不能确定。

电子商务平台公司积累了大量的客户信息，这些信息隐含了巨大的商业价值。在利益的驱动下，很多机构或个人非法出售客户信息谋取利益。我国此前对于保护个人信息的法律有《侵权责任法》《居民身份证法》等。但这些法律缺乏实际可操作性，而且被窃取信息的用户举证的难度、成本很大，损失也不好评估。在金融机构信息化的过程中，消费者信息更容易遭到窃取，损失也没有具体的衡量标准。在信息化时代，个人信息保护已成为广大人民群众最关心、最直接、最现实的利益问题之一。

我国立法机构在借鉴世界立法智慧和立足本土实务经验的基础上，经过多年的酝酿，于 2021 年 11 月 1 日起正式施行《中华人民共和国个人信息保护法》。法律明确不得过度收集个人信息，同时对人脸信息等敏感个人信息的处理进行规制，完善个人信息保护投诉、举报工作机制等，为解决个人信息保护中的热点、难点问题提供了强有力的法律保障。

（二）网络洗钱、信用卡套现的风险

利用互联网支付以及电子货币具有匿名性，交易难以追踪，容易为犯罪分子洗钱违法活动提供空间。

为规范非银行支付机构支付业务，防范支付风险，保护当事人合法权益，在《中华人民共和国中国人民银行法》《非金融机构支付服务管理办法》等规定的基础上，中国人民银行制定了《非银行支付机构网络支付业务管理办法》，自 2016 年 7 月 1 日起施行。对于第三方支付会涉及信用卡套现的问题，2009 年发布的《最高人民法院、最高人民检察院关于办理妨害信用卡管理刑事案件具体应用法律若干问题的解释》第七条规定："违反国家规定，通过使用销售点终端机具（POS 机）等方法，以虚构交易、虚开价格、现金退货等方式向信用卡持卡人直接支付现金，情节严重的，应当依据《刑法》第二百二十五条的规定，以非法经营罪定罪处罚。持卡人以非法占有为目的，采用上述方式恶意透支，应当追究刑事责任的，依照《刑法》第一百九十六条的规定，以信用卡诈骗定罪处罚。"而如今对于第三方支付企业，若出卡人通过第三方支付进行套现，将不会缴纳提现费用，因此如何防范信用卡套现是一个值得关注的问题。

（三）非法集资的风险

2021 年 12 月 30 日最高人民法院审判委员会通过的《最高人民法院关于修改〈最高人民法院关于审理非法集资刑事案件具体应用法律若干问题的解释〉的决定》（该修正自 2022 年 3 月 1 日起施行）第一条规定："违反国家金融管理法律规定，向社会公众（包括单位和个人）吸收资金的行为，同时具备下列四个条件的，除刑法另有规定的以外，应当认定为刑法第一百七十六条规定的'非法吸收公众存款或者变相吸收公众存款'：（一）未经有关部门依法许可或者借用合法经营的形式吸收资金；（二）通过网络、媒体、推介会、传单、手机信息等途径向社会公开宣传；（三）承诺在一定期限内以货币、实物、股权等方式还本付息或者给付回报；（四）向社会公众即社会不特定对象吸收资金。"第七条规定："以非法占有为目的，使用诈骗方法实施本解释第二条规定所列行为的，应当依照刑法第一百九十二条的规定，以集资诈骗罪定罪处罚。"

三、技术风险

计算机网络技术是互联网金融的基本工具，但计算机网络技术自身存在很多难以把控

的风险，如计算机运行系统、认证系统以及软件缺陷都会威胁互联网金融的安全运行。TCP/IP 协议的完善度不足，协议虽然简单便捷，然而加密程度不够，使得数据在传输过程中容易被恶意截获，从而造成信息丢失。各种计算机病毒具有的攻击性和传染性使有序交易陷入异常并牵连其他网络终端。此外，黑客攻击计算机网络也是技术风险频发的主要原因之一。

以远程支付为例，互联网交易面临的钓鱼、欺诈风险尚未彻底解决，应对网银欺诈的安全软件产品尚不成熟，第三方软件可能对存在的木马程序不能有效识别。因此，犯罪分子可以利用互联网金融这方面的缺陷，通过钓鱼 Wi-Fi 站点或其他攻击手段，对客户交易信息进行拦截或篡改，造成客户资金损失。另外，手机移动支付因缺少 U 盾接口，普遍采用短信认证的方式进行身份确认，在这方面，由于客户的安全意识薄弱，且缺乏这方面的安全软件保护，也易被犯罪分子利用，存在安全隐患。

伴随着移动支付和移动互联网的快速发展，金融机构网络安全问题更为突出。金融应用成为网络攻击的新目标，通过挖掘 App 漏洞、制造木马病毒、截屏窃取账号密码等，网络犯罪分子可能获取金融敏感信息或劫持账户。互联网金融技术风险示意如图 9-1 所示。

图 9-1 互联网金融技术风险示意

移动终端的普及，使得移动 App 成为移动互联网的重要载体。但与此同时，App 所带来的安全风险也是极高的。App 安全风险已经成为威胁手机安全的重要因素，移动安全企业爱加密通过选取 10 个行业排名靠前的 10 款 App 进行检测，发现在所有应用品类中，金融类应用漏洞的危害最大。据相关数据显示，第三方支付类、电商类、团购类、理财类、银行类 App 下载量持续走高，与此同时恶意程序数量也急剧增长，其中，资费消耗、流氓行为、诱骗欺诈和隐私获取是主要危害类型。电商类、理财类应用和银行客户端分别是受害最严重的移动应用。

与此同时，近年来，全球大规模数据泄露事件频繁发生，如美国 Target 超市 7 000 万客户资料泄露，摩根大通账号资料被窃取，iCloud 泄露大量好莱坞影星私密照片等。

传统金融的安全风险通常只是局部损失，而互联网金融已经贯穿到存、贷、流通各个环节，安全问题也是跨平台、跨地域的，安全问题更加复杂。因此，在一个高度关联依赖的数字金融网络，攻击一个金融系统就意味着攻击整个金融系统，整个交易网络都可能受到破坏，因此，技术风险影响范围大，杀伤力大，损失也更为巨大。

虽然每个金融机构在业务上是竞争的，但在信息安全上面临着同样的对手。联合安全服务商、金融机构和主管部门、金融参与者等进行共同的安全防御是必不可少的。

四、业务运营风险

（一）操作风险

巴塞尔银行监管委员会对操作风险的定义是：所有因内部作业、人员及系统的不完备或失效，或其他外部作业与相关事件造成损失的风险。互联网金融业务的操作风险可能来自互联网金融的安全系统及其产品的设计缺陷，也可能是因为交易主体的操作失误。如，互联网金融业务所依赖的搜索引擎也具有操作性风险。2012 年 12 月，媒体相继报道了多起客户因使用搜索引擎被引诱登录假冒银行网站造成资金损失的案件。2013 年 3 月支付宝被曝光出现重大漏洞，其中就是搜索引擎泄露了大量的支付转账交易信息及个人敏感信息，包括付款账户、邮箱、手机号等。不法分子以此寻找受害人信息，通过找回密码来获得用户支付宝访问权限，从而将支付宝的钱款转走。可见，系统设计缺陷和安全隐患有可能引发互联网金融业务的操作风险。

同时，互联网金融系统升级也可能出现故障，跨平台（互联网和移动互联网）、跨系统（Windows、OS、Android 等）的系统适配也会存在操作风险。另外，从交易主体操作失误来看，客户可能对互联网金融业务的操作规范和要求不太了解，造成交易中支付结算中断等问题，从而引发资金损失。

在管理方面，对风险控制的能力不足是经营互联网金融企业过程中最大的短板。虽然互联网金融对于投资者的进入要求较低，分散投资也降低了每一个投资者的风险，但大多数互联网金融企业缺少能够针对不同投资者的情况进行风险提示以降低违约事件造成的影响的有效措施。比如，网络贷款企业对借款人的资格审核和信用评级没有形成一套成熟的体系；众筹平台对项目的审核及后期监控也缺乏可用的风险控制机制。

因此，在互联网金融业务中，安全系统失效、交易过程中的操作失误以及管理上的风险控制不力都会带来操作风险。

（二）量化放贷和高杠杆风险

2014 年 2 月，京东金融推出"京东白条"，拉开了互联网消费信贷的序幕，随后蚂蚁集团推出"蚂蚁花呗"。2015 年我国市场上的各个企业开始大力布局互联网消费金融业务，互联网消费金融业务进入发展快车道。2016 年 3 月，随着"加快推进消费信贷管理模式和产品创新"的政策引导，行业创新不断涌现，互联网消费金融业务迎来了发展的黄金期。现阶段各大互联网巨头平台都涉及了互联网金融业务，如阿里巴巴有蚂蚁金服、腾讯有微粒贷、京东有京东金融、美团有美团月付……这些业务无一例外都涉足了消费贷。

各大平台的金融放贷模式是通过对自身网络内的客户交易数据，如交易量、评价度、口碑、货运等数据进行量化处理，电商交易更占优势的蚂蚁金服甚至还引入外部数据，如海关、税务、电力、水力等数据加以匹配，进行有效的数据整合，建立起量化的货款发放模型。同时，建立中小企业贷款的数据库模型，进行数据库跟踪管理。此模型的好处是显著提高放贷效率、降低放贷成本，更关键的是让金融机构在其中的作用弱化。

量化交易得以成功的基础是长期稳定的交易环境，如贷款需求和意愿的稳定增长。在经济动荡或者衰退时，这些在良好经济发展条件下设置的量化参数便失去了意义。本来信用度很好的客户，在经济形势大面积下滑时也会有无法还贷的可能性。如果互联网金融企业无法建立起很好的系统性风险应对机制，很可能会出现大面积坏账，进而引发金融风险。2014—2019 年我国互联网消费贷信贷规模增长迅速，如图 9-2 所示。

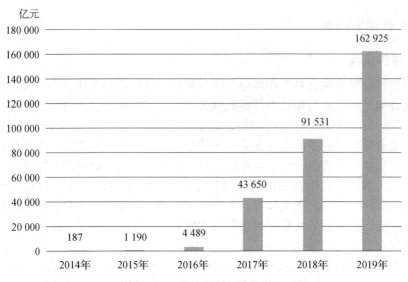

图9-2 2014—2019年我国互联网消费信贷规模

截至2020年6月30日，蚂蚁金服旗下微贷平台的信贷余额为21 537亿元（其中消费信贷17 320亿元、小微经营者信贷4 217亿元）。蚂蚁金服最主要的贷款业务由旗下的花呗和借呗两家公司进行，那么借呗和花呗这些借出去的钱又是从哪里来的呢？98%的资金源于100多家合作银行的出资和自身信贷资产证券化，只有2%的资金是蚂蚁金服旗下小贷公司的出资。

信贷资产证券化（Asset Backed Securitization，ABS），是以项目所属的资产为支撑的证券化融资方式，即以项目所拥有的资产为基础，以项目资产可以带来的预期收益为保证，通过在资本市场发行债券来募集资金的一种融资方式。

多数小额贷款企业喜欢将消费贷款打包成证券，在中国新兴的ABS市场上出售给机构投资者，以此来筹集资金。此外，许多互联网科技公司也会发行小微贷款支持的ABS，如京东、百度、唯品会和小米，以阿里系的表现最为突出。蚂蚁金服是ABS的最大发行人，截至2020年10月底，蚂蚁花呗/借贷ABS共获批发行额度5 170亿元。而蚂蚁花呗/借贷的主营公司，重庆市蚂蚁商诚小额贷款有限公司的注册资金只有18亿元，重庆市蚂蚁小微小额贷款有限公司的注册资金为20亿元，这也就是意味着，蚂蚁旗下花呗、借呗主营公司的融资总额与资本金额的比例存在高杠杆风险。2008年美国次贷危机引发全球金融危机的先例，已经证明了过度资产证券化的危害是巨大的。

 拓展阅读

2008年美国的次贷危机

2004—2007年，美国楼市一片繁荣，催生了房贷的不断增长，次级贷款也呈现爆发式增长。大量的美国人通过贷款购买房子、等待房价上涨获取收益，即便是信用不良的人，也可以通过次级贷款来购买房子。发放贷款的银行将这些次级贷款转化成为债权，发放到市场上进行融资，再发放贷款。而购买这些美国房贷债权的人，则来自世界各地。正是美国楼市一片繁荣的假象，使得世界各国投资机构疯狂购买美国楼市

债权，企图分一杯羹。借由房贷资产的证券化，美国发放贷款的银行成功将风险分散到了全世界。

美国房价在达到顶峰之后开始下跌，随后而来的便是贷款利率提高，还贷压力增加，导致房产断供暴增。美国次级房屋信贷行业违约剧增、信用紧缩，于 2007 年夏季引发国际金融市场上的震荡、恐慌和危机。投资者开始对按揭证券的价值失去信心，引发流动性危机。即使多国中央银行多次向金融市场注入巨额资金，也无法阻止这场金融危机的爆发。直到 2008 年 9 月 9 日，这场金融危机开始失控，并导致多个相当大型的金融机构倒闭或被政府接管。

美国次贷危机是由于美国不良贷款增加以及房价下跌引发的，但是将金融危机的风险扩散到全球的正是这种资产证券化。当时美国银行和金融机构都积极参与到资产证券化交易中（银行和金融机构发放贷款后不会自己持有这些贷款，而是将这些贷款分级、分类，打包卖给投资者），因为这些贷款的投资产品比银行存款、美国国债和普通的政府债券这些风险较低的投资方式收益高，所以很多希望获取更高收益的机构会去买。这种资产证券化成功让全世界都购买了美国房市的债权，将美国楼市与全世界投资机构绑在一起，所以危机迅速席卷了世界上相关的金融体系。从金融危机爆发到传导到整个实体经济的影响阶段，如图 9-3 所示。

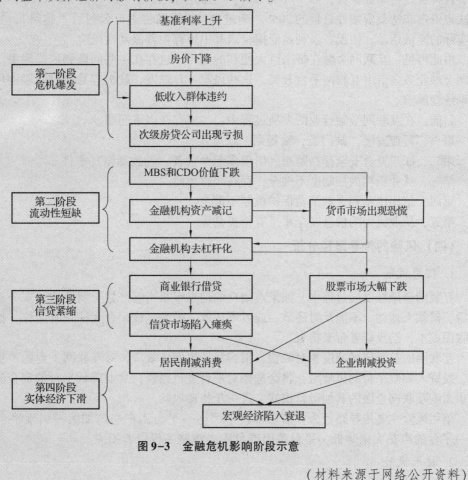

图 9-3　金融危机影响阶段示意

（材料来源于网络公开资料）

（三）流动性风险

资产和负债的差额以及期限的不匹配将引起流动性风险。对于大量贷款到期，互联网金融业由于贷款期限不匹配，没有资金流入以偿还到期贷款可能出现资金断层，产生流动性问题。如，余额宝、理财通等理财产品为了吸引客户，在设计产品时允许随时赎回，可与该产品联系的基金其实很难做到低风险实现这一功能。余额宝等理财产品设计随时赎回功能时，考虑到了大量赎回的资金漏洞可以被大量购买进入的资金弥补，然而一旦市场出现行情波动引起大规模集中赎回却没有相应体量的产品购买资金进入，这类企业将面临严重的流动性危机。

一些 P2P 网贷平台为了提高交易量，可能会将长期标的分拆成短期标的来循环交易。例如，一个 12 个月的标的，P2P 公司就可以用自己的资金提前贷给借款人，然后再将这个标的拆成 1 个月期限的标的挂在网上，不停循环，增加交易次数和规模。一来，拆分标的可能存在欺诈行为；二来，长期贷款和短期的理财产品标的资金结构不匹配，当违约率上升时，这一压力也会随之增加，极易造成企业的经营困难。互联网金融企业缺乏内部有效的流动性风险防范机制，外部没有类似银行的同行拆解市场，也得不到中央银行的紧急支持，因此，在流动性风险方面没有优势和既有经验可以借鉴。有些运行平台以高回报率吸引投资者进行非法集资，如"中晋系""上海申彤大大"和"钱宝网"等，其中 P2P 非法集资占非法集资案件总量的 30%。通过虚构投资项目进行套利后"跑路"，并没有产生实际的经济活动，使投资者利益受损，这其中也存在着流动性风险。

由此可见，互联网金融在带来巨大便利的同时，也存在一些问题和风险隐患。由于互联网金融业务多借由互联网平台开展，这些风险一旦爆发，就极容易通过互联网传播，导致系统性风险。

目前，在互联网金融行业的发展过程中，主要存在以下问题。

第一，行业发展"缺门槛，缺规则，缺监管"。

第二，账户资金安全存在隐患，出现多起经营者"卷款跑路"事件。

第三，从业机构内控制度不健全，存在经营风险。

第四，信用体系和金融消费保护机制不健全。

第五，从业机构的信息安全水平有待提高等。

（四）风险的传导路径分析

1. 信用风险

互联网金融在发展过程中，如果对用户的信息审核不够严格，就会造成部分款项借出去后，借款人违约，不能及时还款，或者不还款。最终，该平台无法正常运作，投资者无法收回成本，给投资者带来损失。

互联网的信息传播速度相对较快，很容易产生群体效应，对互联网平台的声誉产生影响。投资人知晓平台的风险后，将会选择对平台进行撤资，从而降低平台的资金流量，进一步影响互联网金融的其他运营模式，进一步传递风险。

信用风险主要传导路径为：信用审查不严格→平台用户违约加大→引发平台信用风险→平台的声誉大幅降低→平台关闭或负责人跑路→投资者损失。

2. 技术风险

技术问题所带来的风险具有连锁性，很可能通过风险传递机制，将风险传递到整个系统之中，从而转化为系统风险。也有一些企业将技术进行外包或者简单购买国外的技术，这样就很容易受到黑客的攻击。由于平台不能掌握核心技术，对于可能发现的风险不能进行有效控制，一旦技术出现问题就会造成系统瘫痪，进而诱发挤兑风险等。

技术风险主要的传导路径为：互联网技术故障→系统瘫痪→信息技术风险→挤兑风险。

3. 流动性风险

互联网金融平台中理财产品资金转出的过程中，一般会有 2 天左右的时间周期，会造成资金在转出的过程中滞留在平台，这段时间资金就由平台所支配，存在很大的非法挪用资金的风险。如果客户出于某种需求需要账户中的大量资金，平台因为挪用资金无法给客户提供充足的资金，会造成资金链条中断。一旦这种新闻在网上发酵，就会形成客户到平台挤兑，加剧平台资金的流动性，甚至导致平台崩溃。反过来，风险蔓延到其他平台，引发互联网金融系统的流动性风险。

流动性风险主要传导路径为：平台非法挪用资金→客户需要大量资金→平台资金不足→影响其他客户→平台崩溃→其他平台受影响→流动性风险。

4. 货币政策风险

互联网金融中，虚拟货币往往不能受到传统货币政策的影响，针对互联网金融实施传统的货币政策效果很不明显。加之互联网金融的货币资金量没有相应统计和归类，会造成政府对互联网金融体系内的货币总量并不清楚。一旦出现风险，会由互联网金融向传统金融传递，从而影响到整个金融体系。

货币政策风险主要传导路径为：互联网金融在现有政策体系外→货币政策效果不明显→互联网金融货币问题出现→影响到传统金融→造成整个金融系统的货币政策风险。

5. 系统性风险

系统性风险的传导路径主要有两种形式。

第一，互联网金融的系统性风险主要与资金的流向有关。目前，我国互联网金融资金流动主要与第三方支付有关系，如微信支付和支付宝等。随着第三方支付的不断发展，支付市场主要由微信支付和支付宝支付所垄断，再加上腾讯系和阿里系雄厚的资本实力，这两大支付工具不断壮大，形成了对整个互联网金融支付的垄断。这两个第三方支付平台一旦出现风险，就可能通过资金流动影响到整个互联网金融系统。而互联网金融体系中的问题，则会通过资金的流动影响到互联网金融的其他平台，并进一步影响到互联网相关的金融理财。主要的传导路径为：第三方支付垄断→产生风险→影响其他互联网金融模式运作→缺乏有效调控→系统性风险。

第二，通过对互联网金融长尾效应的分析，可以知道互联网金融对传统金融市场的分流比较严重，这样会造成大量的资金进入互联网金融市场，政府在应对金融风险时，仅针对传统金融市场出台相应对策和建议，往往不能达到理想的效果。传统金融的三大功能是资产配置、支付结算和风险管理，与互联网金融相比，传统金融的这些功能没有多大改变，但是互联网金融在一些业务的开展上，与传统金融形成了替代关系。而由于制度不够完善，随着互联网金融规模不断壮大，政府能否对风险进行有效防控存在很大疑虑。就我国的互联网发展现状来看，互联网金融还不具备制定监管政策的基础，但如果相应的监管政策不能随着互联网金融的发展逐步完善，将会进一步加大金融系统的风险。主要传导路径为：互联网金融规模扩大→传统金融地位下降→互联网金融政策、经济基础匮乏→系统性风险。

互联网金融风险首先具有极强的传播性，不仅影响个体，且波及范围广泛；高虚拟化使实际操控极具挑战性；强时效性使风险在同一时间点集中爆发；超复杂性增加了破解的难度。因此，在明确监管主体、监管目标以及监管原则的前提下，创新管理思路，建立健全高效的监管体系是非常有必要的。

拓展阅读

P2P 网络借贷

P2P 网络借贷，简称"网络借贷"，其中 P2P 是英文"Peer to Peer"的缩写，即"个人对个人""点对点"。P2P 平台的前身为小额信贷，现代小额信贷起源于孟加拉国诺贝尔和平奖得主穆罕默德·尤努斯教授创办的小额贷款。1976 年，在一次乡村调查中，穆罕默德·尤努斯教授把 27 美元借给了 42 位贫困的村民，以支付他们制作竹凳的成本，免受高利贷的盘剥，由此开启他的小额贷款之路。1979 年，他在国有商业银行体系内部创立了格莱珉（意为"乡村"）分行，开始为贫困的孟加拉国妇女提供小额贷款业务。格莱珉银行的业务模式作为一种成熟的扶贫金融模式，为 P2P 模式的进一步发展奠定了基础。互联网金融的发展不仅促进了电子货币和电子支付等金融模式的发展，也催生了一种新的借贷方式——网络借贷。在这种借贷方式下，借贷双方削弱了对传统金融机构的依赖，依托互联网平台实现高效对接。相比于传统借贷方式，借贷者可以用更便捷的方式和更低廉的价格筹集到自己所需资金。

2005 年，全球第一家 P2P 网络借贷平台"Zopa"在英国诞生，该平台起到了信息中介的作用，通过网站平台实现用户之间的资金借入与借出，并收取相关的中介信息费用。在 Zopa 成功运营的推动下，这种将民间借贷与互联网结合的创新经营模式不仅在欧美发达国家掀起了热潮，也很快地蔓延到了许多发展中国家。在中国，自从 2007 年第一家 P2P 网络借贷服务平台"拍拍贷"上线以后，关于网络借贷的金融产品便呈现出快速增长的态势。

2015 年 7 月 18 日，中国人民银行会同有关部委牵头、起草、制定了互联网金融行业"基本法"——《关于促进互联网金融健康发展的指导意见》（简称《指导意见》），其中规定："网络借贷包括个体网络借贷（即 P2P 网络借贷）和网络小额贷款。个体网络借贷是指个体和个体之间通过互联网平台实现的直接借贷。在个体网络借贷平台上发生的直接借贷行为属于民间借贷范畴，受合同法、民法通则等法律法规以及最高人民法院相关司法解释规范。个体网络借贷要坚持平台功能，为投资方和融资方提供信息交互、撮合、资信评估等中介服务。个体网络借贷机构要明确信息中介性质，主要为借贷双方的直接借贷提供信息服务，不得提供增信服务，不得非法集资。网络小额贷款是指互联网企业通过其控制的小额贷款公司，利用互联网向客户提供的小额贷款。网络小额贷款应遵守现有小额贷款公司监管规定，发挥网络贷款优势，努力降低客户融资成本。网络借贷业务由银监会负责监管。"

P2P 网络借贷平台之所以在短时间内快速发展，首先是由于其在相应的时代契合了投资者和融资者的需求，并有了一定的技术保证和宽松的发展环境；其次，P2P 借贷具有准入门槛低、技术应用方便、交易灵活等特点，也是其快速发展的重要原因。

当平台数量呈爆发式增长时，由于同质化竞争加剧、经营不规范等各种原因，加之 P2P 网络借贷的热潮使许多不法分子看到了非法牟利的机会。自 2013 年 10 月起，一些 P2P 网络借贷服务平台就陆续出现逾期、倒闭、卷款跑路的问题，致使部分投资者损失惨重，给国内贷款行业造成了不利的影响，破坏了国内正常的金融秩序。有的案件涉及金额巨大，涉及人员广泛，对社会的安定造成了一定的影响。

从外部环境来看，经济疲软、借款人资金紧张造成逾期未还款，股市回暖使投资人纷纷撤资，都削弱了平台的还款能力。从内部环境来看，平台的不规范运营是引发风险的主要原因。因此，市场开始重新审视 P2P 借贷行业的发展，对行业疯狂发展的现象进行反思，对行业的期待开始回归理性。同时，网络借贷行业呼唤监管，各个 P2P 网络借贷公司组成行业联盟、资信平台，并积极向央行靠拢，寻求信用数据对接。另外，贷款流程也借鉴传统商业银行模式，进行风险控制。

2014 年，中国人民银行发布了《中国金融稳定报告（2014）》，要求 P2P 和众筹融资坚持平台功能，不得变相做资金池，不得以互联网金融名义进行非法吸收存款、非法集资、非法从事证券业务等非法金融活动。这实际上是确定了 P2P 四大准入门槛。2015 年 12 月，中国政府发布了《网络借贷信息中介机构业务活动管理暂行办法（征求意见稿）》，拉开了 P2P 借贷行业的监管序幕。2015 年，《关于促进互联网金融健康发展的指导意见》《最高人民法院关于审理民间借贷案件适用法律若干问题的规定》等一系列政策法规出台，使我国整个 P2P 网络借贷行业的运营和监管有法可依。

2017 年，银监会（现银保监会）在官方网站上正式对外发布了《网络借贷资金存管业务指引》。网络借贷行业存管业务政策的清晰化与规范化，无形中为行业的准入设置了门槛，银行资金存管作为提高行业竞争门槛的手段，加速了网络借贷行业的合规化，进一步起到保护出借人资金安全的作用，净化了行业乱象。

2018 年是我国 P2P 网络借贷发展过程中极为重要的一个节点，P2P 网络借贷行业待还余额在 2017 年 9 月末达到最高峰，为 1.275 万亿元。2018 年，按照全国互联网金融风险专项整治工作部署和 P2P 网络借贷风险专项整治工作领导小组办公室印发的《关于开展 P2P 网络借贷机构合规检查工作的通知》（网络借贷整治办函〔2018〕63 号）要求，中国互联网金融协会向 P2P 网络借贷会员机构印发了《关于开展 P2P 网络借贷机构自律检查工作的通知》，启动了 P2P 网络借贷会员机构自律检查工作。2018 年 3 月，P2P 行业待还余额首次跌破万亿；待还余额、借贷金额的持续下降，初期主要是因为监管政策，平台数量持续减少，部分地区执行"双降"要求。2018 年 6 月以来，P2P 网络借贷行业爆发了一系列风险事件，遭遇史上最严重的信任危机，其特征表现为：存量平台加速减少，借贷规模持续下滑，行业整体待还余额 10 个月连续下降，活跃借款人和出借人数量锐减，头部平台待还余额加速下降，满标时间整体延长、债权转让攀升并且利率畸高，等等。据不完全统计，2018 年 7 月，问题平台至少达到 142 家，平均每天 4~5 家，涉及待还本金至少 550 亿元，影响数百万出借人。

在我国 P2P 网络借贷行业的发展过程中，由于监管思路一直不明确，P2P 网络借贷行业鱼龙混杂，资质参差不齐。在相关机构启动的 P2P 网络借贷监管细则的研究工作中，提出在鼓励发展创新的同时，要明确四条界限：一是平台只是一个信息中介；二是平台自身不能提供担保；三是平台不得搞资金池；四是平台不得非法吸收公众存款。在 P2P 网络借贷的五个导向中，再次强调了要明确平台的信息中介定位，并且提出 P2P 网络借贷要具备一定的从业门槛，要充分披露信息和提示风险，鼓励实行资金的第三方托管，鼓励行业自律规范。另外，还提出了 P2P 网络借贷发展的六大原则，增加了对从业者专业素质的要求，对借贷双方的资金额度也有了明确的限制，并强调要严厉打击那些假冒的 P2P 网络借贷平台。2015 年 1 月，银监会进行机构调整，新设立了普惠金融工作部，将 P2P 网络借贷行业纳入其监管范围，明确了 P2P 网络借贷的监管工作由银监会创新监管部门和普惠金融部门共同负责。

P2P 网络借贷问题的复杂性决定了整治工作体量和整治内容的庞杂，加之网络借贷平台兑付危机引发的各类风险问题，使得管理层面不得不重新审视网络借贷平台的制度与规范。2015 年 12 月 28 日，为规范网络借贷信息中介机构业务活动，促进网络借贷行业健康发展，更好地满足小微企业和个人投融资需求，银监会会同工业和信息化部、公安部、国家互联网信息办公室等部门联合起草的《网络借贷信息中介机构业务活动管理暂行办法（征求意见稿）》向全社会发布。2016 年 8 月，首部 P2P 网络贷款行业的规范条例《网络借贷信息中介机构业务活动管理暂行办法》出台，标志着包括 P2P 在内的互联网金融在我国长期"无监管、无门槛、无规则"的"三无"状态结束。

2018 年 6 月的集中兑付危机后，P2P 借贷平台引起了官方、民众、从业人员等社会各方的关切。国家开始针对 P2P 网贷行业的专项整治工作。如何降低网络借贷平台对社会造成的影响，是专项整治工作要考虑的首要问题。从逻辑上看，P2P 网络借贷平台的风险主要源自平台无法兑付投资人的投资款，而若要降低借贷平台兑付危机，就需要使网络借贷平台回归到合规经营的轨道上来。因此，监管层面在未来的要求会更加严格，特别是借贷平台是否有自融行为、银行存管资金的落实情况、资金使用情况等。同时，网络借贷平台的备案标准将会更加严格，备案周期会进一步加长，倒逼网络借贷平台合规经营，降低经营风险。

2018 年 8 月，国家网络借贷风险专项整治工作领导小组办公室、网络借贷风险专项整治工作领导小组办公室联合召开网络借贷机构风险处置及规范发展工作座谈会，会上做出了禁止新增网络借贷机构的决定。从此，全国范围内未再新成立 P2P 网络借贷平台。

2020 年，防范化解金融风险攻坚战取得重要阶段性成果，P2P 平台已全部清零。曾红极一时的 P2P 互联网金融正式谢幕，该领域存量风险处置工作却依旧持续，并成为 2021 年的工作重点。在 2021 年，监管部门稳妥推进网络贷款机构存量风险处置。一方面，加大正常退出机构风险化解力度，综合运用多种方式提高出借人清偿率；另一方面，刑事立案的机构资产处置进度较快，公安、司法等部门联合开展涉案资产追缴处置工作。

第二节　互联网金融监管

一、国外互联网金融监管体制介绍

互联网金融监管是指针对互联网金融的法律风险、操作风险、技术风险、声誉风险、流动性风险、信用风险和市场风险等制定法律规则，采取有针对性的措施，加强和改善监管，以实现互联网金融的可持续发展和保护互联网金融消费者的利益。目前世界上主流的监管体制为单一监管体制和多头监管体制。

(一) 单一监管体制

单一监管体制是由政府部门作为金融监管机关，对金融业实施高度集中监管的体制，典型代表国家有英国、澳大利亚、意大利和瑞士等。

虽然是单一监管体制，以政府部门为监管机关，但是，英国的监管部门有三个，分别为：金融政策委员会，该部门负责互联网金融理财的系统性风险监控；审慎监管局，负责对金融机构的互联网金融理财业务进行监管；金融行为监管局（Financial Conduct Authority，FCA），从消费者保护角度对互联网金融理财业务进行监管。每个监管部门职责不同且监管重复地带较少，共同构成了一张平行的严密监管网络。

目前英国互联网金融采用的监管模式可归纳为：行业先行、自律监管是特色，行业自律与政府监管共同作用、相互补充。由于英国互联网金融起步时间较早，发展时间相对较长，因此英国的互联网金融在金融行业中占据较大的份额。英国的行业自律性强，其行业监管在很大程度上发挥了政府监管的作用。

英国在监管执行过程中以适度审慎为监管原则，充分发挥其传统银行业监管机制完善健全的优势，将传统银行业的监管方式运用到了互联网金融业务中。

英国作为 P2P 网络借贷发源地，也是目前世界上最大的 P2P 市场，其行业发展经历了从宽松到严格的阶段性转变。2005—2011 年是英国 P2P 行业的野蛮生长阶段，既无行业自律又无政府监管。在 2011 年成立自律协会，在 2012 年确定金融行为监管局为其主要监管者，2014 年开始实施《关于网络众筹和通过其他方式发行不易变现证券的监管规则》（简称《众筹监管规则》），对 P2P 网络借贷行业运营细则进行规定。英国还设置了客户资金管理与争议解决及补偿机制，机制规定：客户资金必须与公司资金隔离，单独存放于银行账户，如果平台没有二级转让市场，投资者可以在 14 天内取消投资而不承担违约责任，但投资者不能享受类似存款保险的保障。

《众筹监管规则》也是全球第一部 P2P 网络借贷行业法案，对 P2P 行业的最低资本、客户资金管理、投资标的的流转、信息披露、合格投资人等各方面都进行了细致的规定。对消费者（投资人）的保护被放在最重要的位置。如：设定了投资者 14 天冷静期，14 天内可以取消投资而不受到任何限制或承担任何违约责任，投资者在向公司投诉无法解决的情况下，可以通过金融申诉专员（FOS）投诉解决纠纷。英国严苛的规则旨在避免客户资金损失和欺诈等事件。英国金融监管最重要的监管目标之一就是保护消费者，这在 P2P 网贷行业监管中尤其突出。

2015 年 11 月，英国金融行为监管局提出了"监管沙盒"（Regulatory Sandbox），这是一个创新监管理念，"监管沙盒"作为一个受监督的安全测试区，通过设立限制性条件和制定风险管理措施，允许企业在真实的市场环境中，以真实的个人用户与企业用户为对象测试创新产品、服务和商业模式，这样做有助于减少创新理念进入市场的时间与潜在成本，并降低监管的不确定性。

在信息披露方面，英国大力推动提高互联网金融行为的信息披露程度的制度出台，确保互联网金融的运行保持在阳光之下，尽可能降低风险和发生违规情况的可能。英国要求网络借贷行业必须100%地用通俗易懂的语言告知消费者其商业模式以及延期或违约贷款评估方式的信息，在与存款利率做对比说明时，必须公平、清晰、无误导。在客户资金管理方面，要求网络借贷行业如果破产，应当继续对已存续的借贷合同进行管理，对贷款管理做出合理安排。

英国明确了互联网金融监管范围及运营资本要求，这就意味着在建设互联网金融监管机制之前，要首先明确监管范围。明确监管对象，有利于针对性地提出监管意见和制定监管策略。在明确了监管范围后，还应设立相应的门槛值，加强行业审核力度。通过对原有的互联网金融机构以及新设立的互联网金融机构进行资格检查，对不符合资产、资质等标准的企业和机构予以通知，在规定时间内达到标准的企业允许继续从事相关行业；对于长时间未达标的，禁止其继续生产经营活动。这可以规范市场环境，从源头上进行监管。

（二）多头监管体制

多头监管体制是指根据从事金融业务的不同机构主体及其不同的业务范围，由不同监管机构分别实施监管的体制。根据监管权限在中央和地方的不同，又可将多头监管体制划分为分权多头式和集权多头式两种。

分权多头式监管体制下，联邦和州（或省）都有权对相应的金融机构实施监管，如美国和加拿大等；集权多头式监管体制下，监管权限集中于中央政府，典型代表为日本、法国和德国等。

中国当前的金融监管属于集权多头式。金融危机以后，美国的网贷、小贷等新兴金融业态快速发展，与中国目前互联网金融的发展具有一定可比性。因此，我们主要以美国对网贷、小贷、第三方支付等互联网金融的监管为例介绍国外的监管经验。

美国作为P2P网络借贷迅速崛起的"后起之秀"，监管政策在借鉴英国的基础上也有自己的思路。首先，两国均设置准入门槛。英国对资本金要求采取了阶梯形计算标准，并规定过渡期为2万英镑、最终5万英镑的最低资本要求，而美国提高了准入门槛，限制了市场的发展，最终形成了寡头垄断市场。

美国是目前世界上互联网金融发展最为先进的国家之一，具有较为丰富的互联网金融版图和多样的互联网金融监管模式。美国主要采用的是政府立法与自律监管并存的互联网金融管理模式，并且特别注重立法的规范性以及国家政府监管。相比于英国，美国更加注重政府监管和立法规范。以立法为核心，充分利用大数据技术，将互联网金融纳入现有金融体系中进行监管，并根据不断出现的新兴金融形式调整政策和法规，扩充金融法律体系。

在美国，网贷等互联网金融业态的监管职责主要由州一级监管部门承担。具体监管措施可以归结为三点：严格准入、严格处罚和严格管制。

1. 严格准入：部分州禁入，多项准入许可证要求

比如对P2P的营业，目前有20个州及哥伦比亚特区授权Prosper从事网贷业务，28个州授权Lending Club从事网贷业务。这些州借鉴美国证券交易委员会（U. S. Securities and Exchange Commission，SEC）的证券监管措施，不需要P2P平台提供业绩评估，但要求充

分信息披露。

有的州对 P2P 平台的投资者还有限制，仅允许成熟投资者投资网贷业务。例如，加利福尼亚州对投资额超过其净资产 10% 的个人投资者施以规制，这些个人投资者须拥有8.5 万美元净资产、上一财政年度收入达 8.5 万美元，或拥有 20 万美元净资产。在肯塔基州，Lending Club 仅向在过去两年具有 20 万美元或净资产达 100 万美元的个人投资者发出投资要约。

在具体准入门槛方面，美国各州保留了重要的管辖权来管理与贷款发放和服务活动相关的市场贷款活动，其中一项为许可证监管（包括网贷和小贷），主要包括以下四个准入门槛：经纪人许可证（Broker Licenses）、贷款和受让人许可证（Lending and Assignee Licenses）、收债/服务许可证（Collection/Servicing Licenses）、收款服务机构许可证（Credit Services Organizations Licenses）。

2. 严格处罚：罚金、赔偿双向处罚

（1）纽约州案例

2016 年，纽约州金融服务局就针对三起违规金额超过 300 万美元的案件进行了处罚，处罚公司分别为 Blue Global LLC（由于其贷款利率超过 500%，对公司及其 CEO 处以 100 万美元罚款）、National Credit Adjusters LLC（由于非法吸储等原因，公司向投资者赔偿72.46 万美元，并被处以 20 万美元的罚款）、Webcollex LLC（由于非法吸储等原因，公司向投资者赔偿 6.61 万美元，并被处以 2.5 万美元的罚款）。

（2）Cash Call——西弗吉尼亚州案例

2014 年，西弗吉尼亚州检察总长起诉了 Cash Call 公司（从事互联网贷款计划的运营商），指责其使用了南达科他州的一家银行为消费者贷款提供资金。Cash Call 根据西弗吉尼亚州的法律没有获得许可，且贷款的利率超过了西弗吉尼亚州的高利贷率。该州政府及法院均认为，Cash Call 应该遵循西弗吉尼亚州包括高利贷利息率在内的法律限制。法院要求 Cash Call 撤销现有贷款（取消借款人的债务），并且除了支付律师费用和费用之外，还给予 Cash Call 150 万美元的民事处罚和 1 000 万美元的惩罚性赔偿。

此外，Lending Club 和 Prosper 先后被美国证券交易委员会 SEC 要求整改和重新注册登记，停业时间均达半年左右。

3. 严格管制：消费者投诉、借款人限制等制度相对健全

（1）纽约州案例

第一，禁止非法的线上"发薪日贷款"（Payday Lending）。发薪日贷款通常利率畸高，很可能超过地方政府制定的高利贷法规定的最高利率，因此通常被禁止。第二，持照经营与限制最高额度。网络借贷平台必须向纽约州金融服务局申领牌照，且对非企业贷款者最高提供 25 000 美元贷款，对企业贷款人最高提供 50 000 美元贷款。第三，打通消费者投诉的渠道。纽约金融服务局专门成立消费者支持部，处理消费者的相关投诉、调节相关纠纷。具体的任务包括帮助消费者解决法律范围外的纠纷、建立有利的投诉系统、建立统一呼叫中心方便消费者投诉等。

（2）华盛顿州案例：一个"最小"和三个"最大"

最小还款期——借款人的还款到期日必须在上一笔贷款还款之后，或者至少在上一笔

贷款的下一个还款日之后。

最大贷款期限——贷款期限最长 45 天。即使借贷双方都同意延长期限，也不能收取任何费用。

最大贷款数额——借款人每次最多能够贷出 700 美元，或者是不超过其月总收入的 30%，取二者中的最低值。

最大费用规定——对于 500 美元以下的，最多收取 15% 作为费用；超过 500 美元的，超过部分最多收 10%。

借款人限制——2010 年开始，州内的借款人在一年内只能申请 8 笔贷款。

华盛顿州有专门的外部电子数据系统，所有的有牌照的小贷、网贷都必须报告所有发放的贷款，因此电子系统也能够对借款人进行检查。

（三）国外监管经验总结

综合上述内容，国外在网贷等互联网金融行业的监管经验大致可总结为四条，即信息披露、信用评分、沙盒监管、行业自律。

1. 严格完善的信息披露

相比于中国既没有注册资本和实缴资本的最低数额要求，也没有高管人员从业资格的规定和管理经验的限制，美国和英国证券监管强调市场准入和信息披露，电子商务监管强调信息保护和交易安全，消费者权益监管强调消费者公平和隐私保护。

英国的披露制度规定，平台须公平、清晰、无误导地告知投资者其商业模式、违约贷款评估方式、金融推广等内容，平台要定期向英国金融行为监管局报告相关数据、客户资金情况、客户投诉情况及上一季度贷款信息等。英国金融行为监管局（FCA）要求，平台应该自行建立正式的投诉程序，并且将相关的细节公布在网站上。平台如果不能解决消费者问题，消费者可以向 FCA 提出投诉。

平台定期向 FCA 报告，包含如下内容：第一是财务报告，按照季度发送资产负债表、损益表和资金状况；第二是客户资金报告，大中型平台需要每个月上交客户资金和资产收益率表，小型平台每年上报上一年度的最高客户资金余额；第三是投资报告，平台需要按照季度向上报送上一季度的所有借贷投资情况、坏账比例等；第四是投诉情况报告，包括已经处理的、未处理的以及已经赔偿的。

美国的信息披露制度较为严格，美国证券交易委员会要求平台注册时提供风险措施等全面信息，要求平台定时披露财务状况及重大事项，及时向贷款人披露借款人的信息，包括借款人的年龄、工作、学历、收入范围、信用等级等。要求平台每天多次向美国证券交易委员会提交贷款列表信息并予以公布，用于法律诉讼时证明是否存在错误信息误导消费者。从美国的监管经验看，美国证券交易委员会（SEC）于 2008 年 10 月认定网贷、小贷等机构实现借贷交易的 Notes（融资票据）属于证券，即涉及证券销售业务，要求网贷、小贷等机构向 SEC 提交材料并完成注册登记申请，并归属证券法监管范围。证券法以保护投资者为出发点，包含了详细的信息披露和反欺诈条款。对于网贷、小贷等机构，信息披露主要涉及发行信息披露、持续信息披露。

2. 信用评分，提高监管效率

美国网贷平台、小贷公司的信用评分机制基本上采用美国三大征信局的信息，涉及的评分大多采用 FICO 评分法。

3. 沙盒监管

新加坡金融管理局（简称 MAS）借鉴英国，于 2016 年 11 月发布了对金融科技（Fintech）企业的《金融科技监管沙盒指引》，允许传统金融机构和金融科技企业在既定的"安全区域"内试验新产品、新服务。同时，MAS 下新设金融科技和创新团队及金融科技署来管理金融科技业务，为创新企业提供一站式服务，以加强管理。

沙盒的评价标准包括实验的测试场景和预期结果应该明确定义、可以为消费者或业界带来好处、申请人有意且有能力在离开沙盒后更广泛地在新加坡部署拟议的金融服务等。该制度并没有突破现行监管规定，而是需要在现行法律法规框架下运用，并遵循对监管机构的法定授权。其更多定位于提早在监管者和市场主体之间搭建沟通渠道，帮助市场主体全面、准确了解监管规定，避免在合规问题上"走弯路"。

4. 行业自律

英国 P2P 网贷市场由专门的监管机构 FCA 和自律性协会 P2PFA 联合监管，自律性监管相对他国较强。2011 年 8 月，成立较早且规模较大的三家平台 Zopa、Rate Setter、Funding Circle 联合成立了网贷行业的自律性协会——P2P 金融协会（P2PFA）。该协会旨在推动高标准的行业准则及自律管理，在高级管理人员、最低运营资本、客户资金分离和信息披露等方面提出了《P2P 金融协会运营原则》。

FCA 和 P2PFA 二者的监管各具特点，FCA 监管规定偏向于宏观层面，较多地关注整个网贷市场的规范发展；P2PFA 的自律管理更偏向于微观层面，主要侧重于 P2P 平台主体的经营体系。P2PFA 专门制定了协会原则，对会员的外部行为有原则性要求，包括高层次原则和具体运营原则。高层次原则对会员的所有对外行为进行了概括性规范，包括专业技术与能力、诚信经营、透明化运营以及相关承诺等；而具体运营原则提出了判定符合高层次原则需要满足的具体标准。

二、我国互联网金融监管现状

互联网金融自进入我国之后，就取得了飞速的发展。在发展初期，各个监管部门对互联网金融这一新生事物持支持、肯定的态度，中央银行管理高层认为互联网金融是非常重要的包容性金融，它与传统金融体系相互渗透，相互促进，相得益彰。对于互联网金融进行评价尚缺乏完整的时间序列和数据，要留有一定的观察期，观察期要持包容的态度。因此，对互联网金融初期的监管一直处于"空窗"状态。

伴随金融创新及互联网技术在金融领域的应用，第三方理财等新型金融媒介与传统金融机构相结合，在弱化传统金融机构间边界的同时，强化了金融机构与金融市场的对接，但也衍生出金融风险，对金融监管提出了新要求、新挑战。

为控制互联网金融风险，我国政府不断调整监管政策、明确监管职能，探索维护互联网金融健康有序发展的监管体系。2013 年至今我国互联网金融监管的大事如图 9-4 所示。

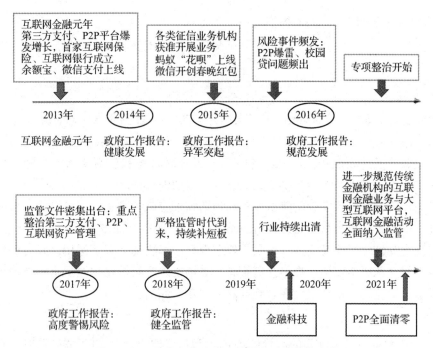

图 9-4　2013 年至今我国互联网金融监管的大事

（一）我国对互联网金融监管的阶段

我国互联网金融的监管历程是伴随互联网金融的发展不断探索完善的，大致经过了从开始将以互联网金融为代表的金融创新业务纳入监管、通过"专项整治"控制互联网金融违约风险、逐步构建以"审慎"监管为导向的互联网金融监管长效机制三个阶段。

1. 第一阶段：开始将以互联网金融为代表的金融创新业务纳入监管

金融市场参与主体通过金融创新等规避监管，增加了系统性金融风险的发生概率。鉴于此，建立与完善协调监管机制是防止系统性风险的制度保障。面对不断出现的金融创新业务，国家出台系列政策法规以强化金融市场信息披露。2012 年 11 月，党的十八大提出"完善金融监管，推进金融创新，维护金融稳定"的目标。此后的十八届三中全会对于金融业改革进一步提出"落实金融监管改革措施和稳健标准，完善监管协调机制"。如何控制互联网金融产生的风险是金融监管机构面临的重要挑战。原有的金融监管体系尚缺乏针对互联网金融监管的法律法规依据，监管机构的监管职能尚不够明确。面对互联网金融风险，金融监管部门陆续出台针对互联网金融的监管政策。

2013 年年底，国务院办公厅颁布了《关于加强影子银行监管有关问题的通知》（国发办〔2013〕107 号），该通知第二部分"进一步落实责任分工"第（五）条明确规定：对第三方理财、非金融机构资产证券化、网络金融活动等，由中国人民银行同有关部门共同研究制定办法。该通知还要求各机构在开展金融互联网业务时，遵守行业规范，不得超范围经营，不得利用互联网技术违规从事金融业务。

2014 年"互联网金融"首次引入政府工作报告，表述为"促进互联网金融健康发展"。监管部门表示出鼓励金融创新、推动互联网金融健康发展的态度。

2015 年互联网金融风险事件开始频发，P2P 平台涉嫌非法融资和自融，多起爆雷事件发生，引发社会和监管部门关注。2015 年 7 月 8 日，《关于促进互联网金融健康发展的指导意见》颁布。互联网金融形成发展以来第一部纲领性文件《关于促进互联网金融健康发展的指导意见》表明了党中央、国务院对互联网金融行业健康发展的重视程度，一方面，鼓励创新，支持互联网金融行业稳步发展；另一方面，以国家政策形式规范互联网金融的市场秩序。互联网金融正式进入"监管年"，监管政策对互联网金融具体业务规范进行规定。此阶段构建了初步的监管法规以规范互联网平台金融机构的各类金融业务。

2. 第二阶段：通过"专项整治"控制互联网金融违约风险

尽管初步建立互联网金融监管体系，但 2015 年仍不断发生大规模互联网金融平台虚假借贷、欺诈等违规事件。伴随金融产品日益丰富、金融消费者不断增加，加强消费者权益保护成为防范和化解金融风险的重要内容。2016 年 10 月，国务院办公厅发布了《互联网金融风险专项整治工作实施方案》，在全国范围内开展了互联网金融专项整治工作，以规范互联网金融机构行为。

2014—2018 年，互联网金融连续五年被写入政府工作报告，从一系列措辞上可以看出政府对行业发展的态度，也反映了互联网金融行业从高速发展到规范整治的历程。

2017 年 8 月，银监会颁布了《网络借贷信息中介机构业务活动信息披露指引》，明确网贷业务信息披露应遵循的基本原则，降低因信息不完备产生的风险。这些法规制度的不断完善，在引导和规范金融创新产品方面起到重要作用。

为顺应金融市场发展规律，我国积极探索金融监管体制改革。2017 年 11 月，设立国务院金融稳定发展委员会（简称金稳会）。作为协调机构，金稳会主要承担落实中央金融决策部署、审议金融改革发展重大规划、统筹金融改革发展与监管、研究金融风险防范处置和维护金融稳定重大政策、指导地方金融改革发展与监管等职能。显然，金稳会的成立提升了各监管机构合作成效，实现了综合监管，为监管混业经营模式的互联网金融提供了保障。

3. 第三阶段：逐步构建以"审慎"监管为导向的互联网金融监管长效机制

2019 年 4 月 3 日，中国人民银行和银保监会明确提出"坚决打好互联网金融和网络借贷风险专项整治攻坚战"。2019 年 8 月，中国人民银行在《金融科技（FinTech）发展规划（2019—2021 年）》中正式将"提升穿透式监管能力"作为金融科技审慎监管的重点任务予以推进。在顶层设计的指导下，凭借数字化监管手段，顺应金融数字化转型趋势，我国依法将金融活动纳入监管范围，提高监管能力。我国互联网金融风险专项整治成效显著，风险形势得到根本好转。

为持续防范金融风险，2020 年，互联网金融整治进入收官阶段。2020 年 7 月，银保监会颁布了《商业银行互联网贷款管理暂行办法》，初步建立了商业银行互联网贷款业务制度框架。另外，针对政府一直未将金融控制公司纳入监管范围的问题，2020 年 9 月，国务院发布了《关于实施金融控股公司准入管理的决定》；与此同时，中国人民银行发布了《金融控股公司监督管理试行办法》（简称《金控办法》）。《金控办法》规定由中国人民银行依法对金融控股公司实施监管。此阶段金融监管部门颁布的系列法规细化了审慎监管要求、统一了监管标准，旨在引导互联网金融市场中的经营主体树立审慎经营导向，落实风险控制责任，按照风险共担、互利共赢原则，合理开展业务合作，持续提升风险防控能力。明确"金融业务一定要持牌经营"的总体要求后，接下来的监管将定位于建立长效监管机制。显而易见，完善的法规政策与明确的监管职能是构建互联网金融监管长效机制的制度基础。表 9-1 对 2015—2020 年涉及互联网金融领域的监管政策进行了梳理。

表 9-1　2015—2020 年互联网金融领域主要监管政策

时间	政策名称	主要内容
2015.07	央行等十部委《关于促进互联网金融健康发展的指导意见》	首次定义了互联网金融的概念，确立了互联网支付、网络借贷、股权众筹融资、互联网基金销售、互联网保险、互联网信托和互联网消费金融等互联网金融主要业态的监管职责分工，落实了监管责任，明确了业务边界，并正式将互联网金融纳入监管框架
2015.08	证监会《关于对通过互联网开展股权融资活动的机构进行专项检查的通知》	规范通过互联网开展股权融资活动，同时部署对通过互联网开展股权融资中介活动的机构平台进行专项检查
2015.12	央行《非银行支付机构网络支付业务管理办法》	根据支付机构的分类评级情况和支付账户实名制落实情况，对支付机构实施差别化管理，采用扶优限劣的激励和制约措施，引导和推动支付机构既要合规经营，又要勇于创新
2016.08	银监会、工业和信息化部、公安部、国家互联网信息办公室《网络借贷信息中介机构业务活动管理暂行办法》	对业务经营活动实行负面清单管理，明确了十三项禁止行为，对网贷机构第三方资金存管提出要求
2016.10	国务院办公厅《互联网金融放风险专项整治工作实施方案》	重点整治 P2P 网络借贷、股权众筹、互联网资产管理、第三方支付业务、互联网金融领域广告等问题，具体规定了专项整治的分工和负责部门，并规定区域内整治在 2017 年 1 月底前完成
2016.10	《关于印发〈P2P 网络借贷风险专项整治工作实施方案〉的通知》（银监发〔2016〕11 号）	明确网贷机构的信息中介地位，将网贷机构划分为三类，并实施分类处置。异化为信用中介的网贷机构按要求整改，整改不到位与涉嫌非法集资活动的坚决实施市场退出
2016.11	银监会等六部委《关于进一步加强校园网贷整治工作的通知》	要求从事校园贷业务的网贷机构一律暂停新发校园网贷业务，制订明确的退出整改计划。鼓励商业银行和政策性银行进一步针对大学生合理需求研发产品
2016.11	《网络借贷信息中介机构备案登记管理指引》（银监办发〔2016〕160 号）	对全部网络借贷信息中介进行登记和分类处理
2017.02	《网络借贷资金存管业务指引》（银监办发〔2017〕21 号）	为银行开展存管业务划清彼此界限和明确各方责任

时间	政策名称	主要内容
2018.03	《关于加大通过互联网开展资产管理业务整治力度及开展验收工作的通知》（整治办函〔2018〕29号）	未经许可，不得依托互联网公开发行、销售资产管理产品，以该方式公开募集资金的行为应当明确为非法金融活动，具体可构成非法集资、非法吸收公众存款、非法发行证券等
2018.12	《关于做好网贷机构业务分类处置和风险防范工作的意见》（整治办函〔2018〕175号）	坚持以机构退出为主要工作方向，能退尽退，应关尽关，加大整治工作的力度和速度
2019.09	《金融科技（FinTech）发展规划（2019—2021年）》	金融科技的顶层设计方案与规划
2020.09	《中国银保监会办公厅关于加强小额贷款公司监督管理的通知》	明确小额贷款公司业务范围、经营范围、贷款用途；对小额贷款管理公司的经营管理提出要求；明确各地监管责任等

（根据公开资料整理）

经过行业持续出清，目前监管方面已经明确了金融领域"一致性""持牌经营"的监管原则，并且继续加强对传统金融机构的互联网业务规范整理，以及对涉及金融业务领域的互联网平台进行整改。

（二）金融行业组建行业自律组织

2013年8月9日，我国成立了首家互联网金融行业组织——中关村互联网金融行业协会。该协会发挥了中关村作为我国互联网信息发展中心和国家科技金融创新中心的核心优势，第一批发起成立协会的会员单位包括京东商城、当当网等电商平台；拉卡拉、易宝支付、钱袋网等第三方支付企业；融360、天使汇、人人贷、有利网等互联网金融平台机构；用友软件、银达润、中关村企业信用促进会以及中国技术交易所等机构。

互联网金融作为新生事物，其工作原理、业务模式及风险防范等方面都有待深入研究，因此，为了加强互联网金融行业的沟通协作，并促进其发展，2013年12月3日，互联网金融专业委员会在北京召开了成员单位大会，并审议通过了《互联网金融专业委员会章程》及《互联网金融自律公约》。

2016年1月27日，上海、江苏、杭州、福建和深圳等地方联合发布了全国首部多地联盟的《地方互联网协会自律联盟》，该公约所涵盖的行业不仅仅局限于P2P网络借贷平台、众筹、第三方支付，还包括在线理财、金融电子商务等新兴事物。公约重视对客户权益的保障，对信息披露制度有严格要求，要求机构对信息真实性的保证等。

2016年3月25日，中国互联网金融协会（National Internet Finance Association of China, NIFA）在上海成立，该协会是按照2015年7月18日经党中央、国务院同意，由中国人民银行会同银监会、证监会、保监会等国家有关部委组织建立的国家级互联网金融行业自律组织。协会旨在通过自律管理和会员服务，规范从业机构市场行为，保护行业合法权益，推动从业机构更好地服务社会经济发展，引导行业规范健康运行。

组建诸如中国互联网金融协会、互联网金融工作委员会等全国性和区域性行业自律组织，能够有效整合行业内部资源，强化信息互通，达成互帮互助协同发展的作用；还能够推动和有关部门合作关系的确立，有助于保持行业内部的生态健康，实现有序发展。

（三）传统金融机构和互联网平台的监管现状

1. 传统金融机构领域规范互联网业务

传统金融机构为了适应互联网金融发展的趋势，陆续通过互联网渠道开展了金融业务，例如商业银行互联网存贷款、互联网保险业务等。在 2020 年以前，监管部门主要针对非金融机构领域的互联网金融乱象进行整治，在互联网保险领域也出台了相关管理办法。2020 年年底，多项监管条例陆续颁布，监管部门着手对持牌金融机构的互联网金融业务进行规范管理。从各项政策内容来看，主要针对当前金融机构开展互联网业务时存在的一些问题进行规范整治，维护市场秩序，以防范金融机构经营风险和保护消费者权益为主要目的。持牌金融机构互联网金融业务相关政策汇总如表 9-2 所示。

表 9-2　持牌金融机构互联网金融业务相关政策汇总

时间	政策名称	主要内容
2014.04	《关于规范人身保险公司经营互联网保险有关问题的通知（征求意见稿）》	首个针对互联网金融的监管制度，正式就人身保险公司经营互联网保险的条件、风险监管等问题向业内征求意见
2014.12	《互联网保险业务监督管理暂行办法（征求意见稿）》	将适度放开互联网保险产品的经营区域限制，加强对参与互联网保险业务的第三方网络平台的监管，明确互联网保险产品信息披露制度，建立保险机构及第三方平台退出机制
2020.06	《关于规范互联网保险销售行为可回溯管理的通知》（银保监会〔2020〕26 号）	规范和加强互联网保险销售行为可回溯管理，保障消费者知情权、自主选择权和公平交易权等基本权利
2020.07	《商业银行互联网贷款管理暂行办法》	对互联网贷款进行界定，提出加强限额管理和集中度管理等要求，规范商业银行与互联网平台合作风险管理和机构管理，要求将商业银行互联网贷款业务纳入全面风险管理框架
2020.12	《互联网保险业务监管办法》	明确"互联网保险"定义和业务实质。互联网保险业务应由依法设立的保险机构开展，其他机构和个人不得开展互联网保险业务。对非保险机构的行为边界进行了明显规定
2021.01	《关于规范商业银行通过互联网开展个人存款业务有关事项的通知》（银保监办发〔2021〕9 号）	明确提出商业银行不得通过非自营网络平台开展定期存款和定活两便存款业务。规范商业银行互联网存款业务经营秩序，加强信息披露，保障消费者权益
2021.02	《关于进一步规范商业银行互联网贷款业务的通知》（银保监办发〔2021〕24 号）	细化商业银行互联网贷款业务审慎监管要求，对监管指标和业务区域进行了明确规定

2. 互联网平台领域金融活动被纳入监管框架

大多数互联网金融平台与金融市场基础设施逐渐形成了千丝万缕的联系，随着互联网金融的规模不断增大，互联网金融平台的系统重要性不断增强，所带来的系统性风险不容忽略。互联网金融所依赖的平台设施无论是硬件设备还是软件程序，是否能够有效防控金融风险，监管规则如何在保障互联网金融发展与防范金融风险之间实现平衡，成为我国金融治理中必须面对的一个现实课题。

经过 2016—2020 年的整治，各类互联网金融高风险平台得到了有序处置，P2P 平台实现全部清零，防范化解金融风险攻坚战取得重要阶段性成果。

互联网平台在互联网金融领域以提供金融科技服务充当"第三方"的角色，然而一些大型互联网平台旗下的业务和产品涉及金融业务领域，却没有相应的金融监管，形成了潜在的风险。

2020 年年底，蚂蚁金服集团在上市前两次被金融监管部门约谈，金融监管部门对蚂蚁集团提出了整改要求。与此同时，针对一些大型互联网平台扰乱市场竞争秩序的行为，国务院反垄断委员会出台了《关于平台经济领域的反垄断指南》。从清理中小互联网金融机构无序经营和无牌照经营行为，到将大型互联网平台的金融活动纳入监管框架，监管部门对互联网金融领域监管层层加码，坚持守住不发生系统性金融风险这一底线，进一步预防因金融市场基础设施引发的网络风险，通过网络交易平台监管力争把风险"关在门外"。

2021 年年初，银保监会工作会议提出，要切实加强对互联网平台金融活动监管，依法将金融活动全面纳入监管，对同类业务、同类主体一视同仁，并加强对银行保险机构与互联网平台合作开展金融活动的监管。显然，蚂蚁集团事件反映了当前监管部门加强金融领域业务开展监管一致性、全面性这一要求的体现。

"金融的归金融，科技的归科技"、持牌经营、合规经营是互联网金融监管的指导原则。与此前整治 P2P 网贷不同的是，监管机构肯定了互联网平台在金融普惠等方面的贡献；同时希望将互联网金融业态纳入正常的金融监管框架下，推进在金融科技领域反垄断，防止资本无序扩张。监管涉及的互联网金融业务领域比较全面，目前重点关注支付业务、信贷和征信业务、成立金融控股公司和消费者保护方面。2021 年年初以来，我国监管层开始密集出台这些领域的监管文件和征求意见稿。

将互联网金融平台活动纳入监管框架还具有重要的制度激励效应，即推动互联网金融企业积极主动地完善企业治理机制，与其他市场主体和监管主体共同构建多边性的风险防范机制。

（四）监管现状尚存在不足

我国自 2016 年开展互联网金融风险专项整治工作以来，互联网金融总体风险水平显著下降，监管制度机制逐步完善，行业无序发展、生态恶化的局面有所改善。但是，互联网金融领域风险防范化解任务仍然艰巨，适应互联网金融特点的监管体制机制有待进一步完善。

1. 信用风险依然是金融监管部门重点关注的风险类别

金融业风险主要源于信用风险和流动性风险。对于互联网平台开展的金融活动而言，借贷双方信息不对称产生的信用风险问题依然没有得到很好解决。国内信用评级、信用信息共享机制还有待完善，而互联网金融领域风险呈现出跨区域、跨行业的特征，不同区域、不同企业及不同征信系统间的数据壁垒产生了借款人征信信息欺瞒或伪造的可能性，增加了坏账风险。

目前中国征信体系为"政府＋市场"双轮驱动，央行是金融信用信息基础数据库运行机构，而市场机构参与征信的效果有限。由于机构备案延期等原因，政府与市场征信双轨并行产生数据壁垒，互联网金融机构接入征信的进程需进一步推进，征信体系建设需进一步完善。

2. 对互联网平台金融活动进行系统性违约提前预警的机制尚未建立

与传统金融机构明确的监管指标和预警指标不同，由于互联网金融风险具有隐蔽性、突发性和传染性特征，监管和市场第三方分析机构很难对其系统性违约风险进行有效监测和提前预警。这对金融监管部门利用"智慧监管"监测分析互联网金融出现的新技术、新模式和新产品，构建互联网金融风险监测预警机制，及时发现潜在风险提出了更高要求，也对监管部门团队、专业能力、体制机制等都提出了新要求。

3. 我国互联网金融消费者权益的保障有待提升

尽管近年来不断出台的监管政策有涉及保护消费者权益，但主要是作为风险警示；目前的金融监管政策法规的约束力主要集中在事后监管，事前、事中监管的难度较大。例如，对互联网金融产品资金实际运用情况和资金最终流向的检查和监管依然是比较突出的问题。即使能够对互联网金融市场中违约行为进行惩处，但大多数投资者和消费者的损失也难以追回。

三、我国互联网金融监管体系的构建策略

（一）完善监管机制，确保监管机构及时应对市场变化

在金融业快速发展、产品创新日益丰富的情况下，如何及时、恰当地对名称和形式复杂多样的金融产品和业务，按照实质重于形式的要求进行"穿透定性"，已成为我国监管机构面临的重大挑战，需要监管当局完善监管机制，增强分析判断和决策能力。

1. 构建跨部门的协同机制，加强跨行业监管协调沟通

当前我国互联网金融的监管主要以"一行一委两会"为主导，"一行一委两会"指的是中国人民银行、国务院金融稳定发展委员会、中国证监会、中国银行保险监督管理委员会（由原银监会与保监会于2018年合并）。传统的业务领域如支付结算、反洗钱、金融稳定等由中国人民银行监管，而新兴的业务领域缺乏明确的监管主体，监管有"真空"地带。各监管机构应明确监管的范围，针对不同业态的风险种类、特点，按照分类实施监管，坚持金融持牌经营、特许经营的原则，提高准入门槛和企业质量。还有一些业务涉及多个监管部门，需要各个部门的协调管理。此外，就"一行一委两会"的监管可以加入其他部门作为补充，如，工信部、商务部、公安部等部门的加入可使监管更加全面有力。

监管机构内部可建立跨部门的协同"会诊"机制。由来自法律、规制、科技和负责市场准入、非现场和现场监管的人员共同进行研究讨论，对"新业务、新模式"进行会诊分析，及时提出业务定性和适用监管规则的意见。这与近年来许多国家或地区监管机构顺应金融科技发展，先后成立金融科技与创新协调部门/工作组的机制类似。

在金融科技快速发展的情况下，越来越多的金融业务和产品会涉及银行、证券、资产管理和保险业务的交叉地带，需要监管机构之间加强跨业监管合作，共同进行分析判断，厘清哪些业务应当纳入监管范畴、适用什么监管框架、应由哪一个或几个机构进行监管以及如何具体开展监管协作等。对于重大事项，还需提交国务院金融稳定发展委员会讨论决策。

2. 发挥行业自律作用

行业内部和行业之间也应该自觉达成协定，统一运行标准，明确运行规范和程序，对优秀的企业进行表彰奖励，鼓励行业内部学习，并设立惩罚条款，对违反协定的企业进行处罚，树立行业协会的威信，发挥行业内部监管的作用。

（二）完善金融法律体系

由于互联网金融是新兴的金融业态，相关的法律法规建设速度落后于其发展速度，因此在实施监管的时候存在无法根据明确的法律法规进行处置的情况，这给互联网金融执法带来了极大的阻碍，不利于监管的强力实施。立法机构应建立健全法律体系，明确互联网金融的性质和地位，同时对其准入条件包括资金规模、技术水平、管理能力等进行明确、具体规定，建立市场准入机制，提高市场进入和退出壁垒。立法还应当为金融行业前沿探索性创新预留一定的空间，这就需要监管政策在风险防范与鼓励创新之间寻找一个平衡点，而监管法治化是达到这种平衡的必由之路。在立法的基础上，各个监管机构明确各自监管范围，以确保监管达到最强的力度。执法部门公正严格执法，严厉打击互联网金融违法犯罪行为，各个部门相互支持，联合打造整洁有序的行业环境。加快企业和个人征信系统建设，推进专业化征信机构的建立和发展，构建社会征信体系，对失信人员禁止其参与互联网金融市场活动。

借款人恶意失信，主要是由于对互联网金融平台逃废债群体没有正规的法律约束，足够的失信惩戒尚未完成，使得借款人借着行业清退更加肆意拖赖。监管部门坚决打击恶意逃废债，引导网络贷款机构接入央行征信系统，采取多种方式依法引导网络贷款机构开展自主催收，协同联动加大对失信借款人的惩戒力度。网络贷款平台接入征信体系，一方面能享受到央行征信系统的信誉和征信信息，另一方面网络借贷平台获取的借贷数据也能对接到央行的信用评级体系，如果网络借贷平台上的借款人出现坏账，那么他的不良信用记录就会被记录在央行的个人征信报告中，影响个人征信得分。这方面的做法可以有以下三种：一是参考美国的经验，出台公平信用报告法，明确相关机构获取个人信用报告需要遵守的原则和程序；二是充分发挥互联网金融的大数据优势，鼓励社会征信机构和P2P网络借贷平台合作开展征信业务，完善和补充社会征信体系；三是提高失信成本，创建良好的信用环境，通过对个人征信体系的建设，促进互联网金融的健康发展。

正视互联网金融产生和发展中法律不完备的现实条件，应当采用区别对待、分类治理、差异性监管的思路，选择将互联网金融平台纳入金融市场基础设施监管的立法路径和措施。将重要的平台纳入金融市场基础设施监管范围，建立对互联网金融的宏观审慎监管框架，构建宏观审慎监管与微观审慎监管相结合的互联网金融法律监管体系，努力促进我国互联网金融发展成为既具有中国特色又在国际金融体系中具有竞争优势的新金融业态。

（三）利用金融科技加强金融风险知识普及和信息披露

推进对互联网金融的统计监测、反洗钱监管和社会信用体系建设等有关基础性工作。

通过加强对互联网金融平台资金流向的动态监测，强化对贷款利率的监督检查并对平台适当加强窗口指导，合理引导社会资金的有效流动，使相关金融业务符合宏观调控的要求。可按照"特定非金融行业"的反洗钱监管要求，将互联网金融机构纳入反洗钱监管。

应利用各种形式和途径加强互联网金融投资风险知识的宣传和普及，特别是针对中小投资者。因为中小投资者往往经验不足，且资金不多，操作能力有限，承受能力并不强，互联网金融风险发生后最容易遭受损失。如果互联网金融平台不能安全有效运行，那么该类参与者将会丧失信心，影响整个行业的发展。此外，对投资理财知识的掌握是普通的投资者参与市场活动并获利的基础，投资者必须提高甄别信息的能力，投资时保持理性，树立高收益伴随高风险的观念。政府应该加强对居民的投资安全意识和风险防范意识教育。互联网金融平台也应自觉履行信息披露的义务，使投资者及时了解产品以及市场变化。大力发展个人信用信息评级服务市场，解决互联网金融中双方信息不对称问题，使互联网金融机构在遵守相关法律法规的前提下高效运营。

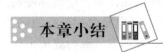

本章小结

本章梳理国外互联网金融监管体制的模式，从总体上看，多数国家对互联网金融发展采取了谨慎宽松的监管态度。合理有效的监管也是我国互联网金融发展的必要条件。建立对互联网金融的宏观审慎监管框架，构建宏观审慎监管与微观审慎监管相结合的互联网金融法律监管体系，努力促进我国互联网金融发展成为既具有中国特色又在国际金融体系中具有竞争优势的新金融业态。

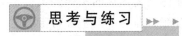

思考与练习

一、名词解释

金融风险　金融监管

二、选择题

1. 下列选项中，不属于互联网金融风险的是（　　　）。

A. 心理风险　　　　　B. 信用风险　　　　　C. 法律风险　　　　　D. 技术风险

2. 英国互联网金融的金融监管模式属于（　　　）。

A. 单一监管模式　　　B. 集权多头式模式　　C. 分权多头式模式　　D. 无政府主义

3. 我国从（　　　）年开始实施互联网金融风险专项整治工作。

A. 2006　　　　　　　B. 2014　　　　　　　C. 2016　　　　　　　D. 2019

三、简答题

1. 什么是互联网金融的信用风险？

2. 简述系统性风险的传导路径。

3. 简述我国互联网金融和金融监管的发展历程。

4. 针对"将互联网平台领域金融活动纳入监管框架"，谈谈你的看法。

5. 如何进一步完善我国互联网金融监管体系？

参 考 文 献

[1] 陈荣达，余乐安，金骈路. 中国互联网金融的发展历程、发展模式与未来挑战 [J]. 数量经济技术经济研究，2020，37（1）：3-22.

[2] 李佳明. 基于现代金融中介理论的互联网金融模式研究 [J]. 市场周刊，2020（4）：118-119，170.

[3] 贾焱. 互联网金融 [M]. 北京：北京理工大学出版社，2018.

[4] 吕晓永. 互联网金融 [M]. 北京：中国铁道出版社，2018.

[5] 赵永新，陈晓华. 互联网金融概论 [M]. 北京：人民邮电出版社，2016.

[6] 秦国楼. 现代金融中介论 [D]. 厦门：厦门大学，2001.

[7] 朱欣乐. 中美众筹发展现状及对我国的政策建议 [J]. 科技智囊，2021（1）：26-33.

[8] 张波，任新利. 网上支付与电子银行 [M]. 3 版. 上海：华东理工大学出版社，2012.

[9] 陈岩，周烨. 新型虚拟货币对国际货币体系的挑战——以比特币为例 [J]. 经济论坛，2015（1）：147-152.

[10] 李翀. 虚拟货币的发展与货币理论和政策的重构 [J]. 世界经济，2003（8）：75-79.

[11] 孙宝文，王智慧，赵胤铕. 电子货币与虚拟货币比较研究 [J]. 中央财经大学学报，2008（10）：28-32.

[12] 杨东，陈哲立. 虚拟货币立法：日本经验与对中国的启示 [J]. 证券市场导报，2018（2）：69-78.

[13] 刘川，张庆君，桂杨. 货币演进视角下的法定数字货币再认识 [J]. 西南金融，2021（4）：75-84.

[14] 齐爱民，张哲. 论数字货币的概念与法律性质 [J]. 法律科学（西北政法大学学报），2021（2）：1-13.

[15] 沈晓平. 网络金融 [M]. 北京：电子工业出版社，2009.

[16] 蔡皎洁，郭道猛. 网络金融 [M]. 北京：机械工业出版社，2016.

[17] 中国人民银行金融稳定分析小组. 中国金融稳定报告（2020）[R]. 北京：中国人民银行，2020.

[18] 薛涛，刘潇潇，纪佳琪. 大数据时代的计算机网络信息安全技术应用——评《大数据与计算机技术研究》[J]. 中国科技论文，2021，16（8）：938.

[19] 陈子阳. 大数据技术在金融行业的应用——评《大数据在金融行业实用案例剖析系

列之三》[J]. 广东财经大学学报，2019，34（06）：113-114.

[20] 胡利明. 金融新基建浪潮下的云计算应用与发展 [J]. 金融科技时代，2020，28
（10）：8-13.

[21] 张迎. 基于金融云计算在金融行业应用前瞻性的探析 [J]. 财经界，2019
（14）：5.

[22] 马武，邱瑶楠. 金融支持物联网产业发展的经验借鉴与路径研究 [J]. 经济研究导
刊，2021（18）：13-15.

[23] 宋美静. 基于物联网技术的供应链金融物流监管分析 [J]. 中国物流与采购，2021
（12）：76-77.

[24] 付琼，郭嘉禹. 金融科技助力农村普惠金融发展的内在机理与现实困境 [J]. 管理
学刊，2021，34（3）：54-67.

[25] 龚强，班铭媛，张一林. 区块链、企业数字化与供应链金融创新 [J]. 管理世界，
2021，37（2）：22-34+3.

[26] 王昱，盛暘，薛星群. 区块链技术与互联网金融风险防控路径研究 [J/OL]. 科学
研究：1 - 14 [2021 - 08 - 22]. https://doi. org/10. 16192/j. cnki. 1003 - 2053.
20210408. 001.

[27] 李文红，蒋则沈. 分布式账户、区块链和数字货币的发展与监管研究 [J]. 金融监
管研究，2018（6）：1-12.

[28] 韦柳玲. 互联网金融服务下乡村振兴战略的实施路径 [J]. 山西财经大学学报，
2021，43（S2）：44-46.

[29] 孙国茂. 互联网金融：本质、现状与趋势 [J]. 理论学刊. 2015（3）：44-57

[30] 胡跃飞，黄少卿. 供应链金融：背景、创新与概念界定 [J]. 金融研究. 2009
（8）：194-206

[31] 徐岩，周昭雄. 证券互联网化的发展状况与趋势分析 [J]. 电子商务，2016（9）：
44-45.

[32] 方芳，陈宸. 商业银行同业资产缺口的边际风险研究——基于互联网理财的视角
[J]. 广东社会科学，2021（1）：14-23.

[33] 陈荣达，周寒娴，余乐安，等. 基于互联网金融模式的结构性理财产品风险度量研
究进展 [J]. 中国管理科学，2020，28（11）：23-34.

[34] 陈荣达，余乐安，金骋路. 中国互联网金融的发展历程、发展模式与未来挑战
[J]. 数量经济技术经济研究，2020，37（01）：3-22.

[35] 宫建华，周远祎. 我国互联网金融发展现状与风险治理 [J]. 征信，2019，37
（9）：89-92.

[36] 李梅. "互联网+"背景下商业银行经营模式的再造 [J]. 经济问题，2019（7）：
45-53.

[37] 张秋，朱翠华. 传统商业银行的互联网化转型研究 [J]. 财会月刊，2018（21）：
157-162.

[38] 汪莉霞. 互联网理财的发展现状、潜在风险及防范措施 [J]. 会计之友，2017
（16）：17-20.

[39] 杨翾. 感知风险和信任对互联网理财产品消费行为的影响机理研究 [D]. 南昌：南

昌大学，2016.

[40] 陈嘉欣，王健康. 互联网金融理财产品余额宝对商业银行业务的影响——基于事件分析法的研究 [J]. 经济问题探索，2016（1）：167-173.

[41] 邢丘丹，解建丽，张宁. 互联网金融模式下的余额理财用户投资行为分析 [J]. 财经理论与实践，2015，36（5）：15-22.

[42] 凌宏业. 高质量发展下的第三方支付 [J]. 中国金融，2021（7）：89-90.

[43] 吴心弘，裴平. 中国支付体系发展对金融稳定的影响研究 [J]. 新金融，2020（4）：25-30.

[44] 谢太峰，刘科. 第三方支付对我国商业银行盈利水平影响的实证研究 [J]. 金融理论与实践，2019（10）：65-71.

[45] 牛翠萍，耿修林. 第三方支付对我国 GDP 贡献和拉动作用的统计分析 [J]. 统计与决策，2019，35（15）：101-104.

[46] 马方方，胡朝阳，冯情茹，等. 中国第三方支付系统金融风险测量方法及实证分析 [J]. 统计与信息论坛，2019，34（7）：54-60.

[47] 林莉. 第三方支付创新风险防范 [J]. 中国金融，2019（7）：92-93.

[48] 史丁莎，王晓楠. 电子支付产业发展下中小银行的机遇与对策 [J]. 管理现代化，2019，39（1）：1-4.

[49] 史新鹭，周政宁. 电子支付发展、电子货币替代对货币需求的影响研究 [J]. 中央财经大学学报，2018（12）：77-86.

[50] 刘达. 中国第三方支付的金融效应和衍生价值的研究 [D]. 北京：北京交通大学，2018.

[51] 徐显峰. 我国第三方支付发展研究 [D]. 成都：西南财经大学，2013.

[52] 何涌，毛秋霖. P2P 网络借贷监管动因、行为与有效性 [J]. 财会月刊，2020（23）：144-150.

[53] 冯兴元，燕翔，程萍. 中国 P2P 网络借贷行业的发展、问题与监管 [J]. 社会科学战线，2020（9）：66-74+281-282.

[54] 张郁. P2P 网络借贷的"大金融"品格及其监管创新 [J]. 兰州学刊，2020（4）：48-58.

[55] 李亚飞，李会. P2P 网络借贷产品定价模式研究 [J]. 金融理论与实践，2019（2）：49-54.

[56] 张超宇，陈飞. P2P 网络借贷平台模式异化及去担保化问题研究 [J]. 南方金融，2018（1）：68-74.

[57] 张琛. 双重信号显示与融资成本 [D]. 北京：中央财经大学，2017.

[58] 徐荣贞，殷元星，王帅. P2P 网络借贷平台运营模式及风险控制思考——基于信息不对称视角 [J]. 财会月刊，2017（5）：33-38.

[59] 钱淑芳，张向阳. 我国 P2P 网络借贷公共信息平台构架与运营模式研究 [J]. 科技管理研究，2016，36（2）：208-212.

[60] 刘绘. 我国 P2P 网络借贷的风险与监管研究 [D]. 天津：天津财经大学，2015.

[61] 谭中明，朱文瑶. 我国 P2P 网贷行业典型运营模式比较研究 [J]. 武汉金融，2014（9）：23-25.

［62］胡金焱，韩坤. 信息不对称视角下网络众筹融资绩效解构［J］. 财贸经济，2020，41（9）：100-116.

［63］张翠娟. 基于长尾理论的互联网股权众筹金融风险问题探究［J］. 财会通讯，2020（14）：139-142.

［64］余涛. P2P 网贷与债权众筹等同论之批判［J］. 浙江工商大学学报，2020（3）：150-160.

［65］吕彦昭，王刚，高旭媛. 奖励型众筹运营模式及风险防范研究［J］. 财会通讯，2018（14）：20-23.

［66］李群，张楠，贾巍. 当前我国众筹融资发展面临的问题与改善途径［J］. 对外经贸实务，2017（7）：55-58.

［67］韩凯. 众筹模式下我国中小企业融资问题探讨［J］. 商业经济研究，2017（8）：175-176.

［68］宋坤，李永清. 基于众筹平台角度的众筹融资模式风险分析研究［J］. 经济问题，2016（12）：47-51.

［69］王京. 众筹融资方式正负功能研究［D］. 沈阳：辽宁大学，2016.

［70］徐京平，霍炳男，王润珩. 网络众筹的发展逻辑、商业效率与风险机理［J］. 学习与实践，2016（9）：45-53.

［71］Timme S G, Williams-Timme C. The financial-SCM connection［J］. Supply Chain Management Review, 2000（4）：33-40

［72］Hofmann E. Supply chain finance: some conceptual Insights, logistik management-innovative logistikkonzepte［EB/OL］.（2005-05-15）. http://www. klog. unisg. ch.

［73］Group Aberdeen. The 2007 State of the Market in Supply Chain Finance［R］, 2007.

［74］Lamoureux M. A supply chain finance prime［J］. Supply Chain Finance, 2007（4）：34-48.

［75］史金召，郭菊娥. 互联网视角下的供应链金融模式发展与国内实践研究［J］. 西安交通大学学报（社会科学版），2015，35（4）：10-16.

［76］宋华，陈思洁. 供应链金融的演进与互联网供应链金融：一个理论框架［J］. 中国人民大学学报. 2016，30（5）：95-104

［77］Harrison T P. An introduction to supply chain management［J］. International Journal of Physical Distribution and Materials Management, 1989（19）：3-8.

［78］邹辉霞. 供应链管理［M］. 北京：清华大学出版社，2009.

［79］冯艳丽，查先锋. 构建我国互联网金融信用与征信体系研究——基于博弈论视角［J］. 生产力研究，2019（8）：28-32.

［80］冯玉梅. 我国互联网金融征信体系建设研究［D］. 四川：四川农业大学，2019.

［81］牛国良，高娜. 互联网金融对我国征信体系建设的影响及对策研究［J］. 北京经济管理职业学院学报，2020，35（4）：23-27.

［82］BCBS, Statement on Crypto-assets, March 2019.

［83］FCA, Crypto-assets Taskforce: Final Report, October 2018.

［84］岳彩申. 互联网金融平台纳入金融市场基础设施监管的法律思考［J］. 政法论坛，2021，2（1）：83-91.

[85] 岳彩申. 金融市场基础设施监管的实践和挑战：互联网时代金融风险防范的新框架. [M]. 北京：法律出版社，2020.

[86] 朱开蒙. 浅谈国外互联网金融的监管 [J]. 延边教育学院学报，2019，33（2）：87-89.

[87] 何姐娜. 英国互联网金融监管对于我国 P2P 模式监管的经验借鉴分析 [J]. 财经界（学术版），2016（11）：10.

[88] 王飞. 金融深化视野下互联网金融监管研究 [D]. 北京：北京交通大学，2019.

[89] 李琳璐. 国外互联网金融监管对我国的启示 [J]. 财会通讯，2017（36）：116-119.

[90] 洪娟，曹彬，李鑫. 互联网金融风险的特殊性及其监管策略研究 [J]. 中央财经大学学报，2014（9）：42-46.

[91] 黄震，张夏明. 监管沙盒的国际探索进展与中国引进优化研究 [J]. 金融监管研究，2018（4）：21-39.